Die Frau in der Literatur

Die Frau in der Literatur
Lektorat: Hanna Siehr

Ullstein Buch Nr. 30180
im Verlag Ullstein GmbH,
Frankfurt/M – Berlin

Ungekürzte Ausgabe

Englischer Originaltitel:
›Family History‹
erschienen 1932

Umschlagentwurf: Hannes Jähn
unter Verwendung eines Gemäldes
der Vita Sackville-West
von William Strang
aus dem Jahre 1918

Taschenbuchausgabe mit Genehmigung
der »Executors of the Estate
of Mrs. Harold Nicolson«

Printed in Germany 1987
Gesamtherstellung:
Ebner Ulm
ISBN 3 548 30180 0

März 1987
17.–24. Tsd.

CIP-Kurztitelaufnahme
der Deutschen Bibliothek

Sackville-West, Vita:
Eine Frau von vierzig Jahren: Roman /
Vita Sackville-West. Aus d. Engl. von
Th. A. u. I. Knust. Mit e. Nachw. von
Ingrid von Rosenberg. – Ungekürzte Ausg. –
Frankfurt/M; Berlin: Ullstein, 1986.
(Ullstein-Buch; Nr. 30180:
Die Frau in der Literatur)
Einheitssacht.: Family history <dt.>
ISBN 3-548-30180-0
NE: GT

Vita Sackville-West

Eine Frau von vierzig Jahren

Roman

Aus dem Englischen von
Th. A. und I. Knust
Mit einem Nachwort von
Ingrid von Rosenberg

Ullstein Taschenbuch

Erster Teil

Porträt der Jarrolds

»M–m–m, meine Liebe«, sagte der alte Herr Jarrold, als er seine Schwiegertochter zum hundertundzwanzigsten Male in seinem Museum herumführte, »dies ist das erste Stück Kohle aus den Bergwerken in Orlestone. Sieh's dir an! Davon habe ich Dan nach Eton geschickt. Das hat einen Herrn aus Dan gemacht. Ein schmutziger Klumpen nur, aber mehr wert als all die Kaurimuscheln, die ich von Java mitgebracht habe. M–m–m.«

Herr Jarrold war so ein lieber alter Mensch, daß Evelyn Jarrold, seine Schwiegertochter, bereitwillig zum hundertundzwanzigsten Male das erste Stück Kohle aus Orlestone und all die anderen verschiedenen Ausstellungsstücke des Museums anschaute.

Herr Jarrold vergaß anscheinend immer wieder, daß sie die Runde durch das Museum schon gemacht hatte, und hielt sie jedesmal fest, wenn sie zum Lunch in das Haus in der Park Lane kam, um sie hinterher durch das Museum zu führen. Obwohl er seinen Enkel Dan dauernd erwähnte, gestattete sein hohes Alter ihm offenbar, die Tatsache zu übersehen, daß ihr, Dans Mutter, das Haus, die Familie und das Museum nicht fremd waren. Er konnte sie immer noch als Besuch und als eine anziehende Frau und immer noch mit seiner ein wenig senilen Galanterie behandeln. »M–m–m, meine Liebe«, sagte er, nahm ihren Arm und führte sie von Schaukasten zu Schaukasten.

Pflichtschuldig betrachtete sie seine Sammlung und verbarg die Langeweile, da sie von Natur aus gutherzig war und dem alten Manne gern die Freude machte. Ziemlich verstaubt, dachte sie, nicht lebendig; doch solange Herr Jarrold lebte und ihre Sage erzählte, hatten sie noch eine gewisse Existenz, jene Kohlenstücke, Kaurimuscheln, das

Praktische und Romantische. Sie wußte, wie er ihren Wert bemaß. Doch immerhin war er einmal in seiner Jacht nach Java gereist; aber diese Jacht war nur der Ertrag seiner schmutzigen Kohlenstücke; er hatte eine Jacht, weil andere reiche Männer auch eine hatten, und der unerwartete Kummer seines Lebens – größer noch als der Kummer über den Tod seines ältesten Sohnes im Jahre 1916 – war seine Ablehnung durch den Königlichen Jachtklub. So war er gezwungen, die Welt unter dem blauen statt unter dem weißen Wimpel zu umsegeln. Evelyn empfand um seinetwillen jedesmal ein Unbehagen, wenn sie sich dieser Demütigung erinnerte.

»M–m–m, meine Liebe«, brummelte er wie eine alte, schläfrige Hummel.

Doch er und seine Familie hatten es zu etwas gebracht in der Welt. Deshalb erwarteten sie zuversichtlich die Erhebung in den Adel, ehe das Jahr verging. Unter den Industriemagnaten zeichnete er sich aus, und seine Wohltätigkeit war verschwenderisch, jedoch nicht ohne Unterschiede. Herr Jarrold tat nur so, als ob er sich nichts aus einer Nobilitierung mache. Von Anfang an hatten die Jarrolds Ehre und Erfolg gefunden. Evelyn Wilson, der Tochter eines ländlichen Anwalts, hatte man allenthalben zu dem großen Glück gratuliert, als sie sich mit dem ältesten Jarrold-Sohn verlobte; das war schon im Jahre 1913. Natürlich war es ein Unglück, daß ihr Mann im Kriege fallen mußte, aber auf jeden Fall blieb ihr Sohn der Erbe. Weder ihre Bekannten noch ihr Vater sahen irgendeinen Grund dafür, ihre Glückwünsche zurückzunehmen.

Das Museum war dunkel und staubig und auf eine recht seltsame Weise in dem herrschaftlichen Familienhaus in der Park Lane untergebracht. Die Schaukästen standen um den düsteren Treppenschacht bei der Halle herum, und auf den oberen Galerien dieser Halle gegen die Treppe hin waren sie durch Balustraden aus orientalischen Fenstergittern abgegrenzt. Herr Jarrold war stolz auf den östlichen Eindruck, den diese durchbrochenen, geschnitzten Balustraden machten. Sie bewiesen, daß auch er mit dem Orient bekannt war. Sie bewiesen, daß auch er ein Mann von Geschmack, ein weitgereister Mann mit Kultur war. Jeder, der Herrn Jarrold kannte, wußte natürlich, daß er sich nicht die Bohne aus Kultur machte, es sei denn, er konnte sie sich mit seinem Vermögen als eine Beigabe, einen Zusatz leisten, als eine Sache, mit der man sich einmal brüstete und über die man sich das andere Mal lustig machte, je nachdem, ob sie sich in den eigenen Reisen oder in der klassischen Erziehung seines Enkels in Eton darstellte. Beide Dinge gehörten für Herrn Jarrold in dieselbe Kategorie: zum Luxus eines Ehrenmannes, der jedoch nicht das mindeste mit dem eigentlichen Leben zu tun hatte. Er machte sich ein Vergnügen daraus, seinen Enkel dazu anzuhalten, nach Tisch ein Dutzend Zeilen aus der Äneis aufzusagen; diese Begleitung verbesserte anscheinend die Qualität seines Portweines. »Fang mal an, Dan«, pflegte er zu sagen. *»Tu regere imperio populos Romane memento* – wie geht das doch?« Und dann schlug er mit der Gabel den Takt zu diesem herrlichen Rhythmus und empfand Befriedigung dabei, einen Enkel zu haben, der – dank ihm – Vergil zitieren konnte. Doch sein elektrischer Plattenspieler, der sich selber aufzog, selbsttätig die Platten wechselte und gleichzeitig einen Radioapparat enthielt, machte ihm ebensoviel Vergnügen. Kultur war für ihn etwas recht Teures und ohne jeden praktischen Nutzen.

Und doch war er ein lieber alter Mann, und Evelyn folgte ihm bereitwillig, als er durch sein Museum brummelte.

Alles hatte er persönlich gesammelt; kein Ausstellungsstück reichte weiter zurück als seine Generation oder – wie man sagen könnte – weiter zurück als die Familie Jarrold selber. Herr Jarrold war praktisch der Begründer der Familie. Erst in seiner Generation waren die Jarrolds eigentlich aus dem Staube geklettert. Herr Jarrold konnte das Kohlestück vorzeigen, das der Grund dafür war, daß seine Söhne auf die St.-Pauls-Lateinschule und sein Enkel nach Eton geschickt werden konnten; er war in der Lage, das Modell des ersten

Güterbahnhofes auf dem Bergwerksgelände vorzuführen. Wenn er Besucher an diesen Schaukästen entlangführte, war er ganz Gründer einer Dynastie. Nur wenn er zu den Beweisstücken seiner Reisen kam, wurde er ein wenig verwirrt, fast beschämt. Hier fühlte er offensichtlich, daß das Überflüssige gegen das Vernünftige verstieß. Dieses Überflüssige aber konnte man nur damit beschönigen, daß sich Männer mit einem Vermögen, wie William Jarrold es besaß, eben eine Jacht leisten konnten. Jachten trugen solche Männer in ihren seltenen Urlauben zu fremden, unenglischen Gegenden, von denen man fast zwangsweise merkwürdige, unenglische Gegenstände mitbrachte, wenn auch nur, um zu zeigen, wie groß der Unterschied zwischen England und Eingeborenen ist. Herr Jarrold warf das alles mit Kultur durcheinander. So unklar war es ihm, daß er es nicht auseinanderhalten konnte. Der Stolz wurde von Entschuldigungsgründen getrübt, die Entschuldigungen vom Stolz überdeckt. Es war prachtvoll, einen Enkel zu haben, der Vergil zitieren konnte, obwohl man sich der Vergilzitate auch ein bißchen schämen mußte; sie waren etwas, was man mit einer Mischung aus Spott und Stolz behandelte. Es war prachtvoll, auf einer eigenen Jacht nach dem Osten gesegelt zu sein, wenn auch ein bißchen beschämend, sich die Mühe gemacht zu haben, Kunstwerke des Ostens zu sammeln – wofür Herr Jarrold seine Fenstergitter-Balustraden hielt. Kunstwerke waren ganz gut, solange sie genug kosteten. Doch Herr Jarrold konnte diese Rechtfertigung nie so ganz für seine Sammlung von Merkwürdigkeiten in Anspruch nehmen.

Es war eine Schwäche; er liebte sie. Er trug den Hauptschlüssel der Schaukästen an der Uhrkette.

Seine Uhrkette war beinahe ein Sinnbild bürgerlicher Würde. Sie spannte sich in schweren goldenen Gliedern über seinen Bauch und verschwand auf beiden Seiten in einer Westentasche. Herrn Jarrolds Kleidung war ein bißchen altmodisch, er hatte nämlich seinem Schneider vor vierzig

Jahren verboten, den Schnitt zu ändern. Schwarze Anzüge in London (ein einreihiger Gehrock mit grauen Streifen in der Hose); dunkelgrauer Tweed von besonders steifer Dicke auf dem Lande. Wenn er ausging, trug er – ob es in London oder auf dem Lande war – einen biederen schwarzen Hut, ein Mittelding zwischen Zylinder und Melone. Evelyn sagte, in London sehe er aus wie ein Staatsmann und auf dem Lande wie ein Edelmann des 19. Jahrhunderts. Die Bartkoteletten, die sein rotes Gesicht umrahmten, und das Plastron, das festgenäht und durch einen Ring gezogen war, riefen diese Wirkung hervor. Seine kurzen, derben Hände waren von Sommersprossen und feinen roten Härchen bedeckt: Hände eines Mannes, den das praktische Leben geformt hatte und der an Macht und Ansehen gewöhnt war. In seinem ganzen Leben war er nicht einen einzigen Tag krank gewesen, und jetzt noch, im fünfundsiebzigsten Lebensjahr, dauerte seine Rüstigkeit unvermindert fort. Sein dauerndes Brummen, das man für ein Zeichen seines hohen Alters ansehen konnte, war in Wirklichkeit nichts anderes als eine nervöse Angewohnheit, deren er sich selbst kaum bewußt war und die von dem durchdringenden Blick seines kleinen grauen Auges ständig widerlegt wurde. Dieses Auge des Berg- und Hüttenwerkbesitzers William Jarrold durchschaute alle Albernheiten und duldete sie weder bei seiner Familie noch bei seinen Angestellten. Seine Söhne waren vor diesem Blick zurückgefahren, seine Untergebenen hatten gezittert, und seine Frau hatte immer genau gewußt, wie weit sie gehen durfte. Es war einer seiner Lieblingsaussprüche, daß der Mann Herr im Hause sein müsse.

Doch keineswegs war er abstoßend, und hübsche Frauen hatte er immer gern gemocht, obwohl er klug genug gewesen war, keine davon zu heiraten. Er hatte seine Schwiegertochter Evelyn gern. Seine Heiterkeit stieg beachtlich, wenn sie ins Haus kam. Evelyn mochte ihn auch; sie liebte ihn fast. Sie waren die besten Freunde. Sie gab sich Mühe, ihm zu gefallen, indem sie ihn herzlich neckte, kleine vertrauliche

Scherze zwischen ihm und ihr erfand, so daß er schnurrte wie ein alter Kater und sie wiederum hänselte. »Ach, meine Liebe, du verschwendest deine Zeit an einen alten Burschen wie mich.« Trotz all seiner Neckerei wußte sie, daß seine Ansichten über das Leben sehr streng waren. Seine Moral, die der oberen Mittelklasse entsprach, war ausgesprochen starr. Eine zweite Ehe hätte er geduldet, da man vernünftigerweise nicht erwarten konnte, daß ihr Leben an dem Tage zu Ende war, als Thomas in Flandern fiel, doch jedes weniger achtbare Verhältnis würde er von vornherein verdammen. Er hielt es für selbstverständlich, daß Evelyn wie alle anderen Mitglieder seiner Familie genau wußte, wie weit sie zu gehen hatte. Er zweifelte nicht daran, daß sie seit ihrem vierundzwanzigsten Jahre, als Thomas fiel, bis zu ihrem neununddreißigsten, ihrem jetzigen Alter, bis zu einem gewissen Grade verehrt worden war. Das war nur natürlich. Er hatte ihr selber eine Menge Komplimente gemacht, und jüngere Männer mußten ihr noch viel mehr gesagt haben. Aber von ihrer Tugend war er unbedingt überzeugt. Und wenn in seiner Gegenwart irgend jemand seiner Verwunderung über ihre dauernde Ehelosigkeit Ausdruck verlieh, erklärte er das damit, daß sie für den Jungen lebe.

»Wann kommt Dan zurück, meine Liebe?«

»Am Zwanzigsten, Papa.«

All seine Kinder nannten ihn Papa. Evelyn hatte sich mit Mühe daran gewöhnt.

»Und ihr kommt beide zu Weihnachten nach Newlands?«

»Aber natürlich. Wenn du uns haben willst.«

»Kommt ihr denn nicht immer zu Weihnachten? Na also. Was sollte ich außerdem ohne euch anfangen? Und dann möchte ich, daß du mal mit Evan sprächest.«

»Was ist mit Evan, Papa?«

»Trinkt zuviel«, sagte Herr Jarrold kurz.

»Evan?«

»Evan. Er meint wohl, ich könnt's nicht sehen. Aber ich seh's. Ich seh's, wenn eine Flasche Kognak, die am Ende des Dinners halb voll ist, zum Frühstück leer dasteht. Auch noch verflucht guter Kognak – viel zu schade, sich daran zu betrinken.«

»Du meinst?«

»Ich meine, daß er sich heimlich ins Speisezimmer schleicht und ihn austrinkt, wenn ich ins Bett gegangen bin. Das meine ich. M–m–m.«

»Weshalb sagst du Paterson nicht, er soll die Getränke wegstellen, wenn du das Speisezimmer verlassen hast?«

»Vernünftig wie gewöhnlich, meine Liebe – deine Vernunft gefällt mir –, aber Paterson würde den Grund verstehen. Ich kann meinen eigenen Sohn nicht vor Paterson bloßstellen. Schwer genug, ihn vor dir bloßzustellen.«

Evelyn wußte seit Jahren, daß Evan trank.

»Gut, Papa, ich werde mit ihm reden.«

»Ich habe es seiner Mutter nicht erzählt«, sagte Herr Jarrold und warf ihr plötzlich einen Blick zu.

»Natürlich nicht, Papa, das ist auch viel besser.«

»Das meinst du also auch«, sagte Herr Jarrold erfreut und erleichtert durch diese Bestätigung. »Würde sie nur unglücklich machen – was? – und Evan nicht gut tun. Thomas hat nie getrunken, nicht wahr?«

»Nein!« sagte Evelyn, wobei sie plötzlich lachte, und aus irgendeinem Grunde drückte sie den Arm des alten Mannes zärtlich an sich. »Thomas hatte alle Tugenden und keine Laster.« Herr Jarrold sollte nie etwas von Thomas' gemeinen kleinen Lastern erfahren. Thomas war in den Augen seines Vaters ein »guter Kerl«.

»Langweiliger Hund, der Thomas«, drängte es sich Herrn Jarrold auf die Zunge, aber er unterdrückte es, als er sich daran erinnerte, daß Thomas tot und Evelyns Mann gewesen war. »Ich kann mir nicht vorstellen, woher Evan das hat«, murrte er. »Ich habe als junger Mann niemals getrunken; wenigstens nie mehr als vernünftig. Ein Gläschen dann und wann; aber nie gesoffen. Evan säuft.«

»Hast du selber schon mit ihm gesprochen, Papa?«

»Keine Angst!« sagte Herr Jarrold mit Nachdruck. »Wenn ein Mann in meinem Alter einem Mann in seinem Alter so etwas sagte, würde er zwei Flaschen Kognak trinken statt einer. Ich bin alt genug geworden, um das zu wissen. Nein, ich will ihm noch eine Gelegenheit geben. M–m–m. Sprich du mit ihm, meine Liebe, und wenn er keine Notiz von dem nimmt, was du ihm sagst, will ich ihn hochnehmen. Dann will ich schweres Geschütz auffahren. – Sag ihm, ich würde ihn mit einem Taler abspeisen. Sag ihm, ich würde ihn nicht mehr als Sohn ansehen. Ich will nicht, daß Säufer meine Unternehmen leiten, wenn ich nicht mehr da bin. Ich will nicht, daß Säufer Dans Interessen vertreten. Ist nicht sicher genug. Ist ebenso, als wenn ich den Rolls-Royce einem betrunkenen Chauffeur anvertrauen wollte. Aber ich will nicht selber mit ihm reden, ehe nicht alles andere fehlgeschlagen ist.«

»Wahrscheinlich wird es fehlschlagen, Papa.«

»Ziemlich sicher. Aussichtslose Aufgabe, die ich dir da stelle. Werde dich nicht tadeln, wenn's nicht gelingt. Die Hand, die die Wiege schaukelt, kann die Flasche nicht zukorken. M–m–m. Trotzdem, Evan mag dich gern. Zu gern, meine ich manchmal. Es wäre vielleicht eine Möglichkeit, daß er auf dich hört. Versuch's!«

»Ich will's versuchen, Papa«, sagte Evelyn, die es schon versucht hatte.

»Das ist recht. Wenn man aussichtslose Dinge richtig anpackt, kann man sie zu Ende bringen. Manchmal hab ich's getan. Aussichtslose Dinge angepackt. Nicht oft. Nur bei großen Sachen. Evan ist keine große Sache.«

»Der arme Evan, Papa!«

»Unsinn! Werde nicht sentimental! Er soll sich mehr zusammennehmen. Jeder hat Versuchungen. Hab auch welche gehabt. Hab nicht nachgegeben. Freilich, er ist nicht von der Sorte. Der arme Evan – albern. Sag ihm, er soll sich zusammenreißen! Sag ihm, er soll ans Geschäft denken! Er will doch Teilhaber werden. Er wird's nicht, ehe er sich nicht zusammenreißt. Kein Zug aus der Flasche mehr! 'nen andern Zug! M–m–m. Am Riemen!«

Evelyn fand das Thema peinlich; es kam ihr unehrlich vor, bei Herrn Jarrolds vertraulichen Mitteilungen Überraschung zu heucheln, während sie selber ihm weit mehr über Evan erzählen könnte, als er wahrscheinlich jemals erfahren würde.

»Wir wollen nicht mehr daran denken«, sagte sie, »ich verspreche dir, daß ich zusehen will, was ich Weihnachten tun kann. Zeig mir noch etwas von deinen Schätzen! Ich glaube, ich habe noch gar nicht alles aus deinem Museum gesehen. Und in ein paar Minuten muß ich gehen.«

»Verabredung?«

»Nur mit meinem Schneider«, sagte Evelyn lächelnd.

»Ach, das ist gut«, sagte Herr Jarrold, der von dieser Andeutung weiblicher Geheimnisse leicht angeregt wurde, »laß dir eine Menge hübsche Kleider zu Weihnachten machen! Du siehst immer nett aus, meine Liebe. Dieser Pelz – steht dir sehr gut. Und auch ein hübscher Duft. Ich hab's gern, wenn Frauen Parfüm gebrauchen. Paßt zu ihnen. Ich sage immer, Frauen sind die Blumen des Lebens, und Blumen müssen gut riechen. Freilich, die meisten von den neuen tun's nicht.«

»Hat Mama dir das erzählt, Papa?«

»Ich habe selber eine Nase, oder meinst du nicht? Veredelte Spielarten – brrr. Den ganzen Duft haben sie herausveredelt. Gebt mir lieber Zentifolien und nette zarte Kleider für Frauen! Musselin gefällt mir und hübsche Farben.«

»Ich fürchte, Papa, im Dezember kann ich kein Musselin tragen.«

»Ach, du bist schon recht«, sagte Herr Jarrold und schaute sie anerkennend an, »du siehst weich und warm aus – so, wie Frauen aussehen sollten, und als ob du keinen Knochen im Leibe hättest. Und trotzdem gesund. Heutzutage sehen die meisten Frauen aus, als hätten sie keinen Platz für ihre Lungen.«

»Du wirst mir noch erzählen, ich sei dick«, sagte Evelyn.

»Nein, nein, schlank«, sagte Herr Jarrold, »nicht kränklich, meine ich, und nicht hart wie ein Brett. Gerade richtig. Vielleicht können wir Weihnachten Schlittschuh laufen.«

Sie war daran gewöhnt, daß er plötzlich das Thema wechselte.

»Hoffentlich«, erwiderte sie errötend, »ich liebe Schlittschuhlaufen, und Dan auch.«

»Wird ihm freilich das Jagdreiten verderben«, sagte Herr Jarrold.

»Ich glaube nicht, daß es ihm das Herz brechen würde«, sagte Evelyn vorsichtig. Sie spürte, daß ihr eigenes Herz anfing, schneller zu schlagen. Hier war die Möglichkeit, auf die sie gewartet hatte, und so stark ihre Abneigung dagegen auch war, sie mußte sie ausnutzen. Sie hatte es Dan versprochen. Dan, der sich vor seinem Großvater fürchtete, war davon überzeugt, daß seine Mutter alles in Ordnung bringen würde, und obwohl Evelyn über seine Schwäche geseufzt hatte, als sie erkannte, wie leicht er seine Schwierigkeiten auf sie abschob, hatte sie sich entschlossen, ihn nicht im Stich zu lassen.

»Unsinn«, sagte Herr Jarrold, »jedem ordentlichen Jungen bräche es das Herz, wenn ihm in den Weihnachtsferien das Jagdreiten verdorben würde. Verflucht noch mal, nicht jeder Junge hat Jagdpferde wie Dan. Die meisten Jungen müssen's auf einer alten Krücke von Pony lernen, die für zwei Tage in der Woche gemietet wird. Aber niemand kann sagen, daß ich meinen Enkel nicht mit ordentlichen Pferden versorgt habe.«

Er war ganz ärgerlich, ganz unwillig. Er nahm die Hand von Evelyns Arm, ging allein weiter und starrte in einen Schaukasten voll grinsender javanischer Masken. Er legte die Hände auf dem Rücken zusammen und brummelte vor sich hin.

»Natürlich kann niemand so etwas sagen«, entgegnete Evelyn, die am liebsten gelacht hätte, obwohl sie wußte, daß sie einer unangenehmen Viertelstunde entgegenging. »Du hast Dan stets die besten Jagdpferde gegeben, die ein Junge in

England nur haben kann. Er hat neulich erst nach ihnen gefragt, am Andreastage. Ich war nach Eton gefahren, und fast das erste, was er sagte, war: ›Was macht Silberstern?‹«

»Freut mich zu hören«, sagte Herr Jarrold grimmig, ohne sich umzuwenden.

Er war keineswegs besänftigt. Sie konnte das an der nervösen, ärgerlichen Art erkennen, in der er dauernd die Finger krümmte und öffnete. Kindisches altes Geschöpf! dachte sie. Eigensinnig bestand er darauf, in seinem Stolz gekränkt zu sein, nur um einen Vorwand zu haben, seine gute Laune zu verlieren. Einen Augenblick lang wollte sie ihm etwas sagen, worüber er in allem Ernst die gute Laune verlieren könnte. Vielleicht würde er ihr dann sogar verbieten, Weihnachten mit Dan nach Newlands zu kommen. Das wäre eine Erleichterung. Diese Familienversammlungen, die für eine unbedingte Selbstverständlichkeit gehalten wurden, waren etwas, was sie kaum noch ertragen konnte. Sie würde mit Dan nach Südfrankreich gehen ...

»Papa, ärgere dich nicht so! Der Junge reitet wirklich gern, weißt du, er könnte immer noch reiten, wenn er auch nicht gerade Jagden reiten kann.«

»Ist das alles, was er mag?« fragte Herr Jarrold und fuhr herum. Er sah so wütend aus, daß sie richtig zurückwich. »Durch den Park trotten, statt quer übers Land zu reiten? Vielleicht möchte er, daß Wilkins ihn an die Longe nimmt? Vielleicht möchte er, daß ich ihm einen Esel kaufe? Der Junge ist ein Feigling, Evelyn. Ich habe es immer gewußt, aber ich wollt's mir nicht eingestehen. Mein Enkel, ein Feigling! Aber bei Gott, ich will das nicht. Er *soll* Jagden reiten! Alle Herren reiten Jagden, oder nicht? Wenn sie sich's leisten können, was die meisten nicht können. Niemand soll sagen, daß Jarrolds Enkel kein Herr ist oder daß sein Großvater sich's nicht leisten kann, ihm Pferde zu halten. Jagen soll er, und mir ist's ganz egal, ob er sich den Hals dabei bricht.«

»Er ist kein Feigling«, sagte Evelyn leise. Sie versuchte, das Zittern zu überwinden, das sie überfallen hatte. Sie war entschlossen, mit dieser Feuerprobe zu Ende zu kommen, nun sie einmal begonnen hatte. »Er ist ein feinfühliger Junge, er liebt Tiere und mag keine Grausamkeiten. Das ist alles. Du mußtest es früher oder später doch erfahren. Ich habe ihm versprochen, dir zu sagen, daß er die Absicht hat, das Jagdreiten aufzugeben.«

»Wagt nicht, mir's selber zu sagen, was? Braucht seine Mutter dazu! Ein moralischer Feigling und ein physischer Feigling. Sehr hübsch! Und was soll all der Unsinn von wegen Grausamkeiten? Der arme Fuchs, nehme ich an? Will er etwa auch nicht mehr schießen, wenn ich fragen darf?«

»Nein, Papa, da du danach fragst; das will er auch nicht mehr.«

»Aha. Das kommt davon, wenn man versucht, einen Herrn aus seinem Enkel zu machen – aus meinem ältesten Enkel, merk dir das, meinem Erben! Ich biete ihm die besten Pferde und die beste Jagd in England an, und er steckt lieber die Nase ins Buch. Na, meine Söhne sind bessere Herren als er. Thomas war ein Sportsmann, was du auch sonst sagen magst. Er hatte keinen Gedanken im Kopf, aber er konnte sein Pferd so sauber über einen Zaun bringen wie sonstwer. Gottfried auch, obwohl er ein fauler Bursche ist. Und der junge Robin auch – ja, das ist ein guter Junge, ein richtiger Junge. Dan und Evan sind die Versager. Nette Geschichten, die du mir da erzählst, Evelyn!«

»Du bist sehr hart mit Dan«, sagte Evelyn, ärgerlich darüber, daß man ihren Sohn einen Versager nannte. »Es können nicht alle nach demselben Muster geformt sein. Du gibst selber zu, daß Thomas keinen Gedanken im Kopf hatte.« (»Thomas war ein verdammt guter Bursche«, warf Herr Jarrold ein.) »Dan hat den Kopf voller Ideen, er ist ein intelligenter Junge und hat sein eigenes Urteil. Ist das nicht auch etwas?«

»Etwas, aber nicht viel«, sagte Herr Jarrold, der sich ein wenig beruhigte. »Es ist nicht natürlich für einen Jungen in seinem Alter, ein eigenes Urteil zu haben. Gefährlich. Nicht natürlich bei einem englischen Jungen, meine ich. Verstehe nichts von Ausländern. Jedenfalls tragen sie Wadenstrümpfe, bis sie vierzehn sind. Französische Jungen tun das. Ich hab's gesehen. Und spielen mit Reifen.«

Evelyn lachte; sie konnte es nicht unterdrücken.

»Ja, du lachst. Du sagst, es können nicht alle nach demselben Muster geformt sein. Warum denn nicht? Wir haben das beste Muster der Welt entwickelt, warum sollen wir also nicht dabei bleiben? Außerdem haben wir mehr als ein Muster. Ich selber bin kein Herr – niemals behauptet. Ich bin ein erfolgreicher Geschäftsmann. Ich hab mir auch so meinen Platz in der Welt verschafft. Aber wo ich nun einmal die Arbeit gemacht habe, sehe ich nicht ein, weshalb meine Söhne und Enkel nicht den Nutzen davon haben sollen. Man sagt, es braucht drei Generationen, einen Herrn zu schaffen. Nun, Dan hat seine drei Generationen hinter sich.«

»Ich sehe nicht ein, weshalb du erwartest, daß er ein harmloser Dämelack wird«, sagte Evelyn. Sie war jetzt weniger ängstlich, da sie sich ärgerte und da Herrn Jarrolds erste Wut verflogen war.

»Dickköpfig, ja? M–m–m. Verteidige dein Küken nur! Ganz richtig. Aber sieh mal, Evelyn, was ist nur über Dan gekommen? Du hast darauf bestanden, ihn diesen Sommer mit nach Italien oder sonstwohin zu nehmen, so daß ich ihn seit Ostern nicht gesehen habe. Damals war er noch ganz vernünftig. Ist er in Eton in schlechte Gesellschaft geraten?«

»Soweit ich es herausbekommen kann, hat er überhaupt keine Freunde in Eton.«

»Ganz falsch, ganz falsch«, brummelte Herr Jarrold. Er war jetzt nicht ärgerlich, nur verwirrt und bekümmert. Evelyn fragte sich, wie weit sie gehen dürfe. Vielleicht wäre es klüger, den alten Mann schon vor den Weihnachtsferien vorzubereiten.

»Sieh, Papa, Dan wächst allmählich heran. Ein Jahr macht in dem Alter einen großen Unterschied. Denk daran, daß Dan schon siebzehn ist.«

»Also vermutlich ein Übergang«, sagte Herr Jarrold hoffnungsvoller. Er sah müde aus; die Anwandlung von Zorn hatte ihn erschöpft.

»Vielleicht, Papa. Deshalb darfst du nicht allzu ärgerlich werden, wenn er etwas sagen sollte, was deiner Ansicht nicht entspricht.«

»Er ist doch kein Sozialist?« bellte Herr Jarrold und war schon wieder nahe daran, heftig zu werden.

»Ich glaube, für Politik hat er nicht viel Interesse«, wich Evelyn aus. Sie fand, daß sie dem alten Mann für den Augenblick genug Schrecken eingejagt hatte.

»Oder Pazifist? Doch nicht so was? Das könnte ich nicht dulden. Ist er denn religiös?«

»Nicht sehr«, sagte Evelyn mit einem Lächeln.

»Kümmere mich nicht darum, wenn er nur in Newlands zur Kirche geht. Er muß am ersten Feiertag und jeden Sonntag gehen. Muß den Schein wahren um des Dorfes willen.«

»Das wird er sicher tun, Papa«, sagte Evelyn, die sich keineswegs sicher fühlte.

»Schön, schön...«, brummelte Herr Jarrold. »Die Sache mit dem Jagdreiten ärgert mich freilich. Ganz sicher, daß er kein Feigling ist? Wie ist er im Sport?«

»Es tut mir leid, ich habe nicht gefragt.«

»Er hätt's dir erzählen sollen. Wenn er eifrig wäre, hätte er's dir erzählt, ohne gefragt zu werden. Schlechtes Zeichen. Schlechtes Zeichen.«

»Er hat bei den Prüfungen im vorigen Halbjahr einen Preis bekommen, das weißt du ja. Und er ist unter den ersten Hundert.«

»Das ist mir gleich. Wer geht denn nach Eton, um Bildung zu lernen? Manieren und Charakter – dafür geht man nach Eton. Um zu lernen, ein Mann von Welt zu werden. Lerne dich selbst zu beherrschen, dann kannst du andere beherrschen.«

Sie hätte treffend erwidern können, daß Herr Jarrold

niemals gelernt hatte, sich selbst zu beherrschen, und dennoch andere mit auffallendem Erfolg beherrschte. Wie mancher bedeutende Mann hatte er seinen Gefühlen und Anfällen von Heftigkeit stets nachgegeben, wenn er den Hang dazu spürte. Niemals hatte er das englische Evangelium der Gefühlsverdrängung angenommen, so brennend er es jetzt auch zum Besten seiner Söhne und seines Enkels predigte. Aber schließlich war er auch nie auf einer englischen Internatsschule gewesen. Er hatte sich den Weg durch das Leben nach oben erzwungen, mit Grobheit war er auf den Gipfel gelangt und hatte sich mit seinen Mitmenschen im Konkurrenzkampf gemessen, bei dem es gewöhnlich und keineswegs fein zuging. Er war ohne Manieren und ohne klassische Bildung zurechtgekommen. Auch der Sport hatte in seinem Leben kaum eine Rolle gespielt. Dazu hatte er niemals Zeit gehabt. Er stammte aus einer anderen Klasse und aus einem anderen Jahrhundert. Evelyn konnte nicht einsehen, daß er deshalb schlechter sei.

»Hängt nicht alles davon ab, was Dan werden soll, wenn er erwachsen ist?« fragte sie.

»Dan braucht gar nichts zu werden«, sagte Herr Jarrold stolz. »Er kann zur Garde gehen.« Das sagte er ohne jede Ironie. »Er wird Lord sein, ehe er fünfundzwanzig ist. Er kann seine Zeit im Oberhaus ausfüllen.«

»Was meinst du damit, Papa?«

»Da habe ich anscheinend die Katze aus dem Sack gelassen«, sagte Herr Jarrold und zwinkerte ihr zu. Er hatte seine gute Laune völlig wiedergefunden. In diesem Augenblick war er entzückend naiv, und Evelyn vergab ihm all seine Sünden.

»Wirklich, Papa? Hohe Ehren zu Neujahr?«

Herr Jarrold nickte.

»Weiß Mama es schon?«

»Hab's ihr nicht erzählt. Hab's auch Evan, Gottfried und Katharina nicht erzählt. Hatte auch nicht vor, es *dir* zu erzählen. Dachte, ihr solltet's alle in der *Times* lesen. Überraschung.«

»Ich werde es nicht verraten, Papa.« Sie umarmte und küßte ihn. Sie war sicher, daß er sie in sein Geheimnis eingeweiht hatte, um es wiedergutzumachen, daß er über Dan so ärgerlich geworden war. Der liebe alte Mann! Während des kurzen Augenblicks des Kusses genoß er den leichten warmen Duft, der sich in ihrem Pelz verbarg.

»Ich vertraue dir, Evelyn.«

»Das kannst du. Ich freue mich so. Du weißt nicht, wie ich mich freue. Für dich.«

Sie sprach die Wahrheit. Sie freute sich um des alten Mannes willen und, weil sie selber aus der Mittelklasse stammte, um ihres Sohnes willen. Der Adel hatte einen Zauber für sie. Sie freute sich, daß Herr Jarrold belohnt werden sollte, weil ihm diese Belohnung Freude machen würde; und sie war froh, daran zu denken, daß ihr Sohn am Ende seinen Platz im Oberhaus einnehmen würde. Ihr Vater würde sich auch freuen, der in Biggleswade zwischen seinen Aquarellen herumpusselte. »Mein Enkel«, würde er sagen, »Lord . . .«

»Zu welchem Namen hast du dich entschlossen?« fragte sie.

»Kann mich nicht entscheiden. Dachte, du könntest helfen. Newlands klingt irgendwie ein bißchen zu neu. Närrische Sache. Würd's nicht annehmen, wenn Dan nicht wäre. Und nun erzählst du mir, Dan will keine Jagden reiten, nicht schießen – zum Henker! Nächstens wird er noch Vegetarier oder Abstinenzler. Schrulle! Hasse Schrullen.«

»Wie findest du Orlestone als Namen?« fragte sie und lenkte ihn von dem gefährlichen Thema ab. Orlestone lag im Bezirk der Jarroldschen Bergwerke.

»Orlestone. Nicht schlecht. Schon selber daran gedacht.«

»Na, du kannst's uns ja Neujahr endgültig sagen, Papa.«

»Denk dran, ein überraschtes Gesicht zu machen!« sagte Herr Jarrold.

»Aber natürlich! Mama würde es nicht gern sehen, daß ich es vorher gewußt habe.«

»Dummes Zeug – sie kümmert sich um nichts anderes als darum, ob die Schnecken die Esquilogias fressen.«

»Was für Dinger, Papa?«

»Esquilogias. Eine von diesen Blumen, mit denen sie sich dauernd zu schaffen macht.«

»Ach, Aquilegias meinst du, Papa, – oder Eschscholzias.«

»Kreuzung zwischen den beiden. Jedenfalls irgendwas, bei dem ich mir vorkomme, als ließe man mich draußen in der Kälte stehen, wenn sie mit einem von ihren Gartenfreunden darüber schwatzt. Neulich hatte sie sogar einen da, der siebzig neue Lilienarten in der Mandschurei entdeckt hatte.«

»Du meine Güte, Papa.«

»Na ja, vielleicht hab ich's falsch mitgekriegt. Irgendwas hatte er irgendwo entdeckt, und siebzig Arten gab's davon. Sie haben jede Art bis ins einzelne besprochen. Ich bin schlafen gegangen.«

Er war jetzt guter Stimmung und zufrieden, daß Evelyn sein Geheimnis kannte, und dankbar, daß sie es mit gebührender Begeisterung aufgenommen hatte. Weil ihn die Mitteilung verlegen gemacht hatte, lenkte er mit einem Scherz ab. Es war gerade genug Gefühl zur Schau gestellt worden, als sie ihn küßte. Sie verstanden sich vorzüglich.

»Lieber Papa, nun muß ich leider gehen.«

»Hast du deinen Wagen da? Willst du eine Taxe?«

»Weder noch. Ich gehe zu Fuß.«

»Kalter Tag«, sagte Herr Jarrold mahnend.

»Ich hab ja einen Pelzmantel.«

»Ganz richtig, zu Fuß zu gehen, wenn man kann«, sagte Herr Jarrold und begleitete sie die polierte Galerie des Museums entlang, »hält den Teint frisch.« Er ging schwerfällig neben ihr her. »Du wirst niemand etwas sagen, Evelyn, wie?«

»Ehrenwort, Papa.«

»M–m–m. Ich nehme es an.«

Oben an der Treppe begegneten sie Gottfried Jarrold, der mit einem unbekannten jungen Mann heraufkam.

»Tag, Papa. Ich hab dich gesucht. Tag, Evelyn. Papa, darf ich dir Herrn Miles Vane-Merrick vorstellen? Er möchte mit dir über die Verhältnisse bei den Industriearbeitern sprechen. Ich sagte ihm, es würde dich bestimmt nicht belästigen.«

»M–m–m«, sagte Herr Jarrold. Vane-Merricks Name war ihm gut bekannt als der eines vielversprechenden jungen Unterhausmitgliedes – eines Aristokraten in den Reihen der Arbeiterpartei. Mit Vane-Merrick zu sprechen mochte wohl lohnen. »Kommen Sie!« sagte Herr Jarrold. »Evelyn geht gerade – hat eine Verabredung mit ihrem Schneider. Meine Schwiegertochter, Herr Vane-Merrick.«

Sie lächelten konventionell und nickten einander zu. Evelyn sah einen blonden jungen Mann mit einem außergewöhnlich heiteren, offenen und wachen Gesicht. Vane-Merrick sah eine dunkle, schlanke Frau in grünem Samt und Zobelpelz, an dem sie einen Veilchenstrauß trug. Sofort war er von dem Ausdruck zurückgehaltener Leidenschaft betroffen. Es war nicht so sehr ihre unverkennbare Liebenswürdigkeit und Eleganz, die ihn anzog, als das Geheimnisvolle, das ihr ganzes Wesen verbarg. Einen Augenblick lang begegneten sich ihre Augen. Sie setzte elastisch ihren Weg die gebohnerte Treppe hinab fort, wobei sie Bemerkungen mit ihrem Schwiegervater austauschte, der darauf bestand, sie zu begleiten.

Ein schneidender Wind packte Evelyn, als sie aus der Sicherheit des Jarroldschen Hauses in den Londoner Lärm hinaustrat. Es schauerte sie, sie stellte den Kragen ihres Pelzmantels hoch und senkte das Gesicht vor dem Wind. Die roten Omnibusse donnerten an ihr vorüber, als sie die Park Lane entlangging. Sie dachte an die Tage, als sie noch im Bus fahren mußte, als sie selbst unter der Menge war, die auf dem Bürgersteig wartete, den Vorüberhastenden im Wege stand und von den andern, die auch mit dem Bus fahren wollten, zur Seite gestoßen wurde. Sie dachte an jene Tage, als der heisere Ruf des Schaffners erklang, der von einem ausgestreckten, abwehrenden Arm begleitet wurde: »Nur noch auf dem Verdeck!« wie der Ruf des Schicksals, das einen für ewig auf die Sitze im Freien, im Regen, in der Kälte verbannte, obwohl der Bus angeblich das demokratischste Beförderungsmittel war. Heute waren selbst die Autobusse verändert. Das Verdeck bot ebensoviel Schutz wie das Innere. Außerdem konnte man oben rauchen. Das Leben nivellierte sich für alle immer mehr. Evelyn Jarrold empfand weniger Sympathie für die Bus-Fahrgäste als die Evelyn Wilson vor zwanzig Jahren. Vielleicht deshalb, weil Evelyn Jarrold in den Bereich der Kapitalisten eingetreten war. Jetzt verspürte sie entschieden Ärger, wenn ihr Wagen im Hydepark von Taxen aufgehalten wurde, und erinnerte sich der Zeiten, als der Park für alle Mietfahrzeuge gesperrt war. Ihre Abneigung gegen Omnibusse und Schaffner mit schneidenden Stimmen hatte sich beträchtlich gemildert, seit sie selber ihren eigenen Wagen besaß und in der Lage war, immer eine Taxe anzurufen, wenn sie eine brauchte.

Eigenartigerweise zog sie es trotz dem Wind und der allgemeinen Unfreundlichkeit des Dezemberwetters vor, zu Fuß zu gehen. Man konnte sich's leisten, zu Fuß zu gehen, wenn man in Zobel gehüllt war und die Möglichkeit hatte, einer Taxe zu winken, sowie das Wetter unerträglich wurde. Der eisig peitschende, beißende Wind machte sie fast heiter. Unbequemlichkeiten, die man nicht unbedingt aushalten muß, erzeugen stets eine gewisse Heiterkeit. Daher auch der nie versiegende Reiz von Picknicks.

Evelyn kämpfte sich gegen den Wind die Park Lane hinan. Das Leben war leicht und angenehm für sie – zu leicht, zu angenehm –, und sie begrüßte den Wind als etwas, was sich von außen gegen sie stemmte. Sie war zu gern geneigt, es als Regel anzusehen, daß man ihre Wünsche berücksichtigte, sie verwöhnte, sie überall zum Mittelpunkt machte; die Jarrolds verehrten sie, und ihre vielen Bekannten brachten ihr viel mehr Sympathie entgegen als sie ihnen. Es war alles gar zu bequem und behaglich. Das machte sie bisweilen ein wenig ungeduldig und unleidlich. Auch in materieller Hinsicht war sie in einer glücklichen Lage; bei dem Schneider, zu dem sie gerade ging, würde sie alles bestellen, was sie wollte, und sie wußte, daß sie eine ganze Menge wollte, da sie von den femininen Dingen leicht in Versuchung geführt wurde. Sie würde unfähig sein, den hübschen Stoffen, den Pelzen und Blumen zu widerstehen; es gab auch wirklich keinen Grund, weshalb sie ihnen hätte widerstehen sollen. Sie würde sich eine Menge Sachen zur Auswahl nach Hause schicken lassen, würde sie über ihr ganzes Zimmer verstreuen und zwischen ihnen umherwandern, während Privett, ihr halsstarriges Mädchen, das seit der Hochzeit bei ihr war, mißbilligend zuschaute und, wenn Evelyn um Rat fragte, nur sagte, sie habe doch schon genug Kleider. Doch schließlich würde sie sogar aus Privett ein Lächeln herauslocken.

Madame Louise, die Verkaufsdirektrice bei Rivers & Roberts, kam mit einem erfreuten Schmunzeln nach vorn, um Frau Jarrold willkommen zu heißen. Dies Schmunzeln reservierte sie für Kunden, mit denen die Firma nur Ehre einlegte. Kunden der anderen Art begrüßte sie lediglich mit einem harten und hochmütigen Anstarren, das der Frage gleichkam, was sie wohl bei Rivers & Roberts zu suchen hätten. Doch Frau Thomas Jarrold war eine Favoritin, daran gab's keinen Zweifel. Sogar die Mannequins lächelten, und der berühmte Herr Rivers selber kam hinter einem Vorhang hervor, als er hörte, daß Frau Jarrold im Geschäft sei. Er war sehr klein und geziert, hatte lange, ausdrucksvolle Hände und winzige Füßchen in Lackschuhen; er flatterte neben Madame Louise einher, die groß, üppig und in schwarze Seide gehüllt war und das kurzgeschnittene graue Haar glatt zurückgebürstet trug, so daß sie fast aussah wie ein Herr aus dem achtzehnten Jahrhundert; man konnte sich gut vorstellen, daß sie Herrn Rivers überlegen war und ihm ein paar Klapse hintenvor geben würde. Evelyn dachte oft amüsiert darüber nach, in welchem Verhältnis die beiden wohl wirklich zueinander stehen mochten. Sie waren Kollegen, von denen einer auf des andern Urteil angewiesen war; aber ob sie sich im geheimen verabscheuten? Fanden vielleicht hinter jenem Vorhang, in Herrn Rivers' Allerheiligstem, entsetzliche Szenen statt, Szenen, nach denen die beiden sanft und lächelnd wieder auftauchten, wenn ihnen eine erschreckte Gehilfin die Ankunft einer amerikanischen Herzogin meldete? Doch wie sie sich im Privatleben auch betragen mochten, in der Öffentlichkeit waren sie eine furchtbare Verbindung. Ein Blick von ihnen genügte, eine kräftige Millionärin davon zu überzeugen, daß sie ein Geschöpf sei, dessen sich die Welt schämen müsse.

Durch ihr Benehmen deuteten sie an, daß es ihnen vollkommen gleichgültig sei, ob sie ihre Waren verkauften oder nicht. Ihr Benehmen ließ tatsächlich eher darauf schließen, daß sie lieber überhaupt nichts verkauften, daß solche Geschäfte weit unter ihrer Würde seien. Sie seien Künstler, Schöpfer, die, falls sie einen Scheck bekämen, kaum wüßten, was sie damit anfangen sollten. Wenn eine Kundin den argen Verstoß beging, nach einem Preise zu fragen, hoben sie die Brauen und riefen ein untergeordnetes Wesen, das die Antwort geben mußte; währenddessen wandten sie sich diskret beiseite, um sich die Qual zu ersparen, eine solch schmutzige Unterhaltung mit anhören zu müssen. Stets wurde vorausgesetzt, daß jeder, der bei Rivers & Roberts eintrat, über solch kleinlichen Erwägungen stand. Diese Voraussetzung spürte man in der ganzen Atmosphäre des Unternehmens.

Für die Vorführung ihrer Schöpfungen hatten Rivers & Roberts eine Anzahl junger Frauen von unübertroffener Schönheit angestellt, die Madame Louise mit gleichsam mütterlichem Wohlwollen und Herr Rivers mit geschäftiger Nervosität behandelte. Doch obwohl Madame Louise sie »Liebste« nennen und Herr Rivers auf sie zutänzeln konnte, um eine Falte zurechtzuzupfen, oder zurücktrat, um den Effekt einer Orchidee, die zwischen Zeigefinger und Daumen an die Schulter gehalten wurde, zu bewundern, ahmten diese jungen Damen mit bemerkenswertem Erfolg das süperbe, gleichgültige Benehmen ihrer Arbeitgeber nach. Sie waren gelangweilt, sie waren schön, sie waren herablassend. Sie schlenderten über die Bahnen grauer Haarteppiche, als ob die Kleider, die sie trugen, ihnen gehörten. Und tatsächlich trugen sie Kleider, die zu jeder der vielfältigen Stunden im Leben einer jungen vornehmen Dame gehörten, zum Leben einer Debütantin in jenem üppigen und ausgefüllten Jahr, in dem sie in die Gesellschaft eingeführt wird. Sie spielte Tennis, sie tanzte, sie speiste, sie fuhr im Tweedkostüm nach Schottland und in handbemaltem Chiffon nach Ascot zum Rennen; sie badete, sie segelte; sie war kühl oder warm angezogen. Doch was sie auch tat, sie benahm sich exquisit, voller Verachtung und gelangweilt.

Evelyn betrachtete diese Prozession, wie sie sie hundertmal vorher betrachtet hatte. Madam Louise und Herr Rivers schwebten um sie herum und sagten: »Nun ein hübsches kleines Kostüm, Frau Jarrold – gerade das rechte für Luxor.« Evelyn zögerte, da sie mit einem Gedanken spielte. Sollte sie nach Luxor fahren, wenn Dan nach Eton zurückgekehrt war? Nichts hätte sie davon zurückhalten können. Doch dann schritt eine andere junge Frau durch ihr Blickfeld, in scharlachrote Wolljacke und scharlachrote Hosen gekleidet, die ein Paar Skier über der Schulter trug, und sie meinte, sie würde gern nach Caux fahren. Sonne oder Schnee – was sollte es sein? Doch eine vorübergleitende Erscheinung in Weiß schlenderte über den Teppich, und Evelyn dachte an Monte Carlo.

Sie war wirklich schrecklich ungebunden.

Andere Frauen, die sie kannte, kamen lachend herein und schüttelten die ersten Schneeflocken aus ihren Pelzen, stießen kleine Ausrufe über das Wetter aus – obwohl sie gewiß nur vom Wagen über den Bürgersteig zur Tür gelaufen waren. Herr Rivers und Madame Louise waren so gütig, sie erfreut willkommen zu heißen, Stühle wurden gebracht. Eine der Frauen, eine russische Fürstin Tscharskaja, unvergleichlich schön und schick, war offenbar mit den anderen zusammen in der Hoffnung gekommen, daß für sie kleine Nebeneinkünfte abfallen möchten. Das war der einzige Weg, der es ihr möglich machte, sich durchzubringen. Sie hatte sich einer reichen unangenehmen Witwe besonders attachiert, die plump wirkte wie eine Kröte; ihre persönliche Eitelkeit war ebenso überraschend wie maßlos und ihre Aufnahmefähigkeit für Schmeicheleien ebenso riesig wie die eines Elefanten für Korinthenbrötchen. Herr Rivers war der Fürstin Tscharskaja dankbar dafür, daß sie Frau Denman in sein Geschäft eingeführt hatte, da sie teure, wenn auch jugendliche Kleider sehr liebte. Er drückte seine Dankbarkeit ebenso handgreiflich wie diskret aus; er und die Fürstin tauschten einen geheimen Wink hinter Frau Denmans Rücken.

Evelyn sah sich die Komödie an. Das waren alles nur Karikaturen von Menschen: Martha Denman, Elisabeth Tscharskaja, Herr Rivers und Madame Louise. Sie fragte sich, ob sie selber wohl auch solch eine Karikatur sei. Da war noch Julia Levison, ein gefühlloses, lockenköpfiges Überbleibsel aus der Gesellschaft zur Zeit Eduards VII., die sich ebenfalls an Frau Denman hängte, um zu sehen, ob nicht auch für sie etwas abfiele. Sie und Elisabeth Tscharskaja haßten sich, obwohl sie sehr befreundet taten; trotzdem genossen sie das Zusammensein, wenn sie merkten, wie weit sie es mit Frau Denman treiben konnten und welche Komplimente sie arglos schluckte. Es war nicht sehr schön. Gerade versuchten sie, Frau Denman zu überreden, ein zartfarbiges, hauchdünnes Abendkleid zu bestellen, in dem ein schlankes Mädchen vor ihnen paradierte. Es passe genau zur Farbe ihrer Augen . . . Nach einer Weile stand Evelyn auf und ging. Herr Rivers begleitete sie zur Tür. Als sie an der Gruppe vorübergingen, blinzelte er Evelyn zu.

Fünf Uhr. Sie wollte am Abend zu einer Gesellschaft; sie mußte heimgehen und sich ausruhen. (Wovon ausruhen?) Sie hatte wirklich keine Lust mehr, noch irgend jemand zu sehen. Wenn sie Langeweile hatte in der Zeit zwischen Tee und Dinner und ihre Aufmerksamkeit nicht auf einen Roman konzentrieren konnte, war es immer noch möglich, mit irgendwem zu telefonieren und ihn zu bitten, sie in ihrer Wohnung zu besuchen. Doch im Augenblick hatte sie das Bedürfnis, allein zu sein. Es gab niemand, den sie hätte sehen wollen, außer vielleicht ihre Nichte Ruth, die jung und ausgelassen war und sie vergötterte. Sie verspürte nicht einmal viel Lust, Ruth zu sich zu bitten. Sie wollte lesen – wenn sie konnte.

Evelyn wohnte am Anfang eines Blocks neuer Etagenwohnungen am Portman Square. Als sie nach Hause kam und die Tür mit ihrem Drücker öffnete, begegnete ihr Privett auf dem Flur. Wie gewöhnlich machte Privett ein vorwurfsvolles Gesicht.

»Fräulein Ruth ist da, gnädige Frau.« Ebensogut hätte sie sagen können: »Wie spät Sie wieder kommen! Und wo haben Sie gesteckt? Das möchte ich wirklich wissen.«

»Ach? Das ist schön . . . Sagen Sie Mason, bitte, er möchte Tee bringen, Privett!«

»Mason ist ausgegangen. Es ist sein freier Donnerstag.«

»Dann sagen Sie's Alice! Oder bringen Sie ihn selber!« – Lieber Gott, dachte Evelyn, während sie zum Wohnzimmer ging, habe ich denn nicht genug Dienstboten? – »Ruth!« sagte sie, als sie die Tür öffnete.

»Evelyn, Liebste!« Ruth kam ihr entgegen und starrte sie an mit der ganzen Bewunderung des jungen Mädchens für die ältere Frau. »Wie reizend du aussiehst – wie immer! Und dabei kommst du gerade aus einem Schneesturm. Wie machst du das nur? Ich habe dich in der Park Lane verpaßt. Ich war mit Vati nach dem Frühstück dort.«

»Ja, ich hab ihn getroffen. Er kam mit einem Herrn, der Papa sprechen wollte, deshalb bin ich gegangen.«

»Ich weiß. Miles Vane-Merrick.«

»Ja, Miles Vane-Merrick.«

Evelyn merkte sofort, daß Ruth sich für Miles Vane-Merrick interessierte. Aber natürlich sagte sie nichts. Sie zog den Mantel aus und warf ihn auf das Sofa, nahm die Pelzkappe ab und glättete ihr dichtes Haar. Dann lächelte sie Ruth zu.

»Komm, setz dich und erzähle, wie du das Leben genossen hast!«

Ruth genoß das Leben in vollen Zügen und machte kein Hehl daraus. Allgemein war sie wegen ihrer unschuldigen Meinung beliebt, daß jeder diese angenehme Sache genauso genösse wie sie. Manche fanden ihr unschuldiges Vergnügen einigermaßen zum Verzweifeln – Evelyn selber mußte gelegentlich ein Gefühl der Gereiztheit unterdrücken –, doch da ihre Altersgenossen auf ihren Frohsinn eingingen und die Älteren wohlwollend lächelten, amüsierte Ruth sich immer prachtvoll. Besonders ihr Großvater hörte gern, daß sie sich gut unterhielt. Wie andere Männer aus einfachen Verhältnissen, die es zu etwas gebracht haben, war William Jarrold ganz einverstanden damit, daß seine Nachkommen es sich leisten konnten, müßigzugehen; es schmeichelte seiner Eitelkeit. Und Ruth war durchaus nicht abgeneigt, alle nur möglichen Vorteile aus dem Jarroldschen Vermögen zu ziehen; von ihrer Mutter, die eine richtige Spießerin war, ermutigt, benutzte sie dieses Vermögen, um in einer Gesellschaftsschicht zu verkehren, die eigentlich nicht die ihre war. Sie konnte natürlich nicht über das Vermögen verfügen; aber es war bequem, Autos zu haben, die man seinen Freunden leihen, und ein Landhaus, in dem man sie gastlich bewirten konnte. Ruth Jarrold war durchaus damit einverstanden, wie sie sich ihr Leben eingerichtet hatte. Alle Jarrolds waren auf diese oder jene Weise ehrgeizig, und Ruths Ehrgeiz nahm die Form einer sanften und harmlosen, freilich törichten Genußsucht an.

Ihre Verehrung für Evelyn war echt, und als besonders günstig erwies es sich, daß die beliebte Frau Thomas Jarrold nicht nur ihre Tante, sondern auch ein entschiedener gesellschaftlicher Aktivposten war.

Sie plauderte. Evelyn gab sich diesem Geplauder freundlich hin; sie hatte das Gefühl, als widme sie sich ständig voller

Freundlichkeit irgendeinem Menschen oder irgendeiner Sache, bis sie überhaupt kein eigenes Dasein mehr führen könne. Ob sie sich jemals von der ganzen Menge ihrer Bekannten abwenden und sie eines Tages alle fortjagen würde? Sie wußte, irgendwo versteckt in ihrem Innern lauerte die notwendige Härte; tatsächlich fürchtete sie sich sogar davor. In früheren Zeiten hatte diese Härte ein- oder zweimal Gewalt über sie gewonnen; das konnte wiederkommen. Sie verachtete diese Härte, weil sie sie häßlich fand. Doch manchmal hatte sie das Gefühl, als könne sie die Leere ihrer Bekannten und das Schablonenhafte der Jarrolds nicht länger ertragen. Die beiden alten Jarrolds waren jeder in seiner Art durchaus echt, aber alle anderen waren Puppen, Marionetten, und die Konventionen, die sie angenommen hatten, bedeuteten nicht mehr als das Papier im Papierkorb.

Bruchstücke von Ruths Geplauder erreichten Evelyn wie von weit her. »Und erzähl mir doch von Eton... da war wohl alle Welt gekommen?... hast du dir die internen Spiele angesehen?... und was macht Dan?... nächstes Jahr muß ich wirklich mit dir zum Quartalsschluß hinfahren... das ist dann Dans letztes Halbjahr, nicht wahr?... ich denk mir immer, bei so einem Quartalsschluß gibt es viel Spaß... das sagt jeder, den man kennt... ebenso nett wie Ascot... und dann das Feuerwerk... wie schön das wäre, wenn ich noch einen Vetter hätte, der nach Eton geht!... oder einen Bruder... aber es macht ja nichts, lustig wird's werden, wenn Dan erst in Oxford ist. Ich finde das so merkwürdig, was man manchmal von Jungen hört, die nicht gern in Eton sind, du nicht auch? Neulich hab ich von jemand gehört, der doch tatsächlich einmal darum gebeten hat, man solle ihn dort fortnehmen. Und dabei hatte er in der Mannschaft seines Hauses gespielt und sollte gerade in die Schulmannschaft gewählt werden.«

»Und ist's geschehen?« fragte Evelyn unbeteiligt.

»Daß er in die Schulmannschaft gewählt wurde? Natürlich nicht. Ach so, von der Schule genommen, meinst du? Ja, das ist geschehen. Er hat so ein Getue darum gemacht und gesagt, er liefe sonst weg. Sein Vater mußte noch ein ganzes Jahr bezahlen, und weil er keineswegs reich war, hat ihm das viel mehr ausgemacht, als den Sohn von der Schule zu nehmen.«

»Und wer war das?« fragte Evelyn, die mit dem Tee beschäftigt war.

»Stell dir vor, es ist Miles Van-Merrick gewesen.« Ruth schwieg eine Weile. »Es ist ja wirklich sonderbar. Er hat alle möglichen seltsamen Ansichten. Er will nicht mehr Kricket spielen und nicht mehr auf Gesellschaften gehen...«

»Geht er nicht heute abend zum Ball?« fragte Evelyn und sah ihre junge Nichte rasch und freundlich an.

»Doch, ja, das will er; ich hab ihn dazu gebracht, daß er's mir versprach. Ich halte es nicht für richtig, daß ein junger Mann sich ständig in einer alten Burg einsperrt, wenn er sich nicht gerade in den Elendsvierteln seines Wahlkreises aufhält, nicht wahr, Evelyn? Bloß mit dummen Bauern und sonst niemand?«

»Tut er das?«

»Ja – aber wir wollen nicht von ihm sprechen, er ist wirklich nicht sehr interessant. Sprechen wir lieber von dir!«

»Ich meine, er sieht sehr gut aus«, sagte Evelyn vorsichtig.

»Gut aussehen – ja, ich glaube wohl; wie Sir Philip Sidney, meine ich immer. Irgend jemand hat mal gesagt, er sehe ganz so aus, als sei er aus der Zeit der Königin Elisabeth. Weißt du, er ist sehr gescheit«, sagte Ruth, »er liebt Poesie; ich glaube, er schreibt sogar selber Gedichte.«

»Wie schade!« sagte Evelyn, »es wäre doch viel besser, wenn er Kricket spielen würde.«

»Ja, das meinen Vati und ich auch, aber ich hätte nicht geglaubt, daß du so denkst, Evelyn. Ich habe dich immer im Verdacht gehabt, du seist ein bißchen intellektuell veranlagt.« Ruth lachte herzlich. »Aber ist es nicht wirklich sonderbar bei einem Menschen wie Miles Vane-Merrick? Ich meine, er ist in allem so tüchtig, oder er könnte es wenigstens sein, wenn er sich die Mühe machen wollte; doch anscheinend kümmert er sich nicht darum. Natürlich macht es nicht soviel aus, weil er nicht der älteste Sohn ist; er wird wohl tun können, was er will, aber wenn er der älteste wäre, dann wäre es wirklich sehr schade.«

»Zucker?«

»Ja, bitte, viel! Und wie steht's mit dir, Evelyn? Hast du dich amüsiert? Weißt du, daß wir uns eine Woche lang nicht gesehen haben?«

»So lange!« sagte Evelyn.

»Du fehlst mir wirklich, wenn ich dich nicht sehe«, sagte Ruth ernsthaft. »Natürlich bilde ich mir nicht ein, du würdest es merken, wenn du mich einen Monat lang nicht sähest. Als du im Sommer mit Dan in Italien warst, habe ich dich schrecklich vermißt, und du hast mir nur eine Ansichtskarte geschickt. Ich habe immer entsetzliche Angst, daß etwas schiefgeht, wenn du nicht da bist.«

»Aber liebes Kind, was sollte denn schiefgehen? Mit euch Jarrolds geht niemals etwas schief. Ihr schreitet von Erfolg zu Erfolg; ihr seid eine glückliche, aufblühende Familie.«

Trotz ihrer schulmädchenhaften Schwärmerei für Evelyn fand Ruth es ziemlich herzlos, daß Evelyn so redete, wo doch der arme Onkel Thomas im Kriege gefallen war.

»Manchmal geht doch etwas schief, findest du nicht?« sagte sie. »Und immer habe ich das Gefühl«, fügte sie hinzu, um ihre im Innersten ungetreue Kritik wiedergutzumachen, »daß du der einzige Mensch bist, der alles wieder geraderichten kann. Immer kannst du Großpapa herumkriegen. Ich weiß genau«, fuhr sie fort, und die Begeisterung ging mit ihr durch, »daß du jeden herumkriegen könntest. Du bist fabelhaft, Evelyn; du bist so ruhig und selbständig und ziemlich spöttisch und doch wirklich menschlich. Ich möchte wohl wissen, woran du eigentlich denkst, wenn du allein bist.«

»Meistens an Kleider«, sagte Evelyn, die es nicht mochte, wenn Ruth gefühlvoll wurde, obwohl sie in ihrer Eitelkeit eifersüchtig über die Ergebenheit selbst dieses alltäglichen Mädchens wachte, »und an die nächste Gesellschaft.«

»Das sagst du nur so; ich glaube dir nicht ein Wort. Manchmal fühle ich mich ganz unbehaglich bei dir, Evelyn, so sehr ich dich auch liebe.«

»Aber du liebst mich trotzdem, nicht wahr?«

»Ach, Evelyn, das weißt du doch. Mehr als sonst jemand, außer Mutti und Vati natürlich.«

»Bestimmt?« fragte Evelyn. Sie nahm die Einschränkung wegen Mutti und Vati übel.

»Ganz bestimmt. Aber weshalb willst du das denn wissen? In Wirklichkeit ist es dir doch ganz gleich, ob ich dich liebe oder nicht.«

»Möchte nicht jeder gern geliebt werden?« sagte Evelyn. Eigentlich ist es nicht recht von mir, daß ich so mit dem Mädchen spiele, dachte sie. Aber sie mußte unbedingt alle Jarrolds zu ihren Füßen sehen, wenn sie sich deswegen auch verachtete. Es war ein Spiel, mit dem sie sich beschäftigte, wenn sie nichts Besseres vorhatte.

»Natürlich möchte jeder gern geliebt werden, aber ich dachte, du hättest auch ohne mich genug Menschen, die dich lieben.«

»Man hat niemals genug«, sagte Evelyn und stand unvermittelt auf. Sie hatte das Geständnis von dem Mädchen erpreßt, das sie hören wollte, wie sie es von jedem andern erpreßt haben könnte, und plötzlich langweilte es sie. »Du mußt nun laufen, Liebste; ich möchte noch ein bißchen ruhen, ehe ich mich zum Essen umziehe.«

»O Evelyn, du bist gar nicht nett. Darf ich nicht bleiben?«

»Nein, das darfst du nicht. Wenn du bliebest, würdest du mich vielleicht weniger lieben.«

»Du weißt doch, daß ich das nie tun würde; und wenn's so wäre, machtest du dir nichts daraus.«

»O doch«, sagte Evelyn, nahm den Kopf des Mädchens zwischen die Hände und lachte ihr in die Augen. Als sie das tat, war ihr Gesichtsausdruck so spöttisch und doch gleichzeitig so zärtlich, daß Ruth ihr alle Herzlosigkeit vergab und sie nur noch mehr liebte. Man konnte Evelyn alles verzeihen, wenn sie einen so anschaute. »Gut, Grausame«, sagte sie, »ich gehe und überlasse dich deiner Ruhe. Wir treffen uns heut abend.«

»Wenn du das treffen nennst! Ich werde dich von weitem sehen, wenn du mit Miles Vane-Merrick tanzt. Mit deinem jungen Mann aus der Zeit der Königin Elisabeth.«

»Zieh mich nicht auf, Evelyn!«

»Darf ich nicht? Gut, ich tu's nicht mehr.«

Ruth war immer seltsam froh erregt, wenn sie mit Evelyn zusammengewesen war. Sie ging jedesmal von ihr mit einem Kopf, in dem ungewöhnliche, inhaltsschwere, gefährliche Ansichten schwammen. Wie verlief Evelyns Leben dann, wenn es nicht jeder sehen konnte? Äußerlich führte sie das gewöhnliche, halb sittsame, halb leichtfertige Leben einer Frau, die ihre Zeit zwischen den familiären Bindungen und dem persönlichen Vergnügen aufteilte, sie war eine zärtliche Mutter, eine ideale Schwiegertochter, Schwägerin und Tante; wenigstens einmal in der Woche frühstückte sie in der Park Lane und verließ die alten Leute stets in bester Stimmung; wenigstens alle vierzehn Tage speiste sie bei Ruths Eltern, brachte Ruths steife und vorsichtige Mutter dazu, sich zu entspannen, und Ruths Vater dazu, eine Menge Dinge zu sagen, die er nie sagen würde, wenn Evelyn nicht da war – sogar gewagte Dinge, die seiner Frau stets ein im geheimen entzücktes »Aber Gottfried! Ich kenne dich gar nicht wieder!« entlockten; wenigstens einmal im Monat ließ sie sich von Onkel Evan ins Theater führen, was für eine begehrte Frau wie Evelyn nicht sehr erfreulich sein konnte, da Onkel Evan für gewöhnlich mürrisch, gelegentlich unvermutet und beunruhigend geräuschvoll, immer jedoch dumm war. Diese Dummheit überstieg selbst die Jarroldsche Duldung von Hohlköpfigkeit. Ruth vermochte diese vorbildlich häusliche Evelyn nicht mit der verwöhnten luxusbedürftigen Evelyn in Einklang zu bringen, die fünfzigmal am Tage nach der geduldigen, aber unangenehmen Privett klingelte, die alle

Oberkellner von London, Paris und Berlin dazu bewegen konnte, zuerst ihr zu servieren, die jede Bewunderung wie einen Scherz entgegennahm und einem doch das Gefühl einflößte, daß sie auf Bewunderung Wert lege; die den Eindruck erweckte, daß sie ein Leben hinter ihrem Leben führe, die – kurz gesagt – offenbar ein Muster häuslicher Tugenden war und einen doch an den Schick des Modehauses Vogue und die ganze Leidenschaft Shakespeares erinnerte.

Die Eltern saßen allein beieinander, als Ruth nach Hause kam. Weil sie sich nach zwanzig Ehejahren nichts mehr zu sagen hatten, löste die Mutter ein Kreuzworträtsel, und der Vater rauchte bei der Abendzeitung seine Pfeife. Der Anblick ihrer Tochter heiterte sie ein wenig auf.

»Na, Ruth, wo bist du gewesen?«

»Du solltest dich vor dem Essen noch ein wenig ausruhen, liebes Kind.«

Ruth hatte genau gewußt, was beide sagen würden. Die erwarteten Sätze zu hören reizte sie keineswegs, es beruhigte sie vielmehr. Es besänftigte ihre unerklärliche Erregung über Evelyn. »Ich habe Evelyn besucht«, antwortete sie und war gewiß, daß die Antwort volle Billigung finden würde. »Ja, Mutti, ich glaube, ich ruhe mich ein Weilchen aus«, fuhr sie fort, froh über die Entschuldigung, gleich entwischen zu können, da sie den Eltern nicht mehr zu sagen wußte, als die einander zu sagen hatten – außer den Dingen, die man nicht sagen konnte und deshalb nicht sagte –; und in der Abgeschlossenheit ihres Zimmers konnte sie wenigstens mit einer ihrer Freundinnen telefonieren, sogar mit Evelyn, die sie gerade verlassen hatte.

»Du siehst müde aus, Liebling.«

Noch eine erwartete Phrase. Wie tröstlich das war! Wenn vielleicht auch langweilig.

»Ach nein, Mutti, ich bin kein bißchen müde.«

»Was willst du heut abend anziehen? Ich würde an deiner Stelle das Blaue nehmen.«

»Ich dachte eigentlich an mein neues Rotes, Mutti.«

»Schön, Liebling, wie du willst. – Gottfried, welches Fremdwort mit fünf Buchstaben fängt mit P an und hört mit T auf und bedeutet reizend?«

»Pikant vielleicht?« sagte Gottfried, der die Nachrichten von der Scheidungskammer las.

»P–i–k–a–n–t, nein, das geht nicht, das hat sechs Buchstaben. Ach, Gottfried, du enttäuschst mich. Denk dir etwas anderes aus!«

»Petit!« sagte Ruth, die eine Eingebung hatte.

»Petit! Ich glaube wirklich, du hast's getroffen: p–e–t–i–t. Heutzutage haben die Leute so komische Ansichten von reizend«, sagte Ruths Mutter, die einen Meter achtzig in Strümpfen maß. »Immerhin, da könnte ein T in der Mitte sein, das zu Karotte paßt – eine Karotte ist doch etwas, was man einem Esel unter der Nase baumeln läßt, nicht? Ich will's mit Bleistift einsetzen, damit ich's ausradieren kann, wenn ich etwas Besseres finden sollte. Liebling, du hast mir so schön geholfen, aber nun geh und ruh dich aus! Du siehst erschöpft aus.«

Es klang interessant, wenn einem jemand sagte, man sehe erschöpft aus, obwohl die Wirkung sicher nicht sehr kleidsam war. Es war angenehm, zu seiner Familie nach Hause zu kommen und genau die Sätze zu hören, die man erwartete. Ruth küßte ihre Mutter und ging nach oben. Das Haus war warm, da es Zentralheizung besaß, die sich Leute, denen es nicht so gut ging, nicht leisten konnten – oder die sie verachteten, da die Engländer von allen nördlichen Völkern das Klima am wenigsten beachten, obwohl sie unablässig und ausschließlich einzigartige Bemerkungen darüber machen. Das Haus war warm und voller Treibhausblumen, die ein Gärtner wöchentlich brachte, Blumen, die außerhalb der Jahreszeit blühten, Tulpen zu Weihnachten, Rosen zu Neujahr, Pfirsichblüten im Januar, Blumen, welche die Freude an all diesen wildwachsenden und reizenden Blumen verdarben, wenn sie in der Natur erschienen. Doch für Frau Gottfried Jarrold und ihre Tochter Ruth stellten sie nicht mehr dar als das notwendige Zubehör zum Luxus, nicht mehr als die geheizten Räume, die illustrierten Zeitschriften und der Fahrstuhl, der einem die Anstrengung ersparte, zwei oder drei Treppen zu steigen, wenn man auf einen kleinen Knopf drückte. Ruth empfand aufrichtige Dankbarkeit für ihren Großvater, der allein durch eigene Anstrengungen seinen Nachkommen solch bequeme Lebensbedingungen gesichert hatte. Natürlich würde sie lieber aus einer vornehmen Familie stammen oder noch besser aus altem Adel, doch heutzutage vergaßen die Leute schnell, daß der Großvater aus eigener Kraft etwas geworden, ja sogar, daß er ein Mann aus dem Volke war: Die neuen Familien verschmolzen rasch mit den alten. Heute würde niemand sagen, ihr Vater sei der Sohn eines solchen Mannes. Damit beruhigte sie sich selber. – Aber sie brauchte deshalb wirklich nicht befangen und unsicher zu sein, dachte sie, als sie sich genießerisch auf dem Sofa vor dem Kamin ihres Wohnzimmers ausstreckte; das würde nur bedeuten, sich eine Blöße zu geben.

Sie fragte sich, ob Evelyn sich jemals über solche Dinge den Kopf zerbräche.

Herrlich unbestimmte Wachträume begannen ihr durch den Geist zu fließen, so daß sie eine Hand ausstreckte und die Lampe ausknipste, damit allein der Schein des Feuers durch den Raum spielte. Sie würde Evelyn heute abend wiedersehen und auch Miles Vane-Merrick; er würde mit ihr tanzen, und sie wollte ihn damit necken, daß er zu dieser Gesellschaft gekommen sei. Insgeheim hoffte sie, daß er sie auf seine alte Burg einladen würde; wenn sie diese Einladung erreichen könnte, wäre sie mit dem Erfolg des Abends völlig zufrieden. Das mußte sie sich zum Ziel setzen. Doch sie glaubte, ihr größter Wunsch sei der, Evelyn zu sehen; das Herz würde sich ihr im Leibe umdrehen, wenn sie Evelyn zum ersten Male im Saale erblickte. Sie würde zufrieden damit sein, nur im selben Raum mit ihr zu weilen. Evelyn brachte es fertig, daß einem das Leben gefährlicher und erregender erschien und doch gleichzeitig sicherer; sie schien tiefe, starke Hilfsquellen in sich selber zu haben, die man benutzen und auf die man sich verlassen konnte. Man brauchte sich nicht vor dem Leben zu fürchten, nicht besorgt zu sein wegen der Gefahren, die hinter der nächsten Ecke lauern konnten; es war feige, Gefahren auszuweichen und wegzulaufen, selbst wenn man sonst leiden mußte. Evelyn, das ahnte sie, würde leiden, wenn es sein mußte, aber tapfer sein; sie würde es als Teil des Lebens nehmen, das Schwere wie das Bequeme – obwohl Evelyn das Bequeme lieber hatte, ebenso wie jeder andere; sie liebte es, eine anziehende Frau zu sein, sie liebte es, die Leute auf ihre bezaubernde, halb freundliche, halb grausame Weise zu tyrannisieren; sie liebte die Macht, und da sie ganz Frau war, benutzte sie ihre ganze Weiblichkeit dazu, sie zu gewinnen; doch würde sie auch die Folgen tapfer auf sich nehmen, selbst wenn sie andern einen Teil davon aufbürden würde. Sie hatte gewisse Maßstäbe und war ebenso bereit, selber danach zu leben, wie sie es von andern forderte.

Ruth würde Evelyn heut abend beim Ball sehen. Die Gefahr, die Unruhe, alles würde wieder in ihr Leben einbrechen. Und Miles Vane-Merrick würde dasein; er hatte es gesagt. Ihre Gedanken verschwammen; sie strömten von ihr fort; nach einem Weilchen schlief sie ein.

Was für ein rauher, kalter Abend das war! So rauh und kalt, daß sich nicht die übliche Menge von Leuten auf dem Bürgersteig angesammelt hatte, um zu sehen, wie die vornehme Welt aus den Autos stieg und zum Ball ins Chevron-Haus ging. Der Grosvenor Square lag verlassen da, nur die Prozession der Wagen fuhr vor; einer nach dem andern setzten sie ihre Fracht ab und glitten wieder in die Dunkelheit hinter dem Gitter, um dort zu warten, bis der Diener um zwei oder drei Uhr morgens die Namen aufrief. Nur eine zitternde alte Frau stand an der Treppe vor dem Chevron-Haus und versuchte, Streichhölzer zu verkaufen. Sogar die Türen des Hauses mußten geschlossen gehalten werden; sie öffneten sich wie durch Zauberei, um jeden neu Angekommenen einzulassen, und schlossen sich sofort wieder, um den eisigen Wind auszusperren, der sonst die Treppen hinauf blasen, die Wärme der Heizkörper auslöschen, den Damen das Haar zerraufen und die weißen Lilien knicken würde, die so prächtig in großen goldenen Weinkühlern am Rande jedes Treppenabsatzes standen. Herrengarderobe zur Rechten, Damengarderobe zur Linken; Mengen von gepuderten Dienern wiesen den Weg und brachten es fertig, gleichzeitig majestätisch und ehrerbietig auszusehen; es sah alles sehr prächtig aus, ganz so, wie man nach Ruth Jarrolds Meinung so etwas aufziehen mußte. Schade, daß der exzentrische Herzog, der Hausherr, auf einer seiner geheimnisvollen und überflüssigen Reisen war; aber es machte eigentlich kaum einen Unterschied, da er noch nicht verheiratet war und seine Mutter die Gesellschaft in seiner Abwesenheit gab – eine Gesellschaft, die er wahrscheinlich verhindert hätte, wenn er in England gewesen wäre, denn seine Einstellung gegen solche Extravaganzen war wohlbekannt und wurde von seinesgleichen viel belacht. Es war vielleicht gar kein Jammer, sondern recht gut, daß der Herzog irgendwo in Asien und nicht in London war.

Seine Mutter stand oben an der Treppe und empfing ihre Gäste. Sie war schon ein wenig runzlig und verwelkt, obwohl man noch deutlich sehen konnte, daß sie einmal hübsch gewesen war – Ruth fielen die Worte »pikant« und »petit« aus dem Kreuzworträtsel ihrer Mutter wieder ein –, und setzte tapfer die Traditionen ihrer Zeit in dieser veränderten Welt fort. Sie zeigte sich noch lebhaft und gewandt, hatte ein Wort, ein Dutzend Worte, hundert Worte für jeden, den sie begrüßte, bereit. Dennoch gestattete ihr Benehmen viele Abstufungen, die so fein waren, daß man sie kaum bemerkte, wenn man nicht sehr empfindlich aufpaßte, wie Ruth Jarrold zum Beispiel, die sich einbildete, bei der Begrüßung ein leichtes Absinken im vertraulichen Ton zu entdecken im Vergleich zum Empfang der Herzogin für Lord und Lady Roehampton, die unmittelbar vor den Jarrolds gekommen waren. »Sylvia, Liebste!« hatte sie ausgerufen, »Lieber Georg!« Doch zu Ruths Mutter und Vater sagte sie nur: »O Hester, wie nett, daß Sie kommen – und auch Herr Jarrold und die liebe kleine Ruth – Sie werden alle Ihre Freunde dort treffen.« Dabei wies sie auf den Ballsaal. Wie höflich, ja herzlich ihr Stil auch sein konnte, er hatte einen Unterton der Verabschiedung enthalten, während ihr Verhalten den Roehamptons gegenüber darauf hindeutete, daß sie sie nur allzugern bei sich behalten hätte, um mit ihnen zu plaudern, wenn ihre Pflichten als Gastgeberin und der Andrang der andern Gäste auf der Treppe sie nicht daran gehindert hätten. Aber vielleicht war Ruth überempfindlich.

Als sie jedoch erst einmal im Ballsaal war, brauchte sie sich nicht mehr zu beklagen. Junge Männer kamen zu Dutzenden auf sie zu und baten um einen Tanz. Sie hatte das Vergnügen, mehrere abweisen zu können, entweder weil sie wirklich vergeben war oder weil sie glaubte, daß verständiges Zögern ihr erlauben würde, später eine bessere Wahl zu treffen. Ruth verlor nie den Kopf, selbst dann nicht, wenn sie sich am besten amüsierte.

Als sie tanzte und sich rhythmisch unter den großen Kronleuchtern drehte, fragte sie sich, wie einem wohl als Herrin dieser prachtvollen Räume zumute sein würde. Doch es hatte keinen Sinn, darüber nachzudenken, denn der Herzog war zwar Junggeselle, aber von sprichwörtlicher Unnahbarkeit.

Der Becher ihres Vergnügens war noch nicht voll: Sie hatte Evelyn noch nicht entdeckt. Evelyn würde nicht viel Zeit für sie haben. Das war immer so auf Gesellschaften. Vermutlich hatte sie Amüsanteres zu tun. Sie pflegte Ruth nur zuzulächeln, ein Wort zu sagen und schon weiterzugehen. Doch das Lächeln und das Wort waren stets so vertraut, so zärtlich, daß Ruth nur immer noch stärker zu ihrer Sklavin wurde.

In solchen Augenblicken hatte Ruth das Gefühl, das Leben sei zu schön, um wirklich zu sein. Sie genoß das Licht und die Musik und die bevorzugte Menge, zu der sie gehörte. Ganz bestimmt – so dachte sie – war die englische Oberschicht (ein scheußlicher Ausdruck, aber irgendwie mußte man sie ja bezeichnen) die dekorativste der Welt. Die ihr angehörten, sahen aus, als seien sie seit Generationen gut genährt, gewärmt, trainiert und in der Überzeugung aufgezogen worden, daß die ganze Erde nicht ihresgleichen hervorbringen könne. Die Übereinstimmung im Aussehen war erstaunlich: Sie alle besaßen die Würde und Schönheit durchgezüchteter Vollbluttiere. Die jungen Männer waren so elegant wie Windhunde, die jungen Frauen farbig wie ein blühender Feldrain. Was machte es schon aus, würde Ruth bei einigem Nachdenken hinzugefügt haben, daß diese glatten Köpfe nicht mehr Verstand besaßen als Windhunde, da ja die schlanken Körper deren Anmut aufwiesen? Was machte es aus, daß in ihrem Kodex seltsamerweise die Verachtung für den geistigen Fortschritt geschrieben stand, der ihnen doch hätte eigen sein können? Was machte es aus, daß sie sich selber in die doppelten Schranken ihrer Klasse und ihres Nationalbewußtseins einkerkerten? Aber Ruth hatte keinen solchen Gedanken, da sie selber eine von ihnen oder doch eine Nachahmung war, die ihnen in fast allen Einzelheiten glich.

Ruth besaß ein noch ausgeprägteres Klassenbewußtsein als jene, das war alles. Sie konnte das Ganze nicht für selbstverständlich halten. Bewußt genoß sie es, Ruth Jarrold zu sein und im Chevron-Haus zu tanzen.

All die Tanzmelodien klangen gleich, und das war an sich schon eine Beruhigung. Sie klangen leicht lüstern und leicht mißtönend. Man spürte den Arm eines jungen Mannes im Rücken, den Körper eines jungen Mannes überraschend nahe, seinen Atem im Haar und doch eine Fremdheit zwischen sich und ihm oder mindestens eine eigentlich gar nicht bestehende, nur zeitweilige Nähe, die zerbrach, sobald die Musik aufhörte. Nur durch die ähnlichen Lebensbedingungen und die vergnügungssüchtige Leichtfertigkeit wurden sie und der junge Mann zusammengehalten. Es gab auch andere Dinge, zum Beispiel jene, die man hinter Evelyns Persönlichkeit vermutete.

Sie schaute über die Schulter ihres Partners durch den Saal; im Glanz der Lichter sah sie zwischen den Bewegungen der sich umschlungen haltenden Paare Evelyn mit Miles Vane-Merrick tanzen.

Sie freute sich darüber, denn jede Verbindung, die Vane-Merricks Freundschaft mit ihrer Familie verstärkte, war ihr willkommen. Es kam ihr sogar in den Sinn, Evelyn tanze vielleicht um ihret-, um Ruths willen mit ihm und prüfe den jungen Mann, für den ihre Nichte Interesse verriet. Liebe Evelyn! So etwas konnte sie tun, und wenn's nur deshalb war, um ihrer Schwäche zu frönen, sich in alles einzumischen, was die Jarrolds betraf. Ruth tanzte weiter und wartete auf die nächste Drehung, die es ihr möglich machte, noch einmal den dunklen und den blonden Kopf zu sehen, die so gut zueinander paßten. Eine verwirrende Zärtlichkeit überwältigte sie, als sie diese beiden so unerwartet zusammen sah, die beiden, die sie sich bisher ohne jede Verbindung miteinander vorgestellt hatte: Evelyn, die sie offen liebte, und Miles, von dem sie wußte, daß sie ihn jeden Augenblick ebenso lieben könnte, wie durch eine Explosion, die durch die Berührung einer vorbereiteten Sprengleitung ausgelöst wird; sie war sich nicht einmal ganz klar darüber, ob diese Explosion nicht schon von dem bloßen Anblick Evelyns in Miles Vane-Merricks Armen ausgelöst worden war. Waren ihr diese beiden wirklich teurer als sonst irgend etwas auf der Welt, daß schon ihr vereinter Anblick sie zu solch starker Erregung bewegte? – Es war eine Überraschung, sie zusammen zu sehen, so innig und körperlich nahe beieinander, wie der Tanz es erforderte. Es war beinahe peinlich. Fast war es peinlich, daß Evelyns Kopf so nahe an Miles Vane-Merricks Schulter rührte. Sie hatte sich die beiden früher niemals als solch lebendige, körperliche Wesen vorgestellt.

Die Musik hörte auf, und die Illusion schwand; Ruth wurde wieder ein Mädchen, das sich dem Problem gegenübersah, mit einem jungen Mann zu plaudern, den sie kaum kannte. Glücklicherweise war die Pause zwischen zwei Tänzen nur kurz; diejenigen, die sich nichts zu sagen wußten, konnten nun andere Partner finden, und diejenigen, die sich alles zu sagen hatten, konnten aussetzen. Ruth war eine von denen, die einen anderen Partner fanden. Sie spürte im Innern eine geheime Befriedigung, weil sie sicher war, daß Miles Vane-Merrick sie nun suchen würde und daß sie in der köstlichen Vertraulichkeit zwischen zwei Tänzen über Evelyn sprechen und einer Meinung sein würden.

Jeder Augenblick, der verging, fügte etwas zu ihrer glücklichen Vorfreude hinzu. Das war ein herrlicher Zustand, den sie verspürte, ein Zustand, der noch herrlicher war, weil sie sich eingestanden hatte, daß sie Miles Vane-Merrick lieben könnte. Wenn sie zugab, daß sie ihn lieben könnte, so hieß das, daß sie ihn wirklich schon liebte. Im Geiste tat sie den entscheidenden Schritt, und dann schaute sie wieder zu ihm hinüber, wobei ein neuer und leidenschaftlicher Schrecken sie erfaßte, der eine körperliche Unruhe in ihr auslöste; das Herz schlug unregelmäßig, ihr wurde schwindlig, ein Würgen stieg ihr in die Kehle, das Haupt sank ein wenig zurück, und die Augen schlossen sich sogar, während sich die Lippen öffneten. Es dauerte nur eine Sekunde, sie kam gleich wieder zu sich und fand, daß sie immer noch mit einem jungen Mann tanzte, dessen Arm sie umfaßt hielt und der nichts bemerkt hatte. Das schwarze Tuch seines Frackes war ganz nahe vor ihren Augen, sie konnte die Fäden des Gewebes erkennen. Sie tanzte weiter, doch sie war ein anderer Mensch geworden: Etwas von ungeheurer Wichtigkeit war geschehen.

Als Miles zu ihr kam, konnte sie sich nur mit Mühe klarmachen, daß er ja nichts von dem wußte, was geschehen war. Sein Benehmen war ganz alltäglich, als er sie um einen Tanz bat. »Den übernächsten«, antwortete sie und wußte nicht, wie sie bis dahin am Leben bleiben sollte, wußte nicht, wie sie es ertragen sollte, wenn der Tanz kam. Und sich vorzustellen, daß es für ihn gar nichts bedeutete! Denn er dankte nur und wandte sich ohne den kleinsten Blick ab. Ein solches Nichtverstehen von seiner Seite war unglaublich.

Die Musik begann wieder, doch Ruth fühlte, daß sie allein sein mußte, schlüpfte aus dem Ballsaal und stieß mit der Menge zusammen, die wieder hereinkam. Lärm und Lachen und Musik, Lichter, blankes Parkett und ein Überfluß von Blumen. Ein Ball im Chevron-Haus mit solch geheimen Dingen, die da ganz tief in einem geschahen! Männerstimmen sagten: »Weshalb laufen Sie weg, Ruth? Kommen Sie, wir tanzen zusammen.« Aber sie löste sich von ihnen allen und sagte, sie habe sich das Kleid zerrissen und müsse es in der Garderobe wieder heften; irgend etwas sagte sie, nur um wegzukommen.

Auf der Treppe traf sie Evelyn, die gerade heraufkam. Evelyn lachte mit dem Mann, mit dem sie ging. Sie sah außergewöhnlich froh und ausgelassen aus, so als ob sie über und über aus einer inneren Quelle von Erregung und Glück glühte. Mit einer Hand hob sie ihr Kleid an; die andere ruhte leicht auf dem Geländer; ein großer Fächer aus Schildpatt und Adlerfedern hing an einem Band von ihrem Handgelenk herab. Ein kleines Diamantmonogramm blitzte auf, als das Licht darauffiel. In ihrer Schlankheit glich sie heute abend einer Statue, in dem elfenbeinfarbigen Gewand aus Crêpe Satin, das sie eng umhüllte und das bis zur Erde reichte; nichts Buntes war an ihrer Kleidung; das zarte Gelb ließ ihren runden Hals weißer erscheinen und betonte das Netz blauer Adern auf ihrer Brust. Ihre Haut schien kühl wie Marmor und warm wie Elfenbein. Die einzigen Farben waren Mund und Wangen, die rosig leuchteten, die dunkelblauen Augen und das kurze lockige Haar. Ruth bemerkte, wie gerade und doch elastisch sie sich hielt, wie schmal der Kopf und wie fein der Schulteransatz war.

»Willst du weglaufen, Ruth?« fragte sie, wie die andern gefragt hatten.

Ruth brachte die Ausrede vor, die sie sich ausgedacht hatte, und fühlte dabei, wie kritisch Evelyn sie prüfte. Sie schaute sie mit einem forschenden, spöttischen Blick an – mit jenem Ausdruck, den ihr Gesicht annahm, wenn sie sich über jemand lustig machte. Der Mann, den diese Begegnung langweilte, war ein paar Stufen weitergegangen und wartete dort auf Evelyn, während er mit den Fingern ziemlich ungeduldig auf das Geländer trommelte. Ruth spürte den Drang, etwas zu sagen, etwas von dem Aufruhr zu zeigen, der in ihrem Innern tobte. »Evelyn«, sagte sie und brach ab.

»Was ist denn? Nun sag! Was ist denn?« Evelyn schaute sie an, Ausgelassenheit im fragenden Blick. Sie strahlte, sie wirkte rätselhaft und erregt. Aber sie war unsicher. »Komm, Ruth, was hast du auf dem Herzen?«

»Nichts«, sagte Ruth. »Gefällt's dir?«

»Ja! – Und dir? Ein reizender Abend. Nun lauf und laß dir das Kleid in Ordnung bringen, wenn du schon nicht sagen willst, was du sagen wolltest!«

Sie weiß nicht, was ich sagen wollte, dachte Ruth; sie möchte, daß ich ihr ein Kompliment mache, daß ich ihr sage, wie entzückend sie heut abend aussieht, daß ich ihr sage, wie glücklich ich bin, sie zu sehen; das ist alles, was sie wollte, und alles, was sie erwartete. Was wollte ich denn überhaupt sagen? Nichts. Da ist nichts zu sagen.

Als sie später die Treppe hinaufging, traf sie Evelyn wieder, die herabkam und diesmal von Miles Vane-Merrick begleitet war. Die Klänge der Musik strömten oben aus dem Saal in die Halle. Die beiden lächelten ihr gleichgültig zu, blieben aber nicht stehen.

Ruth kehrte in den Ballsaal zurück und hatte das Gefühl, als sei etwas geschehen, das die Lichter trübe machte. Als Vane-Merricks Tanz kam, wich sie ihm aus.

Das Weihnachtsfest war bei den Jarrolds immer eine sehr wohlüberlegte Sache. William Jarrold fand es richtig, die alten englischen Traditionen aufrechtzuerhalten, und da es eine alte englische Überlieferung war, daß der Hausherr Weihnachten im Kreise seiner Familie feierte, hatte die Familie nach Newlands zu kommen, ganz gleich, ob sie lieber woanders gewesen wäre oder nicht. So wurde der

Gedanke, der dem Fest zugrunde lag, jeder solle fröhlich sein, zu einem strengen Befehl. Es war schwer einzusehen, weshalb eine Gruppe von erwachsenen Menschen sich wie eine Horde von Kindern benehmen sollte, weil der Kalender den fünfundzwanzigsten Dezember anzeigte; aber darauf lief es hinaus. Vom frühesten Morgen des ersten Feiertages an hallte das Haus wider von Ausrufen freudiger Überraschung und Dankbarkeitsbeteuerungen, jedes Zimmer sah aus, als habe man einen Papierkorb darin umgekippt. Dann kam die Kirche, dann das Gabelfrühstück mit dem jedes Jahr wiederkehrenden Streit darüber, ob man den brennenden Rum auf dem Plumpudding ausblasen müsse oder nicht. Am Nachmittag ließ die Erregung ein wenig nach, und man verließ das Haus zu einem Spaziergang. Nach dem Dinner gab es Knallbonbons, und jeder, angefangen bei William Jarrold bis hinunter zu Minnie, Ruths kleiner Schwester, schmückte sich das Haupt mit Papierkappen und blies ohrenbetäubend auf hölzernen Pfeifchen. Minnie ging rund um den Eßtisch und sammelte das bunte wellige Papier von den Knallbonbons, das überall verstreut lag, die Sprüche und die Bilder der schwarzen Katzen, die außen angeklebt waren. Dann gingen sie ins Wohnzimmer und stellten den Radioapparat an, und es gab die üblichen Schwierigkeiten, Minnie ins Bett zu bringen. Am nächsten Tag waren alle Schreibtische im Hause von Leuten besetzt, die Dankbriefe schrieben. Das war Weihnachten in Newlands, und nichts deutete darauf hin, daß es dies Jahr anders sein würde als in den vergangenen Jahren.

Evelyn freute sich nicht über diese Aussicht, dies Jahr sogar noch weniger als sonst.

Zwei oder drei Tage hatte sie Dan in London für sich allein. Er mußte in dem kleinen Fremdenzimmer ihrer Wohnung untergebracht werden. Als er ankam, lag sie im Bett, öffnete ihre Post und blätterte in den Zeitungen; sie hatte ihn nicht so früh erwartet. Auf dem Flur hörte sie eine Stimme, tief wie die eines Mannes, »Tag, Privett!« sagen; sie konnte es kaum glauben, daß es Dans Stimme sei; aber im nächsten Augenblick kam er zu ihr ins Zimmer. »Dan!« rief sie und breitete die Arme nach ihm aus. Er beugte sich herab und küßte sie, dabei sagte er mit seiner tiefen Stimme: »Tag, Mutti!«, wie er es eben zu Privett gesagt hatte. Sie zog ihn an sich. Er küßte sie noch einmal.

Gleich darauf saß er mit dem Frühstückstablett neben ihrem Bett und aß, während sie, auf einen Ellbogen gestützt, ihn voller Stolz betrachtete. Für siebzehneinhalb war er sehr groß, ebenmäßig gewachsen und sah gut aus. Nicht sommersprossig; sie war dankbar, daß er keine Sommersprossen hatte. Trotz seiner Größe – sein Wuchs war wirklich prachtvoll – war das Gesicht fast zu hübsch für einen Jungen. Mund und Kinn verrieten vielleicht zuviel Empfindsamkeit. Aber er hatte schöne Augen, braun wie die eines Rehes, und eine prachtvolle Stirn, über der dicht und tief das dunkle Haar wuchs. Er schien recht ernst und brauchte einige Zeit, um sich aus der besonnenen und höflichen Zurückhaltung zu lösen, die sein Wesen kennzeichnete. Er zog sich tadellos und unauffällig an, da er den Geschmack seiner Mutter für Kleidung geerbt hatte. Seine Hände waren lang und durchgeistigt, aber überraschend schmutzig; das paßte eigentlich gar nicht zu allem andern. Eine Andeutung von unterdrückter Kompliziertheit, die verborgen hinter seiner Schweigsamkeit lag, veranlaßte die Erwachsenen je nach dem Maß ihrer eigenen Intelligenz entweder zu sagen, Dan Jarrold sei ein interessanter Junge, oder aber, irgend etwas stimmte nicht bei ihm. Doch was sie auch sagen mochten, Dan Jarrold ging ruhig seine eigenen Wege und nahm von niemand viel Notiz.

Jetzt war er glücklich, im Zimmer seiner Mutter zu sitzen und die Augen auf den hübschen und luxuriösen Dingen und auf seiner Mutter selber ruhen zu lassen, die in zarter weiblicher Eleganz in ihrem Bett lag. Er liebte den dicken Teppich, das Feuer im Kamin, die Bürsten und Kästchen mit ihren Chagrinlederüberzügen auf dem Frisiertisch, die Ruhe, die blassen Farben, das Silber auf dem Frühstücksbrett und Privett, die mit Kleidungsstücken auf dem Arm hin und her ging; er war befangen, sie auch nur anzusehen. Er war dankbar, seinem kleinen kahlen Zimmer in Eton, dem ewigen Lärm der Schuhe auf den steinernen Korridoren und den ständigen Einbrüchen anderer Jungen entronnen zu sein, die einem die Tinte umkippten oder den Hut aus dem Fenster warfen, wenn man lesen wollte.

»Wie war's in Eton, Dan?«

»Ach, ganz nett, Mutti.«

Er sagte, er habe eine Menge in London zu tun, und sie ließ ihn lächelnd gehen, da sie wußte, »eine Menge zu tun« bedeutete, ein Weihnachtsgeschenk für sie zu kaufen. Wegen der anderen Geschenke würde er sie um Rat fragen und dabei schmutzige kleine Listen aus der Tasche holen, die er auf die Rückseite von Lateinarbeiten geschrieben hatte, aber wegen des Geschenkes für sie konnte er sich mit niemand beraten. Es würde eine einsame und mühevolle Expedition sein; sie stellte sich ihn vor, wie er in die Schaufenster starrte, dann groß und linkisch in den Laden trat, mit anderen Käufern zusammenstieß und von den Verkäuferinnen in Verwirrung gestürzt wurde, wenn sie ihn fragten, was sie ihm zeigen dürften, und wie er schließlich wieder aus dem Laden ging, ohne etwas gekauft zu haben. Sie dachte mit tiefer Zärtlichkeit an die rührende Verwirrung der Jungen – nicht nur in den Läden, sondern bei allen Problemen, denen zu begegnen sie so schlecht gerüstet waren. Doch abgesehen von diesem Einkauf wollte sie ihm die Zeit schön machen; sie wollte sich ausschließlich ihm widmen; er sollte sie ins Theater führen, sie wollte ihn die Eintrittskarten besorgen lassen, er sollte sich nach Schluß der Vorstellung um den Wagen kümmern, alles, damit er einen Sinn für Verantwortungen und Befugnisse bekäme – etwas, wovor er zurückschreckte –, und sie selber wollte es genießen, mit ihrem großen Sohn auszugehen, denn sie war mehr als nur ein bißchen in ihn verliebt, besonders wenn er den Smoking anhatte. Aber sie mußte dafür sorgen, daß er sich die Hände wusch; und sie hatte vergessen, seine Ohren nachzusehen.

Das Problem Dan machte ihr viel Sorgen. Nicht, daß er kein guter Junge war; manchmal hielt sie ihn fast für zu gut und überlegte voller Unruhe, ob er ihr nicht mehr Sorgen machen müsse; aber sie fühlte sich nicht recht gerüstet, sich mit seinen ständigen Zweifeln und unlösbaren Fragen zu beschäftigen. Da er zu loyal war, sie zu kritisieren, und zu unreif, ihre Unzulänglichkeiten zu erkennen, kam er mit all seinen Schwierigkeiten zu ihr und erwartete von ihr eine befriedigende Antwort. Da er es für selbstverständlich hielt, daß auch sie sich um diese Dinge mühte, hatte er das unbedingte Vertrauen, daß sie ihn über lebenswichtige Dinge aufklären könne, über die sie in Wirklichkeit überhaupt noch nicht nachgedacht hatte. Denn Evelyn Jarrold war keine Frau, welche die bestehende Ordnung der zivilisierten Welt in Frage stellte. Sie war nicht dumm, aber in solchen Dingen fügte sie sich einfach. Ihr waren persönliche Beziehungen wichtiger als soziale oder allgemeine Streitfragen. Woher mochte Dan diese Heftigkeit haben, fragte sie sich. Gewiß nicht von seinem Vater, der sich nie über irgend etwas im Leben, das über den Schnitt seiner Reithosen hinausging, Sorgen gemacht hatte, auch nicht von dem robusten alten William Jarrold; nein, entschied sie mit einem Seufzer, das verdankte er teilweise seinem Temperament, aber hauptsächlich der Generation, in der er lebte.

Sie fürchtete den ersten offenen Streit zwischen Dan und seinem Großvater oder zwischen Dan und den übrigen Jarrolds. Dans Ideen – soweit sie etwas davon verstand – gehörten sich nicht. Das bekümmerte sie. Und doch hatte sie, obwohl ihre ganze Erziehung für die Einstellung der Jarrolds sprach, das verwirrende Gefühl, Dan folge auf seine täppische Weise dem besseren, wenn freilich auch nicht dem klareren Wege.

Sie war vernünftig genug, einzusehen, daß das einzige,

was sie bei Dan wirklich befürchten mußte, eine mögliche Schwäche seines Charakters war. Es war mehr als nutzlos, für solch starke Sonderbarkeiten zu leiden, ohne den Mut oder die Entschlossenheit aufzubringen, ihre Folgen auf sich zu nehmen. Sie wollte nicht, daß Dan zu einem Schwächling heranwüchse, der sich seiner Ideale nur unklar bewußt war.

Ein Schatz von Redensarten war natürlich und tröstlich für sie; eine davon wendete sie auf ihre verwirrte Sorge um Dan und auf ihr Verständnis für ihn an: »Man muß von seinen eigenen Ansichten überzeugt sein«, dachte sie.

Ihr tyrannischer Trieb richtete sich nicht auf Dan. Ihm gegenüber war sie von wirklicher Selbstlosigkeit. Der mütterliche Instinkt in ihr nahm – das war merkwürdig genug – keine tyrannische Form an. Sie war durchaus bereit, zuzulassen, daß der Junge sich nach seiner eigenen Veranlagung entwickelte; sie wünschte sich nur die Fähigkeit, ihm zu folgen und zu helfen. Sie müßte dafür sorgen, daß er sich mit ihr aussprach, dachte sie, obwohl sie sich vor den Tiefen, in die sein Reden sie stürzen würde, fürchtete wie ein Mensch, der nicht schwimmen kann.

Es war nicht leicht, ihn zum Sprechen zu bewegen, obwohl er ihr von der Schule häufig acht Seiten lange Briefe schrieb, wenn er mit seinen Empfindungen nicht fertig wurde. Sie nahm die Briefe aus der Mappe, in der sie sie aufbewahrte.

Eton College, Windsor, 10. Oktober 1931

Meine einzig geliebte Mutti!

Du bist so gut und mitfühlend, daß ich es nicht lassen kann, Feder und Papier zu nehmen und zu schreiben: »Meine einzig geliebte Mutti!« Aber ich will keinen traurigen Brief schreiben (obwohl ich, lieber Gott! Grund genug dazu hätte!), weil ich glaube, es bedrückt Dich. Aber ich liebe es, abends aus dem verdammten Gedränge loszukommen, zu dem ich dauernd und unrettbar verurteilt bin. Es ist hier wirklich wie in einem Gefängnis; ich möchte in den Park von Windsor hinausreiten (oder sogar hinausradeln) und die klare, kalte Luft mit ihrem Gefühl von Freiheit und Ruhe atmen. Irgendwas, nur um hier wegzukommen! Aber ich habe anders begonnen, als ich eigentlich wollte. Ich wollte eigentlich mit einem glücklichen Satz anfangen: »Wie lieblich steht das gelbe Herbstlaub der Bäume vor dem matten Rot der Oberen Schule!« (Ich würde nur die nackte Wahrheit sagen, wenn ich das schriebe – es ist phantastisch schön, und ich sehne mich danach, aus dem Haus zu kommen – verfluchte Sperrstunde! – und zu sehen, wie es im Halbdunkel aussieht.) Komm bitte mal einen Sonntag herüber und besuch mich! Es treibt mir die Tränen in die Augen, wenn ich an Dich und die Freuden der Freiheit denke, statt in einem Gefängnis eingemauert [sic!] zu sein. Mutti, *bitte* hör auf, all dies Zeug zu lesen! Weißt Du, eigentlich ist es ganz natürlich, daß ich gerne schreibe, da ich es hasse, mit den Leuten hier zu reden, aber wenn es Dich zu sehr langweilt, meine Briefe zu lesen, sag es wirklich, wenn ich lieber aufhören soll, und ich werde aufhören, selbst dann, wenn ich damit die einzige mir verbleibende Beschäftigung, die ich gern mag, verlieren sollte. Ach, wenn ich doch nur die Masern kriegen könnte! Bitte, schreib mir, Liebste! Was sollte ich ohne Dich anfangen? Ich kann es kaum glauben, daß Du meinst, ich sei es wert, daß Du Dir Mühe mit mir gibst, wo ich doch nicht richtig arbeite und im Sport nichts tauge, mit keines Menschen Ideen übereinstimme, so schwer zu befriedigen, unpünktlich, nicht tüchtig bin und alle Fehler habe. Es ist mir wirklich ein Rätsel. Ach Gott, was mußt Du von mir denken!

Dein Dich liebender Daniel.

PS: Irgend etwas zwingt mich weiterzuschreiben. Ich weiß, daß es Dir nichts ausmacht, wenn ich weiterschreibe. Vielleicht schicke ich den Brief gar nicht ab. Neulich habe ich Dir einen Brief geschrieben, aber die Jungen haben den Schlüssel von meiner Schreibmappe weggeworfen, könntest Du mir deshalb bitte den zweiten Schlüssel schicken, den ich bei Dir gelassen habe, damit ich die Mappe aufschließen kann. Das ist das Schlimmste, so unbeliebt zu sein wie ich. Wenn ich doch nur erst 19 Jahre alt wäre! Kann ich nicht zwei Jahre verreisen?

Dan.

Eton College, Windsor, 1. November 1931

Meine liebste Mutti!

Heute hatten wir Felddienstübung vom Offiziersausbildungskorps; wir sind einfach Meilen und Meilen gelaufen und dann mit Lärm und Holzgewehren auf den Feind, als wir ihn trafen. Das war alles so töricht und unwirklich wie alle Felddienstübungen, und jeder fühlte sich so wichtig und ernst dabei. Ich war auch ernst, ich wollte nicht wieder wegen einer so unbedeutenden Sache Schelte bekommen. Ich wünschte, die Leute, die den Krieg für unzivilisiert halten, würden sich beeilen und jene überstimmen, die da behaupten, er gehöre zur »menschlichen Natur«! Oder rede ich Blödsinn? Ich habe mit siebzehn kein Recht, so zu reden, wenn gelehrte Männer, die nicht gerade unter Polizeiaufsicht stehen, völlig anders denken. Anscheinend weiß ich absolut nichts, was es auch sei. Ich glaube das wirklich, weil ich immer, wenn ich bei Dir bin, die ganze Zeit Belehrungen bekomme und dabei niemals etwas höre, was ich schon wußte, ganz abgesehen davon, daß ich Dir nie etwas erzählen kann, was Du nicht schon wüßtest! Am Sonnabend hab ich beinah Prügel gekriegt, hab ich's Dir in meinem letzten Brief erzählt? Wir haben zehn Minuten gestritten, dann ließ er mich gehen. Wir hatten Streit, weil ich nachlässig beim Fußballspiel bin. Dasselbe idiotische Vergehen! Im Unterricht bin ich aber nicht besonders schlecht in diesem Halbjahr. Ich hoffe sehr, daß Du nicht enttäuscht über mich bist.

Dein Dich liebender Sohn Daniel.

PS: Anscheinend wollen sie nichts, als daß einer genauso ist wie der andere.

Evelyn legte die Briefe mit einem Seufzer weg. Voller Flecken und Radierungen, holprig, wirr, unglücklich wie sie waren, brachen sie ihr jedesmal das Herz, wenn sie ankamen. Armer kleiner Dan! Scheinbar so selbstbewußt, offenbarte er sich doch in diesen mitleiderregenden Briefen. Oft hatte sie ihm Freunde gewünscht, die ihn verstünden und interessierten und auf die er sich verlassen könnte, fester als auf sie selber – es war nicht gut für einen Jungen, wenn er die einzige Zuflucht bei der Mutter fand, besonders wenn die Mutter so viele Mängel besaß –, aber ihre Freunde waren alle von konventionellem Typ und würden niemals mit seinen Schwierigkeiten oder Idealen sympathisieren. Hinter ihrem Rücken würden sie sagen, Evelyns Junge sei ein Poseur oder ein verdorbener Bursche. Sein Vater hätte keine Geduld mit ihm gehabt; seine Onkel, das wußte sie, verachteten ihn schon. Doch nun konnte sie ihn Gott sei Dank Miles vorstellen, Miles mit seinem Einfluß.

Miles war nicht in London – sie hatte ihn davon überzeugt, daß sie diese wenigen Tage völlig frei für Dan bleiben müsse –, doch am Tage vor Heiligabend rief er sie überraschend an, sagte, daß er zurückgekommen sei und hoffe, sie und Dan würden am Abend mit ihm in ein Theater gehen. Dan war im Zimmer, als das Telefon läutete, und kopierte an einer Ecke des Tisches, den er zu diesem Zwecke abgeräumt hatte, sehr sorgfältig das Aquarell einer Brücke. Er hob den Kopf, um seiner Mutter zuzuhören.

»Wer ist das, Mutti?«

»Herr Vane-Merrick«, sagte Evelyn langsam. »Du kennst ihn nicht. – Augenblick, Miles; Dan möchte wissen, mit wem ich spreche. – Herr Vane-Merrick möchte gern, daß wir heut abend mit ihm ins Theater gehen, Dan. Wollen wir?«

»Ich möchte *›Erde‹* sehen«, sagte Dan. »Da wird er nicht hin wollen.«

»Liebling, was im Himmel ist *›Erde‹*?«

»Das ist ein russischer Film«, sagte Dan verdrießlich. »Er läuft in Stratford – nicht Stratford-upon-Avon, sondern Stratford-atte-Bowe. Keine schöne Gegend. Geh du mit Herrn Vane-Merrick ins Theater, Mutti, und ich gehe allein nach Stratford.«

Evelyn war in Versuchung; sie hatte Miles über acht Tage nicht gesehen.

»Nein, nein«, sagte sie, »ich möchte, daß du Herrn Vane-Merrick kennenlernst. Sicher kommt er mit nach Stratford. – Miles«, sprach sie ins Telefon, »Dan und ich kommen, wenn es Ihnen möglich ist, einen russischen Film anzusehen, der *›Erde‹* heißt und in Stratford-atte-Bowe läuft.«

»Man braucht sich nicht umzuziehen«, sagte Dan hastig.

»Man braucht sich nicht umzuziehen«, sprach Evelyn ins Telefon. »Er sagt«, erklärte sie Dan, »das sei genau das, was er auch sehen möchte, aber er habe geglaubt, du gingest lieber ins Coliseum. – Wollen wir vorher hier zusammen essen?« fragte sie. »Sieben Uhr dreißig. Ja, sehr schön, auf Wiedersehen.«

»Mutti«, sagte Dan, »das ist doch nicht *Miles* Vane-Merrick, oder doch?«

»Was weißt denn du von Miles Vane-Merrick? Ja, er ist's.«

»Wahrhaftig?« rief Dan. Er sprang in großer Erregung auf. »Mutti, du willst doch nicht sagen, daß du Miles Vane-Merrick kennst? Du hast ihn niemals erwähnt. Ich dachte, es sei ein Bruder oder sonst jemand. Ich glaubte, Miles Vane-Merrick wäre ganz – nun, ganz außerhalb deines Kreises«, sagte er lahm.

»Aber Dan, woher weißt du denn etwas von ihm?«

»Oh, er kam zu einem Vortrag zur Politischen Gesellschaft in Eton. Er war eine richtige Überraschung für mich. Er sprach all die Dinge aus, die ich immer gedacht hatte – nur viel besser natürlich. Die Politische Gesellschaft hat ihn einfach gehaßt, seine Ansichten gehaßt, meine ich; *ihn* können sie nicht gehaßt haben, er war so lustig. Bestimmt hab ich dir geschrieben und von ihm erzählt.«

»Ich kann mich nicht erinnern, Dan – wann war das?«

»Vor sechs Monaten, glaube ich – im Sommerhalbjahr.«

Vor sechs Monaten hätte sie sich Miles Vane-Merricks Namen nicht gemerkt, wenn er sie in Dans Handschrift erreichte. Sie mußte den Brief heraussuchen. Sonderbar!

»Nein, ich kann mich nicht erinnern. Ich hoffe, du magst ihn«, fügte sie hinzu, und plötzlich überkam sie eine Furcht. Sie hatte so sehr auf Miles' Hilfe bei Dan gerechnet.

»Aber Mutti, er ist der einzige Mensch, den ich kennenlernen möchte. Aber hör mal, Mutti, du mußt taktvoll sein. Du darfst nicht sagen, daß ich ihn in der Politischen Gesellschaft gehört habe. Weißt du, er konnte ja nicht wissen, daß ich dort war. Versprichst du's?«

»Ich versprech's dir.« Evelyn wußte, wie wichtig es selbst für einen Menschen von Dans finanzieller Unabhängigkeit war, das Schulleben vom Leben zu Hause zu trennen. »Ich werde nicht ins Fettnäpfchen treten.«

»Mutti, Liebste, das tust du nie.« Reuevoll kam er zu ihr und küßte sie. Sie war von dieser Zärtlichkeit, die Dans Erregung bei dem Gedanken verriet, Miles Vane-Merrick kennenzulernen, außerordentlich bewegt. Nun brachte sie es über sich, die Worte auszusprechen, die sie seit Dans Ankunft auszusprechen versuchte: »Übrigens hat er uns beide für die Weihnachtsferien eingeladen.«

»Uns beide? Aber er kennt mich doch gar nicht.«

»Aber er kennt mich«, sagte Evelyn.

»Für länger? Wohin?«

»Irgendwo in Kent. Er lebt in einer alten Burg. Möchtest du hin?«

»Und ob ich möchte! Wann, Mutti? Neujahr?«

»Gleich nach Neujahr«, sagte Evelyn und dachte an die Überraschung, die William Jarrold für seine Familie zu Neujahr vorbereitet hatte.

»O Mutti! Wie schön! Wie herrlich! Miles Vane-Merrick! Wie unglaublich fabelhaft!«

Evelyn und Dan und Privett fuhren am Heiligen Abend nach Newlands hinunter. Sie reisten erster Klasse und Privett dritter. Der Rolls-Royce und ein Diener holten sie in Leatherhead ab, der Ford-Lastwagen war auch da für Privett und das Gepäck. (Die Jarrolds trieben großen Luxus; vielleicht sogar ein wenig aufdringlich. Evelyn fragte sich, ob es für Dan nicht nachteilig sei, in einen Rolls-Royce zu steigen und sich von einem Diener einen Fehpelz über die Knie legen zu lassen.) Er setzte sich neben ihr im Wagen zurück, äußerlich ganz das Muster des Enkels eines reichen Mannes. Vor ihm auf dem Boden lagen jedoch statt Golfschlägern und Gewehrfutteralen sein Malkasten und der zusammengeklappte Feldstuhl.

»Freust du dich auf Weihnachten, Dan?«

»Ich glaube schon, Mutti.«

»Nein, sag, ob du dich wirklich freust!«

»Nun, ich mag den Newlands-Teil davon nicht leiden. Ich meine, ich habe die Geschenke gern und all das, aber ich wünschte, du und ich, wir könnten zusammen irgendwohin fahren, statt diesen ganzen Familientratsch mitzumachen.«

»Sag mir genau, weshalb!«

»Zum Teil, weil ich gern mit dir allein bin, und zum Teil, weil ich es hasse, daß man alles mögliche von mir erwartet, was ich gar nicht bin. Und dann ist Robin da – ich hasse Robin –, das Ferkel.« Er war gesprächiger als gewöhnlich, weil er sich ärgerte und sich fürchtete und sein Vorgefühl seit Tagen unterdrückt hatte. »Übrigens, hast du Großvater etwas wegen des Jagdreitens gesagt?« Er hätte schon immer gern danach gefragt, hatte sich aber bis jetzt davor gedrückt.

»Natürlich habe ich das getan.«

»War er sehr ärgerlich?«

»Ja, ziemlich. Ich glaube, er wird überhaupt nichts davon erwähnen. Wenn er es doch tut, darfst du dich nicht fürchten. Ich stehe dir schon bei.«

»Er wird mich vornehmen, wenn du nicht da bist«, murmelte Dan.

»Wenn er das tut, Liebling, mußt du selber fest bleiben. Du darfst dich nicht nur auf mich verlassen!«

»Ich hasse Auseinandersetzungen.«

»Ja, Liebling, ich weiß, aber manchmal lassen sie sich nicht vermeiden.«

»Das ist eine prinzipielle Angelegenheit«, sagte Dan.

Sie war überrascht, diesen Erwachsenenausdruck aus seinem Munde zu hören.

»Wie meinst du das, eine prinzipielle Angelegenheit?«

»Herr Vane-Merrick hat das gesagt.«

»Dan! Immer zitierst du Herrn Vane-Merrick.«

»So? Verzeih! Ich tu's nicht mehr, wenn es dich stört. Aber du mußt zugeben, Mutti, daß er ein ganz ungewöhnlicher Mensch ist. Ich bin niemals einem Menschen begegnet, der so voller Ideen ist. Ich habe tatsächlich niemals einen Menschen getroffen, der ihm auch nur im mindesten ähnlich ist. Er ist anscheinend all das, was man nicht sein soll, und glaubt an all das, woran man nicht glauben soll, und doch kann ich mir niemand vorstellen, auf den er keinen Eindruck machen und den er nicht überzeugen könnte. Man kann ihn doch nicht einfach als einen verdorbenen Menschen bezeichnen, nicht wahr?«

»Nein, das kann man wohl nicht.«

»Das Außergewöhnliche an ihm ist«, sagte Dan verwirrt, »daß er sich für Ideen im allgemeinen interessiert. Du wirst es nicht glauben, Mutti, aber in der Schule kann ich niemand dazu kriegen, sich für Ideen im allgemeinen zu interessieren.«

Evelyn war über diesen Ausbruch bekümmert, denn das war eine von Dans Feststellungen, mit denen sie nicht fertig werden konnte. In Wirklichkeit mochte sie beunruhigende und umstürzlerische Ideen genausowenig wie Dans Schulkameraden oder die Jarrolds; sie sah es lieber, wenn alles in der gewohnten Weise vor sich ging. Miles hatte sie in der kurzen, aber überwältigenden Zeit ihrer Bekanntschaft gerade genug durch seine Lebhaftigkeit und Unehrerbietigkeit aus der Fassung gebracht; er glich in keiner Weise den Leuten, an die sie gewöhnt war. Nun erkannte sie, daß er und Dan zu Bundesgenossen bestimmt waren. Sie seufzte und redete sich ein, es sei gesund für die Jugend, unbefriedigt, aufrührerisch und wißbegierig zu sein. Sie redete es sich ein und glaubte es doch nicht recht. Trotzdem liebte sie Dan um dieses jugendlichen Eifers willen nur noch mehr, so sehr er sie auch beunruhigte. Sie machte einen Versuch, seine letzte Bemerkung so zu beantworten, wie Miles sie beantwortet hätte, und wünschte, Miles wäre da und fände Dan in dieser Stimmung und senkte die Saat seiner Anregungen in ihn hinein, wie man Blumensaat in den Boden senkt, den der Regen geöffnet und erwärmt hat.

»In der Schule! Aber du wirst finden, daß im Leben nicht alle so töricht sind wie in der Schule.«

»Meinst du? Aber alle, die ich kenne, sind beinahe ebenso töricht: Onkel Gottfried und Onkel Evan und alle deine Bekannten, Mutti, wenn es dir nichts ausmacht, daß ich das sage. Alle klopfen mir auf die Schulter und fragen, wie ich mich beim Kricket anstelle oder wie viele Tage ich in dieser Saison auf die Jagd reiten möchte oder ob ich schon Korporal im Offiziersausbildungskorps bin. Das meine ich, wenn ich sage, ich hasse es, daß man alles mögliche von mir erwartet, was ich nicht bin. Und ob ich in die Garde oder ins Werk will? Und ob ich in der Schulmannschaft bin? Und wenn nicht, warum nicht? Und das kommt nicht daher, weil ich Schüler bin, sondern weil das die Dinge sind, die sie wirklich für wichtig halten. Sie reden auch untereinander so, da ist nur ein kleiner Unterschied. Anscheinend kümmert sich kein Mensch darum, was du bist, sondern nur darum, was du tust; und das dümmste Zeug, was du tust, interessiert sie am meisten. Sie kümmern sich nicht im mindesten darum, was du innerlich bist; das ist überhaupt etwas, wessen man sich eigentlich schämen muß.«

Das beunruhigte Evelyn aufs neue; sie war nahe daran, den

Boden unter den Füßen zu verlieren; sie fühlte, daß Dan ungewöhnlich gründlich war. Wieder wünschte sie, Miles wäre da, ihr zu helfen, Miles, der Dan beredt, überzeugend und verständlich hätte antworten können. Sie hatte nicht erwartet, in so tiefes Wasser gezogen zu werden, während sie durch die dunklen Heckenwege von Surrey fuhren. Es war etwas anderes, wenn sie Dans Briefe bekam und sich Zeit für die Antwort nehmen konnte.

»Ich glaube, Dan, daß ich dich vielleicht mit den falschen Leuten zusammengebracht habe. Es gibt auch andere, weißt du – wie Herr Vane-Merrick –, die ebenso an Ideen im allgemeinen interessiert sind wie du selber. Du darfst nicht glauben, daß die Welt mit Männern wie Onkel Gottfried und Onkel Evan zu Ende wäre, die sind nur wie erwachsene Schuljungen. Sehr viele Engländer sind nichts als erwachsene Schuljungen. Vielleicht findest du, daß die Menschen ganz anders sind, wenn du erst nach Oxford kommst und dir deine Freunde selber aussuchen kannst.«

Sie gab sich die größte Mühe, ihm zu helfen, obwohl es ihr eigentlich gegen die Natur ging. Es gab Augenblicke, in denen sie wirklich wünschte, er möchte ein normaler Junge sein – ein netter normaler Junge. Und doch fragte sie sich, ob sie nicht Freundschaft mit ein paar Menschen hätte pflegen sollen, die seine Ansprüche befriedigen konnten. Von den Verwandten konnte sie ihn nicht fernhalten, von der Schule konnte sie ihn nicht nehmen – diese beiden Gedanken hätten ihr wirkliches Entsetzen eingeflößt –, aber sie hätte ihm wenigstens ein paar Bekannte geben können, die jenseits der Schranken seiner Familie und des Kreises ihrer eigenen, unzulänglichen Freunde standen. Miles hatte ihre Freunde unzulänglich genannt und hinzugefügt, sich mit ihnen zufriedenzugeben sei ein Zeichen von Furcht vor dem Leben. Furcht! Gerade das, was sie Dan unbedingt abgewöhnen wollte!

Seine nächsten Worte kamen wie ein neuer Vorwurf.

»Gott, was sollte ich ohne dich anfangen, Mutti! Du sagst immer das Richtige. Wenn du mich damit ermutigst, ich solle daran glauben, daß das Leben auf der Schule eben ein Leben auf der Schule sei, und so etwas. Und das ist alles Unsinn, daß du mich mit den falschen Leuten zusammengebracht hättest. Du kannst Onkel Gottfried und Onkel Evan und Robin und Ruth nicht ändern. (Sie ist übrigens die Schlimmste von allen, aber sie ist ja schließlich ein Mädchen.) Hast du mich nicht mit Miles Vane-Merrick bekannt gemacht? Und ohne dich hätte ich ihn niemals kennengelernt. Weißt du, Mutti, mir ist, als könne ich kaum noch leben, bis ich ihn wiedersehe. Da sind tausend und abertausend Dinge, über die ich mit ihm sprechen möchte, so viele, daß ich sie in tausend Jahren nicht aussprechen könnte. – Aber natürlich kann ich das nicht«, fügte er verzagt hinzu, »weil es ihn nur langweilen würde.«

»Er schien sich nicht mit dir zu langweilen, Dan, als wir uns ›*Erde*‹ ansahen, oder fandest du? Ich glaube, er hat kein einziges Wort mit mir gesprochen! Er hat nur mit dir geredet, den ganzen Abend.«

»Er war fabelhaft«, sagte Dan – »fabelhaft« war ein Wort, das es ihm angetan hatte. »Ich habe nie etwas von Rußland verstanden, bis er es mir erklärt hat. Mutti, ich glaube, Rußland ist etwas außerordentlich Wichtiges, meinst du nicht auch? Der Fünfjahresplan und all das. Natürlich würde man so was in England ablehnen. Man könnte in England nicht alle Hecken unterpflügen, nicht wahr? Herr Vane-Merrick sagte, er fände es abscheulich, wenn man's täte.«

»Herr Vane-Merrick gehört zur grundbesitzenden Aristokratie«, sagte Evelyn und lachte plötzlich auf.

Dan verstand sie nicht; nun hatte *er* den Boden unter den Füßen verloren.

»Er liebt England«, sagte er trotzig.

»Natürlich tut er das. – Sieh, da ist Newlands!«

»Newlands ist nicht England«, sagte Dan und schaute voller Abneigung auf das Haus seiner Vorfahren.

»Doch, das ist es!« sagte Evelyn und wurde plötzlich steif, »jedenfalls ein sehr wichtiger Teil von England.«

Niemand konnte Newlands für etwas anderes halten, als es war: für den Landsitz eines erfolgreichen Geschäftsmannes in Surrey. Mit Gold war es erworben, mit Gold wurde es erhalten. Viereckig, rot, stattlich und behaglich beherrschte es die zweihundert Morgen Surrey-Boden, Felder, Weiden und Terrassengärten, die dazu gehörten. Die Aussicht von den Fenstern war auf ihre Weise erfreulich: nicht von Stadt oder Siedlung versperrt und außerordentlich sauber. Die Sauberkeit hatte ihren Grund vielleicht in der ungewöhnlichen Reinlichkeit und Ordnung des Besitzes Newlands selbst: nicht eine Koppel ohne weiße Pfosten, nicht eine Zufahrt ohne eisernes Gitter, nicht ein Weg ohne Kies, nicht ein Obstgarten, dessen Bäume nicht in regelmäßigen Reihen gepflanzt waren; soweit man blicken konnte, war alles das Werk eines Mannes – eines reichen Mannes –, nicht das Werk der ungeordneten Natur. Das aufstrebende Bürgertum waltete unumschränkt. Die Hecken waren vollendet ebenmäßig beschnitten, die Rasenflächen sahen immer aus, als seien sie gerade an demselben Morgen gemäht worden, die Wegekanten waren wie mit dem Lineal gezogen, die Kletterpflanzen am Hause waren so gehalten, daß auch nicht eine Ranke ungebändigt im Winde wehte. Die nächste Umgebung des Hauses drückte diese Sorge für Ordnung, Bequemlichkeit und Schicklichkeit ganz besonders aus. Ein Blick auf den Stall allein genügte, um sich die Schirrkammer mit ihrem spiegelblanken Leder, den schimmernden Gebißstücken, den Kreuzleinen auf den Holzpflöcken, den gelben Pferdedecken mit roten Streifen und den Initialen W. J. vorzustellen sowie die Reihen der Boxen mit den Kavalleriehalftern und den Einfassungen aus Strohzöpfen, die Fliesen und die Eimer mit Initialen, die aufgereiht neben den Futterkisten standen. Ein Blick auf die Garage ließ einen an Betonböden denken, an abgedeckte Montiergruben, Wasserhähne an der richtigen Stelle, Speichenleder und Putzleder. Ein Blick auf den Dienstbotenflügel erweckte die Vorstellung von Anrichteraum neben Silberkammer, Küche mit anstoßender Spülküche, Vorhalle und Telefonzelle, Putzkammer mit breiten Brettertischen und Töpfen voller Wichse, Lederfett und Meltonwachs. Ein Paradies für Dienstboten, die dafür bekannt sind, mit solchen Dingen großzutun.

Es war dunkel, der kurze Wintertag ging seinem Ende zu, als Evelyn und Dan ankamen. Die Lichter des Wagens schwangen durchs Tor und erleuchteten die breite Kiesauffahrt. Die Fenster des Hauses strahlten einen gelben Willkommensgruß. Paterson, der Hausmeister, kam ihnen bis an die Haustür entgegen, von zweien seiner Untergebenen in Livree begleitet. Paterson mochte Frau Thomas gern. Zwar verursachte sie eine ganze Menge besonderer Mühe im Hause, wenn sie zu allen Stunden des Tages verlangte, daß man für sie telegrafiere und telefoniere oder Pakete vom Bahnhof hole. Überdies konnte es geschehen, daß sie zu spät zu den Mahlzeiten erschien, eine Nachlässigkeit, die niemand anders gestattet wurde; trotzdem rangierte er sie unter dem Begriff »Dame« ein und fügte bei sich hinzu, es sei ja genug Personal da, um all ihre Wünsche zu erfüllen. Außerdem hatte sie eine Art, von Zeit zu Zeit zu sagen: »Ich fürchte, ich mache Ihnen eine Menge Ärger, Paterson«, gerade wenn Paterson das Gefühl hatte, daß er lieber zwanzig Leute im Haus habe als nur Frau Thomas; und die Art, wie sie das sagte, machte allen Ärger wieder gut. Er mochte auch Herrn Dan, der im Laufe der Zeit der Herr in Newlands werden würde, wenn Herr Dan ihn auch befangen und sehr zurückhaltend behandelte und bei der Ankunft wahrscheinlich vergaß, nach Patersons Befinden zu fragen. Im ganzen zog Paterson, der nicht viel Ehrfurcht vor den Jarrolds als Familie hatte, so angenehm sie auch in mancher Hinsicht als Arbeitgeber sein mochten, Frau Thomas und Herrn Dan den übrigen vor. Sie näherten sich am ehesten dem Typ, dem er zu dienen gewohnt war.

Die Haustür wurde rasch geschlossen, um die eisige Luft des Dezemberabends abzuhalten; und als sie sicher in der warmen Halle waren, half Paterson ihnen aus den Mänteln.

Der Tee, teilte er ihnen mit, sei gerade in der Bibliothek serviert worden. Und zur Bibliothek geleitete er sie, nachdem er Evelyn zunächst einen Stapel Briefe und Päckchen und Dan eine einzige Drucksache ausgehändigt hatte, die sie erwarteten. Durch Halle und Frühstückszimmer führte er sie zur Bibliothek, wo er die Tür öffnete und zeremoniell verkündete: »Frau Thomas Jarrold; Herr Daniel Jarrold«, worauf er sie den Verwandten überließ.

Die ganze Familie Jarrold war um den Teetisch versammelt und erhob sich erfreut, um Evelyn willkommen zu heißen. Dan stand abseits und hatte ein wenig das Gefühl, als gehöre er nicht dazu, und war dankbar, daß er Taschen hatte, in die er die Hände stecken konnte. (Als ihm jedoch einfiel, daß sein Großvater sofort sagen würde: »Aha, die schlappe Eton-Haltung! M–m–m. Kannst du nicht mehr grade stehen, mein Junge?«, nahm er die Hände aus der Tasche und versuchte ziemlich ungeschickt, sie anderswo unterzubringen.) Alle schienen sehr froh zu sein, seine Mutter zu sehen, und man rückte ihr einen Stuhl neben Großmutters Platz an den Tisch. Großvater war um sie her wie eine alte Hummel um eine Rose, bot ihr Hörnchen, belegte Brote, Teegebäck an und machte schließlich den Scherz, zu sagen, er wisse genau, daß sie lieber einen Cocktail möchte. Onkel Gottfried und Onkel Evan gaben ihr übliches langweiliges Getue auf und wurden ganz lebendig; sie strichen sich mit der Hand übers Haar, fingerten an den Manschetten und zogen auch am Knoten ihrer Krawatten. Dan stand inzwischen immer noch da und war froh, daß die Ankunft seiner Mutter soviel Aufmerksamkeit erregte, aber er war sich nicht ganz sicher, wie weit er selber sich vortrauen dürfe. Schließlich tippte seine Großmutter auf einen Stuhl und ließ ihn neben sich, auf der anderen Seite, sitzen.

Es erleichterte ihn, zu sitzen; er fühlte sich nun weniger groß, weniger unbeholfen, weniger auffallend.

Das Zimmer war warm, geräumig und strahlend hell erleuchtet – zu strahlend. Es tat kund, daß die Jarrolds es nicht nötig hatten, mit elektrischem Licht zu sparen. Ein riesiges Holzfeuer loderte im Kamin, doch es war im wesentlichen zum Anschauen; die eigentliche Wärme des Zimmers kam von der Zentralheizung. Ungeheure, chintzbezogene Sessel und Sofas verkündeten den englischen Sinn für Bequemlichkeit, sie wurden durch die Hörnchen, das Teegebäck und die dampfende Silberkanne ergänzt. Da der Raum Bibliothek genannt wurde, erhoben sich Buchgestelle an den Wänden hinter Gittertüren, deren Schlüssel an Herrn Jarrolds Uhrkette hing, der Hauptschlüssel, der auch die Schaukästen des Museums in der Park Lane öffnete. Die Bibliothek bestand durchweg aus Gesamtausgaben der führenden Schriftsteller von Spence bis herunter zu Hardy; die meisten davon waren nicht aufgeschnitten und nur wenige gelesen. Diese Ausnahmen, die aufgeschnittenen und gelesenen, waren Dickens und – überraschenderweise – Swinburne, mit dem nach Herrn Jarrolds Ansicht die englische Prosa wie auch die englische Poesie ein Ende hatte. Die Modernen waren in teuren Ausgaben vertreten und wurden – das erklärte das Vorhandensein von Hardy und Conrad – auf gut Glück immer dann nach dem Rat eines Freundes bestellt, wenn es Herrn Jarrold notwendig erschien, seine Bibliothek auf dem laufenden zu halten. Es war ein angenehmer Raum, diese Bibliothek in Newlands, für jeden, der nicht gerade ein Buch lesen wollte.

Rund um den Teetisch saßen William Jarrold; Luise, seine Frau; Gottfried, der älteste der lebenden Söhne, mit Hester, seiner Frau, Robin, ihrem Sohn, und Ruth, ihrer Tochter; Evan, der zweite der lebenden Söhne, und Katharina, die unverheiratete Tochter. Minnie, das unartige Kind, war zweifellos oben bei »Kakao«, dem alten Kindermädchen, das alle Jarroldkinder aufgezogen hatte und dessen richtiger Name schon längst vergessen war.

Eine heitere, typische und harmonische Familiengesellschaft, würde man denken, die William Jarrolds kurze, derbe Hand zusammenhielt. Und doch gab es Bestandteile, die nicht zusammenpaßten, und Streitmöglichkeiten, wie Evelyn wohl wußte. Jeden Augenblick konnte sich eine Explosion zwischen Evan und seinem Vater ereignen, jeden Augenblick eine andere Explosion zwischen Dan und seinem Großvater. Und in Ruths unglücklichen Augen las sie die ganze Schwierigkeit der unausgesprochenen Situation zwischen Ruth und ihr selber – zwischen Ruth, ihr selber und Miles Vane-Merrick.

Dan war der erste, der wütend wurde. Er stürmte in ihr Zimmer, während sie sich zum Dinner ankleidete. Sie hatte ihm wegen seiner Schweigsamkeit und schlechten Laune beim Tee Vorwürfe gemacht.

»Die Wahrheit ist, daß ich sie nicht ausstehen kann, Mutti. Großpapa und Großmuttchen mag ich ganz gerne, aber die andern kann ich nicht ausstehen. Es ist zum Ersticken hier. Warum sprechen sie niemals über etwas, das sich lohnt anzuhören? Warum spötteln sie über alles, was ich gern mag? Warum zieht mich Onkel Gottfried am Haar und sagt: ›Willst du ein Dichter werden, Dan?‹, bloß weil ich keine Zeit gehabt habe, mir's schneiden zu lassen? Warum halten sie's für *komisch*, wenn man Gedichte und Bilder und Musik gerne mag, und machen Witze darüber, wo sie selber es doch so verdammt ernst mit ihrem Golf oder Englands Gewinnaussichten gegen Australien nehmen? Großpapa ist irgendwie anders; es ist wahr, daß auch er sich nicht die Bohne aus den Dingen macht, die ich gern habe, aber man fühlt, daß er etwas aus seinem Leben gemacht hat, selbst wenn's nur Geschäft ist. Man hat das Empfinden, daß er immer mit wichtigen Dingen zu tun gehabt hat und daß er einem eine Menge darüber erzählen könnte, wie man die Welt lenkt, wenn er sich nur die Mühe machen wollte. Es macht einem gar nichts aus, daß er ein Philister ist, möchte ich sagen. Aber anscheinend hat er all seine Energie für sich verbraucht und nichts davon für seine Kinder übriggelassen.«

»Sie versuchen, sich ihrer Vorstellung vom idealen Engländer anzupassen«, sagte Evelyn.

»Lachst du mich aus, Mutti? Das klingt, als ob du Herrn Vane-Merrick zitierst. Was würden sie wohl von ihm denken? Ich möchte ihn mal hier zwischen ihnen erleben!«

Evelyn wußte genau, was sie von ihm dachten: ein Verräter seiner Klasse. (»Ich kann den Kerl nicht verstehen«, hatte Gottfried gesagt.) Aber das erzählte sie Dan nicht.

»Tröste dich, Dan; in einer reichlichen Woche bist du bei ihm!«

»Gott sei Dank! Mutti – ich habe nie gewagt, dich danach zu fragen –, war Vater den Onkeln ähnlich? Oder war er so wie Herr Vane-Merrick?«

»Dein Vater war Onkel Gottfried sehr ähnlich«, sagte Evelyn nach einer Pause. Die Frage hatte sie erschüttert.

»Aber er hatte doch sicher mehr Charakter, Mutti? (Du weißt, wie sie in der Schule immer auf uns losfahren wegen Charakter.) Ich weiß nicht soviel über Onkel Gottfried, aber bei Onkel Evan habe ich den Eindruck, als hätte er überhaupt keinen Charakter. Er hat ja die richtigen Manieren, aber nichts dahinter. Viele Leute sind so. War Vater so? Ich möcht's wissen – ich muß es wissen!«

»Nun ja, Dan, weil du's wissen willst, er war so. Er war sehr reizend und sehr beliebt und ein sehr guter Sportsmann auf allen Gebieten, aber man konnte ihn nicht als sehr energischen oder intelligenten Mann bezeichnen. Er machte sich nichts aus gescheiten Leuten, er mißtraute ihnen. Ich glaube, du würdest sagen, er pfiff auf sie. Ich weiß, daß du es dir zu Herzen nehmen wirst, was ich sage, Dan, aber du weißt, daß ich dir immer die Wahrheit sage.«

»Ja, Mutti. Da ist noch etwas mit eurem idealen Engländer: Er haßt die Wahrheit einfach. Ich habe das auf der Schule entdeckt. Wenn du sagst, was du wirklich denkst, oder versuchst, hinter die Wahrheit zu kommen, hinter die wirkliche Wahrheit, dann wird's den Leuten unbehaglich, als ob du etwas Anstößiges gesagt hättest.«

Evelyn lächelte über Dans naive Entdeckungen; sie war froh, daß sie wieder lächeln konnte nach dem plötzlichen schwierigen Augenblick, den sie hinter sich hatte. Aber wie problematisch er war, dieser junge Prophet, der in der Wüste rief! Sie fragte sich, ob sie ihn um seines eigenen Glückes willen ermutigen sollte oder nicht.

»Bleib du bei deinen Prinzipien, Dan; kümmere dich nicht um andere Leute! Und lauf jetzt, oder ich komme zu spät zum Dinner!«

Es gab Augenblicke, in denen ihre Liebe zu ihm größer war, als sie ertragen konnte.

Newlands langweilte sie entsetzlich, es langweilte sie nicht nur, sondern es ging ihr auf die Nerven. Diese Reizbarkeit war ihr neu und hatte sie überkommen, seit sie Miles kannte. Das völlige Fehlen von Gedanken bei den jüngeren Jarrolds, ihr dauernder grober Spott, den sie für Witz hielten, die Begrenztheit ihrer Interessen, die Unduldsamkeit, die Engstirnigkeit, das alles schien ihr nun unerträglich im Gegensatz zu Miles Vane-Merricks Munterkeit und Frohsinn. Beinahe zog sie den betrunkenen Evan, der ihr mit seinen Fehlern menschlicher erschien, dem steifen und selbstgerechten Gottfried und seiner tugendhaft britischen Frau vor. Frau Gottfried konnte über nichts anderes als über ihre Dienstboten sprechen.

»Kannst du dir das vorstellen, meine Liebe, wir können dienstags niemand zum Dinner bitten, weil die Köchin darauf besteht, an diesem Tage auszugehen? Denkst du, sie würde ihren freien Tag verschieben, um uns einen Gefallen zu tun? Die nicht! Und die andern sind genauso. Als ich neulich mit Baxendale darüber sprach, antwortete sie – du kannst dir nicht vorstellen, wie unverschämt sie antwortete: ›Nun, gnädige Frau, jeder möchte sein kleines Vergnügen haben.‹ Kleines Vergnügen, wirklich! Und ich höre, daß die Unsittlichkeit unter den Mädchen dieser Klasse schrecklich ist. Denk nur an die Geschichten, die man über die Parks hört! Und bist du schon mal abends durch die Straßen in Brighton gegangen?«

»Vielleicht haben die armen Dinger keinen andern Ort, wo sie hingehen können«, sagte Evelyn.

»Ich muß schon sagen, Evelyn, du setzt mich in Erstaunen! Da sieht man's, daß du niemals ins Kino gehst. Wenn du dich da im Dunkeln umsiehst...«

»Warum sieht man sich denn dann um?« fragte Evelyn, als ihre Schwägerin eine vielsagende Pause machte.

»Ha, ha! Du bist wirklich manchmal komisch, Evelyn. Gottfried, hast du das gehört? Das ist wirklich lustig. Ist sie nicht klug, Gottfried?«

»Ich habe schon immer gesagt, Evelyn ist ein bißchen intellektuell«, sagte Gottfried von seinem Sessel her.

Frau Gottfried Jarrold schrie vor Entzücken. »Ja, so ist es: ein bißchen intellektuell. Fortschrittliche Ansichten und all so etwas. Wenn man sich vorstellt, daß wir eine Intellektuelle in *unserer* Familie gehabt hätten! Und nun Dan...«

Nach ein paar hämischen Bemerkungen sagte sie: »Im Ernst, Evelyn, wir machen uns alle ein bißchen Sorgen um Dan. Ich hoffe, du nimmst es mir nicht übel, daß ich das sage. Aber du weißt ja, daß er gestern nicht mit auf die Jagd wollte; er sagte, er möchte malen. Weißt du, das ist aber unnatürlich für einen Jungen in dem Alter, nicht wahr, Gottfried? Steh mir doch ein bißchen bei!«

»Würdest du es für natürlich halten, wenn er den Dorfmädeln nachliefe?«

»Ha, ha!« machte Gottfried. »Da hast du's, Hester.«

»Liebe Evelyn, ich hoffe wirklich, daß du so etwas nicht sagst, wenn Ruth dabei ist!«

»Ich kann Dan verstehen, Hester, ich kann's nicht ändern. Ich hasse es auch, auf die Jagd zu gehen. Manchmal glaube ich wirklich, es kann einer der größte Lump der Welt sein, wenn er nur ein guter Schütze ist, vergibt man ihm alles. Und nun muß ich wirklich gehen und mit Kakao sprechen; ich hab sie kaum gesehen, solange ich hier bin, und möchte sie nicht verletzen.«

Als Evelyn das Zimmer verlassen hatte, sagte Hester: »Ich

weiß gar nicht, was über Evelyn gekommen ist, Gottfried. Ich glaube, da muß sie irgendwer beeinflussen. Was sie für Sachen sagt! Ich bin wirklich empört. Was hätte nur der arme Thomas denken müssen! Ich meine, du solltest mit Dan sprechen, Gottfried, und versuchen, den armen Thomas ein wenig zu ersetzen.«

»Der Junge ist verdorben«, sagte Gottfried verdrießlich.

»Das fürchte ich auch. Ruth sagt, er hätte die merkwürdigsten Ideen.«

»Einem anständigen Jungen dürfte es nicht soviel Schwierigkeiten machen, in der Schule voranzukommen. Irgend etwas muß mit ihm nicht in Ordnung sein. Jungen erkennen das immer.«

»Er sollte ins Heer eintreten.«

»Ja, dort würden sie ihm die Albernheiten austreiben.«

»Ich möchte nur wissen, was Papa von ihm hält, Gottfried?«

»Ich glaube, Papa mag ihn ganz gern.«

»Dein Vater ist so unberechenbar, Lieber. Wieso glaubst du, daß er ihn gern hat?«

»Nun, ich habe Dan gestern ausgescholten, weil er sein dummes Farbengepfusche der Jagd vorzieht, als Papa dazukam, Dan auf die Schulter klopfte und sagte: ›Bleib du nur bei deinen Grundsätzen, mein Junge!‹«

»War das ein Scherz?«

»Ein ziemlich dünner Scherz«, brummelte Gottfried.

Aber trotzdem hatte er recht. Herr Jarrold mochte Dan gern. Er achtete ihn, als er sah, daß der Junge keine Marionette war wie seine beiden eigenen Söhne.

»Katharina«, sagte Hester, die später noch einmal von diesem Thema anfing, »was hältst du von Dan?«

»Wie meinst du das, Liebste? Du weißt, daß ich niemals gerne etwas gegen irgend jemand sage, besonders nicht gegen die Jugend. Sie ist so rührend schutzlos, denke ich immer.«

Aus dieser Antwort ersah Hester, daß sie fortfahren konnte. Sie fuhr fort. Katharina war ein ausgezeichnetes Publikum. Sie hatte sich ihre Jungfräulichkeit nicht fünfundvierzig Jahre lang bewahrt, ohne diese Tatsache in jedem Satz, in jeder Geste zu offenbaren. Als tätige Christin war sie mit tugendsamer Selbstzufriedenheit vollgepfropft, ohne ein Lot Nächstenliebe zu besitzen.

Sie war weniger an Dan als an Evelyn interessiert.

»Vielleicht dürfen wir den armen Jungen gar nicht tadeln, Hester. Du weißt, wie sehr man den Geist der Jugend beeinflussen kann, und vielleicht ist Dans häuslicher Einfluß nicht immer – nun, vielleicht nicht immer so gewesen, als wenn der arme Thomas noch lebte.«

»Du meinst . . .?«

»Ich denke, du verstehst, was ich meine. Zwing mich nicht, tadelnde Gedanken in Worte zu kleiden!«

»Du bist so gewissenhaft, Katharina – so ein reizender Zug von dir, Liebste. Es ist wirklich wahr, wir wissen wenig von Evelyns Leben, wenn sie nicht mit uns zusammen ist. Ihre Freunde zum Beispiel, vielleicht hat sie Dutzende von Freunden, von denen wir nie etwas gehört haben. Denk dran, Katharina, daß Evelyn noch eine hübsche Frau ist!«

»Ja, und sie sieht viel jünger aus, als sie wirklich ist. Das muß man ihr zugestehen. Das ist, glaube ich, heutzutage nicht allzu schwierig, wenn man seine Zeit und sein Geld beim Schneider und im Schönheitssalon verschwendet. Ich persönlich kann mir freilich eine bessere Verwendung meiner Zeit vorstellen.«

»Gewiß. Du weißt ja, wie gern ich Evelyn habe – wie gern wir sie tatsächlich alle haben – der Himmel bewahre mich davor, daß ich ein böses Wort gegen sie sage –, aber sie ist eine eitle Frau, Katharina – oh, eine ganz harmlose Eitelkeit! – also kurz gesagt, was denkst du?« Hester machte eine erwartungsvolle Pause.

»Ich denke mir *gar* nicht gern etwas«, sagte Katharina, die es in Wirklichkeit sehr gern tat.

»Nein. Ich dachte mir, daß du das sagen würdest. Mir

geht's genauso. Aber angenommen, da wäre *doch* – nun ja –, da wäre doch jemand in ihrem Leben? Jemand, von dem wir nichts wissen? Würde das ein sehr gutes Vorbild für Dan sein? Eine sehr schöne Art, ihm Achtung vor dem Andenken seines Vaters beizubringen?«

»O Hester, das glaube ich nicht – nein, ich kann es nicht glauben – ich will es nicht glauben.«

»Bitte, Katharina, ich habe nichts Bestimmtes gesagt.«

»Natürlich nicht – aber wer könnte es sein?«

»Wie kann man das sagen? Evelyn geht oft aus – und schließlich hat sie eine eigene Wohnung.«

»Was für ein furchtbarer, entsetzlicher Gedanke!« sagte Katharina und genoß den Kitzel. Sie malte es sich aus, mit allen Einzelheiten, die sie sich ausdenken konnte, während sie das christliche Werk tat, der armen alten Frau Moffat im Dorf einen Topf Sülze hinunterzutragen. Sie schaute Evelyn mit anderen Augen an, bemerkte dabei ihre Anmut, ihre Schönheit und stellte sich vor, wie diese Anmut, diese Schönheit einem Mann in die Arme sank.

Später kam es zwischen den beiden Jungen zu einem offenen Streit. Hester und Gottfried, die zusammen im Garten auf und ab gingen, hörten zornige Stimmen, die aus dem Jagdzimmer klangen. Sie hörten, wie Dan sagte: »Du kleines Stinktier!«

»O Gottfried, da beschimpft Dan wieder unsern Robin!«

Sie eilten zur offenen Tür und sahen die beiden Jungen; Robin war ganz rot und trotzig, Dan voller Verachtung und sehr überlegen.

»Aber, aber, ihr Jungen, was ist denn nun schon wieder?«

»Er hat gesagt, er will mich durchprügeln«, sagte Robin, durch das Dazwischentreten seiner Eltern befreit.

»Schäm dich, Dan – wo du doppelt so groß bist! Lernst du so was in Eton?«

»Was hast du angestellt, Robin?« fragte Gottfried vernünftiger.

»Ich hab überhaupt gar nichts gemacht, Vati.«

»Laß Dan reden! Dan, was hat er getan?«

»Ach, nichts«, sagte Dan und stieß mit der Fußspitze gegen den Boden.

»Nun, wenn's keiner von euch sagen will, kommt Robin jetzt mit uns, und wenn ihr das nächste Mal zusammenkommt, benehmt ihr euch! – Wirklich, Gottfried«, sagte Hester, als sie weggingen, »ich glaube, ich muß mal mit Evelyn darüber sprechen, wie Dan unsern Robin tyrannisiert.«

Sie sprach mit Evelyn, Evelyn wurde heftig, und die ganze Familie wurde hineinverwickelt. Alle nahmen Robins Partei und sagten, es sei eine Schande, daß Dan einen Jungen bedrohe, der zwei Jahre jünger sei. Alle hatten das Gefühl, Robin sei ein netter, gesunder, normaler Junge und Dan ein Ungeheuer, ein Paria. Sie hatten zu gute Manieren, als daß sie das so offen ausgesprochen hätten; Evelyn konnte diese Folgerung selber ziehen.

Sie rief Dan in ihr Zimmer. »Was ist da los, Dan?«

»Ich kann's dir nicht erzählen, Mutti.«

»Ich versteh nicht, weshalb du dich nicht besser mit Robin verträgst – er ist nicht sehr interessant, das gebe ich zu, aber er ist ein völlig harmloser kleiner Junge.«

Das war ein bißchen viel für Dan, dem ganz übel war; er brummte. Was würde seine Mutter wohl denken, fragte er sich, wenn sie Robins übliche Unterhaltung mit dem einen Reitknecht anhören könnte? Was würde Tante Hester denken oder Onkel Gottfried? Sie alle billigten Robins Leidenschaft für die Ställe; Großvater hatte erst gestern sehr beißend gesagt, daß er sich wirklich freue, einen Jungen zu sehen, der Pferde gern möge. Wenn sie nur wüßten! Aber Dan würd's ihnen nicht erzählen. Sie sollten ruhig wohlwollend lächeln, wenn Robin aus dem Stall zurückkam und Strohhalme auf dem Rücken hatte. Das einzige, was er, Dan, tun konnte, war, die kleine Bestie zum Teufel zu wünschen.

Er würde es Herrn Vane-Merrick erzählen. Er würde ihm

das Unsittliche von dieser Sache sagen, ohne Robins Namen zu nennen.

»Mutti, wieviel Tage müssen wir noch hierbleiben?«

»Fünf Tage, Dan – aber warum?« Hatte sie sie nicht gezählt, sie abgestrichen, Tag für Tag?«

»Ach, nichts.«

»Möchtest du wieder nach London?«

»Nein, ich möchte zu Herrn Vane-Merrick. Hier gibt es soviel Schwindel – ich halte das nicht mehr aus.«

Es gab sogar noch mehr Schwindel, als Dan glaubte. Gottfried hatte ziemlich treffende Vorstellungen vom wirklichen Charakter seines Sohnes. Aber in seiner lässigen Weise lachte er nur darüber: Robin hatte es in sich, er war nicht so wie dieser Schlappschwanz Dan, der sich zu nichts traute. Gottfried spürte immer eine Aufwallung von Stolz, wenn er beobachtete, wie sein Sohn das Pferd über die Hindernisse auf der Koppel brachte oder einen Vogel mit dem neuen Gewehr herunterholte, das ihm sein Großvater zu Weihnachten geschenkt hatte. Wenn ein Junge von fünfzehn das fertigbrachte und sich so zum richtigen Mann entwickelte, was kam es dann auf das bißchen Schmutz an?

Außerdem würde der Junge bald die Schulfarben tragen dürfen. Und so einen guten Kricketspieler würden sie niemals von der Schule werfen! Gottfried hatte sich darüber mit dem Lehrer unterhalten, zu dessen Haus Robin gehörte, der hatte eine zuversichtliche Andeutung gemacht. Gewiß, Robin war nicht gut im Wissenschaftlichen – er war sogar zweimal in den Quartalsprüfungen durchgefallen –, aber er war der beste Werfer im Haus. Diese kleinen Schwierigkeiten ließen sich überwinden. Jedenfalls war Robin ein sicherer Kricketspieler für sein Haus, und jeder, der sicher für sein Haus spielte, war sicher, in die Schulmannschaft zu kommen. Nicht anzunehmen, daß sie einen sitzenbleiben lassen und von der Schule weisen würden, der sicher für die Schulmannschaft war.

Nein, nein, dachte Gottfried, Robin ist schon in Ordnung;

schade, daß er nicht der Erbe ist! England würde sicher sein, wenn immer nur Jungen wie Robin die Erben wären.

Es war keine gelungene Weihnachtsgesellschaft; das konnte niemand behaupten. Evelyn mußte die ganze Zeit daran denken, sie um die Klippen herumzusteuern. Sie mußte unerschöpflich heiter und erfindungsreich sein; und das war sehr schwer, da sie selber auch Vorurteile hatte und darüber hinaus durch ihre Entfremdung von Ruth in die Familienschwierigkeiten verwickelt war. Bei den früheren Weihnachtszusammenkünften hatten sie sich gewöhnlich zwischen Tee und Dinner in ihren Zimmern getroffen und müßig ihre Ansichten über die Ereignisse des Tages ausgetauscht. Evelyn hatte eine gewisse Befriedigung in Ruths Verehrung gefunden; nicht, daß sie sich besonders viel aus Ruth gemacht hätte, aber für einen Menschen ihrer Veranlagung war es immer angenehm, einen andern zu haben, der sich völlig und kritiklos unterordnete. Ruth durfte ihr die Langweile vertreiben. Es war eine fast boshafte Freude, sich dieser wollüstigen Herrschsucht bewußt zu werden. Das unwürdigste Opfer war immer noch besser als überhaupt kein Opfer. Es verdroß ihre Eitelkeit, nun feststellen zu müssen, daß sie ihre Gewalt über Ruth verloren hatte; gelegentlich tat Ruth ihr leid, aber sie wußte nicht, was sie daran ändern könnte; und außerdem empfand sie grollend die Ironie, die darin lag, daß ausgerechnet Miles Vane-Merrick sie einer Sklavin beraubt hatte.

Diese abendlichen Zusammenkünfte mit Ruth gehörten nun der Vergangenheit an. Das war für beide unangenehm. Einmal kam Ruth und klopfte an Evelyns Tür, aber die Unterhaltung blieb gespannt und kurz; sie hatte nichts von dem törichten, leichten und freundschaftlichen Ton früherer Tage. Sie endete damit, daß beide gleichzeitig sagten, sie müßten Briefe schreiben; diese Gleichzeitigkeit und die Offenkundigkeit der Ausrede machten die Angelegenheit nur schlimmer und schwieriger. Das war verletzend und ärgerlich. Dazu kam, daß Ruth offensichtlich unglücklich war; Evelyn hatte nie geglaubt, daß die oberflächliche Ruth wirklich unglücklich sein könnte. Unverständlicherweise reizte es sie, jemand unglücklich zu sehen, wie verschwiegen dieser Kummer auch sein mochte, wo sie so erschreckend, so leidenschaftlich glücklich war. Ruths armes weißes Gesicht und ihre rührenden Anstrengungen, normal zu erscheinen, waren ein Vorwurf für sie.

Ruth litt schrecklich. Die furchtbaren Verse gingen ihr nicht aus dem Kopf:

»Es ist kein ehrlicher Feind, der mir diese Schmach angetan hat, denn dann hätte ich sie zu ertragen vermocht. Noch war es mein Widersacher, der sich über mich erhoben hat, denn dann hätte ich mich verborgen vor ihm. Sondern du selber warst es, du, mein Gefährte, mein Führer und mein vertrauter Freund!«

Die Ungewißheit quälte sie noch immer. Hätte sie genau gewußt, daß Evelyn Miles Vane-Merrick liebte, hätte sie es zu ertragen vermocht; doch da sie selber eine Frau war, gab sie sich keinen Illusionen über die Tiefe weiblicher Grausamkeit hin, wo Liebe oder Eitelkeit im Spiel waren. Evelyn hatte – das wußte sie – einen grausamen und häßlichen Zug in ihrer Veranlagung. Das war ihr Ausdruck: Grausamkeit; weiter dachte sie nicht, denn daß sie es in Evelyn mit einer sehr komplizierten und leidenschaftlichen Natur zu tun hatte, reichte weit über die Grenzen ihres Verständnisses hinaus. Sie glaubte, Evelyn spiele nur deshalb mit Miles Vane-Merrick, um sie zu demütigen und zu unterwerfen, oder auch nur deshalb, weil sie es nicht ertragen konnte, daß das Interesse eines Mannes einer anderen Frau galt. Frauen, selbst die nächsten Freundinnen, taten einander so etwas an. Ruth wußte das. Es war ihr so selbstverständlich, daß sie niemand deswegen getadelt hätte, wenn es nicht gerade Evelyn gewesen wäre. Doch es schmerzte sie zu denken, daß Evelyn, die sie von Kind auf verehrte und der man von allen Seiten schon soviel Ergebenheit bewies, den Wunsch gehabt haben sollte, ihr die einzige armselige Kostbarkeit wegzunehmen.

Vielleicht ahnte Evelyn gar nicht, wie bitter sie sie getroffen hatte. Aber weshalb wich Evelyn ihr dann aus und benutzte jede Ausrede, nicht mit ihr allein zu bleiben? Nein, Evelyn wußte sehr gut, was sie da tat.

Ruth verlor jeden Zweifel, als die Gesellschaft nach einem Spaziergang am Silvesterabend die Briefe in einzelnen Stößen auf dem Tisch in der Halle vorfand. »Hier sind deine, Evelyn«, sagte Ruth gedankenlos und sah, daß ein Umschlag mit Miles Vane-Merricks Handschrift auf dem Stapel obenauf lag.

Evelyn benutzte die Gelegenheit, im Laufe des Abends in Ruths Gegenwart zu Dan zu sagen: »Ich höre heute von Herrn Vane-Merrick, daß er uns am zweiten erwartet, Dan. – Dan und ich werden deinen Freund Vane-Merrick besuchen, Ruth«, fügte sie, zu Ruth gewandt, hinzu; »ist das nicht ein spaßiges Zusammentreffen? Ich glaube, er lebt unter den scheußlichsten und unbequemsten Verhältnissen, aber Dan möchte gern hin, also muß ich mich wohl opfern.«

»Ich wußte gar nicht, daß Dan ihn kennt«, sagte Ruth mit einem Messer im Herzen.

Dan war sofort voller Eifer.

»Kennst du ihn auch, Ruth?« Er hatte die naive Überraschung des jungen Menschen noch nicht überwunden, der entdeckt, daß jemand, den er kennt, auch mit einem andern bekannt ist, den er ebenfalls kennt. Das ist das zweite Stadium, das der Kindheit folgt, in der man annimmt, daß jeder einzelne in dem kleinen Kreis, in dem man lebt, auch mit jedem außerhalb dieses Kreises vertraut sei. »Ist er nicht ein wunderbarer Mensch? Er hat uns neulich abends in London in einen russischen Film mitgenommen. Ich glaube, er ist der anregendste Mensch, den ich in meinem Leben kennengelernt habe. Mutti meint das auch – nicht wahr, Mutti? Aber sie wird so etwas nicht sagen. Ich glaube, sie hat Furcht, daß ich zuviel von ihm rede.«

Plötzlich schwieg Dan; gewöhnlich war er Ruth gegenüber nicht so mitteilsam. Nur die Erinnerung an Vane-

Merrick hatte ihm die Zunge gelöst. Er empfand es als Abweisung, als Ruth gleichgültig sagte: »Ach, ist er wirklich so wunderbar? Ich hielt ihn für einen ganz netten jungen Mann.«

Nun wußte sie die Wahrheit. Eine Qual war der Gedanke, daß Evelyn bei ihm sein würde – die seltsame, halbzerstörte Burg sehen würde, wo er seine freie Zeit allein zubrachte –, in sein persönliches Leben eindringen, eine neue Vertraulichkeit zwischen sich und ihm schaffen würde, die Vertraulichkeit des täglichen Lebens, das sie miteinander teilten und das nicht von der lästigen Anwesenheit von Dienstboten unterbrochen wurde; sie stellte sich vor, wie Dan hinausgeschickt wurde, um Wasser vom Brunnen zu holen, während Miles das Feuer anblies und Evelyn von nebenan hereinrief, ob das Wasser schon koche. Welches Vergnügen würden sie haben! Und nach dem Vergnügen würde die verborgene zitternde Leidenschaft warten, die man dem Jungen verhehlen mußte, die jedoch gerade wegen des Geheimnisvollen um so süßer war. Diese zwiefache Qual schmerzte Ruth so sehr, daß sie das Gesicht mit einem Aufstöhnen in den Händen barg. Niemals vorher hatte sie gewußt, wie sehr das Leben schmerzen konnte.

Evelyn zuckte die Schultern, als sie sich auf den Weg zur Bibliothek machte. Es war ein unangenehmer kleiner Zwischenfall gewesen, und sie war froh, daß er vorüber war. Wenigstens hatte er die Lage zwischen Ruth und ihr geklärt; Evelyn fand keinen Geschmack an ungeklärten Situationen.

Als sie an der Tür der Bibliothek war, kam Minnie heulend herausgelaufen.

»Nun, was hast du denn, Minnie?«

»Großpapa ist so böse mit Onkel Evan.«

»Dort drin?«

»Ja, dort drin. Ich geh zu Kakao. Ich hab Angst.«

»Sind sie allein?«

»Ja.«

Evelyn zögerte. Sollte sie hineingehen und vermitteln?

Vielleicht würde es Evan die Sache erleichtern. Aber es war schwierig, wenn man den Kopf von einer Angelegenheit, und nur von einer einzigen Angelegenheit, voll hatte, sich in die Unannehmlichkeiten anderer einzumischen. »O Miles!« flüsterte sie und preßte in ungeduldiger Erbitterung die Hände zusammen; sie sehnte sich nach dem Frieden und dem Glück, die sie in der nächsten Woche erwarteten.

Sie trat ein.

Herr Jarrold war offenbar wirklich sehr böse. Er stürmte im Zimmer auf und ab, schlug die Hände auf dem Rücken zusammen, wie es seine Gewohnheit war, wenn er sich sehr ärgerte. Evan stand am Kamin und sah recht dämlich aus; auf dem Tisch neben sich hatte er eine Karaffe Whisky und einen Siphon Sodawasser.

Herr Jarrold, der alle Selbstbeherrschung verloren hatte, wandte sich sofort an Evelyn: »Ich bitte dich, sieh dir das an, Evelyn! Fünf Uhr nachmittags, und schon ist er wieder dabei! Glaubte, ich sei weit vom Schuß bei einer Direktorenkonferenz. Es ist eine Schande. Er ist den ganzen Tag nicht draußen gewesen – hat nur hier drin gehockt, Whisky gesoffen und sich zum Vieh gemacht. Ich sage ihm, daß ich das nicht dulde. Ich will keinen Sohn, der sich in meinem Hause zum Vieh macht. Wenn er trinken will, soll er gehen und es sonstwo tun. Aber ich ändere bei Gott mein Testament; nicht einen Pfennig soll er von meinem Gelde in die Finger kriegen, nicht ein Wort soll er in meinem Unternehmen zu sagen haben. Ich hab's ihm gesagt; nun kann er wählen.«

»Und ich habe Papa gesagt, es sei ungerecht, einen erwachsenen Mann zu verdammen, nur weil er an einem kalten Nachmittag einen Whisky mit Soda statt Tee trinkt«, sagte Evan mürrisch.

»Verflucht noch mal! Laß die Ausflüchte!« brüllte Herr Jarrold. »Du weißt ganz genau, weshalb ich dich schelte. Du säufst hinter meinem Rücken vom Morgen bis zum Abend. Du bist ein unnützer, betrunkener, schlapper, fauler Bummelant. Ich schäme mich deiner. Am liebsten möchte ich dich sofort aus dem Haus werfen. Ich weiß nicht, was in alle meine Kinder gefahren ist. Verdorbene Früchte, das sind sie. Gottfried ist ein Einfaltspinsel, du bist ein Trunkenbold, Dan ist ein Schlappschwanz – das ist der Dank dafür, daß ich was aus meiner Familie mache und mein ganzes Leben lang schufte, damit sie von allem das Beste haben. Und dann wagst du's, mir etwas vorzuschwatzen von einem Whisky mit Soda statt Tee! Weiß Gott, Bursche, am liebsten möchte ich dich verprügeln, dich in dein dämliches Gesicht schlagen«, und Herr Jarrold ging zitternd vor Wut mit erhobener Faust auf seinen Sohn los.

»Mein lieber Vater«, sagte Evelyn und suchte dabei ihre Zuflucht in einer eisigen Überlegenheit, gleichzeitig schob sie sich ein wenig zurück, »du vergißt dich. Wir sind hier doch schließlich nicht in einer Bergarbeiterhütte.«

»Nein, das sind wir nicht«, sagte Herr Jarrold, »aber manchmal wünschte ich, wir wären's. Ich wollte, ich hätte mich niemals aus der Klasse hochgearbeitet, in der ich geboren bin. Oh, ich schäme mich dessen nicht, aber du! Du schämst dich, weil der Vater deines Vaters ein Mann aus dem Volke war – du mit deiner Vornehmtuerei steckst den feinen Herrn heraus, du Gernegroß! Gar nichts bist du – weder das eine noch das andere. Ich hab etwas Falsches aus dir gemacht. Wir sind nicht in einer Bergarbeiterhütte – nein, aber ich bin in so einer Hütte geboren und bin stolz darauf. Mein Vater hatte rotes Blut in den Adern und kein Zuckerwasser. Weiß Gott, damals hat England noch Männer hervorgebracht!«

Er hielt inne, vergaß seinen persönlichen Kummer und ließ die aufschlußreichste Rede vom Stapel, die Evelyn je von seinen Lippen vernommen hatte. Ihre Achtung für ihn stieg; er mochte grob sein, er mochte ungeschliffen sein, ihm mochte der dekorative Reiz des vornehmen Gottfried und des erbärmlichen Evan völlig fehlen, ihm mochte auch das erwachende Unterscheidungsvermögen Dans fehlen, aber er war so echt wie ein alter Bulle auf dem Felde, und er kannte kein wählerisches, gekünsteltes Zögern, das auszusprechen, was er dachte. Er war so stark und obendrein so beredt, daß Evelyn endlich verstand, weshalb es ihm immer gelungen war, seine Direktoren mitzureißen. Sie freute sich, daß Dan sich ins Zimmer geschlichen hatte und zuhörte.

»Ich will nicht sagen, daß sie keine Fehler gemacht hätten. Viele Leute halten es für einen Fehler, daß man England überhaupt zu einem Industrieland gemacht hat. Aber damals konnte man von keinem Menschen ein solches Maß an Voraussicht erwarten. Es war die große Chance, und sie packten zu. Weiß Gott, sie packten zu! Mit beiden Händen. Man konnte nicht von ihnen erwarten, daß sie erkannten, daß es bis heute zu einem unlenkbaren Ungeheuer werden würde. Denkt an die Erregung, an die Gelegenheit! Mein Vater hat mir erzählt, was er dabei empfand, als er seine ersten Werkstätten einrichtete. Ein Mann wie mein Vater hatte bis dahin gar keine Möglichkeiten gehabt; entweder war man ein Adliger oder ein Bauer, ein kleiner Geschäftsmann oder ein Arbeiter – ein großer Herr oder ein kleiner Mann, je nachdem. Es gab keine eigentliche Mittelklasse. Alle Vorrechte lagen auf der einen Seite, das Fehlen aller Möglichkeiten auf der andern. Diejenigen, die das Privileg hatten, nahmen sich eigentlich nur ihr Recht, sie haben es nicht einmal unbillig ausgenutzt. Diejenigen, die keine Gelegenheit hatten, mußten eben so auskommen. Doch dann wuchsen energische Männer wie mein Vater heran, die das neue England schufen, und ihre Söhne setzten die Arbeit fort – ich habe sie selber auch fortgesetzt. Donnerwetter, wir haben was geschafft! Vielleicht wäre es besser nicht getan worden, aber man kann nicht in die Vergangenheit zurück, man kann nicht zurücknehmen, was getan worden ist. Wir haben einen neuen Schlag von Engländern geschaffen, weder große Herren noch kleines Volk, sondern einen Mann, der wirklich in diese Zeit paßte, zäh, freimütig, ohne Albernheiten. Dann kam die Schwierigkeit; es genügte uns nicht mehr, wenn unsere Söhne blieben, was wir selber gewesen waren, einfache Geschäftsleute, die etwas von ihrer Arbeit verstanden und entschlossen waren, das Beste herauszuholen. Wir wünschten, daß unsere Söhne genau das wurden, was wir verachtet und worauf wir mit Neid geblickt hatten. Und jetzt haben wir weiß Gott erreicht, was wir wollten. Wir haben einen Haufen Nichtsnutze geschaffen, die verdammt auf ihre Manieren und allein auf ihre Manieren achten, weil sie wissen, sie stehen in einer schiefen Position. Gib mir einen Vornehmen, gib mir einen Bauern, gib mir einen Arbeiter, gib mir einen rechtschaffenen Johann Schmidt aus dem Mittelstand, aber der Himmel bewahre mich vor diesen anmaßenden Taugenichtsen, die sich einbilden, die Aristokratie der Zukunft zu sein.

Und das will ich dir sagen«, fügte er grimmig hinzu, »nicht einmal imitieren könnt ihr. Früher war einiges dran an dem Engländer von Geburt. – Zuck nur zusammen, halt mich nur für einen alten Großsprecher; bin ich auch. – Er kümmerte sich um seine Ländereien und schämte sich weder seiner Gefühle noch seines Verstandes. Heute lehrt man ihn, seine Gefühle zu unterdrücken, bis er keine mehr hat, und noch mehr gilt das für den Verstand. Früher schämte er sich seiner Kultur nicht. Heute tut er das. Und er hat sie nicht durch etwas anderes ersetzt. Er hat sein überlegenes Benehmen und seine Hochachtung vor guten Umgangsformen behalten, aber das ist alles, was er von seinen Vorfahren geerbt hat, und das ist alles, was du und deinesgleichen ihm nachäffen. Er ist selber schon eine Nachahmung, und du bist eine doppelte Fälschung. Welchen Zweck erfüllst du in einer Welt, die lebendige Menschen braucht und nicht Wachspuppen, die mit Stroh ausgestopft sind?

Du wirst vielleicht sagen, daß ich gegen all das spreche, an das ich anscheinend geglaubt habe. Ich gebe zu, daß es so ist. Ich habe dich und deine Brüder in eine Internatsschule geschickt, und ich habe Dan nach Eton geschickt; alles, worüber ich mich beklage, habe ich selber hervorgerufen. Es wird noch schlimmer kommen, aber das weißt du noch nicht; morgen wirst du's wissen. Ich habe geglaubt, dir und der ganzen Familie das Beste zu geben; und erst jetzt, wo ich sehe, was für ein Stinktier du bist, erkenne ich meine Fehler. Ich hätte euch alle in die Werke schicken sollen. Ich habe gute Lust, es noch zu tun.«

Als er sich umblickte, entdeckte er Dans Anwesenheit.

»So, du bist auch da, Junge? Und wie ist das nun mit dir – der dritten Generation, wie? Nun sag mal, bist du ein Schlappschwanz oder bist du keiner? Deine Mutter hat mir von deinen Ansichten über das Jagdreiten erzählt, und ich hab ihr die Meinung gesagt; aber wenn du mir irgend etwas mitzuteilen hast, will ich es mir anhören. Ich hab so den Eindruck, als ob du deinen eigenen Kopf hättest, ob ich nun damit einverstanden bin oder nicht. Ich habe den Eindruck, als ob du dich in Eton überhaupt nicht erziehen lassen willst. Ich hab dich dort hingeschickt, damit du erzogen wirst, aber, verdammt noch mal, du gefällst mir, weil du durchhältst. Na?«

Er wartete. Dan war sprachlos. Er fand keine Worte, um auf diese plötzliche Aufforderung etwas zu erwidern; außerdem war das ein Krach mit Onkel Evan, nicht mit ihm.

»Hat's dir die Sprache verschlagen?« fragte Herr Jarrold in überraschend guter Laune. »Na, mach dir nichts draus! Du bist jung. Ich will dich nicht tyrannisieren. Aber hör mal, junger Mann, du hast was gutzumachen. Verdammt viel wiedergutzumachen! Überspring diese Generation!« Er wies mit einem Ruck seines Daumens auf Evan. »Tu so, als hätte es die nie gegeben! Entweder geh richtig zurück oder geh vorwärts! Beides ist möglich. Komm in einem Jahr zu mir und sag mir, wozu du dich entschlossen hast!«

»Ja, Großpapa«, sagte Dan und war froh, daß er etwas Konkretes hatte, um sich daran zu halten; er war erleichtert: Ein Jahr war etwas Konkretes.

»Du kannst nach Oxford gehen, wenn du willst, oder sonst kannst du ins Werk kommen. Ich mache dich nicht zum Teilhaber, ehe du fünfundzwanzig bist. Nein. Ich könnte dich jetzt zum Teilhaber machen, wenn ich Lust hätte. Aber ich will nicht. Nicht gut für dich. Du solltest lieber ins Werk gehen, wenn du von Eton kommst. Ich bring dir was bei, was du in Eton nicht lernen kannst. Doch du mußt selber wählen. Aber du mußt etwas *sein*, Junge, keine Nachahmung von irgend etwas.«

»Ja, Großpapa«, sagte Dan, der ihn beinahe verstand.

»Und du«, sagte Herr Jarrold zu Evan, »mach, daß du rauskommst!«

Evan war froh, hinauszukommen; aber er trank erst seinen Whisky mit Soda aus und schlenderte dann mit der Miene eines Menschen hinaus, dem eingefallen ist, daß es Zeit für das Bad vor Tisch sei.

Er redete später am Abend mit Evelyn; Dan spielte Schach mit Herrn Jarrold; Frau Jarrold studierte eine Liste japanischer Lilien, während sie eine Wolljacke für die Landstreicher-Fürsorge strickte; Gottfried, Frau Gottfried, Ruth und Katharina spielten Bridge. Evelyn und Evan waren vorübergehend aus der Bridgepartie ausgeschieden, so waren sie einer auf des andern Gesellschaft angewiesen. Evan war wütend und fühlte sich gedemütigt, weil er in Evelyns Gegenwart wie ein Schuljunge ausgescholten worden war; doch er war ihres Mitgefühls sicher: Sie war so ein guter Kerl. Jedenfalls war es ausgeschlossen, solch eine Szene zu ertragen, ohne sich seiner eigenen Lage zu vergewissern.

Sein Wortschatz war gering; seine Fertigkeit in der Kunst der Unterschätzung gewaltig.

»Einfach scheußlich, was?« sagte er.

»Ich hätte nicht reinkommen sollen, Evan. Ich glaubte, ich könnte dir helfen.«

»Macht mir nichts aus, daß du reingekommen bist«, sagte er großartig. »Man muß dem Alten seinen Willen lassen. Nicht gut, grob gegen ihn zu werden. Viel besser, wenn man ihm erlaubt zu sagen, was er denkt. Worte tun schließlich nicht weh. – Was für ein hübsches Kleid!«

»Kümmre dich endlich einmal nicht um mein Kleid, Evan! Verschwende deine Zeit nicht mit Ausflüchten! Wie steht es mit dem Trinken? Du hast mich schon früher gebeten, ich sollte dir helfen. Ich glaubte, du hättest dir Mühe gegeben.«

»Es ist eine verteufelte Sache.«

»Armer Evan, kannst du gar nichts dagegen tun?«

»Was? In eine Trinkerheilstätte gehen, meinst du? Nee, danke. Das Schlimmste daran ist, daß ich gar nicht wirklich aufhören möchte. Ich fühle mich nur richtig lebendig, wenn ich schon einen genommen habe. Sonst sieht alles so schal aus. Warum willst du mich nicht heiraten, Evelyn? Das ist gesetzlich möglich, das weißt du ja. Ich würde nicht mehr trinken, wenn ich dich hätte.«

»Evan, das hast du mir nun schon ein dutzendmal erzählt, und ich habe dir ein dutzendmal gesagt, daß mich nichts dazu veranlassen kann, dich zu heiraten. Sei bitte wieder mein Schwager! Wie ermüdend und kompliziert ihr alle seid!«

»Nur weil du uns alle ganz abhängig von dir machst.«

»Meinst du, jeder sei ermüdend und kompliziert, wenn man ihn genug kennt?«

»Na ja, so ungefähr. Ich und mein Trinken zum Beispiel.«

»Machst du dir wirklich Sorgen darüber?«

»Sorgen? Das will ich meinen. Ich sage dir, es ist wirklich die Hölle. Wenn ich morgens aufwache, ist es das erste, woran ich denke. Ich versuche auszuhalten, aber bis jetzt bin ich noch nie über halb zwölf hinausgekommen. Und wenn ich erst anfange, kann ich nicht mehr aufhören; ich brauche mehr. Und doch fasse ich jeden Morgen, wenn ich aufwache und mich wie tot fühle, den Entschluß, an diesem Tage nichts als Wasser zu trinken. Und bis halb zwölf falle ich jedesmal um.«

»Aber Evan«, sagte Evelyn, die plötzlich die Neugier packte, »wie kommst du denn hier an das Zeug? Das ist doch kein Haus, wo Flaschen auf jedem Tisch bereitstehen.«

»Ach, Paterson ist ein guter Bursche«, sagte Evan gedankenlos.

»So weiß es Paterson? O Evan!«

»Schilt mich um Himmels willen nicht auch noch aus! Es ist ohnedies gerade schlimm genug. Ja, Paterson bringt's mir ins Zimmer, wenn du's wissen willst. Ich brauche nicht mal darum zu bitten, er bringt's mir so.«

»Evan, du tust mir so leid – ich wünschte, ich könnte dir helfen.«

»Du könntest schon helfen, ich hab's dir ja gesagt.«

»Das kommt nicht in Frage. Alles andere will ich tun.«

»Alles?«

»Na ja, nicht gerade alles. Alles, soweit es vernünftig ist. Ich kann verstehen, daß du dich erbärmlich fühlst.«

»O nein«, sagte Evan und stand auf, »ich amüsiere mich prachtvoll. Da sieh, sie sind fertig mit dem Rubber.«

Nur noch einen Tag! dachte Evelyn, als sie am Neujahrsmorgen erwachte. Sie mußte sofort zum Frühstück hinuntergehen, um die Wirkung von Herrn Jarrolds Überraschung auf die versammelte Familie zu beobachten. Es würde lustig sein zu sehen, wie er seine heutige Haltung mit dem gestrigen Zornausbruch in Einklang brächte. Sehr wahrscheinlich würde er nach britischer Art bequemerweise überhaupt vergessen, daß es dazu gekommen war. Er würde dasitzen, bescheiden strahlen, die Gratulationen entgegennehmen und entzückt sein über den Streich, den er seiner Familie gespielt hatte.

Als Evelyn ins Speisezimmer kam, saß er schon auf seinem Platz und hatte eine riesige Tasse dampfenden Tee neben sich. Er sah Evelyn an und blinzelte ihr mit den alten Augen zu.

»Gewöhnlich gibst du uns nicht die Ehre, meine Liebe.«

»Vielleicht habe ich einen Neujahrsvorsatz gefaßt, stets zum Frühstück aufzustehen.«

»M-m-m, das glaube ich nicht. Komm, setz dich hierher! Dan, gib deiner Mutter den Kaffee! Was willst du essen, meine Liebe? Würstchen, Ei, Haferflocken, geschmorte Nieren, Schellfisch oder die Reisplatte? Oder Pastete? Sehr gute Wildpastete dort drüben.«

»Danke, nichts, Papa – eine Tasse Kaffee und einen Apfel.«

»Kontinentale Gewohnheiten«, sagte Herr Jarrold mißbilligend. »Sehr schlecht für dich. Fang den Tag stets mit einem guten Frühstück an! Ich frühstücke immer gut, sogar im Ausland, wo es schwierig ist.«

Er war in heiterster Laune, wie er da saß, seinen Tee umrührte und über die ganze Länge des Tisches zu seiner Frau hinschaute. Die Mitglieder seiner Familie saßen an den beiden Langseiten, sprachen nicht viel, sondern aßen. Messer und Gabeln senkten sich mit leisem Klappern. Platten mit Hörnchen, Brötchen, Toast, Schalen mit Konfitüren, Honig, Orangenmarmelade und Obst bedeckten das weiße Tischtuch. Auf der Anrichte brutzelte eine Reihe von Schüsseln über kleinen Spiritusflammen. Tassen standen in Gruppen um die Tee- und Kaffeekanne. Die hohen Glastüren blickten auf die Landschaft Surrey, die in der strahlenden kalten Wintersonne lag. Die Hunde hatten sich vor dem Kamin ausgestreckt. So saßen die Jarrolds beim Frühstück, und William Jarrold war mit der Welt zufrieden.

Paterson kam mit den Zeitungen herein. Es war ein Gesetz, daß die Zeitungen neben den Hausherrn gelegt wurden, der sie dann verteilen und die, welche er selber lesen wollte, zurückbehalten konnte. Sein Blick begegnete dem Evelyns. Dann sortierte er die Zeitungen, verteilte sie und tat ganz mürrisch.

»*Daily Mirror*, Evelyn? Gottfried, den *Expreß*? Dan, gib Großmutter die *Morning Post*!«

Er selbst vergrub sich hinter der ganzen Größe der *Times*. Einen Augenblick später begannen die Ausrufe...

Evelyn hatte richtig vorausgesehen: Keine Anspielung fiel über den vorhergegangenen Tag. Herr Jarrold selber schien nicht das mindeste von irgendeiner Mißstimmung zu wissen. Er war sanft und zufrieden, obwohl er so tat, als mache ihm die Sache gar nichts aus. Er grunzte freundlich, als seine Frau auf ihn zukam und ihn küßte. Er tat so, als schaue er nicht auf die Fotografie, die ihn unter den vier neuen Baronen darstellte, doch Evelyn erwischte ihn dabei, wie er auf die Frontseite des *Daily Mirror* schielte. Und als Paterson unter einem Vorwand zurückkam und stehenblieb, um respektvoll zu sagen: »Darf ich mir gestatten, Eurer Lordschaft im Namen der Dienerschaft die ergebensten Glückwünsche auszusprechen«, war William Jarrold wirklich ein sehr zufriedener Mann.

Zweiter Teil

Porträt des Miles Vane-Merrick

Evelyn konnte kaum glauben, daß es keine achtzig Kilometer von London entfernt noch so unberührtes Land gab. Sie war mehr an Surrey als an Kent gewöhnt. Sie war mit Dan auf einer Station umgestiegen, und nun führte die kleine Lokalbahn sie zwischen den Wäldern und Obstgärten von Kent dahin. Der Zug hielt auf jeder Station und fuhr auch auf den Strecken dazwischen nur sehr langsam, so daß Evelyn reichlich Gelegenheit hatte, aus dem Fenster zu schauen und sich mit Miles Vane-Merricks Land vertraut zu machen. Sie versuchte sich vorzustellen, wie es im Frühling aussah, wenn die Obstgärten als niedrige Wolken von Weiß und Rosa über der Erde schweben, wenn die Wälder zu weiten Flächen von Grün anschwellen, wenn der wandernde Himmel sich über den Nordhügeln mit weißen Segeln bedecken würde. Jetzt waren die Obstbäume geisterhaft für den Winter gekalkt; sie streckten ihre bleichen Zweige in kleinen Alleen aus, überall, wo der Zug vorüberfuhr. Die Wälder lagen wie braune Keile im blauen Land. Die langen Reihen der Stangen in den Hopfengärten öffneten und schlossen sich in der Perspektive, sie waren ohne das Grün der Ranken. Der Winter hatte seine eigene Schönheit, obwohl es vielleicht nicht die Schönheit war, die man üblicherweise dem Gefühl nach mit Kent im Frühling verband.

Doch konnte gewiß niemand den Reiz dieses südlichen Landes leugnen. Zum Teil verdankte es diesen Reiz der Tatsache, daß es sich selber so treu geblieben war. Die Hügellinie, die Weite des offenen Waldrandes, die roten Hütten, die fernen Kirchtürme, die schmalen Heckenwege fügten sich zu einem Bild zusammen, das dort und nirgends anders hingehörte. Jeder, der ein Gefühl für den Charakter einer Landschaft hatte, hätte bei einem Blick aus dem Fenster des Zuges sofort sagen können, daß er durch Kent führe – durch das obsttragende Kent, das Hopfenland Kent, das Kent, das die Fühler Londons nicht erreichen. Miles hatte nicht viel über seinen Wohnort erzählt; er hatte nur gesagt, er möchte gern, daß sie ihn kennenlerne. Bedauerte sie es, daß sie nicht erst im Frühling oder Sommer dorthin gekommen war? Sie zögerte, als sie an das Schleierkraut an den Wegen und die Heckenrosen an den Zäunen dachte. Im ganzen bedauerte sie es nicht. Die Bäume waren ernst, das Wasser in den Teichen war gefroren; diese Strenge, die über einer schmerzhaften Zartheit lag, verhalf ihr vielleicht auch zu der Tapferkeit, die sie brauchte.

Mittlerweile wurde ihr die Aussicht, Miles in seinem Heim zu begegnen, fast zur Qual. Sie konnte sich kein Bild machen, wie dieses Heim aussehen mochte; sie wußte nur, daß sie ihn durch die Gegend schreiten sehen würde, die ihm vertraut, ihr jedoch völlig fremd war. Sie war ihm immer nur in London begegnet; niemals hatte sie ihn in ländlicher Kleidung gesehen. Vielleicht würde sie sogar unter einem Gefühl des Ausgeschlossenseins leiden, wenn sie ihn mit seinen Leuten sprechen hörte, wenn er anordnete, dieses Feld müsse gepflügt oder jener Baum als Brennholz gefällt werden. Litt er unter demselben Gefühl des Ausgeschlossenseins, wenn er sie in ihrer Wohnung mit unbekannten Freunden telefonieren oder Mason oder Privett einen Auftrag geben hörte? Schließlich war er als völlig Alleinstehender zu ihr gekommen, einfach er selber, ohne jede Umwelt, während sie weiter in der Umgebung gelebt hatte, die zu ihr gehörte. Nun war die Lage umgekehrt; sie kam in sein Leben statt er in ihres und brachte keinen ihrer Anker mit; nicht einmal Privett hatte sie mitgenommen. Nichts brachte sie aus ihrem Leben mit als Dan, der ebenso fremd und unwissend sein würde wie sie selber.

Fremd? Unwissend? Wieviel fremder! Wieviel unwissender! Denn sie kannte Miles wenigstens und liebte ihn, während Dan ihn erst einmal gesehen hatte.

Wenn sie ihre Erregung und Besorgnis in sich verschließen mußte, so hatte Dan diese Vorsicht nicht nötig. Auch er war zu erregt zum Lesen. Er zappelte im Abteil hin und her und schaute alle Augenblicke auf die Uhr. Immer wieder fragte er, wann der Zug ankommen solle, und fluchte jedesmal, wenn er wieder auf einer Station hielt. Er studierte die Karte der Südbahn über dem Sitz.

»Noch zwei Stationen«, sagte er.

Er setzte sich wieder, streckte die Beine aus und starrte seine Mutter an. Wie gelassen sie aussah; sie stäubte die Asche von der Zigarette in der langen Spitze, ihre Sachen hatte sie auf dem Platz neben sich ausgebreitet – sie waren allein im Abteil –, Handkoffer, Reisedecke, Handtasche, Magazin. Um die Zeit zu verkürzen, versuchte er sich vorzustellen, daß er seine Mutter noch nie gesehen habe, daß sie eine ganz fremde Dame sei, die mit ihm im selben Abteil fuhr. Er fand, daß alles an ihr auffallend geschmackvoll und ordentlich sei, angefangen von der enganliegenden Pelzkappe bis zum Handkoffer mit dem eingeprägten E. J. Sie sah aus wie ein Mensch, der niemals ins Gedränge kam oder in Eile war und niemals das, was er brauchte, gerade in dem Augenblick, wenn er es brauchte, verlegt hatte. Sie schien ruhig und gelassen, jedoch voller Geheimnisse und Erfahrungen zu sein. Es beruhigte Dan, sie anzusehen. Sie hatte schmale, faltenlose Hände, die sie mit schönen Bewegungen benutzte, und trug gerade die rechte Zahl von Ringen. Dan entsann sich, daß er sich als ganz kleiner Junge damit vergnügt hatte, ihr die Ringe abzuziehen und auf die eigenen Finger zu stecken. Da war besonders einer, ein großer Saphir, der ihn nun an den nächtlichen Himmel von Portofino erinnerte. Während der Sommerferien waren sie zusammen in Portofino gewesen. Sie hatte ihm immer erlaubt, mit ihren Händen und Ringen zu spielen.

Vielleicht war es einfach, so gelassen zu sein, wenn man es gewöhnt war, irgendwohin zu Besuch zu fahren.

Er beugte sich zu ihr hinüber und nahm ihre Hand, weil er

den großen Saphir und die weiße Glätte ihrer Hand gern mochte.

»Ach, Mutti, du hast einen neuen Ring?«

»Nein, Dan, den hast du schon gesehen.«

»Ich kann mich nicht entsinnen. Ist das einer von denen, die man Ewigkeitsringe nennt? Mit Steinen rundherum?«

»Ich weiß nicht, Dan, es mag wohl sein.«

»Mutti, glaubst du, daß Herr Vane-Merrick uns von der Bahn abholt?«

»Ja, Liebling, er hat's gesagt. Er hat keinen Chauffeur.«

»Ist er arm?«

»Ziemlich arm, glaube ich. Du darfst kein zweites Newlands erwarten.«

»Lieber Gott, nein! Es tut mir leid, daß er arm ist; was für eine Last für ihn!«

»Ich glaube, es macht ihm nichts aus.«

Im geheimen dachte sie, es würde Dan guttun, jemand kennenzulernen, der den Reichtum nicht unbedingt für selbstverständlich hielt.

»Was für einen Wagen hat er denn?«

»Einen spaßigen alten Wagen, der überall mit Staublappen und Drahtenden zusammengebunden ist. Er fährt sehr schnell, und man erwartet jeden Augenblick, der Wagen werde auseinanderfallen.«

»Oh, du bist schon drin gefahren?«

»Ja, ich bin schon drin gefahren.«

»Die nächste Station!« rief Dan, sprang wieder auf und stürzte ans Fenster. »Die nächste Station ist's, Mutti«, sagte er, während er wieder auf seinen Platz sank. »Sehen diese Bahnhöfe nicht wie Spielzeughäuser aus, die man in Abständen aufgestellt hat? Und hör dir das Klappern der Milchkannen an! Hoffentlich wird es nicht dunkel, ehe wir dort sind!«

Evelyn dachte: Im Sommer sind diese kleinen Bahnsteige vollgetürmt mit runden Weidenkörben voll Obst, diese Heckenwege sind verstopft von einem großen Lastwagen, der unter seiner Ladung von Hopfensäcken schlingert;

Heuwagen fahren vorüber und hinterlassen ihre Spuren an den überhängenden Bäumen. Es war ihr, als sinke sie tiefer und tiefer dem eigentlichen Miles entgegen. Angst überkam sie; sie hatte das Gefühl, als sei sie einer Gefahr ausgeliefert, die über ihre Kraft ginge. Plötzlich war sie überzeugt davon, daß etwas Unheilvolles geschehen werde. Das Klappern der Milchkammern hallte vom Bahnsteig wider; es war kein angenehmes, ländliches Geräusch mehr, das von Weiden und Milchkammern sprach, sondern ein dämonisches Getöse.

»Mach das Fenster wieder zu, Dan!« sagte sie und kroch tiefer in ihren Pelz. »Es ist zu kalt.«

Die Lokomotive pfiff, als der Zug anfuhr; sie pfiff mit einer Beharrlichkeit, daß man annehmen mußte, es gebe eine Anordnung »Einen Kilometer lang pfeifen!«. Dan konnte an nichts anderes denken als daran, daß Herr Vane-Merrick mit seiner verrückten Karre an der nächsten Station auf sie warte. Mehrmals wiederholte er es sich: »Staublappen und Drahtenden!« Und jedesmal, wenn er das aussprach, schüttelte ihn ein Lachen. Evelyn sagte sich, sie müsse sich über die Erregung des Jungen freuen, aber sie fühlte nur, daß er mit alldem verbündet war, was sie schneller und schneller einer Katastrophe entgegentrieb.

Der Gedanke an eine Katastrophe ließ sie an Eisenbahnunglücke denken. Jedoch der kleine Zug stampfte mit einer Gemächlichkeit seinen Weg dahin, daß solche Besorgnisse albern schienen. Sie war nervös, das war alles; nur zu natürlich. Daß sie zu Miles fuhr, in seinem Hause lebte, Dan mitnahm, das war die aufregendste Sache, die sie jemals getan hatte. Jahrelang war das Leben zahm gewesen wie ein Wollknäuel, das sich abwickelte; dann plötzlich sprang einem ein wildes Tier brüllend auf die Schultern.

»O Mutti, sieh! Sieh nur! Es geht durch!«

Sie trat zu Dan ans Fenster, und im schwindenden Tageslicht sah sie einen alten Bauern, der vergeblich versuchte, ein durchgegangenes Pferd zu halten. Der Wagen schwankte wild den Weg entlang, und der Galopp der erschreckten Hufe auf der Erde klang selbst durch die geschlossenen Fenster des vorüberfahrenden Zuges. Evelyn faßte Dan am Handgelenk. »Gleich wirft er um – und wir können gar nichts tun.«

Der Zug fuhr mit einem letzten triumphierenden Pfeifen über die Straßenkreuzung, als der Wagen gegen die Schranken krachte, umschlug und einen Trümmerhaufen in der plötzlichen Stille zurückließ.

»Sieh nicht hin, Dan! Sieh nicht hin!« sagte sie und bedeckte ihm die Augen mit der Hand.

Einen Augenblick später fuhr der Zug in den Bahnhof ein.

Miles erwartete sie unter den Lampen. Die Lichter standen gelb in dem kalten blauen Abend. Er war barhäuptig, trug eine alte Lederjacke, Reithosen und Ledergamaschen. Er sah lebhaft und eifrig aus, wie er da ungeduldig am Zuge auf und ab blickte, während ihm die Bahnhofslampen auf das Haar schienen.

Genauso hatte Evelyn sich die Begegnung ausgemalt, aber der Unglücksfall hatte sie jäh auf eine andere Ebene geworfen. »Es hat ein Unglück gegeben«, sagte sie und umklammerte seinen Arm. Sie wußte nicht, ob es sonst jemand im Zuge gesehen hatte. Er mußte nachsehen lassen; er mußte den Schaffner fragen. »Eilen Sie, Miles! Vielleicht ist der Mann schrecklich verletzt, vielleicht stirbt er.«

Aus seiner Freude gerissen, wurde Miles sofort ernst. Sie und Dan sollten im Wagen warten, sagte er; sie fänden ihn auf dem Platz draußen.

Er blieb ziemlich lange fort. Dan und Evelyn drängten sich unter dem schadhaften Verdeck zusammen, während andere Autos mit ihren Insassen fortfuhren und der Bahnhofsplatz leer und still wurde. In der Ferne rangierte ein Güterzug. Die Dunkelheit kam rasch, und die grünen und roten Lichter an den Signalen sprangen hoch. Ein D-Zug brauste pfeifend durch und stieß eine lange Fahne von Qualm und Funken aus. Dann wieder Stille, während die Signale mit einem leisen hölzernen Geräusch niederfielen.

Endlich kam Miles zurück.

»Es war der alte Rowland«, sagte er kurz. »Es ist alles in Ordnung mit ihm. Der Schrankenwärter vom Straßenübergang ist gerade gekommen. Sie brauchen sich keine Sorgen zu machen.«

An der Art, wie er sagte: »Es war der alte Rowland«, erkannte Evelyn, daß er nicht die Wahrheit sprach. Aber sie stellte keine Fragen.

Miles fuhr in wilder Geschwindigkeit ab, die Scheinwerfer rasten die Wege hinunter und fegten in den Kurven um die Hecken. Auch daran erkannte sie, daß ihn etwas aus der Fassung gebracht hatte. Als Fahrer vertraute sie ihm unbedingt. Sein Wagen mochte auseinanderfallen, aber er jagte ihn die Straße entlang, als ob er in Brooklands führe. Diesem Haufen Schrott vermochte er eine außerordentliche Leistung und Geschwindigkeit abzuzwingen.

Sie kannte das Land nicht. Sie fegten durch Dörfer und an Hütten vorüber, die sie noch nie gesehen hatte. Sie rasten einen Hügel hinab und den nächsten hinan, ehe sie noch Zeit hatte, auf Weg und Umgebung zu achten. Die Dunkelheit vertiefte das Geheimnis, in das Miles sie fuhr.

Sie fing an, darüber nachzudenken, daß Miles Vane-Merricks Burg überraschend weit vom Bahnhof entfernt sei.

Endlich bogen sie von der Hauptstraße in einen holperigen kleinen Weg zwischen Hecken. Eine Tafel an der Biegung sagte. »Privatweg. Keine Durchfahrt.« Aus irgendeinem Grunde erschreckten sie diese Worte, die in schwarzen Buchstaben aus dem Weiß der Tafel sprangen, als die Scheinwerfer darüber hinwegfegten. Keine Durchfahrt. Also führte dieser Weg nirgends hin; nirgends hin als zu Miles und seiner Burg; man konnte nicht vorbei und an der anderen Seite weiterfahren. Man konnte natürlich umkehren und zurückkommen, aber im Leben gab es kein Umkehren und Zurückkommen. In ihrer Übererregung hätte sie Miles fast gebeten anzuhalten, ehe es zu spät sei. Aber vielleicht war es schon zu spät, nun, da sie wirklich sein Reich betreten hatte –

sie wußte, daß seine Burg mitten in einem großen landwirtschaftlichen Besitz stand, und nahm an, daß die Wälder und Äcker zu beiden Seiten schon ihm gehörten.

Das empfand sie als ein Zeichen, dem sie sich ergab. Das alte hinreißende Glücksgefühl durchströmte sie wieder. Doch die Schatten blieben beharrlich und machten ihr angst. Wäre doch das Pferd nicht mit dem alten Rowland durchgegangen, könnte sie nur dieses Bild aus dem Gedächtnis löschen! Es war so schnell geschehen; es war so entsetzlich plötzlich gekommen.

Der Weg wurde breiter, und der Lichtfächer zeigte eine Gruppe von Hopfendarren neben einer großen Scheune mit Ziegeldach; dann schwang sich der Weg im Bogen an einer langen Reihe niedriger Gebäude mit einem Spitzbogen zwischen zwei Giebeln vorüber. Miles fuhr unter den Bogen und hielt. Es war ganz dunkel und sehr kalt. Das klare winterliche Sternenlicht enthüllte einen unordentlichen Hofraum, der von zerfallenen Mauern umschlossen war, und gegenüber einen spitzen Turm, der mit blitzenden Fenstern zu schöner Höhe aufragte. Miles stellte Motor und Scheinwerfer ab. In der Dunkelheit funkelten die Sterne mit doppeltem Glanz.

Ein alter Mann kam mit einer Laterne herbei.

»Wollen Sie das Gepäck aus dem Wagen nehmen, Munday? – Paß auf deinen Kopf auf, Dan! Da sind leider eine Menge Brennesseln, Evelyn, aber wir haben einen Weg querdurch getreten. Übrigens sind sie ja um diese Jahreszeit nicht da. Können Sie sehen? – Geben Sie mir die Laterne, Munday!«

Sie gingen quer über den Hof, Miles vorneweg; die Laterne schaukelte in seiner Hand. Sie gingen durch einen Bogengang im Turm und kamen auf der andern Seite auf einen sauberen Platz mit einem Obstgarten dahinter. Die dunklen Schatten des kleinen Hauses und anderer Mauern aus demselben Ziegelmauerwerk der Tudorzeit hoben sich aus der Nacht. Miles Vane-Merricks Burg schien aus einzelnen Gebäuden, verbindenden Mauern und dem dunklen Hintergrund der Landschaft zu bestehen. Sie lag sehr einsam.

»Hier wohne ich«, sagte Miles und führte sie zum Haus, das seiner Bauweise nach offensichtlich einmal ein Teil der ursprünglichen Burg gewesen war. Es war nur ein kleines Landhaus, doch in den durch Pfeiler aufgeteilten Fenstern bewahrte es noch Spuren einstiger Pracht.

Evelyn sah nun, daß das ganze Anwesen einschließlich des Obstgartens von einem Burggarten umschlossen sein mußte. Trotz der Unordnung hatte es eine ebenmäßige Form.

Auf der Schwelle des Hauses empfing sie eine alte Frau von der überraschenden Schönheit einer römischen Bäuerin. Sie stand wartend da wie die ewige Ceres, bereit, sie alle an die Brust zu ziehen. Breit wölbte sich die Stirn über den grauen Augen; das Haar lag glatt gescheitelt zu beiden Seiten des Kopfes an, es erinnerte Evelyn an die Schwingen eines Vogels.

»Das ist Frau Munday. Evelyn. Frau Munday, ich weiß, daß Sie alles tun werden, um es Frau Jarrold behaglich zu machen, nicht wahr? Kommen Sie herein! Sie werden frieren. Komm herein, Dan!«

Er war nervös; das Erlebnis, Evelyn in seinem Hause zu sehen, war für ihn fast ebenso seltsam wie für sie das Erlebnis, zu ihm zu kommen.

»Ich habe eine Tasse Tee für die Dame und den jungen Herrn gemacht«, sagte Frau Munday. Sie sprach starken Dialekt. Sie blickte sie mütterlich an, als ob sie ihr leid täten nach der langen Fahrt in der Kälte, doch gleichzeitig prüfend, als ob sie sie als Freunde von Herrn Vane-Merrick abwägen wolle.

Eine dänische Dogge stand von ihrem Platz vor dem Kamin auf, kam zu Miles und stieß ihm die Schnauze in die Hand.

Das Zimmer war mit dunklem grobem Holz vom Boden bis zur Decke getäfelt. Es war alles ziemlich grob, aber behaglich. Ein Glas mit Veilchen stand auf dem Tisch. Bücher und Zeitungen lagen herum.

Evelyn dachte an die Bibliothek in Newlands.

Miles drehte die Lampe unter dem grünen Porzellanschirm an, nahm einen Wachsstock vom Kamin und steckte die Kerzen in den Wandleuchtern an. Evelyn spürte, daß er diese kleinen Dinge tat, um seine Verlegenheit zu verbergen. Als sie ihre Beherrschung wiedergewann, fühlte sie, daß sie sich Mühe geben mußte.

»Darf ich den Tee eingießen, Miles? – Es ist sehr erregend für Dan und mich, hier in der Dunkelheit anzukommen und nicht zu wissen, was wir erblicken werden, wenn wir morgen früh hinausschauen. Dieser Ort scheint ganz außerhalb der Welt zu liegen. Ich wußte gar nicht, daß es in Kent solch unbewohnte Gegenden gibt.«

Sie sprach, um zu sprechen, und Miles ging darauf ein, doch die Ungezwungenheit, die gewöhnlich zwischen ihnen herrschte, ließ sie im Stich; keiner von beiden konnte an etwas anderes denken als daran, Dan aus dem Wege zu schaffen. Als Munday mit dem Gepäck kam, gab es eine Ablenkung. Miles sagte, er wolle den Wagen in den Schuppen fahren. Der große schwarz-weiße Hund folgte ihm in die Nacht hinaus.

Dan, der bist jetzt geschwiegen hatte, sprudelte nun: »O Mutti, ist es nicht romantisch hier? Hast du den reizenden Turm gesehen und all die Gebäude und die Hopfendarren? Was für ein merkwürdiger Ort – wohnt er hier wirklich ganz allein mit diesen beiden alten Leuten? Erzähl mir doch mehr davon!«

»Ich weiß auch nicht mehr, Dan; du mußt ihn selber fragen. Würdest du mir jetzt einen Gefallen tun? Würdest du hinaufgehen und Munday zeigen, welches dein und welches mein Gepäck ist? Und am besten packst du deins gleich aus. Leg deine Sachen ordentlich weg, überstürz dich nicht!«

»Natürlich, Mutti.«

Er sprang bereitwillig auf; er war immer so zuvorkommend und liebenswürdig, wenn sie ihn um etwas bat. Voller Selbstvorwürfe – war es dann nicht ein kleiner Anschlag, den sie sich gegen ihn ausgedacht hatte? – beobachtete sie ihn, als er sich mit seiner jungen linkischen Anmut zur Tür bewegte, über das Tischbein stolperte, seine Kamera polternd auf den Fußboden fallen ließ und mit dem Kopf anstieß, als er sich bückte, sie wieder aufzuheben. Seine rührende Unbeholfenheit, seine Unkenntnis und seine Unschuld zerrissen ihr das Herz.

»Dan!« sagte sie gebieterisch. »Komm mal her!«

Überrascht kam er. Sie zog ihn auf die Sessellehne, hielt ihm die Hände fest und blickte ihm forschend ins Gesicht. »Dan, du liebst mich doch, nicht wahr? Sag, daß du's tust!«

»Aber Mutti, Liebste, natürlich liebe ich dich – weshalb? Was ist denn? Du wirst doch nicht weinen? Deine Augen glänzen so.«

»Ich weine nicht«, sagte Evelyn. »Ich wollte nur, daß du's mir sagst. Ich glaube, der Unglücksfall hat mich nervös gemacht«, sagte sie, weil sie spürte, daß sie ihm eine Erklärung geben mußte. »Dan, du mußt mich immer liebhaben – versprich's! –, was auch geschieht. Versprich's! Versprich's mir!« wiederholte sie drängend und preßte ihm die Hände, bis ihre Ringe ihm weh taten.

Er war erschreckt. Da er selber erregbar und nur äußerlich beherrscht war, außer in seinen Briefen, erschreckte es ihn, Äußerungen der Erregung bei einem Erwachsenen zu beobachten. Er hatte das Gefühl, als blicke er in einen Abgrund voller Feuer hinab, wie er es einmal in Orlestone gesehen hatte, wo man ihn – er war damals ein kleiner Junge – schreiend wegtragen mußte. Das war eine Gewalt, die er fürchtete und kannte, wenn er sie freilich auch nicht ganz verstehen konnte.

Er ahnte – wie aus einer großen Entfernung –, daß seine Mutter in ihrem gewohnten Gleichgewicht erschüttert war. Seine Verantwortung und die Notwendigkeit, sie zu beruhigen, erschreckten ihn auch. Er konnte nicht mit diesen verwickelten Geheimnissen der Erwachsenen fertig werden. Er wußte nicht, was man da sagen mußte. Er wünschte, er könnte fliehen, Munday mit dem Gepäck helfen – diesem netten, soliden, grauhaarigen alten Mann. Aber er mußte irgend etwas sagen.

»Mutti – natürlich – ich brauch's nicht zu versprechen – ich hab dich lieb – das ist so. Für immer.«

»Was auch geschieht?« wiederholte sie.

»Aber Mutti, was sollte denn geschehen? Sag doch nicht so etwas! Ich glaube, der Unglücksfall hat dich nervös gemacht – für mich war es auch gräßlich –, aber dem Mann ist doch nichts passiert, Herr Vane-Merrick hat es ja gesagt. Denk nicht mehr daran!«

»Ja, ich will nicht mehr daran denken«, sagte Evelyn. Sie ließ seine Hände los und gab ihm einen freundlichen kleinen Stoß.

»Ich war töricht, Liebling, aber nun ist's wieder gut. Geh jetzt hinauf und vergiß es!«

»Ehrlich?« Er küßte sie und legte besondere Wärme in den Kuß, aber sie wußte, daß er von dieser Rückkehr zum Normalen erleichtert war. Sie liebte ihn wegen dieser Zärtlichkeit ihr gegenüber und wegen des kindlichen Ausdrucks, mit dem er sie so entsetzt und verwirrt ansah, und wegen des unbeholfenen Mitgefühls, das dankbar, aber irrtümlich alles auf den Unfall schob.

Er sah sie noch einmal zärtlich an, lächelte und war verschwunden.

Sie war allein. Sie schritt zur Tür, die sich nach dem dunklen Garten öffnete, stand auf der Schwelle und schaute hinaus in die Nacht. Sie lauschte angespannt, um das Geräusch von Miles' Schritten zu hören, wenn er zurückkäme, oder wenigstens das Geräusch des Wagens, wenn er in den Schuppen ratterte, doch sie konnte nichts vernehmen als den Schrei einer Wildente aus Süden. In dieser Richtung mußte der See liegen, nahm sie an. Das erleuchtete Zimmer lag hinter ihr, doch vor ihr waren Dunkelheit und Schatten, die ihre Augen nicht zu durchdringen vermochten. Der Schrei der Wildente erhöhte die Einsamkeit.

Sie schwankte; und als sie sich schon fast entschlossen

hatte, hinauszugehen und Miles zu suchen, kam der große Hund den Weg herauf, und das Licht ergoß sich durch die Tür bis auf seine schwarzweißen Pfoten. Miles folgte ihm mit raschen Schritten; er stieß fast mit Evelyn zusammen, die an der Tür stand.

»Evelyn! – Wo ist Dan?«

»Oben, er packt aus. Miles, sag mir rasch, ehe er zurückkommt – du hast nicht die Wahrheit gesagt über den alten Mann in dem Wagen? Der alte Rowland hieß er, glaube ich. Er ist verletzt? Tot?«

Miles runzelte die Stirn. Er hatte gehofft, ihre Befürchtungen hätten sich gelegt. Er überredete sie, wieder ins Zimmer zu kommen, und schloß die Tür.

»Miles?«

»Ja, er ist tot. Er war schon tot, als sie ihn aufhoben.«

»Ich hab es gewußt. Wer war es? Jemand, den du kanntest?«

»Ein alter Bauer – er kam jeden Montagmorgen zum Markt, fuhr immer mit diesem Pferd und ritt es auch zur Jagd. Ich hasse Jagdreiten, aber er war doch ein prächtiger alter Bursche; diesen Typ gibt es viel hier in der Gegend. Ich hab es bedauert, daß du den Unfall sehen mußtest; ich hatte gewünscht, daß alles schön für dich sein sollte, von Anfang bis Ende.«

Ihr Herz genoß diese persönliche Bemerkung; Miles war wieder bei ihr. Schon diese wenigen Worte begannen ihre Schwermut zu zerstreuen, so stark war die Macht seiner Liebe auf sie.

»Ich wollte, ich wüßte genau, was ich wirklich für diese Landleute empfinde«, fuhr Miles fort, »ich komme hier mit so vielen zusammen. Natürlich, sie sterben aus, und ein Teil meines Wesens kann nicht dagegen an, das zu bedauern. Ich sehe, wie ihre Söhne in die Stadt gehen oder über den Stumpfsinn des Lebens murren, wenn sie auf dem Hof bleiben; und mit all ihrer Unverschämtheit und Unabhängigkeit haben sie anscheinend die wirkliche Würde der alten

Leute verloren. Es ist niemals würdelos, mit dem zufrieden zu sein, was man wirklich ist. Anmaßung erzeugt nur eine schiefe Gesinnung und Gemeinheit. Und doch kann man nicht erwarten, daß sie stehenbleiben. Mein Instinkt macht mich reaktionär, die Vernunft fortschrittlich. Ich habe tatsächlich oft das Gefühl, daß ich bei der nächsten Wahl eine ganze Menge Stimmen verlieren würde, wenn mich manche von meinen Wählern hier sähen.«

Was für eine Art, die wenigen kostbaren Minuten zu verbringen, während Dan oben ist! dachte Evelyn. Sie war viel zu sehr Frau, um Gefallen an diesem unpersönlichen Ton zu finden, andererseits jedoch viel zu klug, um äußerlich dagegen zu protestieren. Ganz fest hatte sie sich eingeprägt, daß sie bei Miles keine Fehler begehen dürfe, sondern der Stimmung folgen müsse, die ihn gerade ergriff. Aber es war doch unerträglich, daß er sie mit diesen Dingen begrüßte.

Er beantwortete etwas von dem, was ihr gerade durch den Kopf ging, als er sagte: »Gott sei Dank kann man mit dir reden! Seit zehn Tagen bin ich hier draußen, ohne mit einer Seele zu sprechen außer den Mundays und den Landarbeitern.«

»Aber es gefällt dir, Miles? Deine Briefe klangen, als seiest du außerordentlich glücklich.«

»Und das hast du übelgenommen!« sagte er lachend. »Du möchtest, daß ich ohne dich elend wäre? Das war ich nicht. Ich habe mich nach diesem Tag gesehnt, das ist wahr, aber ich habe in einem solchen Zustand der Hochstimmung gelebt, daß ich darüber wegkam. Ich hatte den ganzen Tag zu tun, und das Wissen, daß du kämest, hat mich gewärmt wie ein geheimes Feuer. Ich hatte beinahe Lust, den Tag zu verschieben, damit es nicht so rasch vorüber wäre. Auch jetzt möchte ich es noch verschieben, verzögern und hinausschieben...«

Er kauerte sich zu ihren Füßen auf den Boden und legte den Kopf an ihre Knie. »Schäm dich, solche Phrasen zu machen, Miles!« Doch ihr Glück war plötzlich vollkommen. Der

Wechsel in seiner Stimmung, dachte sie, war wie der Flug der Schwalbe: Vor einem Augenblick noch war er der ernste junge Politiker, nun der Liebhaber, dem inhaltsreiche, extravagante Phrasen verschwenderisch zur Verfügung standen, um sie zu beruhigen. Das war seine Besonderheit, sich extravagant, bildhaft und ohne falsche Scham auszudrücken. Darin unterschied er sich von den jüngeren Jarrolds, die man auf der Schule gelehrt hatte, daß Armut des Ausdrucks das Kennzeichen männlicher und englischer Zurückhaltung sei; und sie hatten sich diese Lektion sorgfältig eingeprägt. Miles war weniger bedacht, weniger befangen als sie. Er schien tatsächlich in allem zu einer früheren Generation zu gehören, zu einer früheren noch als William Jarrold, der gelegentlich beredt genug sein konnte.

Sosehr der Anfang des Gespräches Evelyn gereizt hatte, um so angenehmer empfand sie nun den Umschwung. Sie konnte wohl einmal verärgert sein; aber niemals langweilte er sie, niemals war sie seiner ganz sicher. Dieser Reichtum, diese Gefahr zwischen ihnen befriedigte alle ihre Bedürfnisse. Sie fürchtete eher, Miles zu verlieren, als seine Quellen zu erschöpfen; doch die Möglichkeit, ihn zu verlieren, erhöhte nur seinen Wert. Sie betete darum, daß sie es vermöchte, ihn kühl zu behandeln; sie hatte Erfahrungen mit Männern; die einzige Erfahrung, die sie nie gemacht hatte, war die mit ihrem eigenen Herzen, dessen Leidenschaftlichkeit sie verführen konnte.

Dan glaubte, er könne niemals einschlafen; er war viel zu erregt, viel zu sehr in Aufruhr. Herrn Vane-Merricks unordentliches Zimmer gehörte in eine andere Welt als Eton oder Newlands oder die Wohnung am Portman Square oder die Häuser der Bekannten seiner Mutter. Die Zeichen eines Dutzends verschiedener Beschäftigungen lagen achtlos herum: Zeitschriften, von denen Dan nie gehört hatte, Bücher über so verschiedene Themen wie Gerard Manley Hopkins und Volkswirtschaftslehre, Rechnungsbücher voll landwirtschaftlicher Abrechnungen, das kleine blaue Hansard-Monatsheft auf der großen braunen Architektur-Rundschau; ein Gewehr stand in der Ecke, und Kartoffelproben waren auf dem Eichenbalken des Kaminsimses aufgereiht. Dan war vor dem Essen umhergewandert, während Miles irgendeiner Beschäftigung draußen nachging. Mutter hatte ihn getadelt und gesagt, sie habe gar nicht gewußt, daß er so neugierig sei. Er wußte, daß der Vorwurf nicht ernst gemeint war.

»Sieh nur, wie er Anmerkungen in seine Bücher macht, Mutti! Du hast mir immer gesagt, ich soll nicht in die Bücher kritzeln, du hast gesagt, damit verdirbt man sie. Aber sieh hier – er hat einen Schuhlöffel in das eine gelegt, um die Seite wiederzufinden, und unten hat er Notizen gemacht – vgl. pag. 44–46, Milton und Marvell. Wenn ich das tun würde, hätte ich eine Möglichkeit, mir die Bücher zu merken, die ich gelesen habe. Bücher sind doch sicher nicht nur dazu da, daß man sie ansieht. Und an wieviel verschiedenen Dingen er interessiert sein muß! Wie findet er nur die Zeit? Stell dir nur Onkel Gottfried und Onkel Evan vor, die niemals an irgend etwas denken, soweit ich feststellen kann, und den lieben langen Tag nichts, nichts, gar nichts tun! Aber nun sieh dir das an! Da hast du Politik, Poesie, Landwirtschaft, Philosophie, Architektur, Musik – er hat einen Flügel – und Bücher in Deutsch und Französisch. Und ein griechisches Drama – Aristophanes –, warum im Himmel soll er Lust haben, Aristophanes zu lesen, wenn er's nicht braucht? Großpapa sagt, er sei ein ganzer Mann; ich fange an, einzusehen, was er damit meint.«

»Hat Großpapa das gesagt?«

»Ja, neulich, als Onkel Gottfried ihn schlechtmachte. Onkel Gottfried sagte, er sei ein Poseur. Ich hätte ihn prügeln mögen. Aber Großpapa sagte: ›Nein, mein lieber Gottfried, m–m–m, er ist ein ganzer Mann, was du niemals sein wirst.‹« Dan konnte seinen Großvater vollendet nachahmen.

»Haben sie sonst noch etwas gesagt?«

»Ja. Großpapa sagte so etwas wie, er sei ein Rückschlag

zum Urtyp. Das habe ich nicht verstanden. Was hat er damit gemeint?«

Seine Mutter hatte es nicht mehr erklären können, weil Herr Vane-Merrick zurückkam, als sie gerade überlegte, was sie sagen solle.

Dann hatten sie im Nebenzimmer gegessen. Offensichtlich gab es kein Speisezimmer, und Herr Vane-Merrick wie auch Frau Munday hatten das Dinner Abendbrot genannt. Das hatte Dan, der trotz der Unabhängigkeit seines Geistes an die Förmlichkeit von Newlands gewöhnt war, überrascht. Er war noch kindlich genug, die Wertmaßstäbe seiner Familie in so unwichtigen Dingen anzuerkennen. Noch mehr war er überrascht, als er sah, daß Herr Vane-Merrick zum Dinner nicht den Smoking anzog, sondern sich damit begnügte, einen alten blauen Sweater statt der Lederjacke überzuziehen. Diese Zwanglosigkeit überraschte Dan sehr und war der Grund dafür, daß er nun schlaflos lag und versuchte, die verschiedenen Ansichten, die in seinem Innern gegeneinander stritten, zu ordnen. Onkel Gottfried, der mitten in Arabien ein gestärktes Hemd angezogen hätte, würde Herrn Vane-Merrick gewiß als Außenseiter ablehnen. Ebenso wäre es mit allen Bekannten von Dan in Eton, einschließlich des angebeteten Herrn Meiklejohn.

Das Dinner – oder Abendbrot – war ein einfaches Mahl, das Frau Munday zubereitet hatte und auftrug. Man konnte nicht behaupten, daß es gut zubereitet sei. Das Hühnchen war anscheinend in Wasser gekocht, obwohl es Brathuhn genannt wurde; man hatte die Soße mit Mehl und Gelatine angerührt, um ihr Geschmack zu geben. Der Kohl war ebenso zubereitet. Dan hatte überlegt, ob er wohl auf die Schokoladenspeise verzichten dürfe zugunsten der schwarzen Johannisbeeren (»aus dem Garten, voriges Jahr in Flaschen eingelegt«, sagte Frau Munday, als sie sie auf den Tisch setzte) und Schlagsahne, die immerhin fest und reichlich war; er hatte schließlich beides gegessen. Die Schokoladenspeise war besonders schlecht. Aber alles, was Herr Vane-Merrick gesagt hatte – und dabei hatte er Frau Munday zugelächelt –, war: »Frau Munday übertrifft sich selbst. Gewöhnlich erlaube ich ihr nur, Eier und Käse zum Abendbrot zu geben.«

Jedesmal, wenn Frau Munday hereinkam, blieb sie stehen und plauderte mit ihnen. Sie gab aus freien Stücken Auskünfte, zum Beispiel, daß die Wildgänse wieder über den See geflogen seien. Sie sagte, sie sehe gern wilde Vögel auf dem Wasser, und Herr Vane-Merrick müsse vorsichtig sein, damit er sie mit seinem Gewehr nicht verscheuche. Sie stand da und plauderte flüssig und behaglich, bis sie sagte, sie müsse nun gehen und aufpassen, daß ihr der Topf nicht überkoche. Das sagte sie mit der Miene höflicher Entschuldigung, als ob sie annehme, es täte ihnen leid, auf ihre Anwesenheit zu verzichten, daß sie ihr aber nun wirklich erlauben müßten zu gehen. Ihre Trödelei war für Dan auch eine Überraschung. Mason am Portman Square oder Paterson in Newlands hätten eher daran gedacht, sich im Speisezimmer splitterfasernackt auszuziehen, als sich in die Unterhaltung einzumischen, wenn sie eine Platte herumgereicht hatten. Schon bei dem Gedanken allein mußte Dan laut lachen, als er da in seinem Bette lag.

Frau Munday erinnerte ihn an die *Padrona* des kleinen Gasthauses in Portofino, wo seine Mutter und er die Sommerferien verbracht hatten.

Aber was kam es schon darauf an – auf gekochtes Brathühnchen und schlechte Schokoladenspeise –, wenn man Herrn Vane-Merrick als Gesellschaft hatte? Dan liebte ihn bis zur Vergötterung. Er sprudelte sechzig Ideen in der Minute heraus, alle neu und alle beunruhigend; und obwohl er anscheinend zu rasch und zu ungeduldig war, sich aus eigenem Antrieb Zeit zu lassen, sie zu entwickeln und auszubauen, so hielt er sich doch bereitwillig dabei auf, Dans Fragen anzuhören, ihnen seine ganze Aufmerksamkeit zu schenken, sie zu erklären, von allen Seiten zu beleuchten, sich viel Mühe zu machen, so daß der glänzende Sprudel kein Feuerwerk blieb, sondern zum Feuer wurde; er konnte seine

Aphorismen tatsächlich mit stichhaltigen Begründungen rechtfertigen, wenn er das wollte. Andere mochten über Miles Vane-Merrick den Kopf schütteln; Dan war von seinem Erlebnis betäubt.

Nach dem Abendbrot, als Frau Munday abgeräumt hatte, wobei sie sehr viel über Wärmflaschen und genügend Bettdecken sprach, hatte sich Herr Vane-Merrick an den Flügel gesetzt. Dan konnte Musik nicht ausstehen, er verstand gar nichts davon. Er mochte Schlager gern, aber andere Musik machte ihn böse und streitsüchtig. An diesem Abend hatte ihm die Musik jedoch gefallen, obwohl er sich gern unterhalten hätte; er hatte am Kamin auf dem Boden gesessen, seine Mutter hatte mit seinem Ohr gespielt, und die grüne Lampe hatte Ringmuster an die Decke geworfen. Es war ganz anders als in Newlands gewesen. Außerdem hatte die Musik nicht sehr lange gedauert; er hatte es beinah bedauert, als Herr Vane-Merrick vom Flügel aufstand, sich eine Zigarette an der grünen Lampe ansteckte und sich in den gegenüberstehenden Sessel fallen ließ; dabei baumelten seine Beine über die Lehne. Dann hatte er gesagt, Dan täusche sich völlig über Aristophanes.

Dan war gewiß, niemals einschlafen zu können. Ihm fiel ein Satz ein, den er in einem Roman gelesen hatte: »Sein Hirn siedete von Gedanken.« Dan hatte ein Empfinden für die Bedeutung von Wörtern. Sieden, das hieß: kochen und zischen und Blasen werfen. Ein Kessel; schäumende Flüssigkeit; er hatte gesehen, wie Onkel Gottfried seinen Sekt mit einer Gabel aufgerührt hatte. Das hatte gesiedet, dann nachgelassen; aber er, Dan, würde niemals nachlassen, solange er Herrn Vane-Merrick kannte. Er hatte noch niemals solch einen Menschen gekannt, nicht einmal Herrn Meikeljohn, der einen aufwühlen und zu hundert Dingen anregen konnte, ohne auch nur einen Augenblick lang belehrend zu wirken. Herr Gott! dachte Dan und maß es mit seinen geringen Erfahrungen, was wäre das für ein Lehrer!

Er drehte sein Kopfkissen um und zog sich die Bettdecke

höher unters Kinn in der Hoffnung, sich den Schlaf zu erschmeicheln. Er hatte die Vorhänge aufgezogen, wie er das immer tat, und konnte durch das offene Fenster die Sterne sehen. Die Enten schrien, dann eine Eule. Hier war man auf dem Lande, ein Gefühl, das man in Newlands nie hatte. Das war eine seltsame kleine Hütte, in der er allein mit der Mutter lag – denn die Mundays schliefen in dem langen halbzerstörten Gebäude, und Herr Vane-Merrick schlief im Turm. Er hatte es gesagt. Er hatte erklärt: »Evelyn, ich gebe Ihnen mein Schlafzimmer; stört es Sie? Frau Munday meint, es sei bequemer für Sie. Ich bin in den Turm hinübergezogen, wo ich im Sommer immer schlafe.« Sie hatte ein wenig protestiert bei dem Gedanken, ihn zu verdrängen. Dan, der voller Freude und Heiterkeit war, hatte gesagt: »Ich nehme an, er liebt den Turm, Mutti – er ist so romantisch.« Und dann war er jämmerlich rot geworden, weil er dachte, sie würden nicht merken, daß er einen Scherz machen wollte. Es war vielleicht nicht sehr geschmackvoll, Scherze über den Charakter von Leuten zu machen. Aber Herr Vane-Merrick hatte gesagt: »Ganz richtig, Dan, du hast den Finger auf meine Wunde gelegt.« Er schien belustigt zu sein, nicht beleidigt.

Die kühlere Seite des Kopfkissens wurde auch warm, und noch immer kam der Schlaf nicht. Dan schlüpfte aus dem Bett, lehnte sich aus dem Fenster und atmete die kalte Luft ein. Ein goldenes Licht leuchtete hoch oben im Turm. So war Herr Vane-Merrick auch wach? Las er? Arbeitete er? Dan fand seltsamen Trost bei dem Gedanken, daß auch ein anderer wachte. Während er hinschaute, ging das Licht aus. Nun konnte er den Turm in schattenhaften Umrissen gegen den Sternenhimmel sehen. Er tappte zum Bett zurück und fiel augenblicklich in den gewohnten Schlaf.

Den ganzen Tag ging es: »Miles, Miles! Wo sind Sie?« Evelyn hörte den Jungen rufen oder sah ihn aus dem Fenster schauen, sah, wie er Miles überall folgte, eifrig und ergeben. Diese Kameradschaft rief gemischte Gefühle in ihr hervor: Er nahm ihr die Hälfte der Verantwortung für Dan von den Schultern, es freute sie, die Verehrung des Jungen für Miles zu sehen, und doch erfüllte es sie auch mit einer zwiespältigen Eifersucht und komplizierte alles noch mehr, weil sie Miles niemals für sich allein hatte, ehe Dan im Bett lag. Und Dan ging nur widerstrebend ins Bett. Er und Miles verstrickten sich stets in irgendeine Diskussion, wenn sie beim Abendbrot saßen, und verlängerten sie durch endlose Abschweifungen, während Evelyn in ihrem Sessel vor dem Kamin wie auf Kohlen saß. Es brachte sie um so mehr zur Verzweiflung, als Miles niemals eine Streitfrage fallen ließ, niemals eine Pause einlegte, in der sie hätte sagen können: »Nun, Dan . . .« Sobald sie jedoch allein waren, kam er immer sofort zu ihr und sagte »Endlich!« in einem Ton, der allen Schmerz heilte.

Sie war sehr vorsichtig, zu vorsichtig, als daß sie sich erlaubt hätte, Miles Vorhaltungen zu machen. Sie durfte nicht das Gefühl in ihm aufkommen lassen, daß er irgendwie gebunden wäre. Er sagte ihr oft, daß er die Freiheit liebe, die sie ihm gewähre; sie belästige ihn nie; sie sei anders als andere Frauen. (Dieser Satz ließ sie zusammenzucken, aber sie blieb ihrem Entschluß treu und machte keine Bemerkung darüber.)

Wenn es ihr während dieser Zeit jedoch gelang, ihre Enttäuschung zu überwinden und zuzuhören, statt schweigend in ihrem ganz weiblichen Kummer dahinzubrüten, war sie erstaunt über den Sturzbach vertraulicher Gedanken, der aus Dan hervorbrach. Der Junge hatte tiefer nachgedacht, als sie vermutete. Schlecht aufgebaut, kindlich, ungefeilt mochten seine Ansichten, die ohne vernünftige Grundlage beziehungslos in der Luft schwebten, wohl sein; doch bewiesen sie eine sehr bestimmte Einstellung, die Dan sich ganz selbständig erworben hatte. Diese Ursprünglichkeit war überraschend, da sie von einem Schuljungen kam. Er mochte sich vor seinem Großvater fürchten, er mochte übermäßig unter der Schwierigkeit irgendeiner unlösbaren Situation leiden, aber dieser Geist, der dabei war, eine solch strenge Doktrin zu entwickeln, war nicht der Geist eines Schwächlings. Miles sagte das auch. »Dein Junge«, sagte er, »wehrt sich heftig gegen nahezu alles, was man ihn auf der Schule lehrt. Es gehört Mut und Selbständigkeit dazu, so etwas zu tun.«

»Du ermutigst ihn, Miles. Was wird nachher aus seinem Leben?«

»Wenn er aus der Schule kommt? Er wird kämpfen müssen.«

»Ich glaube, du bist dauernd auf Kampf aus. Wenn du zu der Zeit gelebt hättest, als die Männer noch Schwerter trugen, würde deines nie in der Scheide geblieben sein.«

»Ach, Unsinn!« lachte Miles. »Ich bin ein konservativer Landjunker.«

Es war tatsächlich schwer für sie, sich ihn als jungen sozialistischen Abgeordneten vorzustellen, wenn sie sah, wie er seine Wiesen prüfte, oder hörte, wie er mit Munday sprach. Er liebte das Volk, obwohl er die Demokratie verabscheute und ihr mißtraute. Mit den Landleuten verkehrte er ebenso ungezwungen wie sie mit ihm. Er verstand alles, was sie anging – ihre praktisch vernünftige Anschauung, ihr angeborenes Mißtrauen, ihre Schlauheit, ihre geistigen Schranken, ihre Geschicklichkeit, ihre Treue und ihre Ausdauer. Er romantisierte sie nicht im mindesten. »Munday ist ein alter Fuchs«, sagte er, »deshalb hält er jeden andern auch für einen Fuchs.«

Evelyn hätte sich sehr gern mit Munday unterhalten, und wenn auch nur, um zu hören, was er über Miles zu sagen hätte, aber wegen seines starken Dialekts verstand sie nicht die Hälfte von dem, was er sagte. Deshalb wich sie dem freundlichen alten Mann ziemlich befangen aus. Das war eine neue Erfahrung für sie, sich befangen zu fühlen.

Dieses Landleben war ihr ganz fremd. Sie hatte kaum gewußt, daß es das immer noch gab. »Meine Liebe«, sagte Miles, als sie davon sprach, »zwei Drittel der Bevölkerung unseres Landes sind in der Landwirtschaft beschäftigt.«

Miles bewirtschaftete sein Gut von tausend Morgen selber

(sein Vater hatte es ihm zu Lebzeiten als Anteil des jüngeren Sohnes zusammen mit der Burg, die im Mittelpunkt stand, vermacht); aber, sagte er, er könnte es nicht ohne Verlust führen, wenn er Pacht dafür zu zahlen hätte. Munday behauptete, daß ausländisches Getreide und ausländische Butter nur deshalb zum Ruin der englischen Bauern zu viel zu niedrigen Preisen nach England eingeführt werden dürften, weil Parlamentsmitglieder Güter im Ausland besäßen. »Und Munday hat eine Stimme bei der Wahl!« sagte Miles halb belustigt und halb verzweifelt.

Evelyn mußte sich mit vielem abfinden, da Miles es immer für ganz selbstverständlich hielt, daß sie mit dem Landleben ebenso vertraut sei wie er. Sie fragte sich, ob er es absichtlich tat, um sie zu demütigen und zu erniedrigen – denn er mußte sich doch wirklich nach allem, was sie ihm erzählt hatte, klar darüber sein, daß sie eine unverbesserliche Städterin sei. Das beste, was sie aufbringen konnte, war ein Paar Krokodillederschuhe, die für den geruhsamen Nachmittagsspaziergang auf den Kieswegen von Newlands ganz geeignet waren, jedoch völlig ungeeignet für die Wanderungen über Sturzäcker, die Miles mit Dan unternahm und bei denen er ihre Begleitung erwartete. Als sie die Schuhe in ihrem kahlen Schlafzimmer betrachtete, in dem sie kaum ihr Gesicht im Spiegel erkennen konnte, lachte sie kläglich über diese unpassende Wahl ihres Liebhabers. Was für ein Witz des Schicksals hatte ihr Miles über den Weg geführt? Er lief vorneweg, überließ es ihr, über Zäune zu steigen, sich von den Brombeerranken zu befreien, die sie zerkratzten, und sich aus dem Schlamm herauszuarbeiten – sie, die verwöhnte, die verzärtelte, die feine und doch tugendhafte Frau, die ohne Miles Vane-Merrick in Luxor oder Caux oder an der Riviera wäre und die dazu passenden Schöpfungen des Modehauses Rivers & Roberts tragen würde. Er hielt es für ganz selbstverständlich, daß sie sich ohne die Dienste von Privett behalf. Und doch war er durchaus vernünfig, weder ein Dummkopf noch ein Tölpel, seine Bildung war ebenso breit wie tief, sein Geist lebhaft und unterhaltend. Der Miles, der ein Dutzend Themen streifte, wenn er seinen Wein trank, war ein anderer Mensch als der Miles, der an einem Winternachmittag seine Felder durchstreifte. Dennoch waren diese beiden in Wirklichkeit nur eine einzige Person, und Evelyn, deren geistige Fähigkeiten unentwickelt sein mochten, deren Auffassungsgabe jedoch trotz mangelhafter Übung scharf war, erkannte die Wahrheit von William Jarrolds Urteil an: ein ganzer Mann.

Das war es, was sie an Miles band: Er war vital; er packte das Leben. Ob er sich mit Dan unterhielt oder Evelyn über die Felder schleppte oder sie in seinem Turm erwartete, immer war er mit der gleichen Energie geladen. Das Gefühl der Unzulänglichkeit blieb ihm unbekannt.

Er war erst fünfundzwanzig.

Die Liebe war eine neue Entdeckung für ihn. Er behandelte sie als ein ungeheures neues Gebiet des Lebens, das er zu erforschen hatte, und brauste mit erschreckender Erregung hinein. Und doch konnte er sie völlig getrennt halten von anderen Dingen; das störte Evelyn. Sie hätte es gern gesehen, wenn er die ganze Zeit nur an sie dächte. Er schien jedoch fähig zu sein, sie stundenlang völlig zu vergessen, und sie mußte versuchen, Trost darin zu finden, wenn er ihr sagte, sie sei eine gute Zuhörerin. Doch wenn er sich ihr als Liebender widmete, hatte sie sich über nichts zu beklagen, denn er brachte dieselbe Intensität und Konzentration für die Liebe mit, die er sonst auf andere Dinge verwendete. Ihre Stimmung fiel und stieg; zuweilen glaubte sie, daß er überhaupt nichts für sie übrig habe, dann wieder vermochte sie ihn so in Anspruch zu nehmen, daß alles andere ausgeschaltet war. Und sie war von beidem mit gleicher Leichtigkeit zu überzeugen, bald so, bald so.

Manchmal war sie unglücklich. Obwohl sie Miles seelisch und körperlich leidenschaftlich und ausschließlich liebte, war sie sich doch der tiefen Unterschiede zwischen ihnen bewußt. Überall begegnete sie warnenden Anzeichen, die sie sich selber zu verheimlichen suchte. Es gelang ihr, diese vor sich selber zu verbergen. Aber sie waren da wie eine schwarze Wolke, die sie nicht sehen wollte.

Miles selbst war so jugendlich unbekümmert, so froh verliebt, daß er nur für die Leidenschaft des Augenblickes lebte. Er hatte Evelyn entdeckt, er hatte sie gewonnen, und das war ein Wunder. In seiner Überschwenglichkeit lachte er von früh bis spät. Es machte ihm Freude, von ihr wegzugehen, sich anderen Dingen zu widmen, um dann erfrischt und mit doppelter Innigkeit zu ihr zurückzukehren. Es kam ihm überhaupt nicht zum Bewußtsein, wie sehr sie diese Art übelnahm. Er hatte das bestimmte Gefühl, daß einen die Liebe übersättige, wenn man sich nicht freiwillig Unterbrechungen auferlege. Es machte ihm Spaß, sich stundenlang vorzutäuschen, daß es im Leben Dinge gebe, die ebenso wichtig, sogar noch wichtiger seien. Es war eigentlich nicht einmal eine völlige Täuschung. Er war viel zu kraftvoll, um sich zu gestatten, ganz von der süßen Betäubung der Liebe ausgefüllt zu werden.

Außerdem schrieb er an einem Buch, einem sehr schwerwiegenden Werk über die wirtschaftliche Lage, und hatte nicht die Absicht, Evelyn zu erlauben, ihn davon abzuhalten. Er erkannte sehr rasch, daß sie seine Arbeit als ihre Feindin betrachten und seine Aufmerksamkeit völlig bedenkenlos auf sich lenken würde, wenn sie könnte. Zuerst tat sie das sehr vorsichtig, doch als die Zeit verstrich und sie unvorsichtiger wurde, forderte sie immer mehr. Dieser unerklärliche Krieg zwischen ihnen belustigte ihn, und er war entschlossen, ihn zu gewinnen.

Er besaß starkes Verantwortungsbewußtsein. Er war jung, und unter seinem Frohsinn lag im Grunde viel Ernst. Dieser Ernst rührte Evelyn, er brachte sie dazu, daß sie sich Jahrzehnte älter vorkam als er. In einer Hinsicht war er so völlig ihr Herr, daß sie sich ihm gegenüber ganz demütig fühlte; in anderer Hinsicht erschien er ihr als ein unerfahrener Junge. Sie wußte nicht, was sie mehr an ihm liebte.

Miles hatte wohl gemerkt, daß sie sich Sorgen über ihr Verhältnis zueinander machte. Er selbst kümmerte sich nicht im mindesten darum, was die Leute dachten oder sagten, aber er war klug genug zu wissen, daß Evelyn aus einer Tradition mit anderen Auffassungen kam. Er neckte sie ein- oder zweimal damit, und sie gab traurig zu, daß er recht habe.

»Ich kann nichts dazu, Miles; du kannst mich deshalb verachten, wenn du willst. Aber«, fügte sie leidenschaftlich hinzu, »du tust eine ganze Menge, mich aus meinen altmodischen Ansichten aufzuschrecken.«

»Es ist ein merkwürdiger Gegensatz, dich anzusehen, wie du auf das modernste gekleidet bist, und dich dann von solch altmodischen Ansichten sprechen zu hören! Das gibt deiner Persönlichkeit einen so reizenden Bruch. Die Viktorianerin und die moderne Dame. Der Streit zwischen deinem Inneren und deinem Äußeren. Du solltest dich liederlich anziehen. Gott sei Dank, daß du's nicht tust!«

Dann wurde er ernster, hörte auf, Phrasen zu machen, und bat sie wieder, ihn zu heiraten. »Du würdest viel glücklicher sein! Du brauchtest dir keinen Kummer wegen der Jarrolds zu machen. Du brauchtest dich nicht Dans wegen zu sorgen. Du weißt genau, daß du ständig in Angst lebst, Dan könnte etwas merken.«

»Dan ist ein Kind, Miles; er kann bei diesen Dingen Recht und Unrecht nicht beurteilen. Das ist unsere Sache, nicht seine.«

»Ich glaube wirklich nicht, daß Dan uns hart beurteilen würde. Dan ist ein vernünftiger Junge – aber bei den ganz jungen weiß man's nie. Er könnte irgendein sonderbares archaisches Gefühl für seine Mutter in sich aufstöbern. Das ist das Schlimmste an den Konventionen: Sie haben gewöhnlich ihre Wurzeln in irgendeinem nützlichen, schützenden Geschlechtstabu.«

»Ich werde dich nicht heiraten, Miles.«

»Aber warum nicht?«

»Miles, ich hab es dir schon zweimal gesagt – zwing mich nicht, es dir noch einmal zu sagen! Es macht mir wirklich keine Freude, es zu sagen.«

»Daß ich jünger bin als du?«

»Fünfzehn Jahre.«

Das war stets das Ende. Er machte ihr freundschaftliche Vorhaltungen, und sie blieb steinhart. Er meinte seine Vorstellungen wirklich aufrichtig, da er so jung war, daß der Gedanke an das Alter ihn nicht zu stören vermochte. Außerdem konnte er sich Evelyn nicht als viel älter vorstellen, als er selber war. Sie verriet keine Anzeichen des Alters; ihr Haar war glänzend, ihre Haut glatt, der Körper fest und weiß. Gewiß, »vierzig« hatte einen ominösen Klang, und sie wurde in diesem Jahre vierzig; nachdem sie ihm das einmal gesagt hatte, hatte sie es zwanzigmal wiederholt. Er schob es beiseite. Er war unbesonnen, ungestüm und nicht an Widerstand gewöhnt. Es ärgerte ihn, daß sie seine Vorschläge so ruhig und beharrlich ablehnte. Freilich konnte er nicht ahnen, was diese Festigkeit sie kostete.

Sie fing an, davon zu sprechen, daß sie und Dan zurück nach London müßten. »Wir können nicht ewig hierbleiben. Wir sind schon länger als acht Tage hier.«

»Was macht denn das? Bist du nicht glücklich hier?«

»Du weißt, daß ich hier glücklich bin, nur zu glücklich. Aber was werden die Leute denken?«

»Die Leute – du meinst: die Jarrolds.«

»Sie sind sehr altmodisch, das weißt du ja, Miles; genau wie ich; sehr konventionell.«

»Und du kümmerst dich darum, was sie denken?«

»Ich muß an Dan denken.«

»Unsinn, Evelyn, das ist nicht wahr. Ich will dir sagen, was wahr ist, ohne darum herumzureden. Du bist altmodisch; das ist wahr. Und außerdem bist du so eitel, daß du den Gedanken nicht erträgst, dir auch nur ein Tüpfelchen von der Zustimmung der Jarrolds zu verscherzen. Du hast es gern, wenn dir alle Leute, selbst die Jarrolds, zu Füßen liegen. Du nimmst jede Kritik übel. Was für eine seltsame Mischung du bist! Du bist so echt – und so unecht in Kleinigkeiten. Ich finde mich nicht zurecht in dir.«

»Leider kann ich deine großzügige aristokratische Unbekümmertheit nicht teilen, das ist das ganze Geheimnis. Ich gehöre zu einer ziemlich vorsichtigen und ängstlichen Familie. Du kannst dir diese großzügige Verachtung erlauben; wir können das nicht. Ich hasse mich selber deswegen, aber ich bleibe das Opfer. Vielleicht hast du auch recht mit meinen persönlichen Mängeln.«

»Deine persönlichen Mängel sind mir gleichgültig. Sie machen mir Spaß. Sie bezaubern mich. Ich würde mich freuen, wenn du sie gegen mich richtetest. Ich glaube, ich werde dich eifersüchtig machen, nur zum Spaß.«

»Gut, Miles – tu's, wenn es dich amüsiert.«

»Nein, das ist töricht. Aber was du da von einer vorsichtigen und ängstlichen Familie sagst, interessiert mich wirklich. Willst du damit sagen, daß du dir ernstlich Sorge um das machst, was man deinen guten Ruf nennt? Ist das möglich? Denkt noch irgend jemand an solche Dinge? Ist das nicht sehr viktorianisch? Einstellung aus der Zeit um die Jahrhundertwende?«

»Vielleicht, Miles. Aber du mußt bedenken, daß Familien wie die Jarrolds die Ergebnisse der viktorianischen Zeit sind.«

»Ja, das sind genau die Leute, die aus dem Grunde gegen die Narkose waren, weil Gott keinen Schmerz auf die Erde geschickt hätte, wenn er nicht gewollt hätte, daß der Mensch leide; genau die Leute, welche das erste Buch Mose so mit der Geologie in Einklang brachten, daß sie die Theorie aufstellten, die Erde sei fix und fertig mit den im Gestein eingeschlossenen Fossilien erschaffen worden. Oder Adam sei fix und fertig mit einem Nabel geschaffen worden, obwohl er nie eine Mutter hatte.«

»Haben sie das gesagt?«

»Liebste, du bist so köstlich unwissend.«

»Ich habe nie das Gegenteil behauptet, Miles. Ich weiß, daß du immer Beispiele zur Hand hast. Ich kann mich nicht mit dir messen.«

»Das brauchst du auch nicht – du bist *hors concours*. Du folgst dem kürzeren Weg des Instinkts. Ein ungleicher Kampf – Genie gegen Talent.«

»Ich wollte, du nähmest es ernst.«

»Ich nehme es ernst. Ich bin ein sehr ernster junger Mann. Die meisten jungen Leute meines Alters begnügen sich damit, gute Schützen zu sein. Ich tue das nicht. Ich beschäftige mich mit sozialen Fragen. Ich beschäftige mich außerdem mit praktischer Landwirtschaft. Kannst du mehr Ernst verlangen? – Doch wie dem auch sei, du hast völlig recht damit, daß die Jarrolds ein Ergebnis der viktorianischen Zeit sind. Natürlich sind sie das, sowohl der Zeit wie auch der Veranlagung nach. Du würdest es nicht genau erklären können, weshalb du das gesagt hast – wahrscheinlich hattest du eine unbestimmte Vorstellung davon, daß die Industrie in England unter der Herrschaft der Königin Viktoria entstanden ist – das war solch eine lange Regierungszeit, daß man es sich leisten kann, ein bißchen unbestimmt mit den Daten zu sein – unter diesen weiten Röcken läßt sich alles mögliche bequem verstecken – wie eine Schar Küken unter einer alten Glucke – und du hattest die unbestimmte Vorstellung, daß die ersten Maschinen von bösen, unwissenden Leuten zerschlagen worden sind – Gott, was haben die für einen Weitblick bewiesen! – und daß Leute wie die Jarrolds feststanden – und England zu dem gemacht haben, was es nun ist – na ja, das haben sie getan, sie haben auch ein nettes Päckchen daraus gemacht, von dem sie noch immer auf ihre haushälterische Weise profitieren – aber aus welchem Grunde du es auch gesagt hast, du hast recht. Die Jarrolds sind Viktorianer – nicht nur deshalb, weil sie noch immer an all die Heuchelei glauben, die damit zusammenhängt. Sie glauben an den Ruf und an die Ehrbarkeit und daran, daß man den Schein wahren muß. An all so etwas. Und daran, daß man den Leuten nicht erlauben darf, sich am Sonntag zu amüsieren – an dem einzigen Tag der Woche, an dem ihnen das zermürbende Leben eine Pause gestattet. Und daran, daß die Frauen dazu verurteilt sind, ein Kind nach dem andern zur Welt zu bringen, gleichviel ob sie sie in den ersten Jahren ordentlich ernähren, sie ihren Talenten entsprechend erziehen und sie später ausstatten können oder nicht – alles aus dem einen Grunde, damit England bleibt, was es ist. Macht uns frei von diesen Ideen und von all dem, was sie nach sich ziehen, und wir können anfangen, etwas zu leisten. Deine Jarrolds sind heutzutage Anachronismen. Sie sollten ausgestopft und in einen Glaskasten gesetzt werden.«

»Du beurteilst den alten Herrn Jarrold ziemlich falsch«, sagte Evelyn, da sie sich an Herrn Jarrolds Ausbruch erinnerte, als er mit Evan gescholten hatte. »Ich glaube, er könnte genauso harte Vorwürfe gegen dich und deinesgleichen erheben. Ich glaube nicht, daß er auch nur die Hälfte des Aufwandes billigt, den er aufrechtzuerhalten sucht.«

»Nein, ich habe den alten Mann gern«, sagte Miles; »er ist auf seine Weise ein feiner alter Mann, aber er ist trotzdem ein Anachronismus.«

»Ich verstehe, daß du selber nicht vorhast, ein Anachronismus zu sein, auch Dan nicht, wenn du darüber mitzureden hättest.«

»Dan ist in Ordnung. Dan, das hoffe ich inständig, ist das junge England. Mit kühnem, forschendem Geist und einer großen Schere, das Gestrüpp wegzuschneiden.«

»Das mag sein, wie es will, Miles, aber um wieder darauf zurückzukommen, worüber wir gerade sprachen: Ich kann nicht ewig hierbleiben.«

Miles war halsstarrig. »Du tust keinem weh und machst mir viel Freude.«

»Tue ich das wirklich, Miles? Bestimmt? Brauchst du mich wirklich? Und deine Arbeit, die ich unterbreche? Du weißt, deine Arbeit ist dir wichtiger als . . .«.

(Ich darf ihm so etwas nicht sagen, dachte sie, Närrin, die ich bin. Aber ist es nicht wahr – oder – ?)

(Wie unmöglich weiblich Frauen doch sind! dachte er, aber da er sie liebte, empfand er ein zärtliches Gefühl für sie.)

»Evelyn, sei nicht albern! Na ja, ich kann ja jeden Tag ein paar Stunden arbeiten, wenn du das willst. Wird das deine Bedenken zerstreuen?«

(Oh! dachte sie, während sie ein plötzlicher Schmerz durchfuhr, er nutzt die Gelegenheit aus, die ich ihm biete.)

»Was für eine gute Idee, Miles – ja, arbeite zwei Stunden am Tag, auch mehr, wenn du magst! Vielleicht kannst du mir ein paar Bücher leihen, dann lese ich, während du zu tun hast.«

Er war nicht enttäuscht. Er war noch nicht in dem Stadium, in dem man sich wünscht, enttäuscht zu werden. Er wünschte nicht einmal, so zu tun, als mißverstehe er sie. Er kam näher zu ihr, ergriff ihre Hand und verschränkte seine Finger in ihren. Körperlicher Kontakt, selbst der leiseste, beruhigte ihn.

Jede Wolke zwischen ihnen konnte vertrieben werden, wenn sie wieder körperlich nacheinander faßten. Und eine halbe Stunde Enthaltung wurde zu einer halben Stunde des Verhungerns.

Manchmal verlängerte Miles diese Zeiten der Enthaltung absichtlich. Evelyn war unter ihrer verfälschten Oberfläche weit primitiver als er. Ihre Gefühle waren zu stark, als daß sie ihr erlaubt hätten, Spaß damit zu treiben. Alles, was sie tun konnte, war: ihre böse Heftigkeit einigermaßen in Schach zu halten. Nur Klugheit vermochte das. Sie wußte, daß sie in ihrem Verhältnis zu Miles keine Fehler machen durfte. Er war ein schwieriges und gefährliches Fohlen für den, der es zähmen wollte. Weil er jedoch ein junger und kräftiger Mann war, endete es stets damit, daß der Hunger nach ihr seine Sucht zu experimentieren überwog. Wenn er eine Zeitlang so getan hatte, als sei sie ihm gleichgültig, flammte das Begehren immer wieder überwältigend und unwiderstehlich in ihm auf.

So hielt er sie zwischen Ungewißheit und Sicherheit unglücklich – glücklich als seine Sklavin.

Sie willigte ein, noch ein paar Tage zu bleiben. In Wahrheit vermochte sie sich nicht von ihm loszureißen. Dieses späte Blühen ihres Herzens und ihrer Sinne war zu süß, machte sie zu schwach. Die Welt existierte nicht mehr; sie dachte nicht daran; nichts blieb als der verzauberte Ort, Miles Vane-Merricks Burg. Die hohen rötlichen Mauern schlossen sie ein wie ein verwunschenes Gefängnis.

»Ach, du müßtest es im Frühling sehen!« sagte er, als sie ihm davon erzählte. »Oder an einem Sommerabend.«

Sie gingen durch den ummauerten Garten, und die Doppelspitze des Turmes schwang sich über ihnen in den blauen Himmel. Die Bäume waren winterlich kahl und der Himmel voller Krähen.

»Ich kann kaum glauben, daß es hier noch schöner sein könnte, Miles.« Sie, die früher niemals solche Dinge bemerkt und stets mehr Bequemlichkeit als Schönheit verlangt hatte, war von dieser Offenbarung lieblicher Schönheit wirklich bewegt. Ihr Empfindungsvermögen vertiefte sich; sie hörte es sogar gern, wenn Miles ihr Gedichte vorlas. »Ich weiß gar nicht, was du aus mir machst, Miles«, sagte sie lachend, »es scheint, als verwandeltest du mich in einen ganz anderen Menschen.«

In diesem Augenblick war sie glücklich. Sie ergriff Miles' Arm und fühlte, daß sie an seinem Leben teilhatte. Sie hörte sogar geduldig zu, als Munday hereinkam, um mit ihm über das »Puppenholz« – wie er sich ausdrückte – zu sprechen. Sie hatte keine Ahnung, was das »Puppenholz« sein mochte, doch Miles schien es zu wissen. Er erörterte ernsthaft und ziemlich ausführlich – Ausführlichkeit war unabänderlich mit jedem Thema verbunden, das Munday anschnitt –, ob es ratsam sei, gewisse Kastanienbäume in diesem Jahr zu fällen oder es bis zum nächsten Jahr zu lassen. Sie hörte ziemlich abwesend zu, doch bekam sie einen neuen Begriff von der Beständigkeit solcher Anordnungen. Miles und seine Ahnen, Munday und seine Ahnen hatten solche Dinge Jahrhunderte hindurch erwogen. Es erschien ihr richtig, daß Miles und Munday auch heute darüber berieten. Miles, der auf seiner Burg saß, sein Gut und seinen Besitz bewirtschaftete, mit Munday sprach, war der echte, der traditionsgebundene Miles.

Als Munday gegangen und das Gartentor hinter ihm eingeschnappt war, schob sie die Hand wieder in Miles' Arm. »Ich mag dich gern als konservativen Landjunker.«

»Ich bitte um Entschuldigung, Liebling. Munday hat keinen Takt. Er stürzt sich auf mich, wo er eine Gelegenheit findet.«

»Ich sage dir doch, daß ich es mag. Es ist so neu für mich. Ich mag dich gern in dieser Rolle. – Miles, sieh diese schwarzen Wälder! Schau diesen weiten Himmel! Ich glaube, das könnte niemals schöner sein, nicht einmal an einem Sommerabend.«

Irgendwo im Obstgarten fing eine Eule an zu schreien.

»O Miles – versprich mir, daß du mich im Sommer noch liebst – bitte, Miles!«

Und nun störte ihre Bitte ihn nicht mehr; in diesem Augenblick waren sie vollkommen aufeinander abgestimmt. Sie fühlte die Harmonie und war zufrieden. Sie schritten weiter den Gartenweg unter der hohen Mauer auf und ab, bis die Dämmerung herabsank und andere kleine Eulen den Schrei der ersten im Obstgarten aufnahmen.

Sie war bestürzt, als sich herausstellte, daß Miles ihren Vorschlag, täglich zwei Stunden zu arbeiten, wirklich ausführte. Sie kam in sein Zimmer und entdeckte, daß er mit einem jungen Mann am Tische saß, der mit Papieren bedeckt war. Er sah mit einem Stirnrunzeln auf, lächelte aber, als er erkannte, daß sie es war. »Ich hätte nie geglaubt, daß Sie so früh herunterkommen würden. Das ist Herr Bretton, der sein Bestes tut, meine Wähler davon zu überzeugen, daß ich der einzige Mensch bin, der geeignet ist, sie im Parlament zu vertreten. Es ist eine schwere Arbeit für ihn. – Frau Jarrold, Bretton.«

Bretton hatte leuchtende, aber ziemlich kleine Augen und unordentliches schwarzes Haar. Er gab ihr linkisch die Hand, als ob er an gesellschaftliche Formen nicht gewöhnt sei. Er war ein ziemlich untersetzter junger Mann, schlecht angezogen, und Miles erschien neben ihm noch gewandter und ungezwungener als gewöhnlich.

Er sprach kein Wort, nicht einmal »Sehr angenehm«, aber Evelyn hatte nicht den Eindruck, daß das daher käme, weil er nichts zu sagen hätte. Er schien im Gegenteil voll verhaltener Energie und Sensibilität zu sein. Sie schenkte ihm ihr bezauberndstes Lächeln, spürte aber, daß er auf den ersten Blick eine Abneigung gegen sie gefaßt hatte. Sie waren zu große Gegensätze.

»Lassen Sie sich nicht stören, Miles! Ich hatte keine Ahnung, daß Sie beschäftigt sind.«

Miles begleitete sie zur Tür. Bretton, der sich wieder gesetzt hatte, blieb sitzen und spielte nervös mit einem Bleistift. Sie lächelte, nickte ihm zum Abschied zu, und er antwortete mit einem verlegenen Nicken; er war sich offensichtlich bewußt, daß er hätte aufstehen müssen; aber er wollte es nicht.

An der Tür blieb sie stehen und schaute Miles an. Er blickte zurück. Sie sahen sich eine Sekunde lang an, einer in des andern Augen. In seinen spiegelte sich Trotz und Belustigung.

Sie ging langsam die Wendeltreppe hinunter – eine erzürnte Frau. Miles behandelte sie nicht einmal mit der gewöhnlichen Höflichkeit, die man einem Gast gewährt. Weil sie sich liebten, glaubte er, sie auf diese gleichgültige Weise behandeln zu dürfen. Er sollte seinen Denkzettel bekommen: Sie würde noch am selben Tag nach London zurückkehren.

Sie ging in ihr Schlafzimmer hinauf und wich Dan aus. Dan, das wußte sie, saß im Wohnzimmer und las eine Broschüre über Volkswirtschaft, die Miles ihm gegeben hatte. Sie konnte Dans Begeisterung in diesem Augenblick nicht ertragen. Sie schlich sich durch die Hintertür ins Haus und so leise wie möglich die Treppe hinauf. Es war kalt im Schlafzimmer. Der Kamin war allerdings schon fertig gemacht, aber sie war zu stolz und zu ärgerlich, Feuer anzuzünden. Sie erinnerte sich, wie Miles am Abend vorher in den Garten hinausgelaufen und mit einem gefrorenen Holzscheit zurückgekommen war, das er lachend aufs Feuer geworfen hatte. Sie ging umher und legte ihre Sachen in den großen Koffer. Fast alles, was sie in die Hand nahm, erweckte Erinnerungen an Miles: die Pullover, die er gern hatte, die Schuhe, über die er spottete. Sie stopfte alles hinein und dachte nicht an die Mißbilligung, die Privett beim Auspakken zeigen würde. Es wäre eine Erleichterung, zu Privett und der Wärme und Sicherheit ihrer Wohnung zurückzukehren. Sie mußte verrückt gewesen sein, daß sie jemals glauben konnte, sie und Miles seien füreinander bestimmt, sie könnten überhaupt zusammenpassen. Mochte Miles bei seiner Landwirtschaft und seiner Politik bleiben, mochte er sich eine Frau suchen, die anpassungsfähiger und sklavischer war als sie.

Sie hatte fast alles eingepackt, als sie Miles' Stimme unten hörte. Gleichzeitig vernahm sie ein Kratzen an der Tür und ein leises Winseln. Sie öffnete, und Cäsar, die dänische Dogge, stürmte herein. Der Hund schlug mit dem Schwanz wie mit einem Stück Holz an die Möbel; er trottete umher, schnüffelte an ihren Sachen und hob fragend den Kopf. »Hunde wissen stets, wenn man weggeht«, hatte Miles gesagt. »Ja, Cäsar«, sagte sie und legte die Arme um seinen mächtigen Hals, »ich gehe fort.«

Dans Schritte sprangen die Stufen herauf. »Mutti, Mutti! Wo bist du? Miles ist hier.«

Sie kam schnell heraus, schloß die Schlafzimmertür hinter sich und trat an die Treppe. Miles erschien auf der ersten Stufe. »Evelyn, kommen Sie heraus? Ich bin Bretton losgeworden.«

Sie stieg die Treppe vorsichtig hinunter; die Stufen waren alt und ausgetreten. Da war Miles, sein Haar leuchtete unter dem Fenster. Dan war auch da, er war rot und erregt. Beide sahen sehr jung und arglos aus. Sie konnte nicht an den Blick glauben, den Miles ihr zugeworfen hatte, als er ihr die Tür zum Hinausgehen geöffnet hatte. Sie konnte nicht glauben, daß er wirklich seine Stärke mit ihrer gemessen hatte. Er sah aus wie ein Junge, der schulfrei hat.

»Ich muß einen Hut aufsetzen«, sagte sie, »wenn ihr wollt, daß ich mit hinauskomme.«

Sie sagte ihm nichts von ihrer Absicht, abzufahren; sie packte ihre Sachen nur sanftmütig wieder aus und fühlte sich halb grimmig, halb froh, als sie erkannte, daß sie sich unterworfen hatte. Aber sie fragte ihn nach Bretton.

»Bretton? Das ist mein politischer Agent. Der Sohn eines Gemüsehändlers in Rotherham. Ein guter Junge und ein wilder Kommunist.«

»Ein Kommunist?« fragte Evelyn, als ob Miles gesagt hätte: ›ein Löwe‹.

»Ja, der arme Junge, er muß seine Überzeugung verwässern, um seinen Posten bei mir zu behalten. Bretton wird es eines Tages weit bringen.«

»Mittlerweile will er sich wohl nicht mit gutem Benehmen beschäftigen?«

»Nein, ist das wichtig? Es wäre von ihm aus doch nur Trug, wenn er es täte. Möchtest du seine Erziehung in die Hand nehmen? Wenn ja, will ich ihn morgen zum Essen einladen.«

»Um Gottes willen, tu das nicht, Miles! Er mag mich nicht, er kann mich nicht leiden.«

»Wie kannst du erwarten, daß er jemand mag, der den Wert eines dreijährigen Universitätsstudiums in Perlen um den Hals hängen hat?«

»Ich dachte, Kommunisten seien ebensosehr gegen Universitätsausbildung wie gegen Perlen.«

»Das sind sie auch – aber sie beneiden einen darum. Sie glauben, es brächte einem Gott weiß was für Vorteile. Aber

Bretton hat tatsächlich einen weit helleren und schärferen Verstand als ich. Er ist völlig frei von Gefühl und Tradition und ähnlichen obskuren Belastungen. Und was dich anlangt, so glaube ich nicht, daß er jemals in seinem Leben einen Menschen wie dich gesehen hat.«

»Findest *du* mich auch so verächtlich, Miles?«

»Ich finde dich entzückend und dekorativ.«

»Aber unnütz, müßig?« beharrte sie.

»Nein«, sagte er, »ich liebe es, wenn Frauen entzückend und dekorativ sind. Das Leben ist so schon häßlich genug, ohne daß die Frauen sich auch noch häßlich machen.«

»Meinst du das im Ernst? Oder ist das ein Scherz?«

»Beides. Du kannst wählen.«

Ein oder zwei Tage später fand sie sich allein mit Bretton. Er wollte Miles besuchen, aber Miles war von Munday geholt worden, um nach einer kranken Kuh zu sehen.

»Kommen Sie doch herein, Herr Bretton! Herr Vane-Merrick wird in wenigen Minuten zurück sein. Wärmen Sie sich doch am Kamin, es ist ein sehr kalter Tag. Kommen Sie von weit her?« Sie plauderte freundschaftlich darauflos.

Evelyn brachte ihn aus der Fassung; er war beunruhigt, mißtrauisch. Er saß auf der Stuhlkante am Kamin, weil sie ihn dazu aufgefordert hatte, aber er war durchaus nicht abhängig von äußerer Behaglichkeit. Das Licht, das in seinen ziemlich gemeinen, lasterhaften und intelligenten Augen brannte, bezeugte seine Unabhängigkeit von solchen Dingen. Evelyn fühlte sich trotz all ihrer Weltgewandtheit nicht behaglich mit diesem jungen Mann. Er verhalf ihr zu einer neuen Erfahrung, ebenso wie Munday ihr zu einer neuen Erfahrung verholfen hatte. Aber sie war jetzt nicht böse auf ihn, sie war interessiert. Sie merkte, daß England nicht nur von Jarrolds bevölkert war.

»Sie müssen eine sehr interessante Beschäftigung haben, wenn Sie für Herrn Vane-Merrick arbeiten.«

Er wollte immer noch nicht auftauen; er war verdrießlich, aber ganz anziehend. Sie war entschlossen, ihm zu gefallen.

»Als ich Herrn Vane-Merrick kennenlernte, wußte ich gar nicht, was für ein tätiges Leben er führt. Er hat anscheinend sehr viele und ganz verschiedene Interessen.« (Sie dachte: Ich spioniere Miles hier doch nicht etwa auf häßliche Weise nach?) »Ich nehme an«, fuhr sie fort, »seine Wahl hier unten im Wahlkreis ist sicher?«

»Soweit ein Wahlerfolg überhaupt sicher sein kann, Frau...«

Er schwieg. Er hatte ihren Namen vergessen. »Verzeihung«, sagte er unbeholfen, »ich habe leider Ihren Namen vergessen.«

Er gefiel ihr immer besser; sie war in großzügiger Stimmung. »Jarrold«, sagte sie, »aber das macht gar nichts. Erzählen Sie mir lieber, was Sie für Herrn Vane-Merrick tun! Ich bin so unwissend in diesen Dingen. Arbeiten Sie... nun, was tun Sie eigentlich?«

Er ließ sich nicht aushorchen. Er machte Ausflüchte, und sie fühlte, daß er sie abschätzte; das Ergebnis schien nicht günstig zu sein. Gleichzeitig spürte sie seine treue Ergebenheit für Miles.

»Herr Vane-Merrick scheint mir ein sehr bemerkenswerter Mensch zu sein«, sagte sie impulsiv.

»O ja«, sagte Bretton, »ja.« Er wollte wohl mehr sagen, doch plötzlich versank er wieder in seine alte Schweigsamkeit.

Sie wußte nicht mehr weiter.

»Wie unaufmerksam von mir, Herr Bretton – wollen Sie nicht etwas trinken? Ich glaube, da steht Whisky im Schrank. Nein, bleiben Sie sitzen! Ich hole ihn schon.«

Sie erwartete beinahe, daß er sagen würde, er trinke nicht; aber er ließ sie zum Schrank gehen, ein Glas, einen Siphon und die Whiskyflasche holen. Sie war erleichtert, als sie sah, daß er sich einen ordentlichen Schuß eingießen ließ. Er beobachtete ihre hübschen Hände, als sie die Flasche hinstellte.

»Danke«, sagte er und fügte hinzu: »Zum Wohl!«

»Trinken Sie auf Herrn Vane-Merricks Glück bei der nächsten Wahl!« erwiderte sie.

Bretton grunzte. Dann trank er.

»Hat er eine große Zukunft, was meinen Sie?«

»Eine große Zukunft, Frau Jarrold? Meinen Sie, ob er im nächsten Kabinett Minister wird?« Sein Ton war voller Verachtung.

»Ja, ich glaube – ich verstehe nicht viel davon.«

»Das könnte geschehen«, sagte Bretton, »in einer konservativen Regierung.« Wieder schwieg er mit derselben Miene, die vieles ungesagt ließ.

»Aber er ist doch kein Konservativer.«

»Nein.«

Sie füllte sein Glas noch einmal. »Herr Bretton – verzeihen Sie meine Unkenntnis – aber ist es nicht eigenartig, daß er kein Konservativer ist?«

»Wegen seiner Geburt, meinen Sie?« sagte Bretton und schaute sie so verächtlich an, daß sie zusammenzuckte.

»Nun ...«, sagte Evelyn. Jede Erwiderung auf diese Bemerkung hätte vorsichtiger ausgedrückt werden müssen, als sie es vermochte. Deshalb begnügte sie sich mit einer ziemlich lahmen Antwort: »Man würde eher erwarten, daß ein Mensch seiner Art auf der sicheren Seite wäre.«

»Seiner Art – ja –, aber nicht er.«

Zum erstenmal wurde Brettons Hochachtung spürbar.

»Das macht ihm nur noch mehr Ehre, Herr Bretton.«

»Ja.«

Sie hatte etwas Verkehrtes gesagt, sie hatte ihn begönnert. Sie versuchte es mit äußerster Einfalt, die nicht einmal ganz unaufrichtig war: »Herr Bretton, ich glaube wirklich ganz fest an Herrn Vane-Merricks Fähigkeiten. Deshalb habe ich mit Ihnen so unpassend über ihn gesprochen. Ich hoffe, Sie nehmen mir das nicht übel.«

»Fähigkeiten – er hat starke Fähigkeiten.«

»Vielleicht sind seine Ansichten nicht extrem genug, um Ihre Anerkennung zu finden?« sagte Evelyn lächelnd.

Bretton antwortete nicht; er trank nur sein Glas aus. Evelyn konnte sich nicht schmeicheln, viel weitergekommen zu sein. Sie war erleichtert, als Miles, von Cäsar und Dan und einem Hauch eisiger Luft auf den Fersen begleitet, hereinkam.

Bretton war Miles gegenüber nicht verdrießlich. Sofort entspannte er sich. Er war immer noch zurückhaltend, aber nicht verdrießlich. Miles hänselte ihn, und er ließ sich zu einem Lächeln herbei. Evelyn spürte, daß Miles ihn sogar gegen seine Überzeugung zu gewinnen vermochte. Sie hatte Bretton jetzt gern, aber sie fühlte sich sehr unbehaglich. Sie war dankbar, als er – ein wenig unfreundlich – Miles' Einladung zum Essen ablehnte.

Dan brach unwillig los: »Was für ein abscheulicher Mensch, Miles! Ich hätte ihn prügeln mögen, weil er so grob zu Ihnen war.«

»Er hat keine Eton-Manieren, Dan.«

Dan sah verblüfft aus. »Das verstehe ich nicht. Manieren sind doch wichtig. Sie selber haben gute Manieren.«

»Die hat auch dein Onkel Gottfried.«

»Und Sie meinen – Sie loben sich Bretton, wie er auch sei?«

»Ja, ich lobe ihn mir, wie er auch sei. Obwohl er mir vielleicht die Kehle durchschneidet, ehe er mit mir fertig ist.«

Evelyn bekam einen Brief von Ruth. Er war auf dem Papier von Newlands geschrieben, und jetzt war eine Krone statt des Helmbusches auf der Klappe des Umschlages.

10. Januar 1932

Liebste Evelyn!

Ich weiß nicht, wo Du bist, deshalb sende ich diesen Brief an Deine Wohnung, damit er Dir nachgeschickt werden kann. Wir sind noch hier. Onkel Evan ist abgefahren. Wir glauben, er hatte Streit mit Großpapa, aber wir wissen es nicht genau. Jedenfalls ist er fort, und wir erwähnen seinen Namen nicht.

Wir halten das für besser. Großpapa macht von Zeit zu Zeit bissige Bemerkungen über ihn. Großpapa ist im ganzen sehr sarkastisch. Er sagt, was es für eine Aussicht für das Land wäre, wenn ein Haufen unwissender junger Männer glaubten, sie könnten es regieren. Wie zum Beispiel Miles Vane-Merrick. Er sagt, nirgends wäre noch das geringste bißchen von Vernunft zu finden. Es ist ziemlich stumpfsinnig hier. Die Beckwiths kamen mal zum Tee. Was für herrliches Wetter! Es sieht nicht so aus, als ob Dan überhaupt mal zum Schlittschuhlaufen käme. Ich hoffe, Ihr seid beide auf dem Lande und amüsiert Euch. Anscheinend ist jetzt kein Mensch in London, deshalb glaube ich, in London wäre es jetzt nicht nett. Ich nehme an, Du wirst bald dorthin fahren. Schreib mir, wann Du wieder in London bist! Inzwischen grüße ich Dich herzlich. Mutti würde es auch tun, wenn sie im Zimmer wäre.

Deine Dich liebende Ruth.

PS Als Du bei Miles Vane-Merrick zu Besuch warst (ich glaube, Du sagtest, Du wolltest mit Dan auf die alte Burg), war da auch die Fürstin Tscharskaja da? Ich höre, sie hat seit Jahren ein Verhältnis mit M. V.-M.!!!
PPS Minnie war einfach *unerträglich*. Sie hat Kakao eine Maus (eine lebendige) ins Bett gelegt und mir zwei Haarbürsten.

Evelyn ärgerte sich nicht besonders über diesen Brief. Als sie ihn las, lächelte sie mitleidig und dachte: »Arme kleine Ruth!« Ruth war keine Stilistin, und ihre Methoden waren plump. Ruth tat ihr leid, aber Ruth war wirklich so roh und grob, daß man sie nicht wichtig zu nehmen brauchte. Ruth hatte überhaupt keine Bedeutung. Ruth tat ihr leid, aber man mußte mitleidlos sein. Sie benutzte absichtlich dieses Wortspiel. Es schien sie von jeder Verantwortlichkeit Ruth gegenüber freizusprechen.

Wofür sollte sie sich Ruth gegenüber denn verantwortlich

fühlen? Die Sache mit Miles war faires Spiel; und wenn sie Miles gefangen hatte, während es Ruth nicht gelungen war, ihn zu fangen, so war das für Ruth traurig, nicht für sie. Sie hatte keinen Vorsprung gehabt; Ruth hatte ihn sogar früher gekannt. Sie konnte sich Ruth gegenüber von jeder Schuld freisprechen.

Dann begann Ruths Brief in ihr zu wühlen. Nicht sehr ernstlich. Sie lachte über sich selber, weil sie sogar noch daran dachte, als sie ihn schon ins Feuer geworfen hatte. Elisabeth Tscharskaja . . .

»Miles«, sagte sie, »du kennst Elisabeth Tscharskaja?«

Er sah vom Buch auf. »Elisabeth Tscharskaja?« sagte er. »Ja, natürlich kenne ich sie. Weshalb?«

»Was hältst du von ihr?«

»Gar nichts. Ein Schmarotzer. Ich meine, die Umstände haben sie dazu gemacht.«

»Wie gut kennst du sie?«

»Ich glaube, ich habe drei- oder viermal Bridge mit ihr gespielt. Weshalb? Wie kommst du auf sie?«

»Ich traf sie neulich in einem Modesalon. Du kennst sie gar nicht näher?«

»Gott behüte!«

Nein, Miles dachte sehr wenig an Frauen. Das schien sicher zu sein. Es war schlimm genug, sich gegen sein Buch durchsetzen zu müssen und gegen Bretton und all das, was mit Bretton zusammenhing – das war eine viel ernstere Rivalität. Eine Rivalität, gegen die sie sich nicht durchsetzen konnte und nicht durchsetzen durfte. Sie mußte mit einer Hälfte seines Lebens zufrieden sein und sich mit dieser Verteilung noch glücklich schätzen. Der Kompromiß war hart für sie bei ihrem herrischen Temperament und dem Übermaß ihrer Liebe für Miles, doch sie war entschlossen, vernünftig zu sein. Miles mußte man mit lockerem Zügel reiten.

Er schien etwas von dem Kampf in ihrem Innern zu wissen und ein boshaftes Vergnügen daran zu finden, sie zu versuchen und zu demütigen. Voller Verzweiflung beschuldigte sie ihn sadistischer Eigenschaften. Lachend sagte er, die besäße sie auch. Er sah sie an mit einem harten, spöttischen Glanz in den Augen. Sie fürchtete sich vor ihm, wenn er sie so anblickte, weil sie sah, wie erbarmungslos er sein konnte, wenn er wollte. Aber dann war er wieder so reizend, so zärtlich und jungenhaft einfach, daß sie ihre Furcht vergaß.

Dennoch wußte sie nicht, ob sie sich beherrschen könnte, falls er Interesse an einer anderen Frau zeigen würde.

Er überraschte sie mit der Frage, wie sie sich ihre Zukunft vorstelle. Daraufhin sah sie ihn so gequält an, daß sogar er gerührt war.

»Ich weiß es nicht, Miles. Du bist völlig frei, das weißt du ja – ich habe keine Gewalt über dich außer der Liebe. Ich will auch keine haben. Wenn das nicht genug ist, lasse ich dich lieber gehen.«

»Das sagst du, weil du sehr gut weißt, daß das genug ist.«

»Für den Augenblick wohl. Aber ... ach, wir wollen nicht davon sprechen.«

»Sag, Evelyn, könntest du eifersüchtig sein?«

»Rasend«, sagte sie leise.

»Ja, ich hätte nicht zu fragen brauchen. Ich sehe ein, daß ich vorsichtig sein muß, oder man findet eines Tages die verstümmelte Leiche eines jungen Mannes unter einer Hecke in Kent.«

»Spotte nicht, Miles!«

»Aber ich mache mich doch so gern über dich lustig.«

»Ja, ich weiß. Mach dich über etwas anderes lustig! Es ist schrecklich, ganz sicher wirst du mich eifersüchtig machen, ehe du mit mir brichst. Ich möchte das nicht schon vorher spüren. Ich möchte in der Gegenwart leben.«

»Kluge Frau!«

»Nein, Miles, ich fürchte, ich bin nicht sehr klug.«

Schließlich ließ er sie nach London zurückfahren, weil er selbst dorthin mußte. Dan bestand darauf, daß er häufig zu ihnen käme. Er drängte Miles Einladungen auf, während

Evelyn stumm zuhörte und das Gefühl hatte, daß ihr das Schicksal in dieser Hinsicht gewogen sei. Trotz Miles' Spötteleien hatte sie noch immer Angst vor der neugierigen Kritik der Jarrolds wegen ihrer plötzlichen Vertrautheit mit diesem jungen Mann. Es war nicht zu vermeiden, daß sie früher oder später Verdacht schöpfen mußten, selbst wenn Ruth davon absehen sollte, es ihnen zu erzählen – und Evelyn vermutete sehr scharfsinnig, daß Ruth es aus wichtigen persönlichen Gründen geheimhalten würde – sie mußte es herausfinden, weil in dem engen Kreise, den die Jarrolds um all ihre Familienmitglieder zogen, nichts lange verborgen bleiben konnte. Das Netz war zu dicht, zu fest. Wenn Frau Jarrold – Lady Orlestone! – oder Frau Gottfried Jarrold oder Evan dreimal in der Woche zu ihr in die Wohnung kämen, wozu sie durchaus fähig waren, weil sie echt bürgerliche Ansichten über ein nettes und behagliches Familienleben in der Verwandtschaft hatten, und wenn einer von ihnen dann jedesmal mit Miles zusammentreffen würde, so konnte es nicht lange dauern, bis sie Bemerkungen austauschen und die unvermeidlichen Schlüsse ziehen würden. Bisher hatte Evelyn nie etwas darin gefunden, daß die Jarrolds zu jeder Tageszeit unangemeldet in ihrer Wohnung erschienen – wenn sie sich dabei auch stets arg gelangweilt hatte. Sie stammte selber aus der gleichen bürgerlichen Tradition. Der Grundsatz, daß man seine Verwandten gern habe, nur weil es die Verwandten sind, war eine Selbstverständlichkeit für sie gewesen. Doch nun wurden ihre Ansichten unter Miles' Einfluß großzügiger; seine Zwanglosigkeit wirkte anstekkend; daß die Familie sich anmaßte, in ihr Privatleben einzudringen, machte Evelyn ungeduldig. Sie fand diese Einbrüche in ihr persönliches Leben unerträglich. In Wirklichkeit war es jedoch nur die Entdeckung, daß die Liebe ihre besonderen Schwierigkeiten mit sich brachte. Und Evelyn wollte für ihren Geliebten frei sein.

Sie verachtete sich selber, weil sie die Ansichten der Jarrolds wichtig nahm, und doch hatte die Erziehung dieselben Ansichten so tief in ihr verwurzelt, daß sie nichts anderes tun konnte, als Rücksicht darauf zu nehmen. Das machte Miles' Vorschlag zu heiraten so besonders verlockend. Sonderbarerweise wollte sie nicht, daß die alten Jarrolds Miles deshalb tadelten, weil er sie in den Augen der Welt kompromittierte. Und doch wußte sie, daß sie niemals einwilligen durfte, ihn zu heiraten. Es wäre ihm gegenüber nicht fair. Daran hielt sie fest wie an einem strengen Grundsatz.

Doch wenn sie vielleicht die Hälfte der Verantwortung auf Dan schieben könnte, wäre sie gesichert. Wenn sie Miles als Dans Freund, Philosophen und Führer hinstellen könnte, ließen sich die alten Jarrolds vielleicht Sand in die Augen streuen. Sie waren einfältige und arglose Seelen; oder, wenn nicht einfältig und arglos, so neigten sie doch mindestens so sehr zur Selbsttäuschung, daß sie jeden Vorwand ergreifen würden, um ihre Schwiegertochter in ihren eigenen Augen zu entschuldigen.

Ob sie mit Miles als Dans Freund, Philosophen und Führer einverstanden wären, war eine andere Sache.

Dann waren da ihre eigenen Dienstboten. Vor den forschenden Blicken dieser Dienstboten schämte sie sich sogar noch mehr als vor denen der Jarrolds. Sie wußte, daß sie über solchen Dingen stehen sollte. Und doch stellte sie sich den verschlagenen und höhnischen Gesichtsausdruck vor, mit dem Mason oder Privett – besonders Privett, da sie wahrscheinlich ihr Leben lang auf Privett angewiesen war, während sie Mason jeden Augenblick entlassen konnte – die Tür öffnen und ankündigen würden: »Herr Vane-Merrick!« Dann würden sie sie wieder schließen und sich in die Küche zurückziehen, um heimlich Witze über sie zu machen.

Sie haßte sich selber wegen ihrer Furchtsamkeit. Sie wußte nur zu gut, daß es Miles nie in den Sinn gekommen wäre, die Mundays könnten sich über ihre Beziehung den Kopf zerbrechen. Wahrscheinlich hatten es die Mundays auch nicht getan. Oder wenn sie es getan haben sollten, so hatten sie es in ihrer geraden ländlichen Weise aufgenommen. Sie hatten wahrscheinlich höchstens gesagt, es sei schade, daß ihr junger Herr sich nicht eine Dame gesucht habe, die im Alter besser zu ihm passe, damit er heiraten und einen Erben zeugen könne. Mehrere Erben. Söhne und Töchter. (Sie wünschte jetzt, sie hätte sich mehr Mühe gegeben, die Mundays für sich einzunehmen.) Doch Mason und Privett waren Londoner Dienstboten. Mason würde kichern und Privett ihr Verhalten säuerlich mißbilligen.

Aber wenn sie zu Privett sagen könnte: »Herr Vane-Merrick kommt heute abend zu Besuch zu Herrn Dan« – dann wäre sie wieder gerettet.

Dan würde Ende Januar wieder zur Schule fahren. Doch bis dahin wäre Miles als ständiger Besucher anerkannt. Sie kannte die Bedeutung althergebrachter Gewohnheiten für einen Geist wie Privett.

»Übrigens, Privett«, sagte sie, »Herr Vane-Merrick kommt vielleicht heute abend zu Besuch zu Herrn Dan. Es kann sein, daß ich nicht da bin, wenn er kommt.«

»Bleibt er zum Essen?« Privett war immer mürrisch.

»Zum Essen? Nein. – Ach ja, vielleicht wäre es ebenso richtig, sich auf das Essen einzurichten. Vielleicht überredet Herr Dan Herrn Vane-Merrick, zu bleiben. – Sie wissen ja, wie Herr Dan ist. Er denkt nicht daran, daß die Läden um sechs schließen. Daran denken Jungen nicht. Bestellen Sie ein Birkhuhn, Privett, ja? Und ein paar Austern! Und sagen Sie Mason, daß er für drei deckt!«

Sie blieb absichtlich lange fort, um Miles warten zu lassen. Mit ihrer Rückkehr nach London hatte sie etwas von ihrer weiblichen Selbstsicherheit wiedergewonnen. Sie war Miles nicht mehr so ausgeliefert, daß er sie durch schlammige Felder hinter sich herschleppen konnte. Es war ein kalter Abend, draußen fiel Schnee, und sie sehnte sich nach nichts so sehr wie nach der Behaglichkeit ihres Zimmers und nach Miles' Gegenwart. Nun, Miles mochte sich mit Dan trösten. Sie wollte nicht springen, wenn Miles winkte. Bequem in ihrem Wagen sitzend, war sie zu Rivers & Roberts gefahren.

Eigentlich hatte sie nicht die mindeste Lust, zu Rivers & Roberts zu gehen. Sie wollte mit Miles zusammen zu Hause sein. Sie verabscheute jetzt richtig den Luxus und die Extravaganzen von Rivers & Roberts. Sie verglich die devote Affektiertheit von Herrn Rivers mit der eigensinnigen Schweigsamkeit von Bretton. Da sie sich voller Unruhe fühlte, war sie netter zu Herrn Rivers als gewöhnlich und wußte die Schöpfungen, die er ihr vorführen ließ, kritischer zu würdigen als sonst. Er entschied, daß Frau Thomas Jarrold in jeder Hinsicht wirklich eine seiner angenehmsten Kundinnen sei. Sie war eine bezaubernde Frau, und sie ließ seinen Kleidern Ehre angedeihen.

»Wir haben Sie eine ganze Zeit nicht gesehen, Frau Jarrold. Wir haben Sie vermißt – wirklich.«

»Ich bin auf dem Lande gewesen, Herr Rivers.«

»Auf dem Lande? In dieser Jahreszeit? Das paßt gar nicht zu Ihnen, Frau Jarrold. Im Sommer aufs Land zu gehen . . . nun, das will man sich gefallen lassen. Aber im Januar!«

Sie dachte daran, wie sie mit Miles den Gartenweg auf und ab gegangen war und der Turm in den klaren Himmel ragte.

»Furchtbar kalt und schmutzig, Herr Rivers! Aber man kann nicht immer, wie man gern möchte.«

Er verbeugte sich zustimmend.

»Das verstehe ich vollkommen, Frau Jarrold. – Lord Orlestone ist hoffentlich wohlauf?«

Er glaubte also, sie sei in Newlands gewesen.

»Danke, es geht ihm ausgezeichnet. Es ist erstaunlich bei seinem Alter.«

»Siebzig, nicht wahr?«

»Fünfundsiebzig.«

»Du liebe Zeit! – Und Ihr hübscher Junge, Frau Jarrold? Er ist wohl der Erbe? Er muß etwa vierzehn sein, nicht wahr?«

»Leider schon beinah achtzehn.«

»Was Sie nicht sagen! Wie die Zeit vergeht! Beinah achtzehn! Das würde niemand glauben, wenn man seine Mutter ansieht – wenn ich mir diese Bemerkung erlauben darf, ohne aufdringlich zu erscheinen. Beinah achtzehn! Du liebe Zeit! – Und geht er nun wieder nach Eton – er ist doch natürlich in Eton? – Oder geht er ab?«

»Nein, Ende des Monats fährt er wieder hin.«

»Und was werden Sie dann unternehmen, Frau Jarrold? Doch natürlich nicht auf dieser scheußlich feuchten Insel bleiben? Lieber Gott, nein! Die Sonne – die Sonne ruft uns um diese Jahreszeit, nicht wahr? Die Riviera vielleicht? Oder Ägypten? Aber nicht England – lieber Gott, nein! Man muß fortfahren, ist es nicht so, und wenn es nur um der Gesundheit willen wäre?«

»Reisen Sie, Herr Rivers?«

Er seufzte und kehrte die Handflächen nach oben. »Ach, Frau Jarrold! Geschäftliche Verpflichtungen, Sie wissen ja. Vielleicht ein wenig später ... Eine kurze kleine Spritztour nach Cannes hinüber.«

»Ich kann mir wirklich nicht vorstellen, was Madame Louise ohne Sie anfangen sollte.«

»Zu gütig, Frau Jarrold. Sie schmeicheln mir. Madame Louise ist heute leider nicht hier; eine leichte Erkältung ... Oh, gar nichts Ernstes. Ich habe eine unserer jungen Damen mit ein paar Trauben zu ihr geschickt. Und mit einem Gardenienstrauß. Ein sehr reiner Duft, denke ich immer; finden Sie nicht auch? Ich sehe, Sie tragen Vergißmeinnicht am Mantel. Sehr originell – sehr kleidsam. Keine Orchideen – nein, Vergißmeinnicht. *Viel* vornehmer! Es gibt zu dieser Jahreszeit so wenig Blumen, nicht wahr? Nichts als Orchideen und Gardenien. Und Flieder natürlich; aber das ist kaum etwas fürs Knopfloch. Vergißmeinnicht – daran muß ich mich erinnern. Vergißmeinnicht zur Erinnerung, nicht wahr? Ach, sehr vornehm, ganz reizend. Wir haben alle etwas, woran wir uns gern erinnern, nicht wahr? – Aber, Frau Jarrold, ich darf Ihnen die Zeit nicht damit stehlen, daß ich Ihnen von den Dingen erzähle, an die wir uns alle gern erinnern. Wo sind meine jungen Damen? Ich muß in die Hände klatschen ...«

Er klatschte in die Hände.

Die ganze Zeit hatte sie nur daran gedacht, was für Kleider sie kaufen könnte, um Miles zu gefallen. Sie kannte seinen Geschmack schon. Sie würde etwas Neues und Apartes mit nach Hause nehmen und zum Dinner anziehen.

Herr Rivers, ein ungeduldiger, kleiner, selbstherrlicher Gebieter in seinem Reich, klatschte noch einmal in die Hände.

Als sie nach Hause kam, fand sie Dan allein.

»Endlich, Mutti! Miles war da – er ist wieder fort.«

»Fort?«

»Ja, er sagte, er könne nicht warten. Großmuttchen war auch da.«

»Kam sie, als Miles bei dir war?«

»Ja. Weshalb kommst du so spät, Mutti? Hattest du vergessen, daß Miles kommen wollte? Er ist fast eine Stunde geblieben – Großmuttchen war natürlich schrecklich im Wege – wir konnten über gar nichts reden – es war so langweilig. Miles hat über Rhododendren mit ihr gesprochen. Miles scheint von allem etwas zu verstehen. Großmuttchen war entzückt; ich glaubte, sie wollte überhaupt nicht wieder gehen. Du hättest daran denken sollen, Mutti!«

»Hat Miles irgendeine Nachricht hinterlassen?«

»Ach ja, das habe ich fast vergessen. Er sagte, du könntest ihn anrufen, wenn du wolltest. Er sagte, er diniere bei der Fürstin Sowieso. So ein russischer Name. Ich habe ihn vergessen.«

Sie läutete ihn nicht an.

Aber sie war froh, daß die alte Frau Jarrold – Lady Orlestone – sich gut mit Miles verstanden hatte.

Das Leben in London gestaltete sich komplizierter als das Leben auf Miles' Burg. Miles war in London sehr begehrt. Sie merkte bald, daß sie ihn überhaupt nicht zu Gesicht bekommen würde, wenn sie ihn so behandelte. Und doch tat sie es verdrehterweise weiter. Er blieb bei dieser Behandlung nicht geduldig. Er übte stets und sofort Vergeltung. Die Leute liefen ihm nach, und wenn Evelyn ihn seinen eigenen Vorhaben überlassen wollte, so hätte er genügend Gelegenheiten gefunden. Er erklärte ihr das auch rundheraus. Der Kampf zwischen ihnen hatte begonnen. Sie wollte nicht nachgeben, er ebensowenig.

Schließlich gab sie nach.

Sie dachte an die Tage zurück, die sie auf seiner Burg verbracht hatte. Dort hatten sie manchmal sehr harte Kämpfe ausgefochten, aber im wesentlichen war jeder Tag harmonisch ausgeklungen. Wenn sie am Tage auch als Liebende miteinander gestritten haben mochten, so hatte die Nacht sie doch wieder als Liebende vereint. In der Erinnerung wurden die Tage auf Miles' Burg idyllisch und vollkommen. Sie war klug genug, zu erkennen, daß die Beständigkeit ihres Glückes in London von ihr – und nur von ihr allein – abhing. Sie mußte Zugeständnisse machen. Miles benahm sich stolz und störrisch. Sie selber war eitel und verwöhnt. Aber ihre verwöhnte Eitelkeit war billig und oberflächlich. Verglichen mit Miles schien sie unbedeutend. Sie mußte sich beugen. Er war ein ganzer Mann und sie nur eine leere Frau – völlig leer außer der Fähigkeit, ihm in seinen Mußestunden zu gefallen. Sie mußte Zugeständnisse machen, sie mußte ihre Eitelkeiten seinen Bedürfnisse unterordnen.

Sie machte sich nichts mehr aus der Kritik der Jarrolds. Sie war entschlossen, unbedingt die Tage wieder auferstehen zu lassen, in denen sie mit Miles so glücklich gewesen war.

Er war auch glücklich – sie spürte es. Er ging mehr aus sich heraus und lebte auf; er quälte sie nicht mehr, als sie ihn nicht mehr quälte. Sie sagte Mason ganz offen, er solle erklären, sie sei nicht zu Hause, wenn Herr Vane-Merrick da sei. Sie hörten die Türglocke läuten und lachten miteinander, wenn sie vernahmen, daß Mason die Tür hinter dem Störenfried wieder zumachte. Sie waren, in Evelyns Wohnung eingeschlossen, sogar noch glücklicher, als sie auf seiner Burg gewesen waren.

Es war warm; es war persönlich. Dan war wieder auf der Schule. Evelyn hatte Gewissensqualen durchgemacht, als er abfuhr, und nicht nur Gewissensqualen, sondern auch Qualen der Liebe. Sie liebte Dan. Sie liebte ihn auf ganz animalische Weise. Seine junge heranwachsende Schönheit bewegte sie; sein junger verwirrter Geist rührte sie; er war ganz ihr Geschöpf. Die Tatsache, daß sein Vater tot war, machte ihn noch ausschließlicher zu ihrem Eigentum, die Tatsache, daß sein Vater überhaupt nicht teilgehabt hatte an der Erschaffung Dans, außer während einer kurzen, widerwärtigen und unwichtigen Stunde. Dan war kein Jarrold.

Sie und Dan hatten den ganzen Abend über dauernd auf die Uhr gesehen. Zum Tee hatte es Toast mit Butter gegeben. Dan liebte wie auch Miles Toast mit Butter; und wenn Evelyn es vielleicht vergessen hätte, so dachte Privett doch stets daran. An dem Tage, an dem Dan nach Eton zurückfuhr, gab es immer Toast mit Butter zum Tee. (Privett war ärgerlich, als Herr Vane-Merrick eines Tages eine Toastgabel mitbrachte.) Und jedesmal standen für Dan zum Mitnehmen zwei Gläser mit Honig und zwei mit Marmelade fertig gepackt in der Halle. Privett hatte sie sorgfältig zu netten Päckchen in festem braunem Papier zusammengepackt.

Dan und seine Mutter beobachteten die Uhr, und beide taten so, als ob sie nicht darauf achteten. Sie machten Konversation; sie sprachen über Newlands; sie sprachen nicht über Miles oder seine Burg oder über sonst etwas, was sie besonders interessierte. Sie wichen diesen Dingen aus. Sie sprachen nicht einmal über das nächste Halbjahr in Eton oder darüber, wie unglücklich er sich dort fühlen werde. Sie waren beide zu bewegt, um die Dinge zu erwähnen, die für sie wirklich von Bedeutung waren.

Um sieben Uhr wurde Evelyn unruhig. »Dan, Liebling, ich glaube, du mußt aufbrechen.«

Sie hatte den Wagen für ihn vorfahren lassen. Er sollte auf die vornehmste Weise zur vornehmsten Schule in England fahren. Und doch bedauerte sie ihn. Miles hatte gesagt, Dan sei auf der Schule wie ein Paradiesvogel in einem Käfig voller Spatzen.

»Dan, Liebling, hoffentlich hast du ein gutes Quartal! Dies Semester ist nur kurz, denk dran! Bald kommen die Osterferien.«

»Wollen wir Miles in den Osterferien wieder besuchen, Mutti?«

»Ich denke, ja. Laß es dir gutgehen, Dan! Laß es dir gutgehen! Hast du alles? Deinen Malkasten? Deinen Handkoffer? Den Mantel?«

»Ja, Mutti, ich hab alles zurechtgelegt, daß es Mason hinunterbringt. – Ach, Mutti, meine Schlittschuhe!«

»Wo sind sie denn, Liebling? Es ist sehr spät – du mußt fahren!«

»Ich hab sie auf Miles' Burg vergessen. Würdest du – könntest du vielleicht – Miles bitten, daß er Frau Munday sagt, sie möchte sie mir schicken? Du siehst Miles doch, nicht wahr? Ich hatte gedacht, der See würde zufrieren. – Es tut mir leid, daß ich dir so zur Last falle.«

»Aber Liebling, du fällst mir doch nicht zur Last!« Sie war durchaus daran gewöhnt, daß er in letzter Minute etwas vergessen hatte.

»Mutti – versprich mir, daß du es mit Miles so einrichtest, daß wir Ostern wieder hinfahren können!«

»Ja, Liebling, ja – aber nun mußt du gehen!«

»Ich werde Schelte kriegen, wenn ich nicht fahre.«

Immer noch zögerte er.

»Dan, es wäre töricht, wenn du unnütz zu spät kämest – nicht wahr?«

»Mutti, kannst du nicht im Wagen bis Eton mitkommen?«

Sie stand zwischen zwei schmerzenden Wünschen: Miles wollte zum Essen kommen. Zum erstenmal seit dem Anfang der Ferien würden sie allein sein.

»Liebling, wegen dreiviertel Stunden?«

»Ach ja, es ist töricht, ich weiß. Ich sehe dich ja in den Ferien. – Was zum Teufel hat Mason mit meinen Sachen angefangen? Mutti, du solltest den Mann hinauswerfen! – Ach, da sind Sie ja, Mason! Wo ist mein Mantel? Leb wohl, Mutti! Bis zu den Ferien! Leb wohl!«

Er raste die Treppen hinunter.

Evelyn ging allein in die Wohnung zurück. Der Abschied von Dan erschütterte sie jedesmal. Sie hatte das Gefühl, daß sie ihn wieder zu drei Monaten unnötigem und doch notwendigem Leiden verurteilte. Diesmal empfand sie ein besonderes Schuldgefühl ihm gegenüber, weil sie ihn in den vergangenen drei Wochen als Schutzschild gegen die Welt benutzt hatte, ohne daß es ihm bewußt geworden war. Armer kleiner Dan! So großmütig, so naiv, so erregbar, so herzlich! Ihr Herz folgte ihm, als der Wagen ihn durch die dunklen Straßen von Hammersmith und über die große Fernstraße nach Westen trug.

Aber in der Wohnung war es warm und anheimelnd. Miles und sie waren allein. Innerlich hatte sie den Entschluß gefaßt, daß Miles diese Nacht in London bleiben sollte. Sie würde ihn dazu bringen, daß er blieb. Sie sagte Mason, er könne zu Bett gehen. Dan, der inzwischen in Eton angekommen war, schleppte seinen Malkasten die hölzernen Treppen hinauf und warf ihn in seinem kahlen kleinen Zimmer zu Boden.

Nach dem Essen glaubte sie, Miles sei in günstiger Stimmung. Er war anscheinend froh gewesen, sie nach der langen Unterbrechung der Ferien allein zu finden; und obwohl ihr Herz noch um Dan schmerzte, war sie glücklich, die Einsamkeit mit Miles zu teilen. »Ich dachte, dir hätte es Spaß gemacht, mit Dan zu reden«, sagte sie eifersüchtig und hoffte, einen Widerspruch zu hören. »Es macht mir wirklich Freude, mit Dan zu reden«, sagte er ohne zu zögern und ganz ehrlich, »aber ich bin lieber mit dir allein.« Davon war sie befriedigt. Sie ließ Miles zu ihren Füßen sitzen, und während ihre Hand auf seinem Haar ruhte, schmiedete sie Pläne, wie sie ihn über Nacht in London behalten könnte. Sie wußte, daß er sein Buch zu schreiben hatte; sie wußte, daß er schwer arbeitete; aber sie konnte nicht einsehen, daß vierundzwanzig Stunden so viel ausmachen sollten.

»Miles bleib bei mir; bleib nur dieses eine einzige Mal bei mir! Schenk mir diesen Abend! Es kann doch kein so großer Unterschied sein, ob du heut nacht oder morgen früh zu deiner Arbeit zurückkommst! Du wirst heut nacht doch nicht mehr arbeiten; du kommst viel zu spät zur Burg.«

»Aber ich fange morgen früh gleich nach dem Frühstück an zu arbeiten.«

»Ja, ich weiß, aber wenn du morgen den Zug neun Uhr fünfzehn nimmst, bist du Viertel nach elf zu Hause. Du verlierst nur ungefähr eine Stunde. Miles, bitte! Nur dieses eine einzige Mal!«

Er konnte ihren flehenden Augen kaum widerstehen. Und doch sagte er: »Aber es ist nicht nur dieses eine Mal. Es sind neun von zehn Malen – nein, das ist übertrieben – es sind drei von zehn Malen.«

»Wenn du mir die Stunden so vorrechnest«, sagte sie und ließ ihn frei, »ist es besser, du gehst.«

Da blieb er natürlich.

Aber er liebte sie weniger danach. Er schätzte es, sich das Leben nach dem Stundenplan einzurichten: eine Zeit für die Arbeit, eine Zeit für die Spaziergänge, eine Zeit für Lesen, eine Zeit für die Liebe. Evelyn störte in diesem System; für sie waren alle Zeiten für die Liebe da. Im Gegensatz zu ihm hatte sie nichts anderes mit ihrer Zeit zu tun, als ihr Freude abzuringen. Überdies liebte sie sehr heftig und schmerzlich, da sie noch niemals wirklich geliebt hatte. Als sie Thomas Jarrold heiratete, hatte sie geglaubt, ihn zu lieben, weil es eben so dazugehörte, wenn man sich verlobte; doch jetzt entdeckte sie den Unterschied. Der Unterschied war so groß, daß sie für Miles, der ein tätiger Mensch war, unbedingt zu einer Last werden mußte; und je klarer sie einsah, daß sie lästig wurde, desto lästiger machte sie sich. Je stärker er widerstrebte, desto hartnäckiger wurde sie. Ihre Beweggründe waren verschiedenster Art: Teils wollte sie ihn sich unterwerfen, teils sehnte sie sich nach seiner Gegenwart. Eitelkeit und Leidenschaft brachten Miles' Stundenplan in Unordnung und führten zu unzähligen Streitereien und Versöhnungen zwischen ihnen – zum Streit der entgegengesetzten Wünsche, zur Versöhnung der leidenschaftlich Liebenden. Das alles war sehr zermürbend, obwohl sie ihm, wenn sie ihren Willen einmal durchgesetzt hatte, die Überzeugung einzuflößen verstand, daß die verlorene Zeit in ihren Armen angenehm verloren sei. Aber er wußte, daß solch vorübergehender Rausch, so verführerisch er auch sein mochte, doch recht unwirklich war. Die Wirklichkeit war anders: Sie bestand aus seiner Burg, seinem Gut, seinen neuen Gittertoren; aus seinen Plänen, aus dem Buch, das er schrieb, aus Bretton; selbst aus dem Unterhaus, aus seinem Verkehr mit den verschiedenen Menschen, die er kannte; aus seinen Büchern, Gedichten, aus seiner Liebe zur Musik, seinem Interesse an hundert Dingen – nicht allein aus Evelyn und aus seiner Liebe. Liebe und eine Frau genügten einem tätigen Geist nicht. Liebe und ein Mann jedoch waren mehr als genug für ein hungriges Herz und einen unbeschäftigten Geist. Miles erfuhr dies und mußte dafür zahlen; Evelyn erfuhr es nie – und zahlte dennoch.

Er blieb; ungern zu bleiben ist schlimmer, als gar nicht zu bleiben.

Es gab noch anderes, womit sie ihn reizte. Sie erwartete, daß er ihr jeden Tag schrieb, wenn sie nicht zusammen waren, doch gleichzeitig scheute sie sich davor, daß die Dienstboten jeden Morgen seinen Brief mit der Frühpost ankommen sahen. Sie müßten seine Handschrift kennen, sagte sie; sie müßten sie wiedererkennen; und sie würden ihre Schlüsse daraus ziehen. »Gut«, sagte Miles geduldig, »ich werde die Umschläge tippen.« Das genügte ihr eine Zeitlang; dann schlug sie ihm vor, die Art seiner Umschläge zu wechseln. Er sagte: »Man könnte wirklich meinen, dir spioniere ein eifersüchtiger Ehemann nach!« Und obwohl er lachte, als er das sagte, tat er ihr nicht den Willen, sondern steckte weiter seine Briefe in die blauen Umschläge, die er auf seiner Burg benutzte. »Meine Liebe«, sagte er überlegen, als sie ihm vorwarf, er nehme keine Rücksicht auf ihre Gefühle, »Mason und Privett können den Poststempel sehen, welche Farbe der Umschlag auch haben mag«. »Sie sehen doch nicht immer auf den Stempel«, wandte sie ein, »aber dein leuchtendblaues Papier kann man eine Meile weit erkennen.«

»Ja«, sagte er, »es ist die Farbe des Sommerhimmels.«

Das war stets das Ende ihres Streites mit Miles: Er schlug sie mit einer Redensart.

Er war gereizt, doch war er verliebt genug, sich selber einzureden, daß ihre komischen Bedenken bezaubernd seien. Sie waren ein Teil ihres äußerlichen Menschen, und er hätte sie nicht anders haben wollen – das redete er sich ein. Sein Blick für die Wahrheit wurde von seinem neuen Erlebnis getrübt, von dem Erlebnis zu lieben. Er hatte immer gemeint, daß er das klare Denken über alles andere stelle; nun erkannte er, daß die Liebe ein Feind davon sei. Entweder mußte er Widerstand leisten, oder er mußte zulassen, daß er besiegt wurde. Bis zu einem Punkte erlaubte er es sich, besiegt zu werden. Aber nur bis zu einem gewissen Punkte.

Dan kam vor den Ferien aus Eton zurück. Er kam zurück, weil sein Großvater starb. Ein kräftiger Mann, ging William Jarrold ganz plötzlich dahin. Am 10. Februar erkältete er sich, und am 25. war er tot. Man schickte nach Evelyn, und sie erlebte seine letzten Stunden. Er kämpfte hartnäckig gegen die doppelseitige Lungenentzündung. Dr. Gregory war hoffnungsvoll, Dr. Gregory, der Hausarzt, den man aus London gerufen hatte, weil der alte Mann an ihn gewöhnt war und seine Medizin nehmen würde, während er die eines andern verweigerte. Aber Dr. Gregory war eigentlich immer hoffnungsvoll; wenn man Dr. Gregory zuhörte, konnte man glauben, daß es so etwas wie Tod und Gefahr auf der Welt gar nicht gebe. Der andere Arzt, ein Fremder, auch aus London, hatte weniger Hoffnung; er sagte ganz offen, wenn Leute im Alter von Lord Orlestone doppelseitige Lungenentzündung bekämen, so lasse sich nicht leugnen, daß es eine ernste Sache sei. Mit einem Wort: Der andere Arzt, der Fremde, gab ihm vierundzwanzig Stunden, doch William Jarrold übertrumpfte ihn um fast eine Woche.

Bis zum letzten Augenblick seines Bewußtseins bestand er darauf, seine Briefe zu unterschreiben. Evelyn bewunderte den alten Mann wegen seiner Zähigkeit, obwohl sie ihren Respekt vor dieser körperlichen Zähigkeit und Energie nicht ganz verstehen konnte. Sie schienen eine zufällige Gabe zu sein, die einem von einer guten Fee achtlos in die Wiege gelegt wurde. Es gab keinen wirklichen Grund dafür, weshalb sie ihren Schwiegervater mehr achten sollte, weil er sich (eine Woche lang) weigerte zu sterben. Die einzige Erklärung, die sie sich selber zu geben vermochte, war die, daß es die Bewunderung für die Lebenskraft sei, die ihn aufrechterhielt. Eine Woche mehr oder weniger war bei fünfundsiebzig Jahren unwichtig. Aber sie hatte Herrn Jarrold immer geliebt, und ihre Liebe wuchs bei seiner Weigerung zu sterben. Bretton hätte vielleicht gespöttelt, aber sie fühlte, daß mit ihm ein Stück des viktorianischen England gestorben, und schwer gestorben war.

Die gewohnte heitere Atmosphäre von Newlands wandelte sich, sobald bekannt wurde, daß sein Herr im Sterben lag. Der Glaube an ein vorübergehendes Unwohlsein wich einer beunruhigenderen Sorge. Das Gespenst der Gefahr erschien plötzlich in der Sicherheit dieses Ortes. Man hatte so getan, als gebe es gar keinen Tod – und plötzlich war er gegenwärtig. Hester rief Evelyn an und schlug ihr vor, zum Wochenende herüberzukommen, »um uns ein bißchen aufzuheitern«. Es wurde nicht gesagt, daß ihre Anwesenheit dringend erforderlich sei. Natürlich fuhr Evelyn mit dem nächsten Zug und fand, daß die ganze Familie sich bemühte, den Anschein aufrechtzuerhalten, als sei alles, wie es sein sollte.

Die Bibliothek war bei dem unbarmherzigen elektrischen Licht hell wie immer; alle saßen um den Teetisch und hänselten und neckten sich wie gewöhnlich; nur wurden hin und wieder Blicke gewechselt, irgendein Mitglied der Familie erhob sich und schlüpfte aus dem Zimmer, um zehn Minuten oder länger fortzubleiben, und kehrte dann zurück, um den leeren Platz wieder einzunehmen; nach einigen Augenblicken pflegte jemand zu fragen: »Nun?«, und die Antwort lautete: »Die Schwester ist heute abend anscheinend nicht so ganz zufrieden... er ist ziemlich unruhig.« Und dann kamen Fragen über Temperatur und Puls, die mit ganz veränderter Stimme gestellt wurden.

Man beriet darüber, ob Evelyn ihn sehen dürfe oder nicht. Einerseits könnte ihre Ankunft ihn zu sehr anstrengen und könnte ihn auf den Gedanken bringen, daß er kränker sei, als er glaubte; andererseits hatte Evelyn stets einen guten Einfluß auf ihn ausgeübt: Ihr Anblick könnte ihn aufheitern. Eines Tages schien es ihm ein wenig besser zu gehen und seine Stimmung sich zu beleben; am nächsten Morgen ging es ihm anscheinend wesentlich besser, und der Arzt war der Meinung, es sei vorteilhaft, sie zu ihm zu lassen. Allerdings nur einen Augenblick. Hester brachte sie hinauf, obwohl Evelyn den Weg genau kannte; Hester drückte die Klinke herunter, hielt sie fest und zog die Tür an, als sie die Klinke herunterdrückte, dann gab sie der Tür rasch einen kleinen Stoß, so daß sie sich geräuschlos eine Handbreit öffnete. »Geh hinein!« flüsterte sie Evelyn zu. »Ich schließe wieder hinter dir.«

Das Zimmer lag im Halbdunkel; ein ungewisses rosiges Licht drang durch die zugezogenen Vorhänge. Vor dem Kamin stand ein Wandschirm, und in dem Viereck, das so entstand, saß die Schwester in ihrem Sessel vor einem kleinen Tisch, auf dem zwischen Füllfederhalter und Fieberkurve einige Flaschen, Krüge, eine Tasse standen. Evelyn konnte die Zickzackstriche der Temperatur sehen, die auf und ab gingen und zu Gipfeln und Klüften wurden wie der geographische Aufriß einer Gebirgskette. Hinter dem Wandschirm stand das Bett, in dem jemand ganz still lag. Die Schwester stand rasch und leise auf und legte den Roman weg, in dem sie gelesen hatte. Sie lächelte Evelyn zu und nickte schweigend, als seien sie Verschwörerinnen.

»Lord Orlestone«, sagte sie mit deutlicher Stimme, während sie zum Bett hinüberging, »Frau Jarrold ist hier und möchte Sie besuchen.« Dabei winkte sie Evelyn heran.

»Papa?« sagte Evelyn in der tapferen Art, die man denen gegenüber annimmt, die sehr krank sind; sie war ganz nah ans Bett getreten.

In dem rosigen Halblicht sah sie ihn nur undeutlich. Sie konnte gerade seinen Kopf, der sich ins Kissen eindrückte, und die Hände erkennen, die auf der Decke lagen.

»Papa«, sagte sie noch einmal. »Ich bin so froh, daß es dir besser geht.«

»Wer ist das?« fragte er und bewegte sich ein wenig. »Evelyn? Geht's dir gut, meine Liebe? Nett, daß du kommst. Dan auch hier? Wie?«

»Nein, Papa, Dan ist nicht da. Dan ist in der Schule.«

»Haben Sie also den Erben noch nicht kommen lassen?« Er kicherte ein wenig – sehr schwach – über seinen Scherz. »Weißt du, sie sagen mir nicht viel, meine Liebe – diese verdammte Schwester, wie? –, aber solange sie den Erben nicht kommen lassen – was?«

Er ist sehr schwach, doch geistig völlig klar, dachte Evelyn. »In vierzehn Tagen bist du wieder unten, Papa.«

Er versuchte, ihr mit dem Finger zu drohen, doch die Anstrengung, den Arm zu heben, war zuviel für ihn, und die Hand fiel zurück auf die Decke.

»Nett, dich zu sehen, meine Liebe«, murmelte er, »nett, daß du gekommen bist.«

Die Schwester winkte sie hinaus.

Die Beerdigung fand in Orlestone statt. Nicht in Newlands. Der alte Mann hatte einen Brief hinterlassen, der deutlich seine Wünsche enthielt und Anweisungen, wie sie ausgeführt werden sollten. Auf keinen Fall, schrieb er, solle seine Leiche verbrannt werden. Er halte nichts von solchen neumodischen Ideen. Beerdigt, und anständig beerdigt, wolle er werden in der Nähe der Gruben, die den Reichtum seiner Familie begründet hätten. Er wolle bei seinem Vater und Großvater beerdigt werden, und er hoffe, daß sein Enkel (obwohl er ihm natürlich keine Verpflichtung auferlegen könne), wenn für ihn die Zeit komme, auf demselben Platz und auf gleiche Weise beerdigt werde.

Zu seiner Beerdigung kam die ganze Familie. Entfernte Vettern, von denen Evelyn kaum gehört hatte, tauchten auf und waren stolz auf ihre Verwandtschaft mit den Jarrolds. Sie gaben den Pressevertretern genau ihre Namen an und hofften, sie am nächsten Tag in der *Times*, der *Morning Post* oder im *Daily Telegraph* zu lesen. (Tatsächlich berichtete die Presse: Lady Orlestone, die Witwe; Herr Daniel Jarrold, Enkel; Herr Gottfried Jarrold, Sohn, und Frau Gottfried Jarrold; Herr Evan Jarrold, Sohn; Frau Thomas Jarrold, Schwiegertochter; Fräulein Ruth und Fräulein Minnie Jarrold, Enkelinnen; Herr Robin Jarrold, Enkel.)

Dan geriet durch den Tod und die Beerdigung ganz außer Fassung. Er hatte Sonderurlaub von Eton bekommen und blieb über Nacht in der Wohnung seiner Mutter. Auch der Anblick der mittelenglischen Landschaft, die da unter einem Nebel von Qualm lag, während er Windsor doch im hellen Schein der Februarsonne verlassen hatte, die riesigen Scharen von Berg- und Fabrikarbeitern, die dem Sarge seines Großvaters gefolgt waren, all das brachte ihn aus dem Gleichgewicht. Die Verantwortung jedoch, die ihm plötzlich zugefallen war, hatte ihn bis jetzt noch nicht unsicher gemacht; dazu war er zu jung und zu schüchtern. Er war sich der Macht noch nicht bewußt, die ihm in die Hand gegeben war. Aber fassungslos stand er vor dem Tode, mit dem er nicht vertraut war, und vor dem rauchigen mittelenglischen Hintergrund des Lebens seines Großvaters. Das schien so verschieden von dem heiteren Luxus von Newlands! Doch Newlands war darauf entstanden; der Goldregen und die Rhododendren in Newlands waren ebenso aus der Kohle von Orlestone entstanden, wie die Kohle von Orlestone aus den verfaulenden urzeitlichen Wäldern entstanden war. Er saß vor dem Kamin in der Wohnung seiner Mutter, stützte den Kopf in die Hände und vermochte den Tod nicht zu begreifen.

Evelyn versuchte, ihn zu trösten. Sein Großvater, sagte sie, sei ein alter Mann gewesen; es war ganz natürlich, daß er dahingehen mußte. Aber es war nicht sein Dahinscheiden, das Dan quälte, es war der Gedanke daran, daß sein Großvater in der Erde verweste.

»Er wollte sich nicht verbrennen lassen, Mutti – weshalb nicht?«

»Großpapa glaubte an die Auferstehung des Fleisches, Liebling.«

»Aber wenn der Körper aus einem Skelett auferstehen kann, kann er auch aus der Asche auferstehen. Entweder kann er auferstehen, oder er kann nicht auferstehen. So ist es doch? Das eine ist doch ebenso vernünftig oder unvernünftig wie das andere.«

Evelyn wußte keine Erwiderung. Logik war nicht ihre Stärke. Ebenso wie sie an die Macht der menschlichen Leidenschaft glaubte und nach diesem Glauben lebte, besaß sie auch einen instinktiven, nicht zweifelnden Glauben an die Dogmen der Kirche. Im tiefsten Grunde folgte sie ihrem Instinkt, nicht ihrem Verstande. Sie konnte für einen Menschen Freundschaft empfinden, der nicht jeden Sonntag zur Kirche ging, aber sie war insgeheim erschüttert, als Dan die althergebrachte Sitte des christlichen Begräbnisses in Frage stellte. Sie hing an der Tradition der Familiengruft.

»Es ist doch bestimmt hygienischer, sich verbrennen zu lassen, Mutti?«

»Du sollst nicht über solche Dinge nachdenken, Dan!«

»Aber Mutti, es ist doch hygienischer. Man braucht nicht soviel Platz. Und man sickert anderen Leuten nicht in die Wasserleitung.«

»Dan! Was meinst du damit?«

»Nun, der Friedhof von Orlestone steht unmittelbar neben dem Wasserwerk. Das hast du gewiß bemerkt. Großpapa wird viele Jahre lang aus den Wasserhähnen seiner Bergarbeiter tropfen ... zehn Jahre lang ... bis er ein Skelett ist. Es dauert zehn Jahre, ein Skelett zu werden, besonders wenn man in einem teuren Sarge beigesetzt wird.«

»Dan! Du darfst so etwas nicht sagen! Das ist gräßlich, das ist krankhaft.«

»Nein, Mutti, es ist die Wahrheit.«

»Dan, hör auf! Ein Junge in deinem Alter sollte nicht solche Gedanken haben. Willst du, daß ich mir die Ohren zuhalte? Dein armer Großvater! – Kann er nicht Frieden im Grabe finden?«

»Er hat keinen Frieden, Mutti. Ich habe eine Predigt von Donne gelesen ...«

»Donne? Wer ist Donne?«

»Er ist ein Dichter des siebzehnten Jahrhunderts, von dem niemand Notiz genommen hat; erst in letzter Zeit ... Und er ist außerdem Geistlicher gewesen.«

»Miles hat dir all das erzählt.«

»Nein, Miles nicht, ich hab es selber herausgefunden. Und Donne hat eine Predigt darüber gehalten, daß man von Würmern gefressen wird – ich will sie dir zitieren. Ich hab sie auswendig gelernt. ›Dieser posthume Tod, dieser Tod nach dem Tode, nein, dieser Tod nach der Beerdigung, diese Auflösung nach der Auflösung, dieser Tod der Fäulnis und Verwesung, des Würmerfraßes und Aschewerdens, der Auflösung und des Zerfalles in und aus dem Grabe. Erbärmliches Rätsel, wenn derselbe Wurm meine Mutter und meine Schwester sein muß. Elende Blutschande, wenn ich meiner eigenen Mutter und Schwester vermählt werden muß und den Wurm füttern, lecker an mir füttern soll ...«

»Dan, bitte, hör auf! Ich kann's nicht ertragen.«

»Nein, die Leute, die seine Predigten hörten, konnten es auch nicht ertragen. Sie wurden ohnmächtig hinausgetragen.

Aber es ist wahr – du kannst nicht sagen, es sei nicht wahr. Donne war ein Realist.«

»Er war ein Gotteslästerer«, sagte Evelyn mit ärgerlicher Energie.

»Alle Realisten nennt man Gotteslästerer«, sagte Dan.

Er wuchs heran. Der Junge hatte sonderbare, empörende Ideen.

»Das hat dir Miles erzählt«, sagte Evelyn noch einmal.

»Allerdings«, sagte Dan diesmal ganz heiter, »er hat's mir erzählt.«

Dan fuhr als Eigentümer von Newlands und der Berg- und Hüttenwerke von Orlestone nach Eton zurück. Evelyn machte sich Sorgen. Sie waren reicher als je, aber sie fürchtete die Verantwortung, die in Dans jungen Händen lag. Bei ihrer stark konservativen Einstellung fürchtete sie den Gebrauch, den er davon machen würde. Sie hielt ihn für zu jung, zu schwärmerisch und zu ziellos. Sie war nach der Theorie erzogen worden, daß man »diese Arbeiter in der Stellung zu halten hätte, die ihnen gebührt«. Sie hatte den ungewaschenen Armen gegenüber die traditionelle Einstellung der Wohlhabenden. Sie empfand ein unklares Mitleid mit ihnen; aber sie mochte sie nicht und beruhigte ihr Gewissen damit, daß sie sagte, diese Leute würden sich unter veränderten Lebensumständen gar nicht wohl fühlen. »Weißt du«, sagte sie gewöhnlich – und ihre Bekannten sagten dasselbe –, »wenn man ihnen anständige Kleider gäbe, trügen sie sie bloß aufs Pfandhaus, und wenn man ihnen ein Bad gäbe, bewahrten sie die Kohlen darin auf.« Damit war diese beunruhigende Angelegenheit beigelegt. Solange man die Elendsviertel von Orlestone nicht aufsuchte, konnte man sie vergessen, oder man konnte sich dabei beruhigen, daß die Leute, die dort lebten, einen andern Lebensstandard hätten als man selber. Aber sie hatte das unbehagliche Gefühl, daß Dan nicht diesen Standpunkt einnehmen würde, wenn er sich seiner neuen Stellung erst bewußt wurde; und Miles würde auf seiner Seite stehen, nicht auf ihrer. Nicht, daß sie gewünscht hätte, daß Leute in Elendsvierteln wohnten. Sie hatte nur Furcht, Dan könne plötzlich etwas allzu Revolutionäres und Unangenehmes anstellen. Es wäre viel schöner und beruhigender und viel weniger anstrengend, wenn er sich nur ein paar Jahre lang nach den normalen Gewohnheiten richten wollte. Wenn er erst fünfundzwanzig wäre, könnte er ja selber entscheiden. Sie wagte nicht, mit Miles darüber zu sprechen.

Miles war gleichzeitig spöttisch und erfreut. »Endlich habe ich, was ich wollte: einen jungen Kapitalisten, der ganz in meiner Gewalt ist.«

»Miles, was hast du mit dem Jungen vor?« Da sie sich wirklich Sorgen machte, war sie im Innersten froh über seinen Einfluß auf Dan.

»Ausnutzen will ich ihn natürlich, meine Liebe. Sein Geld ausnutzen und seinen ganz sicheren Sitz im Oberhaus ausnutzen, der mir sehr zupasse kommt. Ausbeuten will ich ihn, richtig ausbeuten.«

»Miles! Das ist gräßlich!«

»Was ist gräßlich? Das Beste aus dem Jungen und seinen Möglichkeiten herauszuholen, weil er meinen Worten zufällig ein wenig Aufmerksamkeit widmet? Ist das gräßlich?«

»Nein – aber weil seine Mutter zufällig deine Geliebte ist.« Ein sinnlicher Schauer überlief sie, als sie das sagte.

»Das hat gar nichts damit zu tun – ich hätte Dan auch kennenlernen können, wenn wir beide uns nie gesehen hätten. Ich hätte in der Politischen Gesellschaft in Eton mit ihm zusammenkommen können.«

»Wie kalt du bist, Miles!«

»Nein, nicht kalt. Vernünftig.«

»Ich hasse die Vernunft.«

»Das tun die meisten Frauen.«

»Ich nehme an, daß das der Grund ist, weshalb Frauen die Männer langweilen, außer wenn sie in ihren Armen liegen und die Vernunft nicht mehr zählt.«

»Ja, so wird es sein.«

»Miles, jetzt zanken wir uns.«
»So? Ich dachte, wir hätten nur eine Auseinandersetzung.«
»Auseinandersetzungen sind immer Zank.«
»Ja, vielleicht – für Frauen.«
»Miles, du haßt mich manchmal, nicht wahr?«
»Nein – nur wenn du sagst, ich haßte dich.«
»Ich bin eine Närrin, Miles. Ich will's nicht wieder tun.«

Miles bat sie, zu einigen seiner Freunde zum Essen zu kommen; er wolle gern, daß Evelyn sie kennenlerne – Viola und Leonard Anquetil. Zuerst rebellierte ihr Hang zum Konventionellen. »Ich kann nicht zu Leuten zum Essen gehen, die ich nicht kenne!«

»Aber sie haben dich doch eingeladen.«

»Woher wissen sie denn etwas von mir? Was hast du ihnen erzählt?«

»Ich hab ihnen die Wahrheit gesagt, es ist schon endlos lange her. Stört es dich? Ich war ein paar Tage nach dem Ball im Chevron-Haus zum Essen bei ihnen und konnte es nicht für mich behalten.«

Diese Worte bereiteten ihr eine solch ungeheure Freude, daß es sie fast schmerzte; Unruhe und Mißtrauen schwanden.

»Natürlich komme ich, wenn du es wünschst. Werden noch andere Leute dasein?«

»Vielleicht ein paar Menschen. Ich werde Viola sagen, daß sie weiter keine Frauen einladen soll, weil ich möchte, daß du dich mit ihr anfreundest. Zieh kein Abendkleid an – sie machen nie Toilette.«

Das kam Evelyn sehr merkwürdig vor; jeder, den sie kannte, zog sich zum Essen um, die Jarrolds und die Leute, die Miles sarkastisch ihre feinen Freunde nannte, die Bridge spielende Clique von Elisabeth Tscharskaja und ihresgleichen. Sie stellte fest, diese Anquetils müßten Bohemiens sein. Sie hatte schon von ihnen gehört; Leonard Anquetil war bekannt als Forschungsreisender, der die einzige Tochter aus dem Chevron-Haus geheiratet hatte.

»Vielleicht ist Bretton da«, sagte Miles.

»Bretton?« Den hätte Evelyn zuallerletzt mit dem Chevron-Haus in Verbindung gebracht.

»Sie haben ganz verschiedene Freunde«, sagte Miles und gab keine weiteren Erklärungen.

Sie fühlte sich merkwürdig befangen, als sei sie ein junges Mädchen, die Verlobte von Miles, und er führe sie bei seinen Bekannten zur Begutachtung vor. »Zieh kein Abendkleid an!« hatte er gesagt, deshalb wußte sie nicht, was sie tragen sollte, da dieser Verzicht auf die üblichen Konventionen sie ein wenig außer Fassung brachte. Das Abendkleid war eine Formel, eine Sicherheitswache – wie die guten Manieren; es war ein Teil von alldem, was die Räder des Lebens ölte. Evelyn billigte diese Dinge; sie war sehr auf sie bedacht, und sie fühlte sich immer ein bißchen unbehaglich, wenn sie Miles' äußerste Geringschätzung dafür beobachtete. Sie war eifersüchtig auf diese Freunde, die offenbar den Dingen, die sie noch für wesentlich hielt, völlig gleichgültig gegenüberstanden. Sie waren besser auf Miles abgestimmt als Evelyn. Sie war von vornherein in instinktiver Feindseligkeit gegen sie eingestellt und entschied bei sich, daß sie sich nur wichtig machten.

Sie zog eine schwarzseidene Bluse mit einem lose geknoteten scharlachfarbenen Halstuch an. Es sah nachlässig aus, war jedoch in Wirklichkeit außerordentlich teuer und gesucht – eine von Herrn Rivers' malerischen Schöpfungen. Herr Rivers sagte gewöhnlich, daß nur wenige seiner Kunden es fertigbrächten, gleichzeitig malerisch und elegant auszusehen, Frau Thomas Jarrold sei jedoch eine dieser Ausnahmen. Als Evelyn vor dem Spiegel saß, war sie mit ihrem Bild zufrieden. Das rote Tuch paßte gut zu ihrem kleinen Kopf und den dunklen Locken. Sie war froh, eine Frau zu sein, die in allen Kleidern gut aussah, ob sie auf dem Lande, im Ballsaal oder auf der Straße war oder ob sie sich wie heute abend anzog. Sie wünschte nur, daß ihr Herz ebenso schnell in Ordnung zu bringen wäre wie ihr Äußeres: Diese Qualen, die sie duldete, seit Miles in ihr Leben getreten war, ertrug sie nicht, und sie fürchtete sich vor ihrer eigenen Leidenschaftlichkeit sogar jetzt, da sie an ihrem Toilettentisch saß und sich die Nägel polierte.

Miles holte sie ab. Er war besonders heiter. »Wie schön!« sagte er und war noch jungenhafter als sonst; als er sie von Kopf bis Fuß gemustert hatte, sagte er, sie sei reizend und mache ihn ganz stolz. Sie lächelte ein wenig traurig, da ihr der Altersunterschied zwischen ihnen plötzlich wieder bewußt wurde. Wie viele Jahre lang würde er sie seinen Freunden noch vorführen wollen? Es war lächerlich, daß sie sich wie ein junges Mädchen vorgekommen war, das mit Miles verlobt sei. Da waren die Bilder, die einem bei der freundlichen Verführung durch das gedämpfte elektrische Licht in den Kopf kamen.

Er war in einer seiner reizenden Stimmungen. Sie hätte gern den Grund gewußt und wurde argwöhnisch.

»Miles«, sagte sie, als sie in ihrem Wohnzimmer saßen und jeder ein Glas Sherry tranken, »erzähl mir doch mehr von deinen mysteriösen Freunden!«

»Ein Weckglas voll Biographie?« fragte er, sah sie an, und seine Augen funkelten und waren voller Lachen.

»Natürlich weiß ich die bekannten Tatsachen über sie. Erzähl mir etwas mehr! Wie alt sind sie zum Beispiel, und sind sie sehr aufregend?«

»Alter: Viola muß zwei- oder dreiundvierzig, Leonard ungefähr zehn Jahre älter sein. Aufregend: Das mußt du selbst beurteilen. Manche Leute finden sie aufregend. Ich kenne sie zu gut.«

»Magst du sie sehr gern, Miles?«

»Ich verehre sie beide; doch wenn du meinst, ob ich mal in Viola verliebt gewesen bin – das ist nicht der Fall. Siehst du, manchmal bin ich auch schlau. Das hast du doch gemeint, nicht wahr? Glaubst du nicht, daß wir jetzt aufbrechen sollten?«

Er neckte sie, aber er nahm sie dabei in den Arm und küßte

sie. Sie mißtraute ihm, konnte ihm aber nicht widerstehen. In einer überschwenglichen Glücksstimmung ging sie die Treppe vor ihm hinunter.

Ihre Stimmung änderte sich, als sie das Haus der Anquetils erreichten, denn sie fühlte sofort, daß Miles völlig ungezwungen war. Er war in dieser Wohnung zu Hause. Anquetil öffnete ihnen selber die Tür – ein magerer, grauhaariger Mann mit zerfurchtem Gesicht und verschlossenem Wesen, unordentlich mit einer alten Jacke und grauen Flanellhosen bekleidet. Er nickte Miles zu und war bei der Vorstellung Evelyn gegenüber recht zurückhaltend, als finde er, daß diese Konzession an die üblichen Gepflogenheiten ein Kraft- und Zeitverlust sei. »Kommt herein!« sagte er und nahm im dunklen Flur die Pfeife aus dem Munde.

Das Wohnzimmer war ein Atelier zu ebener Erde. Es war groß, dämmerig und schwer zu beschreiben. Mehrere Leute standen um das Kaminfeuer, zwei, drei Männer, ein Mädchen, eine Frau. Das Mädchen sah hübsch und herausfordernd aus; es hatte kurze goldblonde Locken und trug eine lange blaue chinesische Jacke und schwarze Satinhosen. Evelyn wußte sofort, daß all diese Menschen sich sehr nahestanden und daß auch Miles sehr vertraut mit ihnen war. Da sie spürte, daß sie ganz außerhalb dieses Kreises stand, war sie ärgerlich über Miles, daß er sie hierhergebracht hatte. Das war keineswegs die Welt, an die sie gewöhnt war, und sie nahm es übel, daß Miles seit Jahren mit dieser Welt vertraut war, die sie gar nicht kannte. Sogar ihre Freude darüber, daß er diesen Leuten, diesen Anquetils, sein wirkliches Verhältnis zu ihr enthüllt hatte, nahm sie ihm nun, da sie ihnen gegenüberstand, übel, obwohl sie den Grund dafür nicht hätte erklären können.

Und trotzdem gefiel ihr Viola Anquetil. Sie kam ihr entgegen, um sie zu begrüßen, eine ruhige, große, beherrschte Frau, in venezianisches Rot gekleidet. Viola Anquetil war eine schöne Frau im mittleren Alter; wie bei einer Statue lag ihr dunkles Haar glatt gescheitelt über der Stirn und war im Nacken zu einem Knoten zusammengenommen. Ihre Hand war kühl und schlank, ihr Auftreten ruhig. Evelyn, die gehört hatte, Viola sei aufregend, spürte, daß diese Frau ein sehr tiefes Eigenleben hatte. Sie spürte, daß der Lebensstrom in diesem Hause tief und stark und reißend floß und daß alle Heiterkeit von der Frau ausging.

Ganz gewiß ging sie nicht von dem Mann aus; jedem Mann, der solch ein zerfurchtes Gesicht hatte, mußte die Heiterkeit von Natur aus fremd sein. Die Heiterkeit war das Geschenk der Frau für ihn, und ihre Harmonie umhüllte sie wie ein Lichtschein. Nicht, daß sie miteinander gesprochen oder sich nur angeblickt hätten; das war unnötig. Aber es war deutlich, daß sie zutiefst und bedingungslos miteinander verbunden waren.

Alles war sehr zwanglos. Viola stellte ihren Sohn vor, einen ausgelassenen Jungen etwa in Dans Alter. Sie stellte das Mädchen als Inez Marston, den anderen jungen Mann als Herrn Allen vor. Evelyn sagte keiner dieser Namen etwas. Niemand nahm weiter Notiz von ihr oder machte irgendein Aufhebens um sie, alle führten vielmehr die unterbrochene Unterhaltung fort. Das Mädchen und Bretton saßen auf einem Sofa und sprachen sehr ernsthaft miteinander; das Mädchen redete, und Bretton, der aufmerksam zuhörte, nickte von Zeit zu Zeit, wenn das Mädchen seine Schlußfolgerungen zog. Evelyn erinnerte sich voller Empfindlichkeit daran, daß sie es nicht vermocht hatte, seine Aufmerksamkeit oder seine Zustimmung auch nur für einen Augenblick zu gewinnen.

Es gab anscheinend kein Eßzimmer im Hause, denn sie speisten an einem Tisch in einer Ecke des Ateliers. Es waren auch keine Dienstboten zu sehen, sondern Anquetil und sein Sohn räumten die Teller ab und nahmen neue von einer Anrichte. Evelyn war das alles völlig ungewohnt. Die Unterhaltung brachte sie ebenfalls außer Fassung, denn niemand plauderte oberflächlich, wie sie es gewöhnt war; wenn diese Menschen nichts Besonderes zu sagen wußten, schwiegen sie. Sie hielten es anscheinend nicht der Mühe wert, um des Redens willen zu reden. Weder Klatsch noch persönliche Anzüglichkeiten interessierten sie, sondern lediglich Ideen, völlig im Gegensatz zur Welt der Jarrolds und der von Elisabeth Tscharskaja. Und doch waren sie keinesfalls feierlich. Sie wurden lebhaft und lachten; sie waren eifrig bei der Sache und stritten. Nur Anquetil war ein wenig mürrisch und abgespannt. Als ernster Mann von höchstem Niveau erlaubte er sich nie mehr als ein ziemlich grimmiges Belustigtsein.

Evelyn versuchte zuerst, mit ihm zu sprechen, fand jedoch, daß sie nicht mehr Antworten von ihm erhielt als damals von Bretton. Es wurde deutlich, daß die Männer in diesem geschlossenen Kreis sich nicht die Mühe machten, Frauen gegenüber von konventioneller Höflichkeit zu sein. Vielleicht war das einer der Gründe für die Atmosphäre unerschütterlicher Echtheit. Diese Menschen waren echt; das erkannte Evelyn an, so groß ihre Abneigung gegen sie auch war. Sie kämpfte gegen sie; sie versuchte, ihnen ihren eigenen Standpunkt aufzuzwingen, indem sie mit Leonard Anquetil Konversation machte; es mißlang; sie zog sich in ein verärgertes Schweigen zurück. Niemand bemerkte es; niemand kümmerte sich darum.

Sie beobachtete Miles. Er sprach mit dem Mann namens Allen, nicht mit seiner Gastgeberin, die vernachlässigt und in Gedanken versunken dasaß. Das machte Evelyn wieder wütend. Es machte sie wütend, daß Miles sich dem Benehmen dieser aufregenden Menschen so natürlich anpaßte. Viola Anquetil war eine unvergleichliche Frau – das hatte sie erraten –, und Miles war nicht höflicher zu ihr als zu einem Mann. Evelyns weibliches Solidaritätsgefühl erwachte. Und dann wurde sie doppelt wütend, als sie entdeckte, daß die andere Frau Miles' Gleichgültigkeit nicht im geringsten übelnahm.

Die Unterhaltung steigerte sich ab und zu zur Heftigkeit eines Streites. War das die Echtheit? – Diese Menschen hatten eine Leidenschaft für die Dinge, die sie interessierten. Evelyn, die in den behüteten Traditionen des guten Mittelstandes erzogen worden war, spürte aufrichtiges Entsetzen bei den Themen, die sie erörterten. Sie schaute den ausgelassenen Sohn und das Mädchen Inez mit einer angeborenen Zuneigung für die Jugend an. Der Junge war noch nicht achtzehn, das Mädchen kaum zwanzig, und doch hielten sie Dinge für selbstverständlich, die Evelyn in diesem Alter eher verwirrt als interessiert hätten. Sie hielten sie für selbstverständlich und begegneten ihnen mit einem klugen und brennenden Interesse, das zeigte, daß sie bereits darüber nachgedacht hatten und bei sich selber zu einem Schluß gekommen waren. Aber nicht nur, daß sie Themen wie die Notwendigkeit erleichterter Scheidungen erörterten – Schweden, sagten sie, sei ein vernünftiges Land –, das konnte Evelyn noch hinnehmen, da sie wußte, daß die Jugend nicht mehr so unwissend war, wie sie sein sollte – vielmehr flößte ihr die Offenheit Entsetzen ein – diese Offenheit über Einkommen, über ihr eigenes und das anderer Leute – diese Offenheit über ihre Gefühle. Solche Dinge waren in der Welt der Jarrolds tabu; und selbst in der Welt Elisabeth Tscharskajas wahrte man eine dezente Zurückhaltung. Doch hier im Hause der Anquetils gab es keine Zurückhaltung. Alle hatten ein Verlangen nach Wahrheit; das war noch der beste Ausdruck, mit dem man ihr Verhalten bezeichnen konnte.

Evelyn haßte sie, aber sie mußte zugeben, daß sie offen, frisch und heiter waren. Sie verglich ihre hin und her springende Unterhaltung mit der leeren Hänselei der Jarrolds. Das war ein anderes England. Sie waren offen, sogar roh, aber immer echt. Sie waren gescheit, aber sie konnten nichts dazu – besonders das Mädchen war entsetzlich gescheit –, doch durch all ihre Gescheitheit wollten sie hindurchstoßen zu den Dingen, auf die es ihnen wirklich ankam. Unabhängig vom Alter gehörten sie zu einer Generation, die in einer komplizierten Welt lebte: die Anquetils, das Mädchen, die jungen Männer, sie alle. Das Gesicherte der Jarrolds fehlte vollständig; und damit fehlte der Schein, den die Jarrolds aufrechterhielten, daß alles in Ordnung sei in einer Welt, die für die Jarrolds geschaffen sei. Evelyn hatte das Gefühl, daß diese Menschen hier den alten Mann gern gemocht hätten, aber daß sie mit den Kindern des alten Mannes nicht das mindeste anfangen könnten. Und was würden sie von Robin halten? Evelyn dachte plötzlich freundlicher von ihnen, als sie sich bewußt wurde, wie sehr sie Robin verachten und wie gern sie Dan haben würden. Dann bekam sie Furcht, daß Miles Dan den Anquetils bringen und daß er von ihnen ganz in Anspruch genommen würde.

Nach dem Essen setzten sich die Frauen an den Kamin. Das Atelier war groß genug für zwei völlig voneinander getrennte Gruppen. Viola Anquetil saß auf einem niedrigen Hocker und stocherte mit einem Schürhaken im Kamin; der Schein des Feuers fiel auf ihr rotes Kleid und auf das Gesicht mit seiner merkwürdig geistigen, fremdartigen Schönheit. »Inez, du mußt Klavier spielen, weil ich mit Frau Jarrold sprechen möchte.«

Eine Jarrold hätte das niemals gesagt. Evelyn konnte sich nicht vorstellen, daß Hester oder Katharina so etwas sagen würden. Sie fühlte sich beunruhigt, da sie an Offenheit zwischen Frauen nicht gewöhnt war. Frauen spielten ein besonderes Spiel – in beiden Welten, die sie kannte. Sie fürchtete, Viola würde ihr das Herz sozusagen mit einem Korkenzieher herausholen. Sie wurde steif, als das Mädchen zum Flügel ging und in der Dämmerung des Raumes ein paar weiche Akkorde anschlug.

»Ich bin so froh, daß Miles Sie überredet hat zu kommen, Frau Jarrold. Er erzählte mir, daß Sie sich vielleicht weigern würden – und ich kann das verstehen –, es ist sehr peinlich, den Freunden seiner Freunde vorgestellt zu werden.«

»Es war reizend von Ihnen, mich einzuladen.«

»Wollen wir nicht auf all das verzichten? Es war nicht reizend von mir; ich war neugierig. Sehen Sie, ich kannte

Miles schon als kleinen Jungen; ja, siebzehn war er. Ihr Junge ist jetzt siebzehn, nicht wahr? Deshalb interessiere ich mich natürlich für Miles' Beziehungen, und als er zum erstenmal mit mir über Sie sprach und als ich erkannte, wie wichtig Sie ihm waren, meinte ich, ich müßte Evelyn Jarrold selber sehen. Ich hoffe, es stört Sie nicht? Wir beide haben Miles sehr gern.«

»Beide?«

»Leonard und ich.«

»Ach so – natürlich.«

Die Großzügigkeit, das zu sagen, bedeutete für Evelyn eine Anstrengung.

»Miles ist ein recht außergewöhnlicher Mensch, Frau Jarrold – aber das brauche ich Ihnen natürlich nicht zu erzählen. Außergewöhnlich – und folglich schwierig; bei weitem nicht so zugänglich, wie er äußerlich scheint. Er ist sehr liebenswürdig, aber er hat eine rauhe, entschlossene Seite in seinem Wesen. Natürlich ist er sehr ehrgeizig.«

(Aha! dachte Evelyn, sie will mir erzählen, ich dürfe Miles nicht behindern – nicht versuchen, ihn in seiner Karriere zu stören. Verfluchte Karriere! dachte sie und blickte zum Eßtisch hinüber, wo Miles in tiefem Gespräch mit Leonard Anquetil saß und sein Haar im Lichte der vier Kerzen schimmerte. Verfluchte Karriere! Weshalb kann er nicht mein, nur mein sein?)

»Er hat gewiß eine große Zukunft«, sagte sie laut.

»Ich weiß nichts über eine große Zukunft«, sagte Viola, »das ist ein so relativer Begriff, finden Sie nicht? Aber ich weiß genau, daß Miles sehr energisch und lebendig ist. Er wird niemals Ruhe geben. Und man möchte es ihm auch gar nicht wünschen, Ruhe zu geben und sich zu vergeuden. – Ich habe manchmal gedacht«, sagte sie, »er sondere sich ein wenig zu sehr ab, als daß seine Freunde damit zufrieden sein könnten. Manchmal verletzt er einen. Man muß Geduld mit ihm haben. Es dauert Jahre, bis man ihn ganz versteht.«

(Wie leicht du zu durchschauen bist, dachte Evelyn, leicht

zu durchschauen und ziemlich ungezogen. Doch konnte sie sich eigentlich nicht vorstellen, daß Viola Anquetil wirklich ungezogen sei, wenn sie in diese heiteren und ausgeglichenen Augen blickte.)

»Ich meine, es ist sehr interessant, sich mit Miles zu beschäftigen«, sagte Viola, und der Ton, in dem sie sprach, nahm den Worten alle Schwere. »Das ist es bestimmt, Frau Jarrold. Wissen Sie, für mich ist er eine ständige Quelle der Belustigung. Ich glaube, Sie kennen seine Familie nicht, oder . . .?«

»Erzählen Sie mir von ihr!« sagte Evelyn. Sie war sehr empfindlich, aber sie kapitulierte, teils weil Viola sie hinriß, teils weil sie jede Enthüllung über Miles begierig begrüßte. Es war ein seltsames Erlebnis, diese unvorhergesehene Unterhaltung über Miles mit einer andern Frau, während Miles im selben Zimmer saß und der Flügel mit unaufdringlichen Akkorden die beiden getrennten Plaudergruppen begleitete. Das Mädchen Inez spielte gut; ihre Hände glitten spielerisch über die Tasten. Wirkliches und Unwirkliches waren in diesem Abend seltsam gemischt.

»Ja, er hat mehrere Brüder und einen alten Vater«, begann Viola, als ob sie einem kleinen Kind eine Geschichte erzähle. »Sein Vater war Gouverneur irgendeiner Kolonie, früher – mehrerer Kolonien –, ich habe vergessen, von welchen. Er opferte sich im öffentlichen Dienst auf, weil er glaubte, es sei seine Pflicht, während er eigentlich viel mehr Freude daran gehabt hätte, auf seinen Besitzungen zu Hause Rebhühner zu jagen. Er hatte den Kolonisationsgeist, verstehen Sie? – Er war ein richtiger alter Baumeister des Imperiums aus der früheren Tradition, die davon überzeugt war, daß man widerstrebende Völker, die sich nicht friedlich selber regieren können, regieren müsse. Im ganzen ein lieber alter Mann, wenn man ihn von seinem Standpunkt aus beurteilt, gerade so, wie ich mir vorstelle, daß Ihr Schwiegervater auch ein lieber alter Mann gewesen ist, nicht wahr, Frau Jarrold? Miles hat mir von ihm erzählt.«

»Ja«, sagte Evelyn, »er war ein lieber alter Mann.«

»Sie gehörten zur selben Generation«, sagte Viola, »nur lag ihre Tätigkeit zufällig auf verschiedenen Gebieten. Ihr Schwiegervater baute ein Werk auf; Miles' Vater half dabei, ein Weltreich aufzubauen. Beide sehr ehrenwert. Beide streng in ihren Grenzen. Und was geschieht nun mit ihren Nachkommen? Ich kenne Ihre Verwandten nicht, Frau Jarrold, aber ich weiß genug von ihnen, um sie mir vorstellen zu können. Sie haben es nicht im geringsten weitergebracht. Sie leben nur das bequeme, behagliche Leben, das man von ihnen erwartete; wohlhabende Nachkommen von Menschen, welche die Arbeit gemacht haben. Sie ernten den Gewinn, wenn es ein Gewinn ist. Ebenso ist es mit Miles' Brüdern. Miles' Brüder murren heute über die Steuern, die sie zu zahlen haben – aber sie machen sich sonst über sehr wenig Dinge Sorgen. Sie trauern der Welt nach, die dahin ist, und sie klammern sich, solange sie können, an die armseligen Überbleibsel dieser Welt. Ich möchte annehmen, daß diese Überbleibsel für ihr Leben noch ausreichen. Miles dagegen schaut vorwärts. – Sein Vater ist nicht mit ihm einverstanden.«

»Aber ich hätte gedacht, Miles auf dem Lande...«

»Ach, Frau Jarrold, ich habe Miles auf dem Lande erlebt! Auf seiner Burg, meinen Sie? Ja, natürlich, Miles auf seiner Burg ist noch am ehesten das, womit sein Vater einverstanden sein würde. Miles, der Landjunker; Miles, der Gutsbesitzer. Aber wie steht es mit Miles in seinem Wahlkreis? Würde sein Vater damit einverstanden sein?«

»Ich habe ihn nie in seinem Wahlkreis gesehen«, sagte Evelyn kühl.

»Aber ich. Ich bin vor der letzten Wahl hinuntergefahren, um die Wähler für ihn zu bearbeiten. – Aber das führt uns weg von dem, worüber wir sprachen: Miles und seine Familie. Miles stammt aus einer jener Familien, aus denen man nur sehr schwer ausbrechen kann.« (Ja, dachte Evelyn, du kennst das, weil du selber auch aus so einer Familie stammst.) »Sie wissen ja, Miles wurde nach Eton geschickt. Sie können sich vorstellen, was für eine Zukunft sein Vater sich für ihn erhoffte – die Zukunft eines jüngeren Sohnes – Miles war außerdem sein Lieblingssohn – Miles sollte das Gut bewirtschaften und Gutsherr sein – er zeigte keine Neigung für die Armee oder den Auswärtigen Dienst, für den Indischen Staatsdienst oder – helf ihm der Himmel! – für die Kirche, so blieb das Land, und der Familienbesitz war groß genug dazu: Miles sollte aufs Land gehen. Miles liebte es auch, auf dem Lande zu sein. In Miles steckt echte konservative Gutsbesitzertradition. Aber das ist nicht genug. Er streitet; er zweifelt. Er bricht aus der Tradition der Internatsschule aus. Er kehrt zurück zu dem, was England früher war.«

»Wie meinen Sie das«, fragte Evelyn, »was England früher war?« Sie war gegen ihren Willen gefesselt. Sie wollte Viola Anquetil hassen, aber sie vermochte es nicht.

»Ich habe eine Theorie«, sagte Viola, als sei sie über die eigenen Gedanken belustigt, »ich weiß nicht, ob Sie sie hören mögen?«

»Bitte.«

»Vielleicht ist auch alles falsch.«

»Das tut nichts. Bitte erzählen Sie!«

»Nun, ich meine, daß Miles ein Rückschlag zum Urtyp ist. Euer Engländer von Geburt und Erziehung war nicht immer das vorsichtige, gehemmte Geschöpf, das er heute ist. Es hat eine Zeit gegeben, in der er sich weder seiner Gefühle noch seiner Kultur geschämt hat. Er war damals in gewisser Hinsicht roher und ungeschliffener – weniger vornehm nach modernen Ansichten, aber vornehmer, so wie ich es sehe. – Ich weiß nicht, ob Sie sich einmal mit der italienischen Renaissance beschäftigt haben.«

»Leider nicht«, sagte Evelyn mit unbestimmten Vorstellungen über Leonardo da Vinci.

»Miles hätte in die italienische Renaissance gepaßt. Er wäre in Urbino recht glücklich gewesen. Ihm hätten die Riesenportale gefallen, über denen Marmorfrüchte und -blumen hingen, doch gleichzeitig hätte er es genossen, stundenlang empiristische Streitgespräche zu führen – er hätte Alberti gern gemocht, der in Rimini einen Tempel bauen und in den Sattel springen konnte, ohne sich mit der Hand aufs Pferd zu stützen. Verstehen Sie, was ich meine? Der imaginäre Miles des sechzehnten Jahrhunderts, ob in Italien oder in England, hatte keine Grenzen. Begierig trank er das Leben. Er wäre glücklich gewesen in Urbino, in Rimini oder im England der Königin Elisabeth. Damals wäre er Kosmopolit gewesen, Weltbürger, nicht nur stumpfsinnig Engländer. Aber nun ist etwas schiefgegangen.«

»Was ist Ihrer Auffassung nach schiefgegangen?«

»Ich weiß es nicht genau«, sagte Viola, »ich bilde mir ein, es war eine Mischung aus Vernunftgläubigkeit und viktorianischer Lebensanschauung. Aber was es auch sein mochte, je vornehmer die Familie war, aus der man stammte, und je teurer die Erziehung, die man genoß, desto fester lernte man, seinen Geist zu verschließen. Man lernte, immer weniger ein Individuum und immer stärker ein Typ zu sein. Und dazu kam unsere außerordentliche Lehre vom Charakter, als ob Charakter mit Gehirn und Phantasie unvereinbar wäre. Die einzige Art von Gehirn, die wir in diesem Lande überhaupt dulden, ist das politische Hirn oder das Verwaltungshirn. Wir spotten bei weitem nicht so verächtlich über unsere Staatsmänner oder Regierungsleute wie über unsere Künstler. Unseren Staatsmännern gestatten wir sogar, das Haar ziemlich lang zu tragen, ohne daß darüber Kommentare im Witzblatt *Punch* oder in der Presse erscheinen, die das Volk liest.«

»Wie sich mein Junge freuen würde, das von Ihnen zu hören!«

»Sie müssen ihn einmal mit hierherbringen; wollen Sie das tun? Miles sagt, er sei reizend. Er ist noch in Eton, nicht wahr?«

»Ja«, sagte Evelyn und fühlte sich zum erstenmal in ihrem Leben leicht beschämt, weil Dan in Eton war.

»Ich fürchte, Sie sind der Meinung, daß wir Paul – unsern

Jungen – ziemlich verdreht erzogen haben. Wir haben ihn nach Deutschland statt in eine englische Internatsschule geschickt. Sehen Sie, er ist Musiker, und wir hielten es für besser, daß er in München glücklich statt in Eton unglücklich ist. Leonard und mein Bruder waren beide ganz dagegen, ihn auf eine Internatsschule zu schicken. Mein Bruder ist selber in Eton gewesen, aber trotz Eton gelang es ihm, zu einer ganz klaren Persönlichkeit heranzuwachsen«, sagte Viola lächelnd, »und von Miles' Laufbahn in Eton werden Sie ja selbst gehört haben. Seine Brüder waren so empört, daß sie fünf Jahre lang kaum ein Wort mit ihm gesprochen haben. Sie haben versucht, es damit zu bemänteln, daß sie sagten, er sei hoffnungslos von unnatürlichen Ideen infiziert gewesen. Sein Vater hatte viel mehr Verständnis dafür, aber selbst sein Vater fand es schwer, Miles' politische Ansichten zu verdauen; er kann es nicht verwinden, daß sein Sohn ein bekannter Pazifist ist. Der alte Mann glaubt immer noch, alle Ausländer seien Schurken und die meisten Nicht-Europäer Nigger. Und deshalb sollte man sie natürlich niederknallen. – Ich rede zuviel«, sagte Viola, und da sie sah, daß die Männer aufstanden, rief sie Inez zu, zum Kamin herüberzukommen.

Miles suchte Evelyns Blick, aber sie wollte ihn nicht ansehen; sie wußte, daß er voll neugieriger Spannung war, doch sie wollte ihm nicht einmal durch einen Blick zugestehen, daß sie Viola Anquetil leiden mochte.

Er brachte sie ziemlich spät nach Hause, und sie zankten sich. Zum ersten Male hatten sie einen offenen Streit miteinander. Sie hatte diesen ersten Zank immer mit Furcht erwartet, aber immer wieder hinausgeschoben, indem sie ihre Stimmungen und Gefühle unterdrückte – und nun war sie es törichterweise, die ihn herausforderte. So etwas kommt vor, wenn die Erregung zu groß wird. Miles selber war guter Laune; er war stets guter Laune, wenn er bei Anquetils gewesen war, und an diesem Abend hatte Evelyns Anwesenheit den Becher seiner Freude besonders hoch gefüllt. Er hatte es genossen, sie zwischen seinen Freunden sitzen zu sehen. Er war darin rührend naiv, und obwohl sie in ihrem Herzen, das ihn liebte, irgendwie davon angesprochen wurde, blieb sie äußerlich doch unangenehm verstockt und sarkastisch.

Er kam mit in ihre Wohnung hinauf. Unterwegs im Wagen hatte er nur zu sagen gewagt: »Spielt Paul nicht gut?« Paul hatte nach dem Essen vorgespielt.

»Ich nehme es an, Miles, aber ich bin schließlich kein Musikkritiker.«

Das war eine frostige Antwort, die Schlimmes verhieß.

Doch in der Wohnung sprudelte er unbekümmert los, während er sich noch den Mantel auszog: »Na, wie haben sie dir gefallen?«

»Ist es wirklich notwendig, so schmutzig und flegelhaft zu sein wie Herr Anquetil?«

Miles lachte. »Oh, hat dir Leonard nicht gefallen? Die meisten Frauen finden ihn sehr anziehend. Wollte er nicht antworten? Ich gebe zu, er zeigt sich Fremden nicht von der besten Seite. Aber Viola – wie bist du mit ihr ausgekommen?«

»Ich glaube nicht, daß sie mich sehr gern mag, Miles – ich bin nicht annähernd gescheit genug für sie.«

»Verdammte Gescheitheit! – Viola ist nicht gescheit, sie ist nur intelligent. Ich kann gescheite Frauen nicht ausstehen.«

»Ich sehe da leider keinen großen Unterschied.«

»Nein? Um so schlimmer für dich!« In seine Stimme kam ein gereizter Ton. Er war kein langmütiger und geduldiger Mensch. Unbeirrt fuhr er fort. »Jedenfalls ist sie sehr schön, oder findest du nicht?«

»In ihrer unordentlichen Art, ja. Ich denke wohl.«

»Unordentlich? Ach so, du meinst wohl, daß sie nicht nach der neuesten Mode angezogen ist und nicht die neuesten Kosmetika von der Dover Street benutzt. Nein, das tut sie nicht. Sie geht nicht zum Rennen, läßt sich nicht fotografieren, während sie auf einem Jagdstock sitzt, und unter das Bild schreiben ›mit Freund‹, ob der Freund nun ein Mann oder ein Pekinese ist. Weder sie noch Sebastian geben sich für so etwas her.«

»Sebastian?«

»Ihr Bruder.«

»Ach so, natürlich. Sie erwähnte ihn.«

»Sie betet ihn an. Aber er ist nur die Hälfte des Jahres in England, und wenn er hier ist, vergräbt er sich auf dem Lande.«

»In Chevron?«

»Ja, in Chevron. Willst du ihn dafür tadeln? Es ist nicht seine Schuld, daß er ein englischer Herzog ist, und er hält es für das beste, was er tun kann, seinen Grundbesitz gut zu bewirtschaften. Er ist ein unglücklicher Mensch.«

»Ich nehme an, er möchte lieber Bretton ähnlich sein.«

»Dem Sohn eines Gemüsehändlers in Rotherham? Das glaube ich wohl, daß er so denkt. Aber weißt du, Evelyn, das ist alles ziemlich verzwickt: Mancher wäre lieber ein englischer Herzog als der Sohn eines Gemüsehändlers aus Rotherham.«

»Du überraschst mich, Miles; ich glaubte, du haßtest Vorrechte?«

»Ich hasse sie auch – theoretisch –, aber ich genieße sie, und ebenso ist es mit Sebastian. Wir wollen doch ehrlich sein!«

»Ehrlich! – Ehrlich! – Du redest einen Haufen Unsinn über Ehrlichkeit! Bretton ...«

»Wie du Bretton haßt!«

»Er ist so ungebildet, Miles!«

»Ungebildet? – Du meinst, er hebt dir das Taschentuch nicht wieder auf, wenn du's fallen läßt. Nein, er hat an andere Dinge zu denken. Und wenn ihr Frauen Gleichberechtigung wollt, könnt ihr nicht beides haben.«

»Aber Miles, du würdest mir doch das Taschentuch aufheben, oder auch einer andern Frau!«

»Das liegt daran, daß ich eine Zeitlang in Eton erzogen worden bin. Man hat mir dort zwar nicht beigebracht, Frauen ein Taschentuch aufzuheben, aber man hat mir beigebracht, den Hut vor dem Lehrer abzunehmen. – Wir reden aneinander vorbei. Mit einem Wort heißt das: Die Anquetils haben dir nicht gefallen?«

»Viola hat mir nicht mißfallen«, sagte Evelyn nach einer Pause.

»Das heißt: Alle andern haben dir mißfallen?«

»Wir können sie ja einzeln betrachten, Miles. Leonard Anquetil hat überhaupt kein Benehmen. Bretton – du hast erraten, was ich von Bretton halte. Der Junge, Paul, schien mir – wenn ich auch sagen muß, daß er gut spielt – sonderbar und eigenartig. Dieser junge Mann – hieß er nicht Allen? – redete zuviel und über Dinge, die er vor einem Mädchen nicht erwähnen sollte...«

Miles lachte schallend. »Meinst du etwas Inez? Meine Liebe, die ist seit Jahren Allens Geliebte.«

»Tatsächlich? Ich dachte, sie wäre Brettons Freundin.«

»Weshalb? Weil sie mit ihm auf dem Sofa geredet hat? Nein, Bretton hat ganz andere Absichten. – Es tut mir leid. Ich hätte dich nicht mit zu Anquetils nehmen sollen.«

»Ich will wieder darauf zurückkommen, was ich vorhin sagte, Miles: ich bin nicht gescheit genug. Du hättest statt meiner besser Dan mitnehmen sollen.«

Sie wendete sich ab; und er sah, wie sie versuchte, die Tränen zurückzuhalten.

»Evelyn, Liebste!«

»Um Gottes willen, laß mich in Ruhe! Bleib du bei deinen Freunden und laß mir meine! Ich bin zu alt für dich. Ich gehöre zu einer andern Generation, ich gehöre zu den Jarrolds.«

»Viola ist Jahre älter als du.«

»Dann ist sie eben anpassungsfähiger als ich. Ich passe nicht in diese Umgebung, Miles, und je eher du das einsiehst, um so besser. Sie hat eine Menge von dir gesprochen, und ich habe dabei gemerkt, wie weit wir beide, du und ich, voneinander entfernt sind. Ich nehme an, sie hat es absichtlich getan.«

»Viola? Niemals! So eine Frau ist sie nie und nimmer.«

»Alle Frauen sind so, alle!«

»Das ist wieder so eine von deinen übernommenen Vorstellungen. Kannst du diese Vorurteile nicht ablegen und mit einer neuen Anschauung von vorn anfangen? Diese Vorstellungen sind so lähmend, wenn du das nur zugeben wolltest!«

»Manche Dinge bleiben wahr, wenn sich auch noch so viele andre wandeln und verändern.«

»Schön, ich will zugeben, daß du mehr von Frauen verstehst als ich, aber ich verwahre mich dagegen, daß du Viola so falsch beurteilst.«

»Weshalb gehst du dann nicht zu deinen Freunden? Sie passen viel besser zu dir als ich. Warum bist du überhaupt gekommen, Miles, und hast mein Leben aus dem Gleichgewicht gebracht, mein und Dans Leben? Ich war ganz glücklich, ehe ich dich kannte.«

»Warst du glücklich? Mit Bridge, damit, daß du vor den Jarrolds geglänzt hast und dich selber vergeudet...«

»Ich habe nichts zu vergeuden, das weißt du genau. Geh wieder zu deinen Freunden und laß mich in Ruhe! Laß auch Dan in Ruhe! Dan macht mir ohne dich weiß Gott schon genug Kummer. Und wenn er nun den Anquetils noch in die Hände fällt...«

»Das würde ihm guttun«, sagte Miles fest.

»Ach, Miles, Miles, du bist mir so fremd! Du bist so hart, ich verstehe dich nicht. Diese Frau versteht dich. Mit der kann ich mich nicht messen. Ich bin nicht auf sie als Frau eifersüchtig, versteh mich nicht falsch! Aber eines Tages wirst du einer Frau begegnen, auf die ich eifersüchtig bin, vielleicht einer Frau wie dieses Mädchen Inez, ich weiß es nicht. Ich glaube ganz fest, daß wir uns gegenseitig Unglück bringen. Ich liebe dich bis zum letzten Blutstropfen, aber du liebst mich nicht so, und wir hätten niemals zusammenkommen dürfen.«

Dritter Teil

Porträt der Lesley Anquetil

Sie hatten sich gezankt. Das war ein Markstein in ihrer Beziehung zueinander. Als Evelyn die Selbstbeherrschung erst einmal verloren hatte, vermochte sie nicht, sie wiederzugewinnen. All die Gefühle, die sie verdrängt hatte, stiegen an die Oberfläche. Alles, was sie an Miles bezaubert hatte, begann nun ihren Widerspruch zu erregen. Sie nörgelte an ihm herum wegen seiner Arbeit, seiner Politik, seines Benehmens und seiner Freunde, ja sogar wegen seiner Kleidung.

»Miles, ich wünschte wirklich, du trügst diesen schwarzen Hut nicht! Du siehst damit aus wie ein Verschwörer oder wie ein Leierkastenmann.«

»Ich habe gar nichts dagegen, wie ein Verschwörer oder wie ein Leierkastenmann auszusehen.«

Er nahm es mit Humor auf, und das reizte sie noch mehr. Wenn sie ihn wenigstens zur Wut hätte treiben können, wäre sie zufrieden gewesen. So empfand sie seine Gutmütigkeit als ein Zeichen von Gleichgültigkeit; immer lag sie jetzt auf der Lauer nach solchen Zeichen der Gleichgültigkeit.

»Er kann mich nicht ewig lieben«, versuchte sie sich selber zu beweisen und war sehr elend dabei. »Der Tag wird kommen, da er sich natürlicherweise einer jüngeren Frau zuwendet – das *muß* kommen –, er *muß* aufhören, mich zu lieben. Je eher ich darüber klarwerde, desto besser. Habe ich es nicht immer vorausgesehen? Ach, wenn es doch wieder wie in jenen ersten Wochen wäre, als ich mich noch weigerte, darüber nachzudenken – als es mir genügte, ihn zu lieben und von ihm geliebt zu werden! Und wenn es so weitergeht wie im Augenblick, treibe ich ihn nur noch eher von mir, als notwendig ist. Was bin ich für eine Närrin! Ich muß damit aufhören, ich muß, ich muß!«

So ging sie in ihrem Zimmer auf und ab, preßte die Hände

gegeneinander und war nach jedem neuen Entgleisen unglücklich und gequält.

Die Angelegenheit wurde dadurch noch schlimmer, daß die Jarrolds ihre Verbindung mit Miles entdeckt hatten. Sie sagten das nicht offen, aber sie zeigten es ihr doch deutlich genug. Hesters Andeutungen konnte man nicht mißverstehen. Sie waren Evelyn entsetzlich peinlich. Sie verachtete sich selber, weil es ihr naheging, aber Erziehung und Tradition waren stärker als sie. Sie beschloß, Miles nichts davon zu sagen, und erzählte es ihm natürlich doch, als sie sich das nächste Mal sahen.

Er lächelte. »Die guten alten Schachteln! Sind sie empört? Was macht das schon?«

»Dir macht es vielleicht nichts aus, Miles – du bist ein Mann, und du bist überhaupt anders. Aber es sind meine einzigen Verwandten.«

»Ich dachte, sie langweilten dich?«

»Das tun sie auch – aber ich möchte nicht, daß sie schlecht von mir denken.«

Miles war nicht fähig, diesen Standpunkt zu verstehen. In seinem ganzen Wesen gab es keine Spur von Bürgerlichkeit.

»Du hast es in der Hand, das abzustellen«, sagte er, so geduldig er es nur vermochte, »ich habe dir immer und immer wieder vorgeschlagen, mich zu heiraten.«

»Ich weiß, und gerade die Art und Weise, wie du es sagst, zeigt mir, wie du wirklich darüber denkst. ›Ich habe dir immer und immer wieder vorgeschlagen‹! Du weißt ganz genau, daß du es mir nur vorschlägst, um mir einen Gefallen zu tun. Du wünschst es dir nicht wirklich. Ich mache dir natürlich keinen Vorwurf, daß du dich nicht an eine Frau zu binden wünschst, die fünfzehn Jahre älter ist als du. Es ist wirklich nett und ritterlich von dir, es überhaupt vorzuschlagen. Aber du brauchst keine Angst zu haben, Miles: Ich werde dich nicht beim Wort nehmen!«

»Evelyn, sei doch nicht so unvernünftig; ich wünsche es wirklich; zugegeben, daß ich die Ehe als Institution verabscheue – ich muß dabei immer an Herrn und Frau Noah denken und an die Tiere, die paarweise in die Arche hineingingen –, aber wenn ich überhaupt jemand heiraten möchte, dann bist du es. Weshalb denn nicht? Wir können uns jederzeit scheiden lassen, wenn es nicht gutgeht.«

»Miles, bitte, hör auf zu scherzen!«

»Ich scherze nicht. Ich werde mir morgen eine Sondererlaubnis besorgen; das wird für deine reizenden scheinheiligen Jarrolds ein Schlag ins Gesicht. Ich werde mir für die Zeremonie sogar einen steifen Hut kaufen. Oder würdest du einen Zylinder vorziehen? Und wo wollen wir unsere Flitterwochen verbringen?«

Seine Frivolität kränkte sie. »Du verstehst mich nicht, Miles. Nichts kann mich dazu veranlassen, dir das Leben zu verderben.«

»Komm um Gottes willen nicht mit so großen Redensarten! Versuch lieber, den Jarrolds mit der Verachtung zu begegnen, die sie verdienen!«

Dann erkannte er, daß sie sich wirklich quälte, kam zu ihr und setzte sich auf die Lehne ihres Sessels. »Es tut mir leid, Liebste, daß ich die Vorurteile der Jarrolds nicht so ernst nehmen kann wie du. Ich kann Leute, die bewundernswert strenge Regeln und kein Verständnis im Herzen haben, nicht ausstehen. Pharisäer! Daß diese Latte von Hester es wagen darf, dich zu kritisieren, oder gar diese vertrocknete alte Jungfer Katharina! Für Katharina gäbe es nichts Besseres auf der Welt, als daß sie einmal vergewaltigt würde, und von Hester glaube ich nicht, daß sie in ihrem ganzen Leben auch nur einen Augenblick ehrlicher Freude genossen hat. Natürlich beneiden sie uns und flüstern über uns und verfolgen dich mit Nadelstichen, wo sie nur können. Komm, laß uns ihnen doch die Mäuler schließen!«

»Niemals, Miles, niemals! Niemals werde ich das tun; du darfst mich nicht bitten, weil es so schwer für mich ist, nein zu sagen!«

»Nun hör mich einmal an: Du verabscheust die Ungesetzlichkeit unseres Verhältnisses; du verabscheust sie aus deinem Innersten heraus, nicht nur wegen der Jarrolds. Sie quält dich und macht dich unglücklich; du glaubst, Dan würde dich verurteilen, wenn er davon wüßte – und er wird es sehr bald wissen, er ist ja kein Kind mehr; ich glaube, es stört dich sogar Privett gegenüber. Du versuchst, in meiner Gegenwart den Anschein zu erwecken, als wenn es dich nicht störte, und doch nagt es die ganze Zeit an dir und verstimmt dich. Ich glaube, das ist immer der tiefste Grund, wenn wir uns zanken – nicht nur mein Buch. Wenn ich dich bitte, zur Burg hinauszukommen, wird dir die Freude schon verdorben, weil du fürchtest, die Leute könnten herausfinden, wo du bist. Du versuchst es mit allerlei Ausflüchten, und da du von Natur sehr ehrlich bist, findest du die Ausflüchte lästig. Aber aus reiner Halsstarrigkeit lehnst du den Ausweg ab, den ich dir vorschlage. Ich glaube, ganz unten in deinem Kopf denkst du, ich sollte ein nettes Mädel heiraten und dir für immer Lebewohl sagen.«

»Das ist nur zu wahr, Miles; ich bestreite nicht ein Wort davon. Ich werde dich nicht drängen, dein nettes Mädchen zu heiraten, weil ich einfach nicht die Kraft oder den Mut dazu habe, aber ich selber muß und werde mich weigern, dich zu heiraten.«

»Dann sei doch wenigstens konsequent und vergiß deine Zweifel und Bedenken und laß uns so glücklich sein, wie wir können!«

»Ich will ja, Miles, ich will wirklich.« Sie sah ihn an, lächelte und versuchte, die Wolken zu vertreiben und ihm zu verheimlichen, wie stark die Versuchung war, der er sie aussetzte.

Sie war ihm dankbar dafür, daß er sie so gut verstand, und aus Dankbarkeit enthielt sie sich nicht nur ihrer scharfen und beißenden Bemerkungen, sondern erlaubte ihm, sich mit ihr in der Öffentlichkeit zu zeigen, auch wenn sie sicher war, Bekannte zu treffen und Kommentare zu ihrem ständigen gemeinsamen Erscheinen herauszufordern. Die Osterfeiertage waren vorüber, und sie konnte nicht mehr vorschützen, um den alten Herrn Jarrold zu trauern. Um Miles' willen und um sich nicht seine Verachtung zuzuziehen, legte sie ihre instinktive Zurückhaltung ab. Es war eine Marter für sie, aber sie versuchte, den Anschein zu erwecken, als gefalle es ihr, doch in Wirklichkeit bereitete es ihr die größten Qualen; und als sie eines Abends, als Miles sie abholte, in den Spiegel schaute, fragte sie sich, weshalb nur ihre inneren Gefühle nicht besser mit ihrer äußeren Erscheinung zusammenstimmten.

»Ich sollte mich hausbackener anziehen«, sprach sie zu sich selber, »Miles hatte ganz recht.« Der Satz war ihr im Gedächtnis haftengeblieben. »Ich sollte grauen Voile und ein Amethystkreuz tragen; ich sollte aussehen wie eine Bourgeoise, die ich in Wirklichkeit ja auch bin.«

Bedauerte sie es, Miles begegnet zu sein? Bedauerte sie, vom Pfade der Tugend abgewichen zu sein, dem sie stets gefolgt war? Bedauerte sie, den bequemen und behaglichen Platz verloren zu haben, den sie im Herzen der Jarrolds bisher eingenommen hatte, diese Polster und Kissen der Zuneigung und Achtung der Familie, die ihr Schutz in der Welt gewesen war, zu der sie gehörte? Noch niemals hatte sie ihnen Grund zum Tadel gegeben. Selbst als sie mit Bekannten an die Riviera gefahren war – die Jarrolds waren mit dieser Gegend nicht einverstanden gewesen –, wußten sie, daß ihr Verhalten untadelhaft blieb, und das höchste, was sie sagen konnten, war, daß die gute Evelyn, wenn sie im Sommer ein bißchen Sonne genießen wollte, in einen Schweizer Kurort hätte gehen können oder höchstens nach Rapallo, wo man ihres Wissens doch recht nette Leute traf.

Diese Tage waren nun vorüber; sie hatte ihren Ruf aufs Spiel gesetzt und verloren. Sie schämte sich ihrer Vorurteile in einer Sache, die Miles für so geringfügig hielt, aber sie lagen tief, tief in ihr, so tief wie das Herz.

»Vergiß es!« sagte sie sich immer wieder. »Vergiß es und sorg dafür, daß Miles glücklich bleibt! Dann wird er sich nicht ganz so schnell von dir zu einer andern wenden.« Und sie bestellte neue Kleider und ging mit Miles zum Tanzen und begegnete ungeniert den belustigten Blicken anderer Frauen und erlaubte anderen Männern, in einer Weise mit ihr zu reden, wie sie es früher nie gewagt hätten.

Sie sah die Jarrolds immer seltener, und obwohl sie sie gelangweilt hatten, fehlten sie ihr nun in gewisser Hinsicht. Sie vermißte die gelegentlichen Wochenendbesuche in Newlands, wo der alte Herr Jarrold die Familie zusammengehalten hatte. Jetzt waren sie zerstreut, die alte Dame lebte im Witwenhaus und war mit ihren Rhododendren ganz glücklich; Newlands war mehr oder weniger unbewohnt, und Evelyn argwöhnte, daß Dan sich entschließen könnte, es zu verkaufen, wenn er mündig sein würde. Evan traf sie manchmal in einem Nachtklub, und an seinen Augen konnte sie erkennen, daß er den Kognakverbrauch noch nicht eingeschränkt hatte. Sie ging ein- oder zweimal zum Essen zu Gottfried und Hester, stellte jedoch fest, daß Ruth es jedesmal so eingerichtet hatte, nicht zu Hause zu sein. Sie sagte sich, eigentlich müsse sie froh darüber sein, daß das enge Familienleben zu Ende sei.

In den großen Ferien Anfang Juli widerstand sie den vereinten Bitten von Miles und Dan und fuhr mit ihrem Sohn zu ihrem Vater nach Biggleswade; sie meinte, es sei nur recht und billig, daß er seinen andern Großvater besuche, solange er noch lebe. Sie empfand eine hohe Genugtuung bei diesem Argument, das nicht zu widerlegen war. Selbst Miles konnte nicht darüber spötteln und versuchte es auch gar nicht. Dan konnte darüber murren (was er auch tat), doch sie blieb bewundernswert hartnäckig.

Es verursachte ihr auch eine merkwürdige Genugtuung, wieder in eine Atmosphäre zu kommen, die ihr fast fremd geworden war. Das Haus ihres Vaters war in bescheidener Weise das Gegenstück zu Newlands; die Überzeugungen ihres Vaters entsprachen stillschweigend denen der Jarrolds. Herr Wilson, der Anwalt gewesen war, sich zur Ruhe gesetzt hatte und mit einem ausreichenden Einkommen hinter dem Eichenzaun auf seinen zwei Morgen Grundbesitz lebte, erweckte den Eindruck gutfundierter Sicherheit. Sein Haus, das aus roten Ziegeln gebaut war, zu deren Farbe der wilde Wein, der es umrankte, im Gegensatz stand, war behaglich, jedoch nicht luxuriös; es entsprach seiner Einstellung, dafür zu sorgen, daß die Kirche immer im Dorf blieb. Er war stolz auf seine Zigarren und seinen Weinkeller, dessen Schlüssel er – mehr nach der Gepflogenheit als aus Mißtrauen gegen sein ältliches Hausmädchen – an der Uhrkette trug. Vor jeder Mahlzeit pflegte er feierlich mit einer Taschenlampe in den Keller hinunterzusteigen und die Flasche auszusuchen, die er trinken wollte. Ein gut Teil seiner Konversation kreiste um die verschiedenen Weine und ihre Jahrgänge, einschließlich der dazu passenden Anekdoten aus seiner Londoner Juristenzeit. Gewohnheitsmäßig aß er viel zuviel, ohne damit seiner Gesundheit zu schaden, und war auf seine Weise ein Feinschmecker, wenn auch nicht auf französische Weise; er liebte Remouladensoße zum Fisch, Meerrettich zum sonntäglichen Roastbeef, Kräutermayonnaise zum kalten Roastbeef am nächsten Tag und Kartoffelbrei zu fast allen Gerichten außer zum Fasan, der Pommes frites verlangte; ein Essen mit weniger als fünf Gängen wäre ihm als ein Verstoß gegen die guten Sitten vorgekommen; und sein Gabelfrühstück wurde stets durch ein pikantes Vorgericht abgerundet. Außerdem bezeichnete er sich als einen Mann von Kultur; seine Ansichten über diese Fragen standen unverrückbar fest und schienen gerade an dem Punkt erstarrt zu sein, an dem er sie zufällig angenommen hatte; er hielt Galsworthy für den größten englischen Romanschriftsteller, lehnte dagegen die Romane entschieden ab, die er wöchentlich zweimal aus einer Leihbücherei erhielt – die Liste dazu suchte er sich aus den angeseheneren der Sonntags- und Wochenzeitungen zusammen; er las sie mit einem gewissen Vergnügen und leichter Beunruhigung; er schickte sie zurück und hoffte für das nächste Mal auf Bücher, die besser zu seinen Ansichten paßten. Zwischen seinen Aquarellen jedoch fühlte er sich ganz sicher; er liebte es, in seinem Wohnzimmer umherzuwandern, wenn er nichts Besseres zu tun hatte, und sich diese hübschen, behaglichen Malereien von Kindern mit Schutenhüten zwischen Kornfeldern und rotem Mohn anzuschauen; Evelyn liebte sie auch – sagte er sich, denn er fühlte sich manchmal einsam, und der Gedanke an Evelyn war ein Trost –, Evelyn liebte sie, und Evelyns Junge würde sie alle bekommen, wenn er stürbe; es war nichts im Vergleich zu dem Reichtum, den sein anderer Großvater ihm hatte hinterlassen können, aber vielleicht würde Evelyns Junge doch einen Platz für die Aquarelle in seinem privaten Arbeitszimmer finden.

Evelyn wollte den Jungen in den großen Ferien herbringen. Nett von ihr. Er befahl ein besonders gutes und reichliches Essen, weil er an den Appetit von Schuljungen dachte. Sein kleiner Haushalt war in heller Aufregung. Ellen, das Hausmäden, fragte, ob sie eine Wärmflasche für Frau Jarrolds Bett kaufen solle.

»Wird Frau Jarrold nicht ihre eigene mitbringen, Ellen?«

»Eine steinerne, dachte ich, gnädiger Herr, für die Füße, wissen Sie, gnädiger Herr, nur damit das Bett angewärmt wird.«

»Die Betten sind doch gelüftet, Ellen?«

»Aber, gnädiger Herr!«

»Ja, natürlich, Ellen, ich weiß es ja. – Ich dachte nur, wir haben jetzt Juli. – Na ja, kaufen Sie eine Steinkruke, wenn Sie's für richtig halten! Ja, ich glaube, es wäre schon richtig – würde Frau Jarrold eine Freude machen –, und eine Wärmflasche kommt einem immer mal zupasse, das kann man wohl sagen.«

»Doch, wirklich, gnädiger Herr, auch wenn Sie selber niemals eine nehmen wollen. Und wie ist es mit Seiner Lordschaft, gnädiger Herr?«

»Jungen brauchen keine Wärmflaschen«, sagte Herr Wilson streng, »und wenn sie's doch tun, paßt es sich nicht. Besonders im Juli.«

Er hatte Evelyn monatelang nicht gesehen und war begeistert von ihr, als sie eintraf. Er konnte kaum glauben, daß eine so reizende Frau seine Tochter sei. Seine ganze alte Galanterie wachte in ihm auf – und in jüngeren Jahren hatte er viel für Frauen übriggehabt –, so daß er das Gefühl hatte, er müsse sich anstrengen, sie zu unterhalten. Wenn er sich zum Essen umzog, überlegte er sich seine besten Geschichten, fürchtete aber, sie habe sie alle schon gehört. Es war ein wenig verwirrend: Er hatte das Gefühl, als habe er eine Fremde unter seinem Dache, eine schöne, verwirrende Fremde, doch diese Fremde war seine eigene Tochter, dieselbe Evelyn, die er als kleines Mädchen in Schürzen gekannt hatte. Ein gutes Mädchen; sie war immer ein gutes Mädchen gewesen; jede andere Frau hätte nach dem Tode des armen Thomas wieder geheiratet, aber sie, Evelyn, hatte sich Dan gewidmet. Nicht viele Frauen mit Evelyns Reizen hätten das getan. Gott sei Dank hatte Evelyn eine gute Erziehung gehabt; eine ordentliche Grundlage; sie hatte eine gute Mutter gehabt, obwohl die Mutter starb, als Evelyn erst neun Jahre alt war. (Die ersten sieben Jahre im Leben eines Kindes seien die wichtigsten, hatte er gehört.) Diese gute Grundlage trug nun ihre Früchte. Und wie Evelyn damals eine gute Mutter gehabt hatte, so hatte Dan jetzt eine gute Mutter. Herr Wilson hatte das dunkle Gefühl, daß dies alles sein Verdienst sei. In außerordentlich guter Laune stieg er über die türkischen Teppiche der Treppe hinunter zum Essen, während der Gong pünktlich ertönte.

Evelyn war ebenfalls glücklich. Sie war jetzt selten ganz glücklich, selbst in den leidenschaftlichsten Augenblicken nicht, und es war eine Erleichterung für sie, sich zu entspannen. Sie vergaß Miles beinahe. Er verblaßte und trat zum erstenmal seit sieben Monaten zurück. Sie war glücklich, wenn sie zwischen ihrem Vater und ihrem Sohne saß. Es war sicher hier, sicher und beständig; es gab keine Gefahr, keine Notwendigkeit, sich einem reißenden Strome anzupassen. Sie konnte ausruhen. Das Schiff war verankert.

»Ich fürchte, meine Liebe, du wirst es hier ziemlich stumpfsinnig finden.«

»Ach, Vater, wenn du nur wüßtest, wie ich es genieße, von London fort zu sein!«

»Sehr nett von dir, das zu sagen, meine Liebe. Und wie steht es mit Dan? Möchte er keine Gesellschaften, Theater? Ich in seinem Alter hatte den Wunsch ...«

Dan antwortete höflich; er gab eine ganz überzeugende Antwort, aber Evelyn wußte, daß er sich danach sehnte, bei Miles zu sein. Sie nahm diese Erinnerung an Miles übel. Sie blickte von Dan auf seinen Großvater: Dan war so stattlich in seiner Jugend wie sein Großvater im Alter, der mit weißen Locken und rosig strahlendem Gesicht so blühend aussah, als rieche er auch gut. Sie wußte, daß der Großvater stolz auf Dan war und es als Selbstverständlichkeit annahm, daß der Junge ein ordentlicher Junge sei; er wußte nichts von dem Abgrund, der Dan von seiner eigenen Denkweise trennte.

Ellen stellte den Portwein auf den Tisch und verließ das Zimmer.

»Ein Glas Portwein, mein Junge? Nein? Recht so, recht so – aber warte nur, bis du nach Oxford kommst! Und hör mal, ich muß dir was sagen: Als du geboren wurdest, habe ich ein Faß Portwein in den Keller gelegt, und du wirst es mir eines Tages danken – vergiß das Faß nicht! Na? – Nun erzähl mir mal, was du für Pläne hast, hm? Ich meine, wenn du Oxford hinter dir hast.«

Dan gab eine ausweichende Antwort. Er besaß den Takt, der aus einem gütigen und verstehenden Herzen kommt. Er habe sich noch nicht entschieden, sagte er; und dann, als er mit seiner Weisheit zu Ende war, schaute er seine Mutter hilfesuchend an.

»Ich meine, Dan sollte reisen, Vater, ehe er sich entscheidet, meinst du nicht auch?«

»Es gibt nichts Besseres als Reisen, um seinen Horizont zu erweitern«, sagte Herr Wilson, der nichts auf der Welt mehr verabscheute als einen weiten Horizont, obwohl er es leidenschaftlich abgestritten hätte, »und nichts Bessers als Reisen, sage ich immer, um einzusehen, daß das eigene Land das beste ist. Großartige Idee, Evelyn! Heutzutage kann sich's nicht jeder leisten. Dan hat das Glück. Und was willst du dann tun? Dich im Oberhaus als erblicher Gesetzgeber an die Arbeit machen?«

Herr Wilson lachte selber über seinen Ausdruck. Er gehörte zu der Schule, die vielsilbige Wörter für spaßig hielt. Er lachte so unschuldig und einfach, daß Evelyn voller Zärtlichkeit für ihn war. Außerdem hielt sie, wenn sie nicht mit Miles zusammen war, vielsilbige Wörter selber auch für ziemlich spaßig.

Dann wurde Herr Wilson neugierig, als sei ihm etwas eingefallen. »Wie kommt es, daß du nicht bei den Wettspielen auf Lord's Kricketplatz bist, Dan? Du brauchst nicht hierzubleiben, nur um mir altem Mann einen Gefallen zu tun, das weißt du doch. Möchtest du morgen mit deiner Mutter hinüberfahren?«

»Ach nein, Großpapa, danke, ich möchte lieber hierbleiben.«

»Ich würde vielleicht mitkommen, wenn du es möchtest, wer weiß?« sagte Herr Wilson zwinkernd. »Ich bin erst ein einziges Mal in meinem Leben auf Lord's gewesen – es wäre ein ganz netter Ausflug für mich.«

»Ich glaube, man spricht davon, die Spiele von Lord's abzuschaffen«, sagte Dan hastig, um Herrn Wilson von dieser gefährlichen Absicht abzubringen, »aus Sparsamkeitsrücksichten, weißt du.«

»Lord's abschaffen«, rief Herr Wilson bestürzt, »lieber Gott, nächstens werde sie noch die Verfassung abschaffen!« Er war erschüttert; die Vorstellung, mit einem eleganten jungen Enkel über den Rasen zu schlendern, die einen Augenblick lang ganz lebendig in ihm geworden war, war unfreundlich zerstört worden. »Lieber Gott!« sagte er noch einmal.

Dan wollte widersprechen. Er schaute seine Mutter an, aber sie winkte ihm, still zu sein. Eine Auseinandersetzung zwischen Dan und seinem Großvater hätte sie unruhig gemacht – eine Auseinandersetzung, die zu nichts als gegenseitigen Mißverständnissen und Aufregungen führte. Besser, man ließ die Dinge laufen; besser, man ließ Herrn Wilson und seine Generation ins Grab fahren, ohne sie noch zu beunruhigen. Es gab schon genug, was sie beunruhigte, auch ohne daß man die Unruhe in die eigene Familie hineintrug. Die armen, alten Menschen, sollten sie in Frieden dahingehen! Dan stimmte ihr bei, als sie es ihm später – allein mit ihm in ihrem Schlafzimmer – auseinandersetzte. Sie war ihm für diese Zustimmung dankbar, denn sie wollte kein Echo von Miles und seinen umstürzlerischen Lehren zwischen den Aquarellen von Biggleswade.

Das Juliwetter machte es ihr schwer, nicht ständig an Miles zu denken; es sprach von der Süße der Liebe. Sie wußte, daß Miles auf seiner Burg war, und als sie zwischen den Rosenbeeten im Garten ihres Vaters umherging, kehrte der unerträgliche Schmerz um Miles zurück. Als Dan wieder nach Eton gefahren war, schickte sie Miles ein Telegramm und teilte ihm mit, daß sie ihn besuchen wolle.

»Miles«, sagte sie, als er sie von der Bahn abholte und sie in demselben alten Auto die Heckenwege, die jetzt sommerlich üppig grünten, entlangratterten, »erinnerst du dich des ersten Males, als du uns an einem Winterabend hier abholtest, mich und Dan, und als der alte Mann am Eisenbahnübergang verunglückte?«

»Denk nicht mehr daran!«

»Ich will auch nicht daran denken. Deshalb spreche ich davon. Ich hatte ein abergläubisches Gefühl dabei, als sei es ein böses Vorzeichen, das mich seitdem ständig verfolgt. Wenn ich es dir erzähle, verschwindet der Schatten vielleicht. Ich habe bis jetzt stets vermieden, darüber zu sprechen. Ich möchte, daß wir jetzt ganz glücklich sind, ohne Wolke.«

Sie sah ihn mit einem offenen und vertrauensvollen Lächeln an. Sie fühlte sich plötzlich erleichtert und glücklicher als seit Wochen.

»Fahr nicht ganz so schnell; laß uns ein bißchen trödeln; ich möchte mir das Land ansehen, das nach dem grauen London so grün ist. Ich mag den Rain an den Hecken gern, der sich am Wege entlang mit hundert Blumen breitmacht, deren Namen ich gar nicht kenne. Ich mag die wilden Rosen gern, deren Zweige über den Hecken winken. Ich fühle mich wie ein Kind aus den Elendsvierteln, das man zur Erholung schickt und das aus London aufs Land hinauskommt. Ich mag das hohe Gras gern und die Wiesen, auf denen das Heu liegt. Nimmst du mich morgen mit aufs Feld? Jeden Tag?«

»Wie viele Tage willst du denn bei mir bleiben?« Er war belustigt über ihre Begeisterung, belustigt, entzückt und überrascht.

»So lange du mich haben willst. Es ist etwas geschehen, es ist etwas in mir klargeworden. Ich weiß nicht, was es ist; ich weiß nur, daß ich versucht habe, dich zu vergessen, als ich bei meinem Vater war, und dann habe ich mich so sehr nach dir gesehnt, daß es daneben gar nichts mehr gab. Miles, fahr noch ein wenig langsamer! Laß mich diese Sommerfahrt genießen, und laß sie jenen Winterabend auslöschen! Erinnerst du dich, daß du gesagt hast, ich müsse deine Burg im Sommer sehen? Und ich sagte, sie könne nicht schöner sein als an diesem Wintertag? Ich glaube, ich habe wirklich gedacht, unsere Liebe sei unabhängig von den Jahreszeiten. Damals war alles so vollkommen, daß ich nicht glaubte, es könne so bleiben; ich habe gewiß nicht geglaubt, es könne noch stärker werden. Aber es ist stärker geworden, weißt du? Ich liebe dich jetzt noch mehr als damals. Du verwirrst mich, du bestürzt mich, aber ich liebe dich mehr; ich komme nicht mehr los von dir. Ich habe kein Verlangen danach.«

Sie saß dicht neben ihm und flüsterte, während er fuhr. Sie beugte sich rasch nieder, und ihre Lippen berührten seine Hand, die auf dem Lenkrad lag. Bereitwillig ging er auf ihre begeisterte Stimmung ein, verlangsamte die Geschwindigkeit, und still wie Menschen in einem Traum glitten sie zwischen den Julihecken dahin. Er hatte ihr Kommen nicht erwartet, und ihr Telegramm hatte ihn in einer Stimmung, die zwischen Besorgnis und Erregung schwankte, zum Bahnhof getrieben. Doch als sie sich gegenüberstanden, schwand die Besorgnis; ihre Empfindungen strebten zueinander, wurden eins, fanden Erfüllung im ausschließlichen Gefühl ihrer Liebe. Für ihn gab es nur noch sie und für sie nur ihn. Der Sommer und die ländlichen Wege waren für sie beide da.

»Du hast keine Freude daran gehabt, mit mir in Nachtklubs zu gehen«, sagte er und gestand damit eine Schuld ein, die er an ihr begangen hatte.

»Es war gräßlich für mich, Miles; du warst nicht du; ich war nicht ich. Oder wenn ich es war, so war es ein verächtliches Ich. Das hier ist besser. Laß uns hierbleiben, vergraben, verloren! – Sieh, da sind wir an der Abzweigung zu deiner Burg! Da ist die Tafel mit der Aufschrift: ›Privatweg. Keine Durchfahrt.‹ Weißt du, als ich diese Tafel das erstemal sah, hatte ich Angst. Es war das erstemal, daß ich hierherkam, die Scheinwerfer deines Wagens fegten darüber hin, und ich wußte, ich war auf einer Straße, von der es kein Zurück gab. Halt eine Minute, halt an!«

Er fuhr den Wagen an den Straßenrand, stellte den Motor ab, und sie lehnte sich an ihn, so eng, daß sie den Schlag seines Herzens fühlen konnte.

»Kannst du mein Herz auch spüren, Miles? Nein, natürlich nicht, ich bin auf der falschen Seite. Liebster, fahr ganz langsam weiter! Das ist dein eigener Feldweg. Das sind deine eigenen Äcker auf beiden Seiten. Das ist dein wahres Wesen, glaube ich – echter als das aus den Nachtklubs, sogar als das aus dem Unterhaus. Bretton kennt diese Seite von dir gar nicht richtig, die Anquetils auch nicht. Ich auch nicht«, setzte sie demütig hinzu, »ich bin nie ein Landmensch gewesen, und ich kann nicht ein Wort von dem verstehen, was Munday sagt. Ich war sehr böse – obwohl du es nicht merktest –, wenn du mich über die Sturzäcker schlepptest. Und doch empfinde ich deine Burg und deine Felder als rechte Umgebung für dich und unsere Liebe. Siehst du mich als Eindringling an?«

Der Wagen glitt die steile Zufahrt zu Miles' Weg hinunter; es war ein Weg, der so ungepflegt war, daß blühende Gräser und Wiesenschleierkraut die Kotflügel streiften, als sie vorüberfuhren. Er legte den Arm um ihre Schulter und fuhr mit einer Hand. Der Wagen scheuchte einen Flug junger Rebhühner in den Graben.

»Ich wünsche mir nichts anderes als dies«, sagte er, und im Augenblick glaubte er es auch.

Der schwere goldene Sonnenschein verlieh dem alten Gemäuer eine Art Patina und ließ den Turm einen langen Schatten über das Gras werfen, wie bei einer riesigen Sonnenuhr bewegte er sich langsam mit der Sonne. Alles war still und verschlafen außer dem Gurren der weißen Tauben, die dicht nebeneinander auf dem Dache saßen. Miles sagte, eigentlich habe er den Frühling lieber, wenn das Grün frischer sei, die Bäume weniger dunkel und schwer, das ganze Jahr noch nicht voll erblüht; doch Evelyn verbot ihm, in solcher Vollkommenheit Fehler zu suchen.

»Selbst wenn wir morgen stürben, Miles, wäre das Heute fehlerlos.«

Er neckte sie damit, daß er sagte, sie und er und die Burg zwischen ihnen gäben ein Bild wie von Marcus Stone, und das sei es gerade, was sie liebe; und sie war sofort ein wenig traurig, nicht weil er sie neckte, sondern weil sie wußte, daß Marcus Stone nur junge Liebespaare malte. Sie hütete sich aber, ihm den Grund zu erklären, weshalb diese kleine Wolke ihre Stimmung verdunkelt hatte. Andere Wolken gab es nicht; sie war entschlossen, keine aufkommen zu lassen. Sie ermutigte ihn sogar dazu, mit ihr über sein Buch zu sprechen, über dieses Schreckgespenst, das selbst in ihren glücklichsten Augenblicken tabu war. Er habe es gerade beendet und ihr übrigens vor drei Tagen darüber geschrieben – er arbeite nun an den letzten Korrekturen. Sie sagte, er solle sich morgen früh daran setzen, aber nicht diesen Abend: »Bitte, Miles, laß diesen Abend mir gehören!« Darüber lachte er, aber fröhlich, und meinte, sie sei keine Ehefrau für einen Schriftsteller oder Politiker.

Nach dem Abendbrot wanderten sie in völliger Eintracht an den hohen Ziegelmauern entlang. Der Abend war ganz still; der Turm sprang wie eine verzauberte rote Fontäne zum Himmel auf. Evelyn schaute zu seinen Fenstern empor, und ihre Finger schlossen sich fester um Miles' Hand. Sie dachte an die erste Nacht, als sie über hartes, gefrorenes Gras gegangen war, um Miles in seinem Turm zu besuchen, während Dan unschuldig im Hause, hundert Schritte entfernt, im Schlafe lag. Damals war es kalt gewesen, und sie war bebend und beklommen in Miles' Arme gekommen. Jetzt war es warm, und sie waren einander eng vertraut.

»Miles«, sagte sie, »schläfst du im Hause oder im Turm?«

Sie lachten über diese Frage. Natürlich schlief er im Turm. Was würde Frau Munday denken, wenn er allein mit Frau Jarrold im Hause schliefe? Sie lachten glücklich, wie Liebende lachen, die ein Geheimnis miteinander teilen.

»Diesmal komme ich zu dir, Evelyn, und verlasse dich, wenn's dämmert.«

Sie schlenderten den Weg an der Mauer auf und ab. Sie vergaßen die Welt, brachen kleine Zweige von der Eberraute ab und zerrieben sie zwischen den Fingern. Die Stiefmütterchen und die weißen Lilien leuchteten noch aus der Dämmerung hervor. Es war ein Traum, ein Schweben.

Später kletterten sie die fünfundsiebzig Stufen des Turmes hinan und standen oben auf der bleiernen Plattform, stützten die Ellbogen auf die Brüstung und schauten schweigend über die Felder, die Wälder, die Hopfengärten und den See unten in der Mulde, von dem ein feiner Nebel aufstieg. Der Mond stand voll und hell am Himmel; nur wenige Sterne waren zu sehen, weil der Mond hell leuchtete: nur die Sterne erster Größe und ein oder zwei Planeten. Evelyn fragte Miles, welche das seien, und er nannte sie sofort mit Namen; solche Dinge wußte er stets, und obwohl sie ihr fremd waren, freute sie sich über sein Wissen. Es machte sie stolz, ihn zu veranlassen, seine Fähigkeiten zu zeigen, und seine überlegenen Kenntnisse festzustellen. Und niemals enttäuschte er sie. Andere mochten sagen, der junge Vane-Merrick sei ein bißchen vorneweg mit dem Mundwerk, ein bißchen oberflächlich – wenn er auch in mancher Hinsicht ernsthaft genug sei, meinten sie, sogar einflußreich –, Evelyn war jedenfalls unfehlbar von seinem umfassenden Wissen beeindruckt, besonders wenn es ihre Beziehung in keiner Weise störte. Wenn er sich ernsthaft mit astronomischen Studien beschäftigt hätte, würde sie es ihm übelgenommen haben, eine Nacht am Teleskop verbringen zu sollen; in der jetzigen Stimmung aber liebte sie es, auf einen leuchtenden Stern zu zeigen und zu sagen: »Was ist das für einer, Miles?« Und dann erhielt sie seine Antwort, so bedeutungslos sie ihr auch sein mochte: »Arcturus – du kannst ihn immer finden, wenn du einem Halbkreis vom Großen Bären herunter folgst.« Das war einfach, aber Evelyn wußte es nicht. Sie unterschied nicht zwischen den Dingen, über die Miles wirklich etwas wußte, und denen, von denen er kaum eine Ahnung hatte. Sie wußte nur, daß manche Dinge sie langweilten und andere nicht; Politik langweilte sie, und sein Buch langweilte sie, und Astronomie langweilte sie, aber es langweilte sie nicht, wenn Miles ihr die Venus am Abendhimmel zeigte und ihr erzählte, daß das der Planet sei, der den Liebenden geweiht ist. Danach schaute sie die Venus mit gesteigerter Achtung an.

Sie stiegen wieder hinunter und wanderten fort vom Turm, vom Garten und vom Burggraben.

Unten im Walde am See saßen sie auf einem umgestürzten Baum zwischen Fingerhut und hohem Farnkraut. Der See schimmerte durch eine Lichtung. Die Eichen über ihnen verdunkelten den halben Himmel. Es war still und warm – so still, daß sie das Rauschen der Blätter hörten; so warm, daß Evelyn den Mantel abwarf und Miles seine Hand auf ihrem bloßen Hals ruhen ließ. Es war eine richtige warme Sommernacht, wie sie in England selten ist. Sie sprachen kaum.

Endlich seufzten sie, erhoben sich und wanderten über die Wiesen zum Turm zurück. Eine Koppel war spät gemäht worden, und sie gingen zwischen den Reihen der frischen Schwaden dahin. Einmal sanken sie in das duftende Heu nieder und blieben eine Weile dort; sie schwiegen, doch die Liebe war beredt. Dann erhoben sie sich wieder, wie in einem gemeinsamen Entschluß, und setzten, sich anblickend – wenn auch die Nacht inzwischen hereingebrochen war und sie einander kaum sehen konnten –, den Weg fort, Hand in Hand, über die Wiesen dem Turme zu.

Am nächsten Morgen erwachte Evelyn, noch erfüllt von demselben Gefühl höchsten Glücks. Die unbedingte Abgeschlossenheit auf der Burg inmitten der tausend Morgen, die Miles gehörten, kleidete ihre geheime Liebe in idyllische Farben. Weit weg lag der Tadel der Jarrolds und das Gespenst des Altersunterschiedes. Sie waren nur Liebende, vereint in dem ewig jungen, lyrischen Bund der Liebe. Sie sprang aus dem Bett und begann sich anzuziehen; der Gedanke erfüllte sie mit Freude, daß sie nun hinuntergehen und Miles beim Frühstück treffen würde und daß ein neuer Tag für ihre Freude anbrechen würde, mit einer neuen Abenddämmerung, einer neuen Sommernacht und dem Mond, der durch die vergitterten Turmfenster schien. Das Vorgefühl dieser kommenden Freude machte sie schwach, als sie sich anzog, und zwang sie, sich einen Augenblick schwindlig in den Sessel neben dem ungeheuren leeren Kamin des Schlafzimmers zu setzen. Schwalben nisteten im Kamin. Sie stießen aus dem Rauchfang herab, ins Zimmer hinein, setzten sich kurze Zeit auf den Riegel des offenen Fensters, dann glitten sie hinaus in den Garten und kehrten, ohne auf die Bewohnerin des Zimmers zu achten, mit Nahrung für ihre zwitschernde, unsichtbare Brut zurück. Evelyn beobachtete ihr Aus- und Einfliegen. Niemals hätte sie geglaubt, daß sie – ausgerechnet sie! – sie, die so verstädtert war – in der Gemeinschaft mit Schwalben leben könne; doch Liebe wirkt seltsame Wunder. Sie beobachtete die kleinen Geschöpfe bei ihrer sorgenden Beschäftigung und vergab ihnen den Schmutz, den sie auf ihre Haarbürsten und den Frisiertisch machten. Sie waren nur damit beschäftigt, die Forderungen der Natur zu erfüllen. Wie natürlich, einfach und unausweichlich war ihr Glaubensbekenntnis! So natürlich, daß es ihr göttlich erschien. Sich paaren, nisten, brüten; Futter für die Jungen suchen; Futter bringen, entweder durch den Rauchfang oder durch das Fenster; auf dem Wege ihr bißchen unschuldigen Dung verstreuen; zum Plaudern oben auf dem Spiegel rasten; nichts empfinden außer dem Drang, Junge zur Welt zu bringen und aufzuziehen in den kurzen Monaten, ehe die unerklärliche Notwendigkeit der Wanderung sie ergriff; soviel Zutrauen in das Wohlwollen des Menschen setzen, unter seinem Dach oder sogar in seinem Kamin zu nisten! Diese zerbrechlichen, verletzlichen Vögel, die vom Schicksal nach dem einfachen Leben ihres englischen Sommers zu jener langen, geheimnisvollen Reise bestimmt waren! Im Sessel vor dem Kamin ausgestreckt, beobachtete Evelyn die Schwalben bei ihren rastlosen Flügen und fand nicht die Kraft, sich weiter anzuziehen, so sehr war sie von dem kleinen Schauspiel der Schwalben gefangengenommen, so sehr neidete sie ihnen die Einfachheit und die Kinder, die sie da im Dunkel des Kamins aufzogen. Halb angekleidet, noch im Hemd, ließ sie sich auf die Knie nieder und schaute in den Rauchfang empor; und dort über dem Rand des Nestes sah sie zwei unentschlossene, knäuelförmige, halbflügge Gestalten, fast schon bereit zu fliegen; als sie sich zurückzog, preßte sie die Finger in die Augen, daß die Augäpfel schmerzten, und dachte an Kinder, die sie von Miles hätte haben können; und dann dachte sie an Dan, der nicht Miles' Sohn war; doch der Sommermorgen draußen vor dem Fenster war so herrlich und die Erinnerung an die Nacht so lebendig und die Vorstellung von den folgenden Tagen so deutlich, daß sie die

Finger von den Augen nahm, sich erhob und ein Sommerkleid anzog, um hinunterzugehen und Miles zu suchen, der bei alledem ihr Geliebter war.

Er hatte vor dem Frühstück im See gebadet und kam mit nassem Haar herein, das er gerade zurückstrich. Frau Munday war im Zimmer und setzte eine große Schüssel mit Speck und Eiern auf den Tisch; ihr Gesicht trug wie gewöhnlich den Ausdruck verständnisvoller Heiterkeit. Die Tür zum Garten mit den leuchtenden Blumen stand offen; das Licht der Sonne ergoß sich ins Zimmer.

»Ich hoffe, Sie haben gut geschlafen.«

Sie antwortete ihm mit einem raschen und bedeutungsvollen Lächeln. »Danke, herrlich. Habe ich mich verspätet? Ich habe getrödelt, weil ich den Schwalben zugesehen habe, die in meinem Kamin auf und nieder geflogen sind.«

»Ich hätt's Ihnen vorher sagen sollen, daß sie da sind – Sie hätten gestern abend das Feuer anzünden können! Frau Munday mag sie nicht; aber ich habe Fürsprache für sie eingelegt, und so hat sie ihnen das Leben gelassen.«

»Sie würden sie auch nicht mögen, gnädiger Herr, wenn Sie nach ihnen sauberzumachen hätten.«

»Das mag sein, aber Sie wissen ja, daß Sie selbst ihnen auch nicht weh tun könnten, wenn ich es auch zuließe. In Griechenland hält man es für das größte Glück, Frau Munday, wenn Schwalben im Hause nisten.«

»Wirklich, gnädiger Herr? – Ich lerne eine Menge von Herrn Vane-Merrick«, sagte sie, vergnügt zu Evelyn gewendet. »Hoffentlich ist der Kaffee so, wie Sie ihn mögen! Was kann ich Ihnen sonst noch bringen?«

»Wir haben alles, was wir uns auf der Welt nur wünschen können, Frau Munday.«

Als Frau Munday gegangen war, streckte Evelyn ihm die Hand entgegen. »Meinst du es wirklich so? Daß wir alles hätten, was wir uns auf der Welt nur wünschen können? Hast du auch dieses Gefühl, Miles? Als ich heute morgen aufwachte, war ich so glücklich, daß ich dachte, ich würde daran sterben. Komm einen Augenblick vor die Tür, ehe wir anfangen zu frühstücken! O Miles, wie warm die Sonne ist! Leg mal deine Hand auf die Ziegel – sie sind ganz heiß. Ich habe noch nie so leuchtende Blumen gesehen; es ist, als hätten sie sich in der Nacht verdoppelt, und jedes einzelne Blütenblatt glänzt. Ist es möglich, daß wir beide hier zusammen sind? Du und ich allein? Daß wir uns lieben?«

Sie lehnte in ihrem Sommerkleid am Türrahmen im Sonnenschein, erregt, strahlend und voller Staunen; einmal blickte sie auf Miles und sein glattes, schimmerndes Haar, einmal in den Garten hinaus, der von Blumen und Sonne leuchtete. Sie faltete ihre Finger in seine. Die Erinnerung an die Nacht war lebendig in ihr: eine vollkommene Nacht, der ein vollkommener Tag folgte.

»Nun wollen wir frühstücken«, sagte sie, ließ seine Hand frei, ging zum Tisch und legte ihm Speck und Eier auf den Teller. Das Vertrautsein miteinander beglückte sie. Nach solch einer Nacht durfte sie ihm schon einmal Speck mit Eiern vorlegen.

»Worüber lächelst du, Miles?«

»Ich lächle über deine Häuslichkeit.«

Sie frühstückten in vollkommener Eintracht. »Ich habe nie gewußt«, sie sprach es nicht aus, sie fühlte es nur, »daß Frühstück eine so romantische Mahlzeit sein kann.« Sie war so guter Stimmung, daß sie ihn nach dem Frühstück fragte, was er nun vorhabe, statt vorauszusetzen, daß er bei ihr bleiben und faulenzen werde. »Du mußt dich gewiß mit Munday besprechen, Miles. Vielleicht hat in der Nacht eine Kuh gekalbt. So etwas scheint auf dem Lande dauernd zu geschehen. Oder wenn keine Kuh gekalbt hat, mußt du dein Buch korrigieren. Ich gehe ein bißchen durch die Felder, und du kannst mir dann nachkommen. Beeil dich nicht!« Im stillen dachte sie, die Lust des Augenblickes, wenn er käme, würde durch die kurze Trennung gesteigert. Außerdem kam sie sich sehr heldenhaft vor, weil sie ihm vorschlug, er solle sein Buch korrigieren.

Er ließ sie gehen und beobachtete, wie ihre Gestalt in dem Musselinkleid unter einem Sonnenschirm in der langen Nußbaumallee verschwand. Die dänische Dogge stand neben ihm und wartete geduldig. Er sah, wie Evelyn aus dem Schatten der Nußbäume hervorkam, das kleine Tor aufklinkte und in den Sonnenschein des Feldes hinaustrat. Sie wandte sich um und winkte ihm zu. Er winkte zurück. Sie war ebenso leuchtend bunt wie die Blumen im Garten. Er stellte sich tatsächlich vor, als er sie mit liebenden Augen beobachtete, daß sie eine Blume sei, ein Blütenblatt, das aus seinem Garten davonwehte, die Nußbaumallee hinunter, durch den Schatten, und seine Farbe zurückerhielt, als es wieder ins Sonnenlicht hinauskam. Der Schatten konnte sie verdunkeln, die Sonne sie erhellen. Er hatte sie lieber, wenn die Sonne sie hell machte. Schatten machte ihn ungeduldig und reizbar. Sein Leben war zu erfüllt und zu männlich, um ihre rein weiblichen Schwierigkeiten zu erfassen. Er liebte sie, aber sie war Zerstreuung für ihn, nicht sein ganzes Leben. Er liebte sie gewiß. Doch er liebte sie besonders, wenn sie so heiter, so glücklich, so einfach, so unbeschwert und so malerisch war wie die Blumen an diesem Morgen vor der offenen Tür im Garten. Er konnte es nur nicht ertragen, wenn sie schwieg und anstrengend und eifersüchtig war. Dann hatte er den Wunsch, für immer von ihr zu gehen und von der Liebe mit all ihren lästigen und weiblichen Schwierigkeiten befreit zu sein, doch wenn sie froh und unbeschwert war und so hübsch, wie sie ausgesehen hatte, als sie in ihrem Musselinkleid am Türrahmen in der Sonne lehnte, hatte er das Gefühl, daß er für immer bei ihr bleiben wolle. Er war ihr besonders dankbar dafür, daß sie ihn an sein Buch geschickt hatte. Die Zeit und sein Verleger drängten, und in den letzten Monaten hatte er manchen Tag durch Evelyns Ansprüche verloren. Weshalb konnte sie nicht immer so vernünftig sein wie an diesem Morgen? Dann hätte es niemals Verdruß zwischen ihnen gegeben.

Er ging ins Haus zurück und beschäftigte sich mit den Papieren auf seinem Schreibtisch. Tief unten in seinem Geist behielt er das Bild, wie sie die Nußbaumallee hinunterging, das Tor aufklinkte und in das Sonnenlicht des Feldes hinausschritt; er wußte, daß er in ein, zwei Stunden hinausgehen und sie suchen würde und daß ihr Zusammensein weiterhin idyllisch sein würde. Doch in der Zwischenzeit war er weit genug von ihr entfernt, um ihr dankbar für die Stunde zu sein, die sie an sein tägliches Leben abgetreten hatte.

So dankbar war er und so außerordentlich erleichtert – denn er hatte sich von vornherein eine strenge nochmalige Durchsicht seines Buches vorgenommen, und Evelyns unerwartete Ankunft hatte die Befürchtung in ihm erweckt, daß er sie hinausschieben müsse –, daß er sich ganz in sein Schreiben vertiefte und die Zeit vollständig vergaß.

Er schrieb besser als sonst, und sein Verstand arbeitete schärfer, weil er sich bewußt war, daß sie irgendwo draußen auf seinen Feldern sei und auf ihn warte.

Evelyn ging querfeldein, bis sie an den See in der Mulde kam, wo sie sich auf einen Baumstumpf setzte und über das glitzernde Wasser schaute. Sie hatte keine bestimmten Gedanken; ihr Wesen war einfach in sinnliche Wärme gebettet, die sich aus Liebe und aus der Schönheit des Sommertages zusammensetzte. Gleich würde Miles zu ihr kommen. Alles andere war unwichtig. Sie wußte, daß er an seinem Buch zu schreiben hatte; sollte er es schreiben! Sein Buch war wichtig und doch unwichtig. Er könnte sogar Bretton in Maidstone anläuten und sich lange mit ihm unterhalten, wobei eine Stimme dann und wann unterbrach, um zu sagen: »Sechs Minuten – neun Minuten – zwölf Minuten«, aber all diese Minuten waren nichts, verglichen mit der Minute, wenn sie sehen würde, daß er das Feld zum See herunter ihr entgegenkam. Es ist entsetzlich, es ist göttlich, dachte sie und preßte die Finger wieder in die Augen wie vorhin, als sie die Schwalben beobachtet hatte, es ist entsetzlich, es ist göttlich, als Frau so sehr zu lieben. Diese Pein mußte man sogar vor dem Geliebten verbergen; und daher rührt die Einsamkeit der Liebe einer Frau. Wie sehr wir uns auch lieben mögen, er und ich, immer ist es ein Unterschied: Ihm bleibt die Welt, mir vergeht sie. Die männliche Welt bleibt ganz getrennt von der Welt der Liebe bestehen. Deshalb – diesen logischen Schluß zog ihr Verstand – darf ich ihm nicht lästig werden. Ich muß mich der Stimmung fügen, die ihn beherrscht, und dankbar sein für das, was er mir schenkt. Er ist ein Mann, und ich bin eine Frau. Sein Leben ist erfüllt, und meins ist leer, soweit er es nicht erfüllt.

Doch es war schwer für sie, sich selber in die Zucht zu nehmen, während sie am See saß und auf Miles wartete. Zwanzig Stunden zusammen mit ihm hatten sie unzugänglich für Vernunftgründe gemacht. Sie war sein; deshalb mußte auch er ihr gehören. Sein Buch und seine Telefongespräche mit Bretton waren unwesentlich. »Ich, dein Gott, bin ein eifriger Gott« – ein eifersüchtiger Gott, wenn es der Gott der Liebe ist.

Sie wartete so lange Zeit, daß ihre Vernunft anfing zu verfliegen und ihr Unwillen die Oberhand gewann. Wirklich, sie mußte ihm sehr wenig bedeuten, wenn er so viele Stunden verschwendete, in denen sie hätten zusammensein können! Sie riß ein Büschel Gras aus und nagte ärgerlich an den Halmen, wobei sie eine tapfere Anstrengung machte, sich zu beherrschen. Sie war entschlossen, ihn nicht unfreundlich zu empfangen, wenn er überhaupt zu kommen geruhte. Es war ihre eigene Schuld; sie hatte ihm gesagt, er solle an seinem Buche arbeiten und sich nicht beeilen. Er war nicht zu tadeln, wenn er sie beim Wort nahm. So ermahnte sie sich selber. Und doch fing sie an, zornig zu werden über seine Annahme, daß sie unendlich glücklich und geduldig die wilden Enten am See beobachten wollte.

Dann sah sie ihn über die Felder auf sich zukommen. Ihr Ärger verflog. Die Felder und der Sommer und die Liebe und Miles klangen in ihrem Geist wieder harmonisch zusammen. Sie vergaß, daß er sie hatte warten lassen.

Sie wollte nicht aufstehen, um ihm entgegenzugehen. Sie wollte den Augenblick hinauszögern, wenn er ihre Hand ergreifen und sagen würde, daß seine Schreiberei nun ganz und gar fertig sei und daß er frei sei und den ganzen Tag bei ihr bleiben werde. Ein Zittern lief über ihren Leib, als er ihr nahe kam. »Sieben Monate!« dachte sie. »Und noch so unsinnig verliebt!«

Er kam zu ihr und warf sich neben sie ins Gras.

»Fertig mit Schreiben, Miles? Was wollen wir tun? Sollen wir in den Wald gehen, oder willst du mit mir Kahn fahren? Was du willst. Ich bin vollkommen glücklich, solange wir allein sind.«

»Wir werden leider nicht allein sein.«

»Nicht allein? Was willst du damit sagen?« Sie setzte sich kerzengerade auf, dann entspannte sie sich, als sie erriet, was er meinen könnte. »Du mußt Bretton oder sonst jemand sprechen?« sagte sie, entschlossen, vernünftig zu sein.

»Die Anquetils haben angerufen«, sagte er bedächtig, »sie wollen heute herauskommen.«

»Miles, du hast doch nicht gesagt, daß sie kommen könnten?«

»Natürlich habe ich das gesagt – sie sind das ganze Jahr noch nicht hiergewesen. Du hast doch nichts dagegen?«

»Nichts dagegen! Ach, Miles, du wußtest, daß ich etwas dagegen haben würde. Wie konntest du etwas so Unüberlegtes und Grausames tun! Ich glaube, du hast es absichtlich getan, um mich zu kränken, um einen Streit hervorzurufen. Oder hast du wirklich gedacht, ich hätte nichts dagegen? Bist du nur gedankenlos oder absichtlich grausam? Aber wie es auch sei, ich verstehe dich nicht, ich verstehe es nicht.«

All ihre Heiterkeit, all ihr Glück waren erbarmungslos zerstört; sie fühlte sich verletzt, ärgerlich und bestürzt. Sie sah ihn an, als wolle sie versuchen, in seine Gründe einzudringen. Er erwiderte ihren Blick mit den harten Augen, die sie zu fürchten gelernt hatte. Er fühlte sich tatsächlich schuldig, und das Schuldgefühl machte ihn trotzig. Es war nicht wahr, daß er die Absicht gehabt hatte, sie zu kränken und herauszufordern; es war jedoch richtig, daß er die

Absicht gehabt hatte, sie in ihrer Unvernunft – wie er es nannte – zu demütigen. Schon als er telefonierte, hatte er bei dem Gedanken an ihren Unwillen ironisch gelächelt. Nun tat es ihm leid, als er ihre Enttäuschung und ihr Elend sah; und doch wollte er nicht nachgeben.

»Wie du übertreibst! Sie fahren ja heut abend zurück nach London und lassen uns allein – wenn es wirklich das ist, was du willst.«

»Du bist gemein, Miles – kalt und gemein. Gut: Wenn sie kommen, gehe ich.«

»Verlierst du nicht jeden Maßstab?«

»Ich glaube nicht. Wenn du fähig bist, etwas zu tun, von dem du weißt, daß es mich verletzt, so ist das doch ganz eindeutig, nicht wahr? Dann heißt das, daß du dir nicht so viel aus mir machst, wie ich mir einzureden versucht habe. Du hast mich überdies den ganzen Morgen allein gelassen. Entweder bist du roh oder gleichgültig, oder du tyrannisierst mich. Wie es auch sei, es macht kaum einen Unterschied. Unter solchen Voraussetzungen will ich dich nicht. Ich ziehe es vor, dich jetzt zu verlassen, sofort und für immer. Du kannst in Ruhe an deinem Buche weiterarbeiten; und du kannst deine Freunde behalten.«

Sie stand auf.

»Du brauchst nicht so höhnisch über mich zu lächeln, wie du da liegst, Miles. Ich meine es ernst. Du weißt, von uns beiden hat immer jeder die Oberhand haben wollen – oh, ich gebe zu, wenn du es willst, daß wir beide keinen schönen Charakter haben. Wir sind beide eitel und herrschsüchtig. Aber du hast nicht gewonnen. In einem Punkte hast du gewonnen, weil ich dich viel stärker geliebt habe als du mich; das kannst du dir zum Triumph anrechnen. Nun ist's vorbei, und ich nehme an, daß du dankbar bist, mich loszuwerden.«

»Evelyn, du redest all das nach, was die Leute bei solchen Gelegenheiten sagen. Das ist doch alles unsagbar abgedroschen.«

»Mein lieber Miles, du kannst mich mit deiner Überlegenheit nicht mehr reizen. Spar sie dir für die Anquetils auf – vielleicht machst du auf sie Eindruck damit. Auf mich nicht. Ich bin ein Durchschnittsmensch, eine gewöhnliche Frau, nicht gescheit, nicht intellektuell – das hab ich dir immer gesagt. Ich habe nie versucht, dir etwas vorzumachen. Aber eines muß ich dir noch sagen, ich habe viel für dich aufgegeben, Dinge, von denen ich nie geglaubt hätte, daß ich sie aufgeben könnte . . .«

»Deine Ehrbarkeit, meinst du wohl?«

»Ja, die meine ich wirklich. Du magst darüber höhnen. Für mich hat sie etwas bedeutet. – Und da«, fügte sie hinzu, an ihren andern Kummer erinnert, »dachtest du mit keinem Gedanken an mich, als du die Anquetils hierher einludest. Was würden sie denken, wenn sie mich hier allein mit dir träfen! Du weißt, wieviel ich riskiere, wenn ich überhaupt komme, ohne es aller Welt bekanntzugeben.«

»Die Anquetils sind nicht alle Welt; außerdem wissen sie schon über uns Bescheid.«

»Ja – du hast es ihnen erzählt. Ohne mich um Erlaubnis zu fragen, hast du's ihnen erzählt.« Sie zog es vor, die Freude zu vergessen, die es ihr bereitet hatte, als sie hörte, er sei unfähig gewesen, sein neues Glück seinen besten Freunden zu verhehlen. »Auch nicht einen einzigen Augenblick hast du dir die Mühe gemacht, darüber nachzudenken, wie sehr du mich vielleicht kompromittierst. Dan – meine Dienstboten – meine Verwandten –, hast du jemals an die gedacht?«

»Du lieber Gott, daß du auch mit solch albernen Dingen rechnest!«

»Für dich mögen sie albern sein. Für mich sind sie's nicht. Und doch habe ich dir alles geopfert, Miles. Bildest du dir ein, daß mir dieses Opfer gar nichts bedeutet hat? – Nein, ich will dir keine Vorwürfe machen. Ich habe um deinetwillen gelitten – mehr als du weißt –, aber ich bin auch mit dir glücklich gewesen, manchmal – nein, ich will dir keine Vorwürfe machen. – Ich gehe jetzt, Miles. Sag den Anquetils nicht, daß ich hier war, willst du das?«

Beunruhigt und gereizt faßte er sie am Rock, als sie ging. »Evelyn, sei nicht ärgerlich! Es gibt wichtigere Dinge im Leben als den Zank von Liebesleuten. Zank und Versöhnung – das ist eine Erfindung der Romanschreiber.«

»Miles, bitte, laß meinen Rock los! Du bist es, der lächerlich aussieht, wie du dich da im Grase rekelst und dich an mich klammerst. – Was meinst du übrigens damit, daß Zank und Versöhnung eine Erfindung der Romanschreiber seien? Schlag dir die Romane aus dem Kopf, und du bist ein klügerer Mann!«

»Bring Vernunft in deinen«, brummte er und ließ sie los, »dann bist du eine klügere Frau!«

»Wir haben beide recht«, sagte sie und schaute ihn traurig an; und obwohl er sie in diesem Augenblick leicht hätte wiedergewinnen können, da sie unglücklich und schon besänftigt war, verpaßte er die Gelegenheit; und sie ging von ihm weg, quer über das Feld in dem Kleid, das er vor dem Frühstück so sehr geliebt hatte.

Ärgerlich sah er ihr nach; dann sprang er auf und ging hinter ihr her. »Evelyn!«

Sie blieb stehen und wandte sich nach ihm um, aber sie war sehr kühl. »Ich glaube nicht, daß du mir noch etwas zu sagen hast, oder . . .?«

»Dieser Zank ist töricht. Wir waren so glücklich.«

»Ja, wir waren's, aber du hast's verdorben.«

»Können wir's nicht wieder in Ordnung bringen?«

»Wenn du's in Ordnung bringen willst, Miles, so ruf die Anquetils an und halt sie davon zurück, herzukommen!«

»Nein«, sagte er nach einer Pause.

»Du willst nicht?«

»Ich will nicht. – Der Ausweg ist albern. Und außerdem ist's zu spät.«

»Ich verstehe: Du ziehst deine Freunde vor. Wir wollen es dabei lassen.«

Sie ging weiter.

»Ich ziehe meine Freunde nicht vor«, sagte er und folgte

ihr, »aber ich ziehe ein friedliches Leben einem Leben voll zerstörender und unnützer Aufregungen vor.« Der Augenblick der Reue war vorüber; er war sehr böse und wütend.

»Ist das eine unnütze Aufregung, wenn ich stundenlang dasitze, auf dich warte und an nichts anderes denke, als daß ich dich endlich – endlich! den ganzen Tag für mich habe, ja, und die Nacht auch, Miles, und du kommst und sagst ruhig, daß andere Leute kämen, uns die Einsamkeit zu verderben, und kümmerst dich nicht darum, daß die anderen Leute uns das rauben, was mir – wenn vielleicht auch nicht dir – so kostbar ist? Du lädst sie absichtlich ein, obgleich du sehr wohl weißt, daß du mir die ganze Freude verdirbst: Du tust es absichtlich, du verdirbst mir die Freude, weil du glaubst, ich sei unvernünftig. Hast du gar keine Phantasie, du, der du so stolz auf deine Intelligenz bist? – O doch, Miles, du hast Phantasie; du hast genug Phantasie, um ganz genau zu wissen, was du getan hast, und das kann ich dir nicht verzeihen. Ich könnte dir Dummheit verzeihen – du bist schließlich nur ein Mann –, aber deine Absicht kann ich nicht verzeihen. Du hattest die Absicht, mich zu verletzen; nun, das ist dir gelungen, aber du hast mich damit verloren.«

Was für eine Sprache! sagte er zu sich selbst, wütend, weil sie solch einen Lärm um nichts machte, aber gleichzeitig wußte er irgendwo tief in seinem Innern, daß ihre Empörung von ihrem Standpunkt aus berechtigt war; er wußte, daß sie versucht hatte, ihm bei der Arbeit an seinem Buch entgegenzukommen; er wußte, daß die Anquetils eine bedeutsame Kluft zwischen ihm und ihr darstellten. Der Lärm, den sie machte, war nach dem Buchstaben des Gesetzes nicht zu rechtfertigen, doch nach dem Geist des Gesetzes ließ sich manches zu ihren Gunsten sagen. Verfluchte Liebe, verfluchte Weiber! sagte er zu sich selber, während er zusah, wie sie das Feld überquerte. Er war bestürzt, es tat ihm leid; und doch war er nicht bereit, nachzugeben. Weshalb sollten Viola und Leonard denn nicht für diesen einen Tag kommen? sagte er zu sich selber und sah ihr nach; und er fragte sich, ob sie wirklich für immer ginge; doch da er selbst von tyrannischem Wesen war, verließ er sich darauf, daß sie ihn nicht so leicht aufgeben werde, und freute sich eher über die Probe, die er ihr auferlegt hatte, als daß er sie bedauerte. »Wieder mal ein kleines Mißverständnis!« sagte er sich, während er hinter ihr herschlenderte. Er hoffte nur, daß sie nicht so ungezogen zu den Anquetils sein würde. Ungezogenheit war etwas, was er nicht ertragen konnte, wenn sie nicht flammend aus dem Schmelzofen irgendeiner Überzeugung sprang – Brettons Ungezogenheiten zum Beispiel fanden stets seine Sympathie, und Leonard Anquetils Barschheit belustigte ihn nur. Die schlechten Manieren übler Laune jedoch fand er peinlich und verletzend.

Er kam zu dem Schluß, daß er sich auf Evelyn verlassen könne: Sie war zu konventionell, um ungezogen zu sein.

Als die Anquetils ankamen, war sie nirgends zu sehen. Er fühlte sich ein wenig unbehaglich. Ob sie wirklich oben beim Packen war? Hatte er sie wirklich verloren? Sein Gemüt war zwischen der Freude über die Ankunft der Anquetils und der Sorge über die Wolke geteilt, die Evelyns Himmel verdunkelt hatte. Er wußte – niemand konnte es besser wissen –, wie heftig sie unter diesen Gefühlsstürmen litt; er wußte auch, wenn er ihr gerecht werden wollte, daß sie sich gewöhnlich bemühte, ihre Gefühle vor ihm zu verbergen, wenn sie sie nicht so heftig überkamen, daß sie alle Klugheit wegfegten. Bei dieser Gelegenheit war er allein zu tadeln. Sie hatte recht: Er hatte ganz genau gewußt, daß er ihr alle Freude verderben würde. Er haßte sich selber um seiner absichtlichen Unfreundlichkeit willen; doch gleichzeitig war er ärgerlich über sie wegen ihrer Empfindlichkeit. Er war nicht in guter Stimmung, als er den Anquetils entgegenging.

Deren bezaubernde Natürlichkeit änderte seine Stimmung sofort. Sie waren sichtlich erfreut, ihn zu sehen, und ebenso erfreut über ihren Ausflug aufs Land. Sogleich fühlte er, was er in ihrer Gesellschaft stets spürte, daß zwischen ihnen unmöglich kleinliche Mißverständnisse entstehen könnten. Das war wirkliche Freundschaft, sowohl zwischen Viola und Leonard als auch zwischen Viola, Leonard und ihm. Sie hatten ihren Sohn Paul und ihre Tochter Lesley mitgebracht; sie hatten unterwegs in Tonbridge einen Hummer gekauft, weil sie fürchteten, Frau Mundays Vorräte seien einer solchen Invasion nicht gewachsen. »Einsiedler wie du, Miles, leben eine Woche lang von einem Blatt Salat, wie ich weiß«, sagte Viola, als sie ihm den Hummer gab, der in ein Stück Zeitungspapier eingewickelt war.

»Keineswegs«, sagte er, weil er meinte, daß es gut sei, die Mitteilung sofort zu machen, »ich habe Gesellschaft; das bedeutet, daß ich in Üppigkeit schwelge. Evelyn Jarrold ist zu Besuch hier – du erinnerst dich doch an sie, Viola?«

»Oh, wie herrlich!« sagte Viola sofort. »Es freut mich sehr, sie wiederzusehen. Ich glaube, du warst damals nicht da, Lesley? Nein, natürlich, du warst ja in Paris. – Lesley bestand darauf, an die Sorbonne zu gehen, Miles, weißt du, und wir waren froh, daß sie dorthin fuhr, sonst hätten wir's erlebt, daß sie uns nach Australien wegflog. Irgendwo mußte sie ein Feld für ihre Energie finden, und von diesen beiden Möglichkeiten fanden wir die Sorbonne weniger beunruhigend. – Mein lieber Miles, wie reizend deine Burg aussieht! Du hast all die vielen Brennesseln vom vorigen Jahr ausreißen lassen. Und als wir eben durch deine weiten Äcker fuhren, bemerkte Leonard, daß du mehrere neue Zauntore gebaut hast. Weißt du noch, im vorigen Jahre waren sie alle zusammengefallen und aus den Angeln gebrochen.«

»Nach und nach richtet man diese Dinge«, sagte Miles lächelnd. Er war ihr dankbar dafür, daß sie so zartfühlend über die Mitteilung von Evelyns Anwesenheit hinwegging, und er war Leonard dankbar, weil er die neuen Tore bemerkt hatte. Evelyn hatte sie nicht bemerkt. »Lieber Gott«, sagte er und gab damit plötzlich einem geheimen Gedanken Ausdruck, »ich wünschte, ich könnte es mir leisten, wirklich ein tüchtiger Gutsbesitzer zu sein!«

»Du solltest mal vernünftig mit meinem Schwager reden«, sagte Anquetil in seiner mürrischen Weise; er war immer mürrisch, doch niemals unangenehm. »Ihr seid beide alte Konservative im Herzen. Der einzige Unterschied ist, daß Sebastian sich's leisten kann, ein alter Konservativer und tüchtiger Gutsbesitzer und was sonst noch dazu gehört zu sein, und du nicht.«

»Macht nichts«, sagte Miles, »ich tue, was ich kann, und habe viel Freude daran. Meine neuen Tore befriedigen mich ebenso wie Sebastian seine ganze musterhafte Milchwirtschaft. Aber nun kommt«, sagte er, »und vergeßt euren Spott über Gutsbesitzer – die ihr mit Kapitalisten verwechselt, was sie weiß Gott nicht sind –, kommt, gebt Frau Munday den Hummer, und dann kriegen wir vielleicht was zu essen.«

Er führte sie den Gartenpfad entlang und war glücklich und beruhigt von ihrer Anwesenheit. Sie gingen neben ihm, blieben stehen, um seine Blumen anzuschauen und ihn wegen seiner ländlichen Gewohnheiten zu necken. Ihre Zustimmung war ebenso echt wie ihr Spott. Die ganze Zeit fragte er sich, wann Evelyn erscheinen würde. Es war doch nicht möglich, daß sie ihm einen Streich spielen und in ihrem Zimmer bleiben würde, bis sie wieder fuhren, oder – schlimmer noch – nach einer Taxe telefonieren und zum Bahnhof fahren würde. Da er wußte, wie heftig sie war, konnte er ihrer nicht sicher sein. – Da war sie; in ihrem hellen Kleid kam sie durch das Tor am Ende des Gartenweges.

Natürlich benahm sie sich vollendet. Niemand außer Miles hätte die leichte Kälte in ihrem Benehmen entdecken können. Äußerlich schlug sie genau den richtigen Ton an, indem sie sich weder die Vorrechte der Gastgeberin anmaßte noch die Sonderstellung einer Fremden betonte. So vollkommen spielte sie ihre Rolle, daß sogar Miles sich hätte verleiten lassen können zu glauben, sie heiße die Anquetils ebenso herzlich willkommen wie er selber. Miles jedoch, der sie so gut kannte, durchschaute ihre Freundlichkeit; sein Wissen um sie war wie ein Fuß, der auf eine dünne Eisdecke tritt. Außerdem wußte er, daß sie in Versuchung war, die Anquetils gegen ihren eigenen Willen gern zu haben. Das machte nur alles schlimmer für sie. Es war so schwierig, Menschen zu hassen, die man in Wirklichkeit gern mochte! Infolgedessen war die Situation voller Verwicklungen.

Sie war sogar noch verwickelter, als Miles wußte, denn er vergaß, daß Evelyn das Mädchen Lesley niemals gesehen hatte – niemals von ihrer Existenz gehört hatte. Vom ersten Augenblick an betrachtete Evelyn das Mädchen Lesley mit Argwohn, nein, mit Entsetzen. Sie war sofort überzeugt, daß die Tochter der Anquetils die für Miles bestimmte Frau sei, und da sie sich das einbildete, saß sie mit dem Tod im Herzen bei Tisch. Miles, der nie auch nur im entferntesten an Lesley Anquetil gedacht hatte, außer daß er sie für ein besonders wenig schulmädchenhaftes Schulmädchen hielt, merkte von alldem gar nichts. Er merkte nur – und das war ebenfalls richtig –, daß Evelyn zwischen dem Verlangen, die Anquetils zu verabscheuen, und einer starken Neigung, sie gern zu haben, hin und her schwankte. Wer könnte sie auch *nicht* gern haben, dachte er, wo sie so freundlich, so unbeschwert und so intelligent sind? Er fühlte eine herzliche Zuneigung für sie, als er sie da an seinem Tisch sitzen sah. Er war froh, daß sie da waren, und wünschte nur, daß Evelyn seine Freude unbefangen teilen könne. Es gab, wie er schon festgestellt hatte, wichtigere Dinge im Leben als Streit zwischen Liebenden. Dieser Streit verdroß ihn; er erfreute sich an den Blumen der Liebe, aber ihre Dornen mochte er nicht. Es gab wichtigere Dinge: Freundschaften, Interessen, Gespräche . . .

Lesley Anquetil war sehr still; sie sprach nie viel. Miles, der sie anschaute, vermutete, sie müsse viel Ähnlichkeit mit ihrer Mutter haben, als diese noch so jung war: ruhig, verschlossen und voll unausgesprochener Kritik. Nur hatte Viola, die in großem Luxus aufgewachsen war, viel Grund zu Kritik gehabt; Lesley konnte nur sehr wenig zu kritisieren gefunden haben. Sie war in einer vernünftigen und aufgeklärten Atmosphäre groß geworden. Und doch blieb sie zurückhaltend und kritisch. Nun, dachte Miles – der nur sechs Jahre älter war als Lesley –, es ist richtig, daß die Jungen Kritik üben. Die Kritik der Jungen ist es, welche die Welt in Bewegung hält – so dachte Miles, der selber jung, doch gerade alt und klug genug war, um hinzuzufügen, daß die ältere Generation immerhin ausgleichend und verbessernd wirken konnte. Miles als Mann war Lesley natürlich weit voraus. Trotz Sorbonne hatte er mehr von der Welt gesehen. Trotz Unterhaus hatte er es fertiggebracht, mehr von der Welt zu sehen. Er kannte die verschiedensten Menschen – die Verschiedenartigkeit seiner Bekannten war für Evelyn manchmal bestürzend gewesen. Lesley waren notwendigerweise Schranken auferlegt, und doch besaß sie irgendwo in ihrem Innern dasselbe Gefühl für menschliche Werte, wie es Viola in demselben Alter gehabt haben mußte, wodurch sie die Normen des Hauses ihrer Vorfahren in Verwirrung gebracht hatte. In ihrer ruhigen Weise nahm sie nichts für erwiesen – nicht einmal die fortschrittlichen Ansichten, die in ihrem Elternhause maßgebend waren. Über alles dachte sie erst selber nach. Doch war sie vernünftig genug, darüber zu schweigen. Miles mochte sie gern; ihm gefiel ihre glatte Stirn, die Schweigsamkeit, die Klugheit der wenigen Bemerkungen, die sie machte.

»Sie sind im letzten Jahr eine Erwachsene geworden, Lesley«, sagte er, als sie nach Tisch zum See hinuntergingen.

Evelyn und Viola blieben zusammen; der junge Paul suchte mit seinem Vater nach Birkhuhngelegen im Schilf. Miles fragte sich in ziemlich grimmiger Besorgnis, wie Evelyn und Viola miteinander auskommen mochten. Er wünschte, daß sie Freundinnen würden. Es würde Evelyn guttun, wenn Viola sie ein wenig aufpulverte.

Viola vermochte jedoch nicht, Evelyns Vertrauen zu gewinnen. Diese blieb höflich, aber formell. Viola, die sehr wohl ahnte, daß Evelyn unter dem konventionellen Äußeren eine Frau von leidenschaftlichen Gefühlen war, schwankte, ob sie es wagen dürfe, unbesorgt und geradeheraus zu sagen, was sie auf dem Herzen hatte, entschloß sich jedoch, lieber vorsichtig zu sein. Es war gewöhnlich das beste, Frauen gegenüber vorsichtig zu sein; sie waren geheimnisvoll, argwöhnisch und konnten einen mißverstehen. Der Instinkt sagte ihr, daß Evelyn Jarrold eine sehr weibliche Frau, in gewisser Hinsicht Miles' ganz unwürdig, sei, wenn sie in anderer Hinsicht auch ausgezeichnet zu ihm paßte. Evelyn Jarrold tat ihr leid. Viola kannte Miles gut und wußte, daß er nicht der Mann war, eine anspruchsvolle und leidenschaftliche Frau zu behandeln: Er mochte eine Weile Geduld haben, doch auf die Dauer würde er sich zur Wehr setzen. Diese Art der Liebe war Tyrannei, und Miles war nicht dazu geschaffen, ihr Sklave zu sein. Sie empfand freundschaftlich für Miles, aber sie konnte nicht umhin, Evelyn Jarrold zu bedauern. Sicher endet es damit, daß Miles Evelyn schlecht behandelt, dachte sie; und wenn Evelyn sich auch selber in diese Schwierigkeiten gebracht hat, ist sie doch nicht zu tadeln – höchstens insoweit, als jeder für die Schwächen seiner Natur zu tadeln ist.

Sie seufzte, als sie daran dachte, wie gut Lesley mit Miles ausgekommen wäre.

Später vertraute sie Leonard einige ihrer Gedanken an. »Diese Bindung wird ein schlimmes Ende nehmen, Leonard. Ich wollte, ich könnte etwas dagegen tun. Ich mache mir wirklich Sorgen, sowohl Miles' als auch Evelyn Jarrolds wegen.«

»Je eher er von Evelyn Jarrold loskommt, desto besser!« sagte Leonard, der keine Geduld mit sehr weiblichen Frauen hatte, wie hübsch sie auch sein mochten.

»Der Meinung bin ich auch, aber ich glaube, du beurteilst sie zu hart. Du hältst sie einfach für eitel und dumm. Sie ist wertvoller. Zum Beispiel liebt sie Miles leidenschaftlich.«

»Man kann jemand leidenschaftlich lieben und trotzdem dumm und eitel sein.«

»Natürlich kann man das, aber ich glaube, sie ist einer

außergewöhnlich tiefen Liebe fähig, und das nimmt mich für sie ein. Sie liebt in einer Art, die sie entsetzlich leiden lassen wird, und in ihrem Leid kann sie etwas Verzweifeltes tun. Ich mache mir wirklich Sorgen, Leonard. Evelyn Jarrold, die du für solch einen leeren Menschen hältst, gehört zu den Frauen, die fähig sind, einen Mord oder Selbstmord zu begehen.«

»Meine Liebe, was ist mit deiner Phantasie geschehen? Sie ist einfach eine Frau, die selbstsüchtig, sinnlich und gierig liebt. Sie hat keine Achtung vor Miles als Individuum, sie ist eine Frau, die sich den Geliebten zum Sklaven wünscht.«

»Darin hast du recht, aber ich habe auch recht. Und was die Angelegenheit noch ernster macht, ist, daß Miles der letzte ist, der zuließe, daß man ihn zum Sklaven macht. Du weißt, Miles ist ein harter Mann.«

Das nächste, was sie hörten, war, daß Evelyn mit Miles gebrochen habe. Viola hörte es von Miles selber. Eines Abends erschien er unerwartet, und Viola, die spürte, daß er etwas auf dem Herzen hatte, fragte ihn offen, was geschehen sei. Da kam es heraus: Evelyn weigerte sich seit drei Wochen, ihn zu sehen. Er war sehr bekümmert und unglücklich, doch gleichzeitig halsstarrig und ärgerlich.

»Es war nicht mehr zu ertragen, Viola; wir zankten uns ununterbrochen. Wenn wir uns nicht zankten, war es wunderbar. Ich gebe mir natürlich selbst die Schuld; ich war nicht nachgiebig genug; sie sagte, ich stellte meine anderen Interessen über sie, und ich gebe zu, daß ich das manchmal getan habe. Kannst du das verstehen, ich wußte, wenn ich nicht fest bliebe, würde sie mich völlig in Anspruch nehmen, und das könnte ich niemals ertragen.«

»Worüber habt ihr euch meistens gezankt?«

»Ach, über lächerliche Dinge – meine Arbeit, mein Buch, meine Verabredungen ...«

»Andere Frauen?«

»Ich habe ihr nie Grund gegeben, über irgendeine andere Frau zu streiten«, sagte Miles nach einer Pause.

»Und doch habt ihr euch deswegen gezankt?«

»Viola, du bist wirklich sehr scharfsinnig. Na ja, auch darüber. Über jede Frau, die ich besuchte oder mit der ich sprach.«

»Sie hat dir nachspioniert? War mißtrauisch wegen deiner Verabredungen?«

»Viola, bitte, frag mich nicht nach Dingen, über die ich nicht sprechen möchte!«

»Verzeih, ich hätte es nicht tun sollen. Glaub mir bitte, daß ich keine Vorurteile gegen sie habe. Im Gegenteil, sie tut mir sehr, sehr leid, und ich glaube, daß ich sowohl ihren Standpunkt als auch deinen verstehen kann. Würde sie bereit sein, mit mir zu sprechen, was meinst du?«

»Wie kann ich das wissen? Ich habe seit drei Wochen kein Wort von ihr gehört. Wenn ich in ihre Wohnung komme, sagt man mir, sie sei nicht zu Hause. Wenn ich anrufe, meldet sich einer ihrer Dienstboten und sagt, Frau Jarrold sei ausgegangen. Wenn ich schreibe, beantwortet sie meine Briefe nicht. Der Junge muß inzwischen seine Ferien zu Hause verleben, aber ich habe auch von ihm kein Wort gehört. Sie muß ihm verboten haben, mir zu schreiben. Ich frage mich, was sie ihm als Grund angegeben haben mag. Wahrscheinlich fährt sie mit ihm aufs Land während der Ferien, und dann kann ich sie noch schwerer erreichen. Was im Himmel soll ich tun? Ich könnte ihr natürlich an der Haustür auflauern, aber ich will verflucht sein, wenn ich das tue.«

»Du möchtest sie zurückhaben, Miles?«

»Natürlich möchte ich das, weiß Gott!«

Sie hätte gern gewußt, ob er ganz aufrichtig sei, wenigstens vor sich selber. »Bist du ganz sicher, Miles, wirklich ganz sicher, daß du auf die Dauer nicht glücklicher ohne sie wärest? Sei mir nicht böse! Sieh, ich habe es nie für ein glückliches Verhältnis gehalten. Ihr schienet euch nicht sehr gut zu verstehen. Du mußt auch an die Zukunft denken. Du bist jung, sehr jung.« Sie machte eine Pause.

»Ich möchte zu ihr zurück«, sagte Miles so hartnäckig, wie

sie es erwartet hatte. Sie meinte, sie habe genug gesagt. Sie hatte ihn gereizt und dadurch seine Treue wachgerufen, aber das würde nichts daran ändern, daß ihre Worte auf fruchtbaren Boden gefallen waren. Die Frau tat ihr leid, aber ihr erstes Interesse mußte Miles gelten.

»Ja, wenn du meinst, es könne etwas nützen, will ich sie besuchen.«

»Du bist ein Engel. Ich wußte, daß du mir das anbieten würdest, und ehrlich gesagt, könnte ich mir dafür niemand anders vorstellen als dich. Ihre eigenen Freundinnen sind alle solche Dummköpfe, und außerdem kann man sich auf die meisten Frauen nicht verlassen. Was mich quält, ist, daß sie sich selber unglücklich macht. Weißt du, das tut sie wirklich. Vielleicht glaubst du es mir nicht, aber sie hat tatsächlich eine unglückliche Veranlagung.«

»Das glaube ich durchaus.« Sie sagte das so ernst, daß er sie unwillkürlich anschaute. Dabei sah sie, wie tief bekümmert er war.

»Mach dir nicht zuviel Sorgen, Miles; ich will sehen, was ich tun kann.«

Sie schwiegen; beide beschäftigte derselbe Gedanke.

Schließlich sagte Viola: »Miles, ich muß dich etwas fragen: Hat sie jemals verlangt, daß du sie heiratest? Oder vielleicht sollte ich sagen: Hast du sie jemals heiraten wollen?«

»Sie will nicht«, erwiderte er.

»Das spricht für sie.«

»Ja, das spricht für sie. Es spricht vieles für sie«, sagte er mit einem Seufzer.

Danach stand er auf und ging fort. Er tat ihr leid, als sie ihn auf die heiße und leere Straße hinausließ, er sah so verstört und verlassen aus.

»Besuch mich ruhig, wenn du Lust hast, lieber Miles! Inzwischen lasse ich dich wissen, was ich erreicht habe.«

Als sie ins Haus zurückging, nahm sie den Hörer vom Telefon und verlangte Evelyns Nummer. Wie Miles gesagt hatte, meldete sich ein Diener.

»Könnte ich bitte Frau Jarrold sprechen?«

»Wie ist der Name, bitte?«

Sie zögerte. Sollte sie Evelyn eine Falle stellen? Nein, das wäre unfair. »Lady Viola Anquetil.«

Nun wird sie sich weigern, mit mir zu sprechen, dachte sie und fragte sich, ob ihre Bedenken vielleicht töricht gewesen seien, aber zu ihrer Überraschung hörte sie Evelyns Stimme.

»Sind Sie's, Frau Jarrold – Viola Anquetil. – Ja. Wir haben uns so lange nicht gesehen; könnte ich Sie überreden, zum Abendbrot zu uns zu kommen? Wir würden ganz allein sein. Jeden Abend, diese Woche oder die nächste, der Ihnen paßt.«

Nun würde sich's zeigen. Wenn Evelyn ausweichen wollte, würde sie irgendeine Entschuldigung finden, dann müßte man es weniger diskret versuchen.

Evelyn fand eine Entschuldigung: Sie sagte, sie verlasse London. Ihr Bedauern war höflich, doch ihre Stimme klang eiskalt. Eine sehr unglückliche Frau, dachte Viola, und die Erleichterung, die sie unwillkürlich verspürt hatte, als sie hörte, daß der erste Schritt für Miles' Freiheit getan sei, wandelte sich in wirkliche Sorge um die einsame Schuldige am anderen Ende der Leitung. Wenn die Angelegenheit so ernst wurde, war Diskretion lächerlich; sie ließ sie beiseite: »Ich muß Ihnen etwas sagen: Die Einladung zum Abendbrot war ein Vorwand. Ich möchte Sie ganz dringend sprechen. Kann ich Sie nicht heute abend sehen, wenn Sie wirklich morgen verreisen, wie Sie sagen? Ich würde in Ihre Wohnung kommen, jetzt sofort.«

»Es tut mir schrecklich leid, Lady Viola, ich habe eine Einladung zum Essen und komme schon zu spät. Ich wünschte wirklich, ich könnte warten ... wie gräßlich London ist, nicht wahr? ... niemals einen Augenblick für sich selbst ... aber vielleicht kann ich Ihnen mitteilen, wann ich aus Newlands zurückkomme? Ich muß morgen mit Dan hinfahren, aber wenn ich zurückkomme, würde ich Sie sehr gern sehen ... ich weiß nicht genau, wann das sein wird ...

Ende September, nehme ich an . . . es tut mir so schrecklich leid . . . ich fürchte, ich muß nun fort . . . verzeihen Sie bitte . . . « Die Stimme verschwand, und Viola konnte hören, daß eingehängt wurde.

»Armer Miles! Arme Evelyn!« dachte sie, und dann: »Was mache ich nun?«

Als Leonard fünf Minuten später hereinkam, ging sie zu ihm und faßte nach seiner Hand. Sie waren üblicherweise ein Paar, das nicht überschwenglich tat, und er fragte sich, was da geschehen sei, was sie bewegte.

»Leonard, unser Verhältnis ist doch niemals kompliziert gewesen, nicht wahr?«

»Ich wäre dir längst fortgelaufen, wenn das der Fall wäre«, erwiderte er, wobei er die Pfeife aus dem Munde nahm; dann schob er sie wieder hinein.

Miles kam jetzt häufig zu ihnen; in seiner Not wandte er sich an sie. Es war Hochsommer, und er hätte eigentlich auf seiner Burg sein müssen, doch seine Unruhe führte ihn immer wieder nach London. Die Anquetils waren merkwürdig verdrehte Menschen: Sie liebten es, den Juli und August hindurch in London zu bleiben, wenn die meisten Leute, die es sich leisten konnten, aufs Land, an die See oder ins Ausland fuhren. Miles neckte sie damit, daß sie waschechte Londoner Kleinbürger seien; doch selbst wenn er sie neckte, erinnerte er sich daran, daß Viola in Chevron aufgewachsen war und Leonard eine abenteuerliche Jugend hinter sich hatte; beides stand so sehr im Gegensatz zu dem Leben, das sie jetzt führten, in einem geradezu lächerlichen Gegensatz zu dem Leben waschechter Normal-Londoner. Ihr Haus war der Treffpunkt junger Männer wie Bretton und Allen; ein Strom durchfloß es, ein Strom von Aktivität und Wagemut, ein Strom von Menschen, die sich irgendeiner Idee verschrieben hatten, junge Maler, junge Politiker, oder was es sonst sein mochte. Miles kam nun dorthin, aber er wußte wohl, daß er unter einem Vorwand kam. Nach außen hin erschien er als der junge Politiker, doch in Wirklichkeit war er ein unglücklicher junger Mann, der bei Viola Hilfe suchte. Beim Essen und nachher konnte er mit der gewohnten Begeisterung sprechen; aber er wußte während der ganzen Zeit, daß Viola ihn beobachtete und erriet, wie sein Herz sich nach der Burg und dem sommerlichen Lande sehnte und nach einem friedlichen Leben mit Evelyn, die für ihn verloren war und deren Gemütsverfassung er nicht kannte. Selten sprach er mit Viola allein. Sie war kein Mensch, der auf dem fast zufälligen Vorrecht des Vertrauens bestanden hätte, doch ermutigte und beruhigte ihn schon ihre Gegenwart. Ihre Maßstäbe waren dieselben wie seine: Sie galten nicht nur für die Mißgeschicke seines Herzens, sondern auch für seine beständigeren Ideale. In ihrem Hause fand er ein wenig Frieden; anderswo quälten ihn Herz und Sinne – und das Gewissen.

Evelyn war aus seinem Leben gegangen. Das war so vollständig und plötzlich geschehen, daß er sich noch nicht damit abfinden konnte. Es war, als sei ihm ein Glied abgehauen worden – die rechte Hand, an deren Gebrauch er gewöhnt war und ohne die er sich nun behelfen mußte. Seine Gefühle waren außerordentlich wirr. Manchmal sehnte er sich so unerträglich nach ihr, daß er sich gewaltsam beherrschen mußte, nicht nach Newlands zu jagen. Manchmal wieder bemerkte er, daß seine Freiheit ihm ein gewisses Gefühl der Erleichterung gab – und das beschämte ihn. Schon seine angeborene Ehrlichkeit zwang ihn zu diesem Eingeständnis vor sich selber. Er haßte dieses Gefühl der Erleichterung, aber er unterdrückte es nicht. Es war wirklich eine Erleichterung, nicht zu jeder Tageszeit von Evelyn angerufen, nicht über seine Verabredungen ausgefragt zu werden – denn ihre früheren guten Vorsätze waren schließlich kläglich zusammengebrochen, und sie hatte nicht mehr versucht, ihre kleinliche Neugierde zu verbergen –, nicht kritisiert und entmutigt und gescholten zu werden, keine Vorwürfe wegen irgendeiner eingebildeten Vernachlässigung zu hören. Dann wieder überfiel ihn eine traurige Stimmung, wenn er daran dachte, wie wunderbar sie in der ersten Zeit gewesen war; wie sie sich ihm nach dem Ball im Chevron-Haus ohne Zögern geschenkt hatte, als er in ihre Wohnung gekommen war und ihr seine Liebe gestanden hatte; wie froh und glücklich sie trotz all ihren Bedenken gewesen war, erfüllt von dem Wunsche, ihm zu gefallen, sich zu seiner Freude schön zu machen, sich von ihm in die Arme schließen zu lassen, wenn er kam, ihn mit solcher Wärme, Zärtlichkeit und Leidenschaft zu begrüßen, daß er vor Freude, Dankbarkeit, Entzücken und Sorglosigkeit berauscht war. Er konnte es nicht ertragen, an jene Tage zu denken; er rief nach Cäsar und streifte durch die Felder in der Hoffnung, sich müde zu laufen, so daß er die Nacht durchschlafen könnte, ohne zu träumen – nur nicht träumen! Aber die sommerlichen Felder bereiteten ihm neue Qualen, denn sie erinnerten ihn an jenen Julitag, an dem sie durch die Heckenwege gefahren waren, an jenen Julitag, an dem sie gesagt hatte, daß sie ihn mit jedem Monat mehr liebe. Sie waren am Abend an den Ziegelmauern entlanggegangen und hatten einen Zweig der Eberraute zwischen den Fingern zerrieben; und einmal, als er gedankenlos eine der graugrünen Spitzen abbrach und der bittere Geruch in sein Bewußtsein drang, warf er sie von sich und schlug absichtlich mit den Knöcheln gegen die rauhen Ziegel, um seine Qual zu lindern.

Und doch konnte er nicht ganz verstehen, weshalb er sie so leicht hatte gehen lassen. Sie hatten sich nach einer schrecklichen Szene im Zorn voneinander getrennt; er hatte keinen Versuch gemacht, sie zurückzuhalten, sondern die grausamsten Dinge gesagt, die er sich ausdenken konnte – ihre gegenseitige Grausamkeit paßte wirklich gut zusammen. Den ganzen Tag hatte er getobt, nachdem sie gegangen war; erst am nächsten Morgen, als ihm ein vergessenes Taschentuch, klein und duftend, in die Hand fiel, begann er Gewissensbisse zu spüren. Vielleicht hätte er selbst im Zorn die Dinge nicht sagen sollen, die er gesagt hatte. Er hätte ihr nicht sagen dürfen, daß sie sein Leben hemme und kompliziere. Er hätte nicht über ihren beschränkten Horizont, ihre Eitelkeit, ihren Mangel an echter Kameradschaftlichkeit spotten sollen. Er hätte ihr nicht sagen dürfen, daß ihre Liebe zerstörend, nicht schöpferisch sei. (Gott sei Dank hatte er nicht hinzugefügt, daß vielleicht der Altersunterschied viele ihrer Mißverständnisse erkläre. Es war ihm in den Sinn gekommen, als er nach Dingen suchte, um sie zu verletzen; doch wie wütend er auch war und wie heftig sein Temperament auch mit ihm durchging, wenn er die Beherrschung verlor, das zu sagen hatte er sich wenigstens enthalten.) Ja, es war eine schreckliche Szene gewesen, häßlich und peinlich, und mit Selbstverständlichkeit hatte er Evelyn gehen lassen, sich sogar eingeredet, daß er dankbar sei, endlich von ihr befreit zu sein. Er hatte sie so rücksichtslos schnell zur Bahn gefahren, daß sie sich ängstigen mußte; sie hatte kein Wort gesagt, doch sah er, wie blaß sie geworden war, als sie am Bahnhof ankamen. Er hatte gesehen, wie ihre Hand zitterte, als sie ihre Fahrkarte kaufte; aber er war hart geblieben. Er haßte sie; sie haßten sich beide. Doch am nächsten Tag wurde er ruhiger, er begann zu glauben, daß man selbst solche entsetzlichen Szenen vergessen könne; er begann zu glauben, daß sie sich versöhnen würden, wie sie sich bis jetzt stets versöhnt hatten; mit ihrem Tuch in der Tasche hatte er sich an den Tisch gesetzt, an sie geschrieben und sie gebeten, seine Worte zu vergessen und noch einmal von vorn auf der Grundlage gegenseitigen Verstehens zu beginnen.

Er hatte den Brief absichtlich ziemlich kühl und vernünftig abgefaßt. Als keine Antwort kam, war er zum erstenmal ernstlich besorgt. Bis dahin hatte er sich nur ein wenig unbehaglich gefühlt. Sie hatten so oft Streit gehabt, und immer war er vorübergegangen! Sie war stets so großmütig und reuig gewesen – wenn auch der Streit innerhalb von vierundzwanzig Stunden wieder begann. Sicher würde sie auch diesmal zu ihm zurückkommen. Und vielleicht hatte der Zank sogar die Luft gereinigt.

Als sie aber weiter schwieg, versuchte er es von neuem. Er

schrieb wieder; er telefonierte. Nach wiederholten Abweisungen verschlechterte sich seine Laune; wenn sie schmollen wollte, sollte sie schmollen, sagte er sich. Und so vergingen viele Tage, fast ohne daß er es bemerkte, und der Abgrund zwischen ihnen vertiefte sich, bis es kaum noch möglich schien, ihn je wieder zu überbrücken.

Weshalb hatte er nur keine wirklich drastische Maßnahme ergriffen? Das war es, was er sich nun, da er an jene Tage zurückdachte, nicht erklären konnte. Weshalb hatte er sie nicht gezwungen, ihn vorzulassen? Ein wirklich verzweifelt Liebender hätte einen Weg gefunden. War es möglich, daß er trotz seiner Qual, trotz seiner Gewissensbisse und trotz seines Bedauerns kein wahrhaft verzweifelt Liebender war? Er war unglücklich genug, rastlos in London umherzustreifen, unglücklich genug, sich Viola anzuvertrauen; doch zu einer entschlossenen Tat fehlte ihm der letzte Zwang. Es war, als halte ihn etwas zurück. Und stets, wenn er bei den Anquetils war, war er nahe daran, zuzugeben, was dieses Etwas war: Evelyn war niemals für ihn bestimmt gewesen.

In dieser Hinsicht waren die Anquetils Evelyns schlimmste Feinde. Der Gegensatz zwischen ihnen war zu groß. Viola selber war sich durchaus klar darüber, was geschah. Sie überlegte, wo ihre Pflicht liege.

»Miles«, sagte sie, »hast du noch nichts von Evelyn gehört?«

»Nicht ein Wort, nicht ein Zeichen.«

»Wie lange ist es jetzt her?«

»Fast zwei Monate.«

»Es scheint, daß sie es als endgültig ansieht. Weshalb unternimmst du nichts, Miles? Ich muß gestehen, daß es mich irremacht, wie du die Dinge laufen läßt.«

»Was kann ich denn noch tun?« sagte er mit der Gereiztheit des schlechten Gewissens. »Ich habe geschrieben, ich habe angerufen, ich habe mich bemüht, sie aufzusuchen. Sie will weder mit dir noch mit mir etwas zu tun haben. Ich kann nichts mehr tun.«

»Lesley meint, du solltest sie zwingen, dich anzuhören.«

»Lesley? Was weiß Lesley denn von der Angelegenheit?«

»Spiele nicht den Vogel Strauß, Miles! Jeder weiß davon. Die Leute schwatzen, das weißt du doch.«

»Den Teufel sollen sie! Was sagt Lesley denn?«

»Sie sagt, du dürftest es nicht zulassen, daß Evelyn sich so elend macht.«

»Weshalb nimmst du plötzlich Evelyns Partei, Viola? Selbst wenn du's vielleicht auch leugnest und selbst wenn du's mir nicht mit so vielen Worten gesagt hättest, weißt du doch, daß du im Grunde erleichtert warst, als wir uns verzankten.«

»Das leugne ich nicht. Ich war erleichtert. Ich habe immer geglaubt, sie passe nicht zu dir. Aber das hindert mich nicht daran, Lesley anzuhören, wenn sie ganz ernsthaft zu mir kommt und sagt, du dürfest Evelyn nicht ganz allein die Folgen ihrer doch schließlich heroischen Tat tragen lassen.«

Miles starrte sie verblüfft an. »Heroische Tat?«

»Ach, Miles, sei doch nicht so dumm! Manchmal reißt mir wirklich die Geduld mit euch Männern! Siehst du denn nicht, daß Evelyn dich nur verlassen hat, weil sie glaubt, sie richte dich zugrunde?«

»Also hätte sie mich zu meinem Besten verlassen?« fragte Miles bitter.

»Du kannst ruhig sarkastisch sein, aber so ist es tatsächlich. Ich habe Zeit gehabt, über die Angelegenheit nachzudenken, und nun sehe ich sie ganz klar. Lesley ging es ebenso.«

»Lesley muß von prophetischen Kräften besessen sein. Oder nennst du das weibliche Intuition?«

»Dein Hohn ist mir ganz gleichgültig. Ist es mir wenigstens gelungen, dir die Situation in einem neuen Lichte zu zeigen?«

»Du hast mich erschreckt«, sagte Miles und fügte naiv hinzu: »Ich hätte nie gedacht, daß Evelyn zu so etwas fähig sei. Nun glaube ich fast, daß du recht hast. Ach Gott, was habe ich ihr alles gesagt! Ich habe ihr gesagt, sie verderbe mir das Leben. Bei unserm letzten Streit habe ich das gesagt, an dem Tage, an dem sie mich verlassen hat. Ich will sofort zu ihr gehen, Viola; ich fahre nach Newlands hinüber. Vielen Dank, daß du mir die Augen geöffnet hast. Wenn sie nun zu mir zurückkommt«, sagte er mit einem Lächeln, »hast du es dir selbst zuzuschreiben.« Aber er war schon aufgesprungen, und sein Gesicht strahlte glücklich und erwartungsvoll.

Er liebt sie noch, dachte Viola und fragte sich, ob ihr Mitgefühl für Evelyn sie nicht zu einer großen Torheit verleitet habe. »Einen Augenblick, Miles«, sagte sie und hielt ihn zurück, »du ziehst voreilig den Schluß, daß ich wünschte, du holtest sie zurück. Ich meine nicht, daß du das versuchen solltest. Du sollst ihr nur klarmachen, daß du ihre Motive verstehst und billigst. Ich glaube, wenn ich deine Evelyn auch nur ein bißchen kenne, wirst du feststellen müssen, daß sie an ihrem Entschluß festhält. Mach es ihr nicht zu schwer! Wenn du einen Augenblick deine Vernunft sprechen lassen willst, statt so hitzköpfig davonzubrausen, wirst du einsehen, daß es wirklich besser für euch beide ist, wenn ihr getrennt bleibt. Denk an die Zukunft, Miles! Du weißt, daß der Zank bestimmt wieder anfängt. Versuch nicht, sie zurückzuholen, versuch's nicht! Wenn du dir genug Mühe gibst, könntest du Erfolg haben, sobald sie dich wirklich wiedersieht. Du kannst sehr beredt sein, wenn du willst, und vielleicht überzeugst du sie. Versuch's nicht! Versuche nur, all die Bitterkeit und den Schmerz zu beseitigen und das Gefühl in ihr wach werden zu lassen, daß es nicht vergeblich war, was sie getan hat!«

Sie sprach sehr eindringlich und sagte genau das, was sie dachte, denn seine heftige Reaktion hatte sie beunruhigt. Sie hätte daran denken sollen, wie ungestüm er war, und sie malte sich aus, was geschehen mochte, wenn er Evelyn gegenüberstand.

»Könntest du nicht schreiben, statt hinzufahren?« schlug sie vor.

»Zu spät, Viola! Nun hast du das Unheil schon angerichtet.« Er war froh und erregt wie ein Sekundaner. »Ich danke dir, und ich danke Lesley. Dürfen wir beide nächste Woche mal zum Abendbrot zu euch kommen? Und dürfen wir Dan mitbringen? Er muß schon hier sein; das Sommerhalbjahr in Eton ist zu Ende. Dan wird dir gefallen – und wer weiß, vielleicht verliebt er sich in Lesley? Er ist eine sehr gute Partie, weißt du.«

»Du willst also nicht auf mich hören?«

»Nein, liebste Viola, ich will nicht auf dich hören. Statt dessen will ich dir die Hand küssen. Und morgen früh rufe ich dich an.«

Er war noch nie in Newlands gewesen und erreichte es doch schneller, als William Jarrolds Rolls-Royce es je erreicht hatte; aber er hörte von Paterson nur, daß Frau Jarrold am selben Morgen zusammen mit Lord Orlestone England verlassen habe. Sie wollten eine Autofahrt durch Spanien machen, hatten keine Adresse hinterlassen und würden etwa einen Monat fortbleiben.

»Du siehst also, es läßt sich nicht machen«, sagte er verzweifelt zu Lesley.

Er war ganz erstaunt festzustellen, daß er sich mit Lesley ausgesprochen hatte. Er begriff nicht, wie es dazu gekommen war. Es war nicht seine Gewohnheit, jedem wahllos sein Vertrauen zu schenken. Er war nur gekommen, um mit Viola zu sprechen; da sie ausgegangen war, hatte er auf sie gewartet; er war so offensichtlich niedergeschlagen, daß Lesley ihn schließlich nach dem Grunde fragte. Ihm lag eine konventionelle Ausrede auf der Zunge, aber er konnte nicht Komödie spielen. Deshalb sah er sie an und sagte: »Ich dachte, Sie wüßten es.«

So war es gekommen, erinnerte er sich. Er hatte ganz einfach und natürlich mit Lesley gesprochen. Es war leicht, mit ihr zu reden, weil sie nur zuhörte und nickte und von Zeit zu Zeit etwas sagte – nichts von Mitgefühl – er war nicht in der Stimmung für Mitgefühl –, aber irgend etwas Festes und meist Strenges. Er nahm ihre Strenge hin; sie schmerzte ihn, aber sie stärkte ihn auch. Es war tatsächlich eine Erleichterung für ihn, von einem Menschen kritisiert zu werden, den er kaum kannte, der jedoch zufällig Kenntnis von seinen intimsten Verhältnissen hatte und dessen Urteil völlig unvoreingenommen war. Lesley stand weder auf seiner noch auf Evelyns Seite. Für sie waren sie einfach Hauptpersonen in einem Drama. Wenn sie sie hart beurteilte, dann geschah es deshalb, weil sie ein hartes Urteil verdienten. Sie schonte ihn nicht, und er achtete sie wegen ihrer Aufrichtigkeit.

Erst später erschien ihm die Unterredung mit einem neunzehnjährigen Mädchen über seine Geliebte ziemlich seltsam. Er grinste. »Wie entsetzt die Jarrolds wohl wären!« dachte er.

Es war schwer zu glauben, daß Lesley erst neunzehn Jahre alt sei. Sie hatte nichts von der Unschuld der Jugend, die in den Märchen gepriesen wird. Sie schien sich über die wesentlichen Urprobleme des Lebens bereits klargeworden zu sein.

Wieder stellte Miles fest, daß die Ähnlichkeit mit ihrer Mutter, als diese neunzehn war, groß sein müsse; beide blieben sich selber treu, Viola in der luxuriösen Umgebung von Chevron, Lesley in der schlichten und doch anregenden Atmosphäre ihres Elternhauses. Er mochte Lesley wirklich sehr gern, einmal, weil er Viola so gern hatte und es ihm Freude machte, sich vorzustellen, er spreche mit der Viola von vor einigen zwanzig Jahren, dann aber auch um ihrer selbst willen. Als er damit zu Ende gekommen war, sich seine Wut und Enttäuschung vom Herzen zu reden, sich von diesen Dingen freizumachen, bis nichts davon sein Inneres mehr erregte, schlug er Lesley vor, den Abend zusammen mit ihm zu verbringen. Da ging auf einmal eine überraschende Wandlung mit ihr vor. Sie war nicht mehr der strenge junge Mentor, sondern wurde zum Kameraden, bereit zu einem fröhlichen Abend. Er hatte sie zuerst vielleicht für ein bißchen steif gehalten; die Veränderung war eine willkommene und erfreuliche Überraschung für ihn. Menschen, die ihre Stimmung schneller wechseln konnten als die Kleider, hatte er gern; er selbst war ebenso. Sie gingen also miteinander aus. Evelyn erwähnten sie an diesem Abend nicht mehr, sondern amüsierten sich, wie es Menschen ihres Alters tun. Hin und wieder schmerzte Miles die Erinnerung, wenn die Kapelle die Melodien spielte, nach denen er so oft mit Evelyn getanzt hatte; dann tröstete er sich ein wenig bitter bei dem Gedanken, daß sie nun ohne ihn mit Dan – und mit wem noch? – auf irgendeinem warmen flachen Dach mit der Aussicht auf Sevilla Kaffee trinke. Ihre Auseinandersetzung konnte warten.

Er ging wieder mit Lesley aus. Sie gewöhnten sich daran, miteinander auszugehen. Gewöhnlich kam er ins Haus der Anquetils und bat Viola ganz selbstverständlich, ihm Lesley auszuleihen, geradeso als ob er sie bäte, ihm ein Taschentuch auszuleihen. Es waren keine komplizierten Gefühle, die sie verbanden, nur eine ruhige Kameradschaft. Viola, eine kluge, vorausschauende Frau, wußte das und dachte über die möglichen Folgen nach: Miles und Lesley? Nun, sie kannte Miles' Fehler, sie kannte Lesleys Fehler und kam zu dem Schluß, daß sie eine gute Mischung abgeben könnten. Das rechte Verhältnis von Gegnerschaft und Verständnis würde dasein. Viola war keine Anhängerin des bequemen Ehestandes; sie glaubte daran, daß immer wieder Funken aus den Meinungsverschiedenheiten springen, aber die gemeinsamen Ansichten das Fundament abgeben müßten.

Sie sah auch voraus, daß Miles bald beginnen würde, Vergleiche zwischen Lesley und Evelyn zu ziehen. Die Vergleiche würden nicht ganz fair sein, wenigstens in einer Hinsicht nicht, in anderer freilich gesund genug. Er würde beider Verhalten gegeneinander abwägen, und in dem Maße, in dem er Lesley bequem fand, würde er Evelyn schwierig und ermüdend finden. Sie beobachtete zum Beispiel, daß er keine Bedenken trug, in letzter Minute anzurufen und eine Verabredung mit Lesley im Vertrauen darauf abzusagen, daß sie Verständnis haben und es keine Aufregung geben würde. Viola konnte sich sehr gut vorstellen, daß es Evelyn erregt hatte, wenn er sie auf diese Weise behandelte – wie es wahrscheinlich häufig geschehen war. (Es gehörte zu Miles' Art, in solchen Dingen ziemlich rücksichtslos zu sein; er konnte ebensowenig dafür wie für die Farbe seiner Haare, aber Viola vermochte sich die Wirkung auf eine Frau vorzustellen, die ihn leidenschaftlich liebte.) Bei Lesley gab es keine Aufregungen, einmal, weil sie selber rücksichtslos und völlig frei von weiblicher Eitelkeit war, dann aber auch, weil sie Miles nicht liebte. Das machte einen wesentlichen Unterschied. Es war leicht, sich nicht aufzuregen, wenn es einem gleichgültig war, ob es so oder anders kam, schwer dagegen, wenn einen die Angelegenheit bis ins Innerste traf. Doch selbst wenn man das berücksichtigte, blieb noch ein wesentlicher Unterschied zwischen Lesley und Evelyn. Viola gab das zu und wußte, daß Miles ihn früher oder später bemerken würde.

Dann begann sie in einem mütterlichen Gefühl, dessen Neuheit sie überraschte und beschäftigte, sich vorzustellen, wie Lesley wohl sein mochte, wenn sie liebte.

Vierter Teil

Nachruf auf Evelyn Jarrold

Das herbstliche Spanien war heiß und dürr im Norden, heiß und duftend im Süden. Dan und Evelyn blieben lange in Granada, denn Granada gefiel ihnen, und sie sahen nicht ein, warum sie so schnell weiterreisen sollten, anstatt zufrieden hierzubleiben. Keiner von beiden hatte irgendwelche Bindungen oder Verpflichtungen: Dan war von der Schule in Eton abgegangen, und Evelyn hatte Miles verlassen. So waren sie beide vollkommen frei, ihren Neigungen gemeinsam zu folgen, mit dem Unterschied – und das war ein entscheidender Unterschied –, daß Dan sein Leben bald wieder beginnen und sechs Monate bei einer französischen Familie verbringen würde, ehe er nach Oxford ging, während Evelyn fühlte, daß ihr Leben zu Ende sei. Ein Leben ohne Miles hatte weder Sinn noch Bedeutung. Als Dan Eton verließ, hatte er nur etwas hinter sich gelassen, das ihn ganz natürlich zu anderen Dingen führen würde; als Evelyn Miles verließ, hatte sie mit dem Leben abgeschlossen. Sie erwartete nichts mehr. Sie wünschte sich nichts mehr – nichts konnte ihr Miles ersetzen, und aus einer seltsamen und überraschenden Treue (oder Sentimentalität?) wünschte sie sich auch nichts, was ihn ersetzen könnte. Sie verspürte nur den unbestimmten Wunsch, den Rest ihres Lebens dem Andenken der wenigen glücklichen Monate zu weihen, und wünschte gleichzeitig nichts brennender, als Miles zu vergessen. Doch welcher der Wünsche auch in Erfüllung gehen würde, ihr Leben war leer und abgeschlossen. Miles hatte ihr Leben reich gemacht; sie erkannte nun, daß er die Sonne und der Wind gewesen war, das Gewitter, der Regenbogen und alle Farbigkeit der Blumen in seinem Garten. Sie warf sich vor, seinen Wert nicht genügend erkannt zu haben, als sie ihn noch besaß. Nun, in der Erinnerung, sah sie ihn als einen

Menschen, der so viel zu geben vermochte und auch gegeben hatte. Zuzeiten war er grausam, selbst absichtlich grausam, zu andern Zeiten verschenkte er so großzügig von dem Reichtum seiner Natur, daß er alle Grausamkeit und Schroffheit der Augenblicke, in denen er gereizt war, damit ausglich. Demütig dachte sie manchmal, wie glücklich sie sei, so vertraut mit Miles gewesen zu sein. Denn auch mit ihrem primitiven Urteilsvermögen erkannte sie die Bedeutung des jungen Mannes, und einzelne Bemerkungen anderer befestigten sie noch in ihrer Meinung. Sie empfand dabei einen unsinnigen Stolz, obwohl sie genau wußte, wie unsinnig dieser Stolz im Grunde war. Nicht als geistige Kameradin hatte Miles sie gewählt! Niemals war sie seine Kameradin gewesen, sondern nur seine Geliebte; und der ganze Einfluß, den sie auf seine Arbeit gehabt hatte, war der, ihn dabei zu stören: So erniedrigte sie sich nun vor sich selbst. Es war vorbei; Miles würde nie wieder von ihr belästigt oder gehemmt werden.

Sie hegte keinen Groll gegen ihn, sondern sie liebte ihn nur noch tiefer als früher. Der Schmerz ihrer Liebe war so heftig, daß sie sich manchmal danach sehnte zu sterben, damit alles aus sei; dieser Schmerz war ganz anders als die erbärmliche Qual über die häufigen Streitereien und ihre ständige Eifersucht; jene vergangene Pein war selbstsüchtig, erniedrigend gewesen; der jetzige Schmerz besaß einen gewissen Adel wie das Feuer. Er brannte, aber er reinigte.

Sie hatte gehofft, diesem Schmerz zu entgehen, wenn sie England verließ und nach Spanien fuhr. Törichte Hoffnung! Sie machte nur die bittere Erfahrung, daß das innere Ich mit einem geht, wohin man sich auch wenden mag. Sie blieb dieselbe Frau, ob sie sich auf die Brüstung des *Generalife*, des alten Sommerschlosses der Könige von Granada, lehnte und über die *Vega* blickte oder ob sie sich auf die Balustrade von Newlands lehnte und über die gepflegten Koppeln von Surrey schaute. Die Persönlichkeit konnte man nicht abstreifen, und dieselben Gedanken, dieselben Erinnerungen begleiteten sie durch die wechselnde Landschaft. Wohin sie sich auch wandte, es gab kein Entrinnen.

Hier wurde sie wenigstens nicht von Miles' Briefen verfolgt; sie fuhr nicht mehr hoch, sie wurde nicht mehr ohnmächtig, wenn die Türglocke oder das Telefon läutete. Das war schon eine Erleichterung, das und die Gewißheit, Miles nicht an der nächsten Ecke begegnen zu können oder ihn plötzlich in Newlands auftauchen zu sehen, so vertraut, so teuer mit seinem schimmernden Haar, dem schlanken Körper und den schönen Händen. Wie klug sie gewesen war, diese Erleichterung einfach durch ihre Abreise aus England zu suchen! Flucht? Ja, es war eine Flucht, aber sie gab ihr einen Aufschub, sie gab ihr Zeit, ihre Kräfte zu sammeln. Sie vermochte nicht an den Tag zu denken, an dem sie nach England zurückkehren mußte und wieder der Gefahr ausgesetzt war, Miles an der Straßenecke zu begegnen.

Wenn Dan nicht wäre, hätte sie eine weite Reise gemacht. Aber den Jungen konnte sie nicht verlassen – denn ihn wenigstens hatte sie niemals selbstsüchtig geliebt, und außerdem hatte sie nun eine Lehre erhalten, daß selbstsüchtige Liebe den schlimmsten Lohn in sich birgt. Sie erkannte die Veränderung in sich selber; solch ein Erlebnis läßt niemand unberührt. Sie wollte auch Dan nicht bitten, sie reisen zu lassen; das wäre nicht recht. Er hatte sich erstaunlich entwikkelt; plötzlich war er kein Kind mehr; er schien nicht mehr tastend und verwirrt, sondern fest und entschlossen zu sein. Endlich hatte er begriffen, daß er der Herr von Newlands und der Werke in Orlestone war. Newlands mit seinen Parks und Koppeln bedeutete ihm gar nichts; Orlestone mit seinen Elendsvierteln und Kohlengruben dagegen sehr viel. Dan hatte jetzt sehr entschiedene Ansichten. Orlestone machte ihn reich, aber er hatte nicht die Absicht, auf Kosten von Orlestone reich zu bleiben. Der Wunsch nach persönlichem Reichtum fehlte ihm. Aber es war ihm wichtig, daß die Bergleute von Orlestone an seinen Gewinnen Anteil hatten. Ihm war klargeworden, daß sein Einkommen seine Bedürfnisse in einem Maße überschritt, das nach seinen demokratischen Ansichten übertrieben und peinlich war; er wünschte sich weder Moore zur Hühnerjagd noch Segeljachten; er wünschte nur, sich mit seinen Bergarbeitern in gerechter Weise zu verständigen. Was konnte er sonst tun? fragte er sich, beunruhigt von dem ganzen System; was konnte er tun, außer seine Leute so anständig wie möglich zu behandeln? Er wollte eher verflucht sein, als sie auf niedrige Löhne herabzudrücken; er wollte ihnen den Höchstlohn zahlen und dafür lieber auf den Kieswegen von Newlands Gras wachsen lassen. Evelyn hörte ihn an und stimmte ihm in ihrer neugewonnenen Klugheit zu. Darauf ging Dan, von ihrer Zustimmung ermutigt, weiter. Er würde aus den Orlestoner Werken eine Mustergemeinschaft machen. Er wollte Spezialschulen und Stipendien einrichten, ein Theater, eine Bildergalerie, Tennisplätze und ein Schwimmbad ... Immer neue Pläne entstanden in seinem Kopf, und er sprudelte sie alle hervor, während er mit seiner Mutter in den Sonnenuntergang über der *Vega* von Granada blickte. Eine Weile wolle er nach Frankreich gehen, wenn es ihr Freude mache, aber er werde oft zum Wochenend nach England hinüberkommen, um zu sehen, wie seine Pläne standen. Sie mußte versprechen, seine Partei gegen Onkel Gottfried zu ergreifen, der gewiß all seine Ideen ablehnen würde. Onkel Evan hatte Gott sei Dank in der Angelegenheit nichts zu sagen, aber mit Onkel Gottfried würde es schwierig sein.

Dan war taktvoll genug, nicht zu sagen: »Wenn ich nur Miles zur Hilfe hätte!«

Sie hatte Miles' Namen erwähnen müssen, denn sie ahnte nicht, was Dan über ihr Verhältnis dachte; sie wußte nur, daß er dringend nach Miles fragen würde, sobald er von der Schule heimkäme. Vor dem Augenblick hatte sie sich gefürchtet, und als er kam, versuchte sie auszuweichen.

»Und wie steht es mit Miles, Mutti? Wo ist er? Wann besuchen wir ihn? Er hat meine letzten beiden Briefe nicht beantwortet; das kenne ich gar nicht von ihm. Ich glaubte, er sei vielleicht im Ausland. Ich habe mir keine Sorgen gemacht, weil ich sicher war, daß du's wissen würdest.«

»Nein, er ist nicht im Ausland.« Jetzt, da sie sprechen mußte, zögerte sie und meinte, ersticken zu müssen.

»Was ist denn passiert? Irgend etwas Unangenehmes? Ist er krank?«

»Nein, er ist nicht krank. Ich glaube es wenigstens nicht. Dan, ich kann es dir ja ruhig sagen: Ich habe mich mit Miles gezankt. Wir werden ihn nicht wiedersehen, nie.«

»Gezankt? Ernstlich? Für immer? O Mutti, nein! Nicht mit Miles! Aber weshalb? Worüber?«

»Das kann ich dir nicht sagen, Dan; du mußt mich nicht fragen! Es tut mir sehr leid – für dich, meine ich, weil ich weiß, wie sehr er dir fehlen wird. Du mußt schon glauben, daß ich es nicht ändern konnte; ich gebe dir mein Wort; du mußt mir einfach glauben. Vielleicht kannst du eines Tages wieder sein Freund sein, aber im Augenblick, glaube ich, ist es besser, du versuchst nicht, ihn zu sprechen. Und du mußt verstehen, daß ich ihn nie wieder sehen kann, selbst wenn ihr später wieder Freunde seid. Ich will eure Freundschaft nicht verhindern, aber du darfst nie versuchen, Miles und mich zu versöhnen; du darfst ihn nie hierherbringen: Das ist alles aus – ganz zu Ende.«

Fast hatte sie die Absicht, ihm die ganze Wahrheit zu sagen, aber sie brachte es nicht über sich; es hatte sie schon genug gekostet, das zu sagen, was sie gesagt hatte. Und Dan könnte empört sein, entsetzt. Ihre Ansichten über manche Dinge waren zu altmodisch und konventionell, als daß sie es für möglich gehalten hätte, einem Jungen zu erzählen, daß seine Mutter einen Geliebten habe.

Dan sagte sehr bekümmert: »Menschen, die sich lieben, zanken sich doch gewiß oft und vertragen sich dann wieder. Ist da gar keine Hoffnung, Mutti? Kannst du dir's nicht noch einmal überlegen? Der arme Miles! Er wird sehr unglücklich sein. Und du auch.«

»Dan, was sagst du da?«

»Mutti, du hast doch nicht geglaubt, ich wüßte es nicht?«

»Du hast es gewußt?«

»Natürlich. Nicht gleich zu Anfang – vielleicht nicht das erste Mal, als wir zur Burg fuhren, oder dann nur im Unterbewußtsein –, aber bald danach.«

»Woher hast du's erfahren? Wer hat's dir gesagt?«

»Niemand hat's mir gesagt. Ich hab's gefühlt, habe es mir allmählich zusammengereimt. Es war doch offensichtlich, nicht wahr? Ich mußte ja die Ausreden merken, die ihr beide gebrauchtet, um ungestört zu sein. Ich mußte ja die heimlichen Scherze bemerken, die ihr miteinander machtet. Zuerst wußte ich nur, daß ihr auf etwas anspieltet, was ich nicht verstehen konnte, und ich glaubte, es sei etwas Erwachsenes, was man in meinem Alter überhaupt nicht verstehen könne; weißt du, in meinem Alter ist man ziemlich gehemmt, man wird so leicht zurückgewiesen. Dann merkte ich, daß eure Scherze etwas ganz Besonderes für euch bedeuteten, private Scherze; und das brachte mich zum Nachdenken. Diese Scherze kehrten immer wieder – kleine Sätze, über die ihr beide jedesmal wieder geheimnisvoll lachtet, wenn ihr sie ausspracht. Ihr lachtet; und dann schautet ihr auch an; und dann blicktet ihr beide auf mich, um zu sehen, ob ich's gemerkt hätte; und ihr dachtet, ich hätte nichts gemerkt; aber ich hatte es doch gemerkt. – Es tut mir nun leid, daß ich zuerst so dumm war. Ich muß sehr gestört haben. Aber damals wußte ich's ja noch nicht, weißt du. Ich war doch nachher gewiß taktvoller? Oder nicht? Ich hab mir Mühe gegeben. Ich wollte wirklich taktvoll sein. Ja, natürlich hab ich's gewußt. Ich war nicht überrascht; ich meine, ich könnte jeden verstehen, der Miles liebt. Oder dich. Er war ungemein anziehend – ich weiß gar nicht, weshalb ich sage ›war‹, als ob er tot wäre. Er ist nicht tot; er lebt. Oder nicht? Mutti, du willst mir doch nicht verheimlichen, daß Miles tot ist? Nein, er kann nicht tot sein; ich hätte es in den Zeitungen gelesen. Mutti, bitte?«

»Nein, Dan, nein: Er ist nicht tot; wir haben uns nur gezankt, das ist alles; ich sage dir die Wahrheit.«

»Ja, Mutti, ich glaube es. Du hast mir immer die Wahrheit gesagt; du hast mir die Wahrheit gesagt, als du mir erzählt hast, mein Vater sei wie Onkel Gottfried gewesen. Das war ein Schlag; aber du hattest ganz recht, es mir zu sagen, als ich dich fragte. – Aber über Miles... Das beschäftigt mich zu sehr, als daß ich mich einfach damit abfinden könnte. Ich kann es nicht fassen, daß Miles für immer aus unserem Leben gegangen ist, aus deinem und meinem. Er war für uns beide so wertvoll, auf verschiedene Weise! Weißt du genau, Mutti, daß du nicht einen entsetzlichen Fehler gemacht hast?«

»Ach, Dan, quäl mich nicht! – Ja, ich weiß es genau, ganz genau.«

»Wenn du so sicher bist, Mutti, wirst du wohl recht haben. Ich verstehe nichts von diesen Dingen. Aber was war es denn überhaupt, was nicht ging? Wenn du an mich gedacht hast, so weißt du doch, daß ich mit Miles als Stiefvater glücklich gewesen wäre. Kein Stiefvater wie im Märchen! Und außerdem handeln die Märchen nur von Stiefmüttern, nicht von Stiefvätern – warum wohl? Weshalb hast du Miles nicht geheiratet, Mutti? Ihr wart beide frei, und ich wäre glücklich gewesen, wenn ihr geheiratet hättet – weshalb also nicht? Weshalb nicht jetzt noch? Sieh mal, ist es denn zu spät? Ich bin sicher, daß er dich heiraten wollte... Können wir ihm nicht ein Telegramm schicken? Weißt du, ich kann es ja schicken; ich werde schreiben: ›Bitte kommen Sie rasch, und heiraten Sie meine Mutter!‹ Wird das genügen? Und dann ist alles in Ordnung, und wir drei können für alle Zeit glücklich zusammen sein. Wäre dann nicht alles in Ordnung? Und dann könnte Miles mir mit Orlestone helfen. Er würde sich Onkel Gottfried gegenüber durchsetzen. Onkel Gottfried hätte Angst vor Miles; er würde eingeschüchtert, besonders wenn Miles mein Stiefvater wäre. Und dann könnte ich all meine Pläne ausführen, und jeder wäre glücklich außer Onkel Gottfried, auf den es nicht ankommt. Du wärest glücklich, Mutti, und ebenso Miles und ich auch. Sieh mal, könnte ich es nicht in Ordnung bringen, wenn ich einfach ein

Telegramm schicke? Es ist so einfach. Zank ist so töricht, solch eine Zeitverschwendung zwischen Menschen, die sich wirklich lieben. Ganz sicher ist es so; es ist, als ob du und ich miteinander zanken wollten. Laß mich Miles das Telegramm schicken! Verflucht noch mal, jetzt hab ich die Telefonnummer von der Burg vergessen, und er hat die Nummer gesperrt, so daß ich sie beim Amt nicht erfahren kann.«

»Nein, Dan, laß die Dinge, wie sie sind; schick keine Telegramme; ich weiß, daß du's nur gut meinst, aber es gibt einen Punkt, wo man die Dinge selber entscheiden muß und wo einem niemand helfen kann. – Ich möchte gerade jetzt nicht mehr davon sprechen, bitte, Dan. Wir wollen lieber von deinen Ferienplänen reden.«

Darauf hatte Dan sie angesehen, und sie hatte sich gefragt, wieviel er wirklich wußte. Die Selbstverständlichkeit, mit der er ihr Verhältnis zu Miles aufnahm, hatte sie stutzig gemacht; und diese kindlich einfache Lösung des Problems ließ sie aufs neue aufhorchen. Hatte er das ernst gemeint? Hatte er einen Scherz gemacht? Glaubte er wirklich, alle Liebesbeziehungen endeten mit der Ehe? Es war so überraschend, daß er ihr Verhältnis entdeckt hatte; seine drängende kleine Rede war nicht weniger überraschend. Manchmal erschien er so ruhig und erwachsen, dann wieder so naiv und geradezu.

Sie war froh, daß er es wußte, wußte und es als selbstverständlich hinnahm.

Sie erwähnten Miles nicht wieder. Evelyn bemerkte, wie Dan jedem Satz eine rasche Wendung gab, in dem der verbotene Namen aufzutauchen drohte. Daraus erkannte sie, daß er die Tiefe ihres Schmerzes ermaß, und als sie ihm vorschlug, sie sollten zusammen ins Ausland fahren, brauchte sie ihm ihren Wunsch, zu entfliehen, nicht zu erklären: Er verstand sie sofort.

Sie konnte nicht ewig im Ausland bleiben. Sie mußte ihren Mut zusammennehmen und zurückkehren. Wie sie den

Winter fürchtete mit der Reihe seiner Tage, die alle Erinnerungstage sein würden! Da war der Tag, an dem sie Miles zum erstenmal in der Park Lane gesehen hatte; der Tag des Balles im Chevron-Haus; der Tag – der nächste –, an dem er zu ihr in die Wohnung gekommen war und ihr gesagt hatte, daß er sie liebe. In was für einer seelischen Verfassung war sie während dieser vierundzwanzig Stunden zwischen dem Ball und seinem Besuch gewesen! Sie hatte die Katastrophe, in die sie geraten war, wohl erkannt. Ob es ihn auch überwältigt hatte, fragte sie sich und ging in ihrem Zimmer hin und her, gequält von Ungewißheit, Angst, Sorge und Unentschlossenheit. Wenn es so war – und sie zweifelte kaum daran, wenn sie sich der verlangenden Augen und der ganzen Art erinnerte, die seinen Wunsch verriet, sich auszusprechen; nur mit Mühe vermochte er sich zu beherrschen –, wenn es so war, was sollte sie dann tun? Ehrsam und wohlerzogen, wie sie war, fragte sie sich, ob sie der Versuchung widerstehen könne. Dann hatte er plötzlich telefoniert und gebeten, sie besuchen zu dürfen. »Ich muß Sie heute sehen, wenn es irgend möglich ist«, hatte er gesagt, und ihre Unentschlossenheit war dahingeschwunden wie ein Traum. Sie konnte nur noch dasitzen und sein Kommen erwarten.

Nun sollte sie all diese Tage noch einmal erleben, all diese Monate mit ihrem Wechsel aus Hochstimmung, Enttäuschung und Elend. Müde hoffte sie, es doch ertragen zu können. Wenn Miles sie nur in Ruhe ließe, wenn er nicht versuchte, sie wankend zu machen, dann würde sie es aushalten können. Sie *mußte* es aushalten. Eines Tages würde er ihr dankbar sein. Bis dahin war die Qual, die sie erdulden mußte, ihre Sache.

Als sie in Dover landeten, regnete es. In London regnete es – lange, nasse Straßen, die traurig und verlassen im wäßrigen Schein der Laternen lagen. Aber in der Wohnung war es warm, und Privett, die mit Spanien sehr wenig einverstanden gewesen war, sah auf einmal zufrieden aus, als sie Evelyns Sachen auspackte und das Schlafzimmer wieder so einrichtete, wie es immer gewesen war. Stöße und Stöße von Briefen lagen da; Evelyn blickte sie bangen Herzens an: Würde sie auf die vertraute Schrift stoßen? Sie wollte die Briefe erst nach Tisch durchsehen.

Darauf wandte sie sich ab, schlenderte müßig umher und roch an den hohen weißen Lilien, die auf dem Flügel standen; sie vermutete, sie seien von Newlands herübergeschickt worden, aber sie fand eine Karte an den Strauß gebunden: »Von M.« Zwischen den Blumen steckte ein Eberrautenzweig. So hatte er herausgefunden, wann sie zurückkommen wollte! Er hatte nicht die Absicht, sie in Ruhe zu lassen. »O Gott!« murmelte sie in einem Anfall von Verzweiflung und spürte, daß sie keine Kraft für diesen langen und marternden Kampf besaß.

Der Kampf hatte schon begonnen, zehn Minuten nachdem sie das Haus betreten hatte. Glücklicherweise war Dan nicht im Zimmer, sonst hätte ihre Schwäche und Verzagtheit sie in diesem Augenblick verraten. Sie mußte sich zusammennehmen, ehe er zurückkam. In Zukunft würde ihr Leben immer aus dieser furchtbaren Einsamkeit bestehen, sich zusammennehmen zu müssen, um ihre geheimsten Gedanken vor anderen zu verbergen.

Mason kam herein und sah, daß sie immer noch die Lilien in der Hand hatte. Sie hatte Mason nie gemocht: Er war respektvoll, doch schien es immer, als verheimliche er etwas.

»Ich habe vergessen, gnädige Frau, Ihnen zu sagen, daß Herr Vane-Merrick diese Blumen gebracht hat.«

»Danke schön, Mason; ich habe die Karte gefunden.«

»Er hat sie heute morgen gebracht, gnädige Frau. Herr Vane-Merrick hat mehrere Male angerufen, gnädige Frau, und gefragt, wann Sie zurückkämen. Er hat gestern abend wieder angerufen.«

»Danke schön, Mason.«

»Ich weiß nicht, ob ich es richtig gemacht habe, daß ich es ihm sagte, gnädige Frau; ich hatte keine Anweisung, es zu verschweigen.«

»Ganz richtig, Mason.«

»Lady Viola Anquetil hat auch angerufen, gnädige Frau; sie fürchtete, Sie und Seine Lordschaft würden zum Essen ausgehen. Sie hinterließ, Sie möchten Lady Anquetil anrufen. Ich habe die Nummer aufgeschrieben.«

»Danke schön, Mason; legen Sie die Nummer bitte auf meinen Schreibtisch! Ich werde morgen anläuten.«

»Frau Gottfried Jarrold hat auch angerufen, gnädige Frau. Es ist nichts auszurichten; sie fragte nur, wann Sie zurückkämen und ob Sie und Seine Lordschaft hierblieben oder nach Newlands führen. Ich habe gesagt, ich wisse es nicht.«

»Danke schön, Mason; falls Frau Jarrold oder Herr Vane-Merrick wieder anläuten sollten, sagen Sie bitte, daß ich morgen früh mit Seiner Lordschaft nach Newlands hinüberführe. Nein, wenn irgend jemand anruft, sagen Sie lieber, ich sei ausgegangen. Ich habe eine ganze Menge zu tun, ehe ich nach Newlands fahre.«

»Sehr wohl, gnädige Frau.«

Mason zog sich zurück. Es gab kein anderes Wort, mit dem man sein Hinausgehen bezeichnen konnte. Evelyn haßte ihn; sie war sicher, daß er alles wußte, vom Anfang bis zum Ende. Privett wußte es wahrscheinlich auch, aber bei Privett störte es sie weniger – die gute, zuverlässige, unangenehme alte Privett, sauer wie eine Zitrone und solide wie eine Kohlrübe. Daß Mason ihr nachspionierte, das war es, was sie haßte.

Mit peinlicher Sorgfalt löste sie Miles' Karte von den Lilien und warf sie ins Feuer. Sie beobachtete, wie die kurze Nachricht zusammenschrumpfte, das »Von M.« schwarz wurde und in einem Rauchfaden aufging.

Privett kam herein, brachte Evelyns Handtasche und stellte sie neben den Schreibtisch.

»Privett, könnten Sie wohl diese Blumen mit hinausnehmen? Hier drinnen duften sie so stark; ich bekomme Kopfschmerzen davon.«

»Soll ich sie ins Badezimmer stellen?« fragte Privett und betrachtete die schwere Vase mit Mißfallen.

»Nein, stellen Sie sie auf den Flur! Nehmen Sie sie mit in Ihr Zimmer, wenn Sie mögen; ich will sie nicht.«

Ob Mason Privett erzählen würde, daß sie von Herrn Vane-Merrick kamen? Das mußte sie riskieren. Alles, wenn sie ihr nur aus den Augen waren!

Privett nahm sie weg und kam mit dem Eberrautenzweig zurück. »Ich weiß, daß Sie so was immer gern zum Verbrennen haben«, sagte sie mürrisch und gab ihn Evelyn.

Evelyn warf ihn ins Feuer. Er duftete aromatisch, und der Geruch erfüllte das Zimmer.

Dan kam herein, gewaschen und sauber. »Hallo, was riecht das gut!«

»Dan, willst du Mason sagen, daß wir essen wollen? Sag ihm, er soll sich beeilen – sag ihm, wir hätten Hunger! Und bestell ihm, wir wollen Sekt trinken!«

Sie konnte es nicht mehr aushalten. Der Duft der Eberraute war zuviel für sie gewesen.

Der Sekt tat ihr gut; er belebte sie. Sie war nie gewöhnt gewesen, viel Wein zu trinken, und zwei Gläser wirkten bei ihr sofort. Sie dachte an die Worte des armen Evan; er fühle sich niemals lebendig, hatte er gesagt, ehe er nicht etwas getrunken habe. Mit einem Anflug grimmigen Humors, den der Sekt hervorrief, überlegte sie, daß sie das Trinken keinesfalls als Medizin für ein gebrochenes Herz benutzen dürfe; das wäre wirklich allzu abgedroschen, hätte allzu viele Vorbilder. Trotzdem fühlte sie sich besser; Miles schien weit weg, ganz entfernt; ihre Besorgnisse verringert; leicht belustigt dachte sie sogar daran, wie unbefangen sie ihn begrüßen würde, falls Mason ihn plötzlich hereinführte. Sie stand auf und sagte zu Dan: »Komm, Dan, wir wollen tanzen!«

Sie gingen ins Wohnzimmer und schalteten das Radio an. Das Wohnzimmer eignete sich nicht gut zum Tanzen; es hatte einen dicken Teppich und viel zuviel Möbel. Aber es machte Evelyn an diesem Abend Vergnügen, unter Schwierigkeiten zu tanzen und ihren Weg um die vielen Hindernisse von Stühlen und Tischen zu nehmen. Dan machte es auch Spaß, denn auch er hatte Sekt getrunken, nicht zuviel, gerade genug. Gleich seiner Mutter tanzte er sicher und mit gutem Einfühlungsvermögen. Beide hatten sie genug Unbekümmertheit und Rhythmus im Blut.

Früher hatten sie oft zusammen getanzt, doch niemals war der Strom so gleichmäßig durch sie geflossen. Dan war erregt, ohne genau zu wissen, weshalb; er nahm an, es müsse der Sekt sein und das eigenartige Gefühl, wieder in der Wohnung zu sein nach der fernen Lieblichkeit Spaniens und der langen Heimfahrt im Auto mit den Nächten in kleinen spanischen und französischen Städten, in denen sie abends draußen auf der Straße saßen und Scherbett oder Wermut tranken, während die einheimische Bevölkerung auf und ab flanierte, unenglische Schuhe und steife schwarze Kleider trug und er und seine Mutter alberne Scherze machten und glücklich, warm und sorglos miteinander waren.

Sorglos? War sie wirklich sorglos gewesen, auch nur einen Augenblick? Voller Selbstvorwürfe dachte er dann an den Kummer, der sie die ganze Zeit begleitet haben mußte wie ein Schatten, den die Sonne wirft. Diesen Kummer hatte sie vor ihm verborgen – sie war selbstlos genug gewesen, ihn zu verbergen. Sie hatte Miles nie wieder erwähnt, nicht einmal indirekt. Und doch mußte sie die ganze Zeit an ihn gedacht haben. Evelyn spürte, daß Dan beim Tanzen seinen Arm fester um sie legte. Sie wußte den Grund nicht, doch sie reagierte darauf, indem sie sich seiner Führung noch williger überließ. Und er spürte ihre Schmiegsamkeit und den weiblich weichen Körper unter den seidenen Kleidern; und er ahnte, wie sehr Miles sie und sie Miles geliebt haben mußte.

Um halb zwölf läutete das Telefon.

»Melde du dich, Dan! Mason wird zu Bett gegangen sein. – Dan, wenn es Miles ist, sag, ich schliefe schon!«

»Ja, ist gut, Mutti.«

Er nahm den Hörer ab, sagte »hallo!« und lauschte.

»Nein, Mutti, es ist nicht Miles; es ist Onkel Evan.« Er hatte die Hand über die Muschel gedeckt.

»Was will er?«

»Er will herüberkommen.«

»Gut, sag ihm, er soll herkommen!«

»Aber bist du nicht müde, Mutti?«

»Nein, sag ihm, er kann kommen!«

»Onkel Evan, Mutti sagt, du möchtest bitte kommen.«

»Und nun gehst du ins Bett, Dan! Du mußt müde sein.«

»Aber du auch.«

»Nein, ich bin nicht müde. Außerdem wäre es gleich. Du gehst zu Bett, Dan! Gute Nacht, mein Liebling, schlaf gut!«

»Kann ich nicht noch ein Glas Sekt haben, ehe ich gehe, Mutti?«

»Nein, das kannst du nicht. Geh zu Bett, Liebling! Es ist spät.«

»Dann gute Nacht, Mutti. Schlaf gut!«

»Schlaf gut, mein liebes Herz!«

Evan kam; sie öffnete ihm selbst die Tür. Er war nicht sehr betrunken; gerade betrunken genug, um den Sekt zu begrüßen, den sie ihm anbot. Er war genau soweit, daß er noch ein bißchen mehr wollte.

»Donnerwetter, du siehst reizender aus als je, Evelyn.«

»Wirklich, Evan?«

»Ganz bestimmt! Wie machst du das nur, nach einer langen Reise im Zuge? – Ach nein, ich vergaß – du bist ja im Wagen gefahren, nicht wahr?«

»Ja, wir hatten den Wagen mit.«

»Du und Dan?«

»Ja, ich und Dan.«

»Ach nein? Das erzähl einem andern, Evelyn! Du und Dan – alleine nach Spanien? Und wer hat euch begleitet, wie?«

»Niemand, Evan – wenn du nicht Privett mitrechnen willst. Privett hat Spanien nicht gefallen. Sie hat einen Floh im Bett gefunden, mehrere Flöhe.«

»Und was hast du im Bett gefunden? Keinen Floh, möchte ich wetten. Was Besseres als einen Floh – was?«

»Evan, wenn du in der Stimmung bist, gewöhnlich zu werden, solltest du lieber gehen.«

»Sei nicht gleich empfindlich, Evelyn! Vergiß nicht, daß ich dich monatelang nicht gesehen habe. Erzähl mir doch ein bißchen! Wie ist es dir ergangen? In der Familie hat es allerlei Klatsch über dich gegeben.« Er hatte nicht vorgehabt, das zu sagen, aber das dritte Glas hatte ihn unbesonnen gemacht.

Evelyn zuckte zusammen; sie bedauerte, ihm erlaubt zu haben zu kommen. Die Stimmung verflog, in der sie geglaubt hatte, jede Gesellschaft, selbst die von Evan, sei besser, als allein zu sein. Nun war sie einfach sehr müde, sehr müde und sehr deprimiert, zu müde, um noch irgend etwas stark zu empfinden.

»Ich hasse Klatsch, Evan; bitte erzähl mir keine Unfreundlichkeiten!«

»Nicht zu verwundern, daß du Klatsch haßt, besonders wenn er wahr ist. Natürlich habe *ich* alles über dich gewußt, aber glaub nicht, daß ich dich bloßgestellt hätte; es waren Katharina und die alte Hester, die herumgeschnüffelt haben. Ich wußte, hinter wem sie her waren, als Hester mich eines Tages zufällig fragte, ob ich einen gewissen jungen Mann kenne.«

»Ach, Evan, laß mich bitte damit in Ruhe! Ich kümmere mich wirklich nicht darum, was du denkst oder was Hester denkt oder was Katharina denkt. Ich hätte mich früher einmal darum kümmern sollen, aber jetzt bin ich darüber hinweg. Schweig bitte davon!«

Mit plötzlichem Mitgefühl blickte er sie an; es paßte gar nicht zu Evelyn, sich nicht darum zu kümmern, was die Familie dachte. »Du, hör mal«, sagte er, »ist es denn schiefgegangen? Das tut mir leid.«

»Danke, Evan, aber ich brauche wirklich kein Mitleid. Ich will nicht, daß dieses Thema je wieder erwähnt wird. Wenn du mir einen Gefallen tun willst, dann sag Hester und

Katharina, daß das, was vielleicht einmal wahr gewesen sei, nicht mehr wahr ist. Und nun mußt du gehen, ich muß schlafen.«

Sie hatte nur den einen Wunsch, allein zu sein. Was sie auch tat, wohin sie sich auch wandte, vom Schicksal schien ihr bestimmt zu sein, daß sie überall von Erinnerungen an Miles verfolgt wurde; sogar Evan, der nicht bösartig, sondern nur ein betrunkener Schwätzer war, konnte sie nicht in Ruhe lassen. Sie hatte ihm erlaubt zu kommen, weil sie glaubte, er würde sie eine Viertelstunde mit seinem üblichen törichten Geplauder und den letzten Börsenwitzen ablenken, zum Teil auch deshalb, um vor sich selbst eine Entschuldigung dafür zu finden, daß sie ihre Briefe nicht las; doch alles, was sie bekam, war wieder Miles – Miles! Sollte es denn immer so bleiben?

Er wollte nicht gehen; sie schob ihn zur Tür, aber er ging nicht und versuchte, sie in den Arm zu nehmen. Er war widerlich in dieser Stimmung, und sie verabscheute ihn.

»Nein, Evan, bitte nicht, bitte! Siehst du nicht, daß ich ganz erschöpft bin? Ich kann mich heute abend nicht wehren; sei kein Schuft!«

Mitleid für sie drang bis in seinen betrunkenen Verstand, und er ließ sie los. Er schwankte ein wenig. »Schön, ich will dich nicht quälen. Aber kann ich nach Newlands kommen?«

»Ja, wenn du dich benimmst.«

»Ich hab dich so verdammt gern, Evelyn; das ist der Haken. Hab mich sonst nie um jemand gekümmert.«

»Unsinn, Evan; du läufst jeder Frau nach, die dir in den Weg kommt.«

»Nicht jeder Frau«, sagte Evan mit leichtem Humor, »nur den hübschen.«

Sie hätte weinen mögen bei dem Gedanken, daß Evan oder sonst irgendein anderer Mann versuchen könnte, sich ihr zu nähern, doch seine Antwort brachte sie natürlich zum Lachen.

»Das ist wenigstens ehrlich. Nun geh, und komm nach

Newlands hinüber, wann du magst!« Sie schob ihn hinaus und schloß die Tür hinter ihm.

Endlich war er gegangen und sie allein, allein in der kleinen warmen Wohnung, und Dan schlief friedlich nebenan. Sie versuchte sich einzureden, hier sei Sicherheit und Frieden. Doch für sie gab es nirgends Sicherheit und Frieden. Ein nichtiger Reim kam ihr in den Kopf:

Wenn eine Frau 'ne Dummheit hat begangen und
  Allein im Zimmer wieder ist, sieh: schon
Malt automatisch sie den roten Mund
  Und legt 'ne Platte auf das Grammophon.

Miles hatte ihr das auf der Burg einmal vorgelesen. Er und Dan waren von dem Versgeklingel angesteckt worden und waren lächerlicherweise im Zimmer auf und ab marschiert, während sie es deklamierten, wobei jeder eine Zeile nahm.

Sie erinnerte sich daran, daß Miles die erste Zeile gesprochen und hinter dem absichtlich schlecht gestellten »und« eine lange Pause gemacht hatte. Es war, als ob in dem Pfänderspiel »Stuhlpolonäse« plötzlich das Klavier aufhört zu spielen.

Wenn eine Frau 'ne Dummheit hat begangen und ...

Er und Dan hatten wie alberne Kinder gelacht und die Zeilen mehrmals hintereinander immer lauter gebrüllt. Sie hatte über die beiden, die sie liebte, lächeln müssen. Dann hatte sie gesagt, die Zeilen erinnerten sie an etwas anderes, obwohl irgend etwas an ihnen anscheinend nicht in Ordnung war. Und Miles, der auf dem Gipfel der guten Laune war, hatte mit dem Finger auf Dan gezeigt und ihn aufgefordert: »Nun, Dan, zitiere es deiner Mutter einmal richtig!« Und Dan hatte feierlich gesagt:

Wenn eine Frau 'ne Dummheit hat begangen,
Zu spät erkennt, daß sie betrügt der Mann,
Was löscht die Schuld, die sie begangen,
Welch Zauber lindert ihre Trauer dann?

Dann hatte Miles ein Buch aus dem Schrank genommen und gesagt: »Nun mußt du dir dies anhören!« Evelyn konnte sich nicht erinnern, was er vorgelesen hatte; sie erinnerte sich nur der letzten Zeile, die sie erschreckt und beeindruckt hatte. Er hatte gelesen:

Komm in den Schatten dieser roten Felsen.
Ich will dir etwas zeigen,
Anders als dein Schatten,
Der heute morgen hinter dir geschritten,
Anders als dein Schatten,
Der am Abend dir entgegentritt.
Das Grauen in einer Handvoll Staub will ich dir zeigen.

Diese letzte Zeile war in ihrem Gedächtnis haftengeblieben, wenn sie auch damals nur wenig für sie bedeutet hatte, so glücklich, wie sie war, so heiter, als nichts anderes sie störte als der geringe Ärger über Klatschmäuler, ob's die Jarrolds waren oder die Welt. Wie kleinlich dieser Ärger nun schien! Wie gerne sie ihn jetzt ertragen würde, wenn die Leute nur die Gelegenheit hätten, zu klatschen! Nun, Klatsch machte ihr überhaupt nichts aus – hatte sie nicht Evan ehrlich gesagt, daß sie sich nicht darum kümmere, was Hester denke oder was Katharina denke oder sonstwer? – all das war zurückgetreten an den Platz, auf den es gehörte; und nichts war geblieben als die Wirklichkeit, die Wirklichkeit von:

Das Grauen in einer Handvoll Staub will ich dir zeigen.

Sie konnte das Grauen nun sehen in der Handvoll Staub, die ihr eigenes Fleisch war. Sie begann zu verstehen, was Menschen, die Gedichte liebten, darin fanden. Sie fanden die Dinge, die ihre Bedeutung behielten, wenn der Schrecken und die Gefahr des Lebens drohten. Sie hatte nie etwas für Gedichte übriggehabt; sie hatte sie nur für eine überflüssig komplizierte Art gehalten, Dinge auszusprechen, die ebensogut in gewöhnlicher Sprache gesagt werden konnten. Sie hatte Gedichte nur gemocht, wenn Miles sie ihr vorlas – und auch nur deshalb, weil sie das Sonnenlicht auf seinem Haar beobachten konnte und dem Klange seiner Stimme mehr lauschte als dem Sinn dessen, was er las. Doch bestimmte Stellen fielen ihr nun wieder ein, obwohl sie sie damals nicht mit Bewußtsein aufgenommen hatte:

Nun ist es köstlicher als je, zu sterben,
Um Mitternacht zu scheiden ohne Schmerz.

Von Miles' tiefer Stimme gelesen, hatten jene Zeilen wie Musik geklungen; sie zog Musik der Poesie vor; Musik wirkte auf ihr Gefühl, das stets darauf ansprach, Poesie auf ihren Verstand, der wenig aufnahmewillig war. Nun merkte sie, daß beide eng miteinander verbunden waren.

Um Mitternacht zu scheiden ohne Schmerz.

Es war Mitternacht – nach Mitternacht. Sie versuchte, das Radio anzuschalten, und das Summen der Stille überzeugte sie davon, daß die Mitternachtsstunde bereits geschlagen hatte. Sie mußte zu Bett gehen – zu Bett gehen auf die alte, gewöhnliche, traurige Weise, sich ausziehen, waschen, die Zähne putzen, das Haar bürsten. Wie sinnlos! Wieviel besser, um Mitternacht zu scheiden ohne Schmerz!

Der Stoß Briefe fiel ihr ins Auge. Irgenwann mußte sie ihn durchsehen – oder sollte sie die Briefe ungeöffnet mit nach Newlands nehmen? Nein, das wäre feige. Sie setzte sich vor das verlöschende Feuer und blätterte sie durch, die Post von fünf Wochen. Eins, zwei, drei, vier, fünf, sechs – nichts von

Miles. Doch, der siebente war von ihm. Wie oft hatte sie diese Schrift gesehen und den Umschlag beiseite gelegt, um ihn zuletzt zu öffnen! Nun zitterte sie, als sie ihn in der Hand hielt. Dann stand sie rasch auf und schloß ihn ungeöffnet fort zu den andern ungeöffneten Briefen.

Am nächsten Morgen fuhr sie früh nach Newlands hinüber, früh für ihre Begriffe, das heißt, sie bestellte den Wagen für zehn Uhr und kam kurz nach elf, von Dan und Privett begleitet, herunter. Sie betrachtete Newlands als Zuflucht, ebenso wie Spanien. Sie fürchtete sich vor London, da Miles jeden Augenblick kommen konnte. In Newlands würde sie sich verhältnismäßig sicher fühlen.

Sie hatte Viola Anquetil nicht angerufen. Viola Anquetil war Miles' Verbündete, und jede Verbindung mit ihr bedeutete Verbindung mit Miles.

Miles verfolgte sie noch, wenn er auch selbst nicht angerufen hatte oder gekommen war. Er verfolgte sie in einer Weise, die nicht absichtlich sein mochte und doch außerordentlich schmerzlich war. Sein Buch war an dem Tage herausgekommen, an dem sie nach England zurückkehrte – das Buch, auf das sie immer so eifersüchtig gewesen war und dessen Entstehen sie stets zu unterbrechen sich bemüht hatte. Sie konnte keine Zeitung aufschlagen, ohne eine Notiz darin zu erblicken: *Die wirtschaftliche Situation der Nachkriegswelt*. Der Titel konnte kaum trockener sein; doch nach den Berichten vermochte ein Ungebildeter das Buch ebenso zu lesen wie ein Volkswirtschaftler. Eine Arbeit wie diese war seit J. M. Keynes' *Wirtschaftliche Konsequenzen des Friedens* nicht erschienen. Es war gleichzeitig verständlich und wissenschaftlich, praktisch und anschaulich – eine fast unmögliche Verbindung; doch Miles war sie anscheinend gelungen. Er hatte ein nüchternes Buch geschrieben, das trotzdem lesbar war. Ernsthafte Zeitungen nahmen es ernsthaft auf. Sie nannten Miles »einen unserer jüngeren Politiker, der noch von sich reden machen wird«. Die Revolverblätter brachten es als »das Neueste«, die ernsthaften Zeitungen nahmen es als einen ernsthaften Beitrag zur politischen und wirtschaftlichen Literatur. Plötzlich waren die Spalten voll von Miles' Namen. Plötzlich war Miles von Donnerstagabend bis Freitagmorgen bedeutend geworden; er war eine Persönlichkeit geworden, mit der man rechnete. Die *Times* ging soweit, zu sagen, daß die nächste Regierung die Forderungen von Herrn Vane-Merrick nicht ignorieren könne.

Evelyn dachte daran, daß er ihr das Buch hatte widmen wollen und daß sie es ihm ausgeredet hatte, weil die Leute darüber klatschen würden. Sie dachte an den Blick, mit dem er sie damals angesehen hatte, und an sein leise belustigtes Lächeln; aber er hatte nicht gestritten. Er hatte sie nicht einmal mit ihrer Furchtsamkeit geneckt, wie er es gewöhnlich tat.

Sie begann, sich davor zu fürchten, daß er ihr ein Exemplar des Buches schicken und daß sie das Paket mit dem Absender des Buchhändlers arglos öffnen würde. Sie hatte ihm einmal über die Schulter geschaut, als er das maschinegeschriebene Manuskript korrigierte, und obwohl der Anblick der Zahlen sie abgeschreckt hatte, war ihr plötzlich ein sehr bildhafter Ausdruck ins Auge gefallen und hatte sie zum Lachen gebracht. Sie hatte über seine Schulter weitergelesen, während er ihr die Seiten umblätterte. Es war gut, sehr gut; Evelyn konnte das erkennen, obwohl sie keine erfahrene Leserin war und sie einen Abscheu vor Statistiken hatte. Doch auch damals hatte sie nicht sehr viel gelesen. Sie hatte bald gesagt: »Nun hast du genug Zeit damit zugebracht; komm hinaus und kümmere dich ein bißchen um mich!«

Es kam kein Paket, und obwohl sie es gefürchtet hatte, war sie enttäuscht, als es ausblieb. Miles hatte auch aufgehört, ihr zu schreiben. Kein Brief wurde ihr nach Newlands nachgeschickt. »Dem Himmel sei Dank!« sagte sie; doch im Innern dachte sie: Er fängt an, mich zu vergessen.

Und doch wußte sie, daß das nicht wahr sein konnte.

Niemand, nicht einmal Miles, vergaß so rasch. Nein, viel wahrscheinlicher war, daß der Stolz ihn schweigen hieß, nachdem sie sich beharrlich geweigert hatte, ihm zu antworten. War das nicht genau das Ergebnis, das sie beabsichtigt hatte? Sie hatte gebetet, daß er sie nur in Ruhe lassen möge, damit sie fähig sei, die Last des Leides zu tragen, die sie sich selbst ausgesucht und aufgeladen hatte; doch nun, da ihr Gebet anscheinend erhört worden war, kam diese neue Bitterkeit zu ihrem Opfer: Miles hatte sie sehr leicht aufgegeben.

Ein entsetzlicher Argwohn erwachte in ihr. Waren seine Anstrengungen, mit ihr in Verbindung zu kommen, nur oberflächlich gewesen? Diese Briefe, die zu öffnen sie sich geweigert hatte, die sie aber noch besaß, waren auch sie oberflächlich? Sie schloß den Kasten auf, in dem sie sie aufbewahrte, und zögerte, als sie die Spitze des Papiermessers bereits in den ersten Umschlag geschoben hatte. Sie betrachtete die Poststempel; sie reichten bis zum Juli zurück; der erste war einen Tag, nachdem sie ihn verlassen hatte, gestempelt. Der Brief kam aus seiner Burg – der vertraute blaue Umschlag. Was hatte er gesagt, als sie ihn zu überreden versuchte, die Umschläge zu wechseln, weil Mason und Privett ihre Farbe auf eine Meile erkennen könnten? »Ja«, hatte er gesagt, »die Farbe eines Sommerhimmels.« Der nächste war in London geschrieben – der fast ebenso vertraute weiße Umschlag seines Klubs. Im allgemeinen hatte er ihr nie sehr oft aus dem Klub geschrieben, da sie einander jeden Tag sahen, wenn er in London war, und die Briefe, die sie von ihm aus dem Klub erhalten hatte, waren immer sofort, nachdem sie sich getrennt hatten, geschrieben worden, manchmal um Mitternacht, um ihr zu sagen, wie reizend sie zu ihm gewesen sei und wie sehr er sie liebe und daß sie einen Brief auf dem Frühstückstablett haben müsse, der ihr das sagen solle; nur sei die letzte Leerung, verdammt noch mal, um Mitternacht, und deshalb vermute er, daß er sie verpaßt habe. Und doch, sagte er, müsse er schreiben, ganz gleich, wann der Brief ankomme. Der dritte wieder von der Burg – sie konnte seine Fahrten aus den Poststempeln und Umschlägen nacherleben. Dann mehrere aus London – so war er im August in London gewesen? Weshalb? Weil er sich fürchtete, allein auf seiner Burg zu bleiben? Weil sein Elend ihn davontrieb? Diese Überlegung gab ihr für einen Augenblick Trost. Das war gar nicht seine Art, im August in London zu sein. Sie wußte, wie sehr er seine Burg und das Land liebte. Er mußte um ihretwillen nach London gekommen sein. Ihre Freude darüber war nicht frei von Rachegefühlen.

Noch immer quälte und marterte sie der Inhalt dieser Umschläge, und noch immer zögerte sie, den Brieföffner in der Hand. Sie war stark genug gewesen, nicht einen einzigen zu öffnen. Zuerst hatte sie sich gewehrt, sie zu öffnen, damit die drängenden Bitten darin ihren Entschluß nicht wankend machen sollten. Jetzt fürchtete sie sich, sie zu öffnen, damit sie nicht vielleicht weniger drängende Bitten fände, als sie wünschte. Wenn sie wirklich oberflächlich wären, würde sie daran sterben, das fühlte sie. Nein, nein, dachte sie, legte den Stoß wieder weg und warf das Papiermesser weit von sich ins Zimmer, als sei es ein Dolch.

Später entdeckte sie, daß Dan Miles' Buch hatte, denn eines Tages kam sie in sein Zimmer und sah ihn darin lesen. Seine Bewegung, es zu verbergen, und sein Erröten verrieten ihr sofort, was es sei. Und als er erkannte, daß sie es erraten hatte, murmelte er irgendeine Entschuldigung, er hätte nicht gewollt, daß sie es sehe. Es war die erste Anspielung, die einer von ihnen machte.

Sie nahm das Buch mit soviel Gleichmut auf, wie sie nur aufzubringen vermochte. Auf dem Titelblatt stand sein Name – *Die wirtschaftliche Situation der Nachkriegswelt* von M. Vane-Merrick. Sie tat, als wende sie gleichgültig die Blätter um, doch in Wirklichkeit sah sie nach, ob er es jemand gewidmet habe – ja, da stand es: »Viola und Leonard Anquetil in Freundschaft.« Nun, das war nicht so schlimm, und sie hatte sich nur selber zu tadeln, wenn die Widmung nicht ihr galt.

Sie gab Dan das Buch zurück. Er war bis ins Innerste von dem seltsamen Lächeln gerührt, mit dem sie es ihm gab.

Besucher kamen nach Newlands: eine pausenlose Folge von Jungen in Dans Alter, Freunde aus Eton, denn schließlich hatte er während des letzten Jahres doch ein paar Freunde gefunden; Verwandte und einige von Evelyns früheren Bekannten. Sie kümmerten sich wenig darum, wer kam und wer ging. Im ganzen war sie froh über jede Ablenkung, wie nichtig sie auch sein mochte.

Mit Dan allein zu sein bedeutete eine zu große Anstrengung; außerdem wäre es dem Jungen gegenüber nicht recht gewesen. Sie konnte ihn nicht bitten, Abend um Abend mit ihr allein zu bleiben, da sie wußte, daß sie nicht die geeignete Gesellschaft für ihn war. In Spanien war es anders gewesen, dort war alles unbekannt; aber was konnten sie hier in Newlands anderes anfangen, als am Kamin zu sitzen und so zu tun, als läsen sie, während doch jeder auf seine Weise sich danach sehnte, daß Miles bei ihnen sei? Es war viel besser, Besucher ins Haus zu laden, nach dem Essen zu tanzen oder Tischtennis auf dem Billardtisch zu spielen und so zu tun, als habe niemals ein Kummer den Weg in ihre vortreffliche und sorglose Welt gefunden.

Evelyns Bekannte, die natürlich untereinander über sie redeten, sagten, sie sei ein bißchen zu reizbar; sie fragten sich sogar, ob sie nicht ein wenig zuviel trinke. Aber sonst fanden sie sie ganz in Ordnung. Sie hatte einen Stoß abbekommen, das war alles; das erlebten früher oder später alle, besonders Frauen, die so unvernünftig waren, sich in Männer zu verlieben, die fünfzehn Jahre jünger waren als sie selber. Belustigt stellten sie sich vor, daß Evelyn Jarrold so etwas getan hatte, ausgerechnet sie, die immer so vorsichtig, so korrekt, so bedachtsam war! Und trotz der Besorgnis, die sie untereinander äußerten – die arme Evelyn, hofften sie, hätte doch nicht vielleicht einen allzu harten Stoß abbekommen? –, waren sie boshafterweise ganz zufrieden darüber, daß Evelyn die unvermeidlichen Früchte ihrer Torheit erntete.

Man sagte offen, wenn auch nicht in Evelyns Gegenwart, daß Miles Vane-Merrick dauernd mit Lesley Anquetil zusammen sei.

Niemand kannte die Geheimnisse, die Evelyn für sich behielt. Niemand wußte um ihren unruhigen Schlaf, aus dem sie um vier Uhr erwachte, um gegen sieben Uhr wieder in einen krampfartigen Halbschlaf zu sinken, aus dem sie ein dutzendmal aufschreckte, während die Erinnerungen daran, wer sie war und was sie schmerzte, auf sie einströmten. Niemand wußte, daß sie morgens mit zitternden Händen und sprunghaft schlagendem Herzen aufstand, während Schwindelanfälle sie ergriffen und kalter Schweiß unerwartet ihr über den ganzen Leib floß. Niemand wußte, daß sie am Vormittag nicht einmal einen Scheck auszufüllen vermochte, weil die Feder in ihren zitternden Fingern Buchstaben malte wie die einer alten Frau. Der erste Teil des Tages war wirklich unerträglich. Diese plötzlich aufbrechenden Erinnerungen, diese unüberwindliche körperliche Schwäche machten das tägliche Erwachen zur Qual. Wenn sie in ihr Wohnzimmer floh und in atemberaubender physischer Angst die Hand aufs Herz preßte und wartete, bis das Schwitzen, die Mattigkeit und das Übelsein vergingen, fragte sie sich manchmal, ob sie den Tod nicht begrüßen solle, statt ihn zu fürchten. »Ist das das Sterben?« fragte sie sich und war fast überzeugt davon, daß dieses seltsame, unsichtbare und lebenswichtige Organ, das Herz, nun aufhören würde zu schlagen und daß ein Diener sie in ein paar Stunden finden würde, wie sie schlaff in ihrem Sessel zusammengesunken lag. Mit einer sonderbaren Neugier überlegte sie, welche Empfindungen sie im Augenblick des Hinübergehens wohl haben mochte. Würde sie nach Luft ringen, keuchen, sich verkrampfen? Oder würde die Schwäche nur zunehmen, bis sie zur Nacht wurde, zur Nacht, die einen einhüllte und aus der es kein Erwachen gab?

Zehn Minuten später war sie wieder unten und sah Dan zu, wie er mit einem seiner Freunde Tischtennis spielte.

Ruth lud sich selber zum Besuch ein. Ruth, die Miles auch verloren hatte, war Evelyn all die Monate ausgewichen, da sie den Anblick ihrer Anmut und Schönheit nicht ertragen konnte; nun kam sie, da sie glaubte, daß er für sie beide endgültig verloren sei. Ihre Liebe zu Miles – wenn man es Liebe nennen konnte – war nie sehr tief gegangen, gewiß nicht tiefer als ihre Liebe zu Evelyn; nur die Verbindung dieser beiden hatte sie aus dem Gleichgewicht gebracht, so daß sie sich eine kurze Zeitlang selber für viel unglücklicher hielt, als sie es wirklich war. Sie hatte Miles und seine Anziehungskraft auf sie nun vergessen und war nur zu froh, Evelyn wieder für sich zu haben. Ruth gehörte nicht zu den Menschen, die vom Leben zerbrochen werden.

Es geschah nicht ganz ohne Absicht, daß sie die erste Gelegenheit benutzte, Miles' Namen zu erwähnen. Sie hatte aus Leihbüchereiromanen die Vorstellung gewonnen, daß Menschen, die sich innerlich mit etwas beschäftigen, stutzten, wenn dieses Etwas erwähnt würde. Sie wußte nicht genau, wie das vor sich ging, wenn Leute stutzten, bildete sich jedoch ein, daß es eine ganz deutliche und erkennbare Äußerung sei. Sie hatte eigentlich nicht die Absicht, Evelyn zu verletzen, sondern lediglich den Wunsch, herauszufinden, ob sie sich noch mit ihm beschäftigte. Evelyn stutzte jedoch keineswegs, als Ruth sie fragte, ob das Gerücht auf Wahrheit beruhe, daß Miles Vane-Merrick mit Lesley Anquetil verlobt sei. Sie sah nicht einmal überrascht aus; sie lächelte nur und sagte, sie hoffe es, denn sie könne sich keine passendere Verbindung vorstellen.

Das war also die Erklärung für Miles' Schweigen! Wie roh, wie abgeschmackt, wie billig! Und Ruth, die selber roh und abgeschmackt und billig war, hatte man sich dazu ausgesucht, ihr diese Neuigkeit mitzuteilen! Sie nahm an, daß alle andern es schon lange wußten, aber taktvoll genug gewesen waren, es ihr zu verheimlichen, weil sie nicht so roh waren wie Ruth. Einen ganzen Tag war das Gefühl des Zornes und der Erniedrigung so stark in ihr, daß sie sich überhaupt keines Schmerzes bewußt wurde. Danach durchlitt sie zwei Tage lang alle Qualen eingebildeter Eifersucht. Dann verging selbst diese Eifersucht, und es blieb nur eine völlige und grenzenlose Verzweiflung, aus der ihr klarwurde, daß sie bis zu diesem Augenblick immer noch mit einem Schimmer von Hoffnung gelebt hatte.

Tagelang war sie unfähig, sich aus ihre Apathie aufzuraffen; kaum vermochte sie ihre Rolle als Gastgeberin zu spielen. Schließlich war sie so unruhig und gequält, daß sie Dan fragte, ob es ihn sehr stören würde, wenn sie für einige Tage nach London führe. Er sagte natürlich, daß es ihn nicht störe, machte ein Gesicht, als ob er noch etwas sagen wolle, hielt aber den Mund. Er machte sich Kummer um seine Mutter; sie sah krank und fiebrig aus, und ihre Augen waren ruhelos. Er wagte jedoch nicht, etwas zu sagen.

Evelyn fuhr, ohne genau zu wissen, weshalb sie fuhr. Die Absicht, Miles zu sehen, war nicht deutlich in ihrem Bewußtsein; wenn sie jedoch später auf diesen Tag zurückschaute, schien es ihr sicher, daß sie tatsächlich deshalb gefahren war, weil der Gedanke bereits in ihr bohrte. Und wenn nicht Miles, dann Viola Anquetil; aber auf irgendeine Weise mußte sie Miles näherkommen, um jeden Preis mußte sie die Wahrheit erfahren. Zunächst unternahm sie keine Schritte; sie blieb fast die ganze Zeit in ihrer Wohnung, tat nichts, ging müßig hin und her, verwarf einen unklaren Plan nach dem andern. Dann ging sie aus, ohne recht zu wissen, was sie tat, und fuhr zu Anquetils.

Viola war allein in dem großen Atelier. Sie war über Evelyns Aussehen entsetzt. Diese Frau machte den Eindruck, als habe sie wochenlang nicht geschlafen. »Meine Liebe«, sagte sie, während sie hastig aufstand und ihre Stickerei weglegte, »das ist eine sehr große Freude. Setzen Sie sich doch! Ich will nur eben dem Mädchen etwas sagen und bin im Augenblick zurück.«

»Nein, tun Sie das nicht!« sagte Evelyn. Sie ließ sich kraftlos nieder. »Ich weiß, was Sie dem Mädchen sagen wollen; Sie fürchten, daß Miles kommt. Wenn er kommen soll, lassen Sie ihn kommen! Vielleicht ist es besser. Wenn ich ihn überhaupt sehen muß, würde ich ihn lieber in Ihrem Hause sehen. Ich verspreche Ihnen, ihm keine Szene zu machen.«

Sie lächelte so kläglich, daß Viola tief bewegt war und sich ratlos fragte, was sie am besten tun solle.

»Es ist wohl am richtigsten, wenn ich es Ihnen gleich sage«, erwiderte sie dann, »es ist sehr wahrscheinlich, daß er kommt.«

Sie glaubte, Evelyn würde ohnmächtig, denn sie legte die Hand über die Augen und sagte nichts.

»Wissen Sie«, sagte Viola warm, »lassen Sie mich wenigstens dem Mädchen sagen, daß sie niemand anders einläßt. Mit Miles will ich es halten, wie Sie es wünschen. Recht so?«

»Lassen Sie ihn ruhig kommen!« sagte Evelyn kaum hörbar.

Viola stand auf und ging aus dem Zimmer; als sie zurückkam, hatte Evelyn ein Exemplar von Miles' Buch vom Tisch genommen. Sie legte es wieder hin.

»Wird er bald kommen?« fragte sie.

»Nein – wahrscheinlich nicht vor einer halben Stunde.«

»Darf ich dann erst eine Weile mit Ihnen sprechen? Ich habe nur eine Frage an Sie. Von Ihrer Antwort hängt es ab, ob ich gehe oder bleibe.«

»Fragen Sie nur alles, was Sie wollen!«

Evelyn schien unfähig zu sprechen; sie stand auf und ging zum Kamin hinüber. Sie nahm eine kleine Bronze auf, schaute sie genau an und stellte sie wieder hin.

»Ist es wahr«, fragte sie und drehte sich um, »daß Miles mit Ihrer Tochter verlobt ist?«

»Mit Lesley verlobt? Nein, das ist nicht wahr; wer hat

Ihnen das erzählt? Sie sind befreundet, sogar eng befreundet, aber sie sind nicht verlobt; sicher sind sie es nicht; Lesley hätte es mir erzählt. Aber setzen Sie sich doch – Sie sehen völlig erschöpft aus –, wir wollen besprechen, was da zu tun ist.«

»Noch eine Frage, dann will ich mich setzen. Lieben sie sich?«

»Das ist eine schwierigere Frage, aber – nein, ich glaube es nicht. Ich bin fast sicher, daß sie sich nicht lieben.«

»Fast sicher? Nicht ganz sicher?«

»Wie kann man ganz sicher sein? Ich will Sie nicht täuschen. Die beiden haben viel Gemeinsames, sie sind dauernd zusammen...«

»Und sie sind fast im gleichen Alter«, beendete Evelyn den Satz für sie.

»Wissen Sie«, sagte Viola, »das hat nicht sehr viel zu bedeuten. Ob man sich verliebt oder nicht, hat nichts mit Vernunft zu tun.«

»Sie brauchen sich nicht zu bemühen, mich zu schonen«, sagte Evelyn, »wenn es auch sehr gütig von Ihnen ist. Ich versichere Sie, daß ich gelernt habe, mich weder zu schonen noch selbst zu betrügen. Es ist wahr, es hat nichts mit Vernunft zu tun, ob man sich verliebt, aber beständig zu lieben hat mit sehr vielen Dingen etwas zu tun.«

»Ich glaube, Sie betrügen sich doch; die Schwierigkeiten zwischen Ihnen und Miles entstanden nicht aus dem Altersunterschied.«

»Aus welchem Grunde entstanden sie Ihrer Meinung nach?«

»Wollen Sie, daß ich offen bin? Aus dem Unterschied im Temperament.«

»Verzeihen Sie, aber Sie wissen doch gar nichts von meinem Temperament.«

»Man errät das«, sagte Viola, »und ich kenne Miles ganz gut. Ich will Ihnen ehrlich sagen, daß mir jede Frau leid tut, die Miles liebt.«

»Aber Ihre eigene Tochter...«

»Ich sagte Ihnen schon, ich glaube nicht, daß Lesley Miles liebt. Natürlich weiß man das nie. In diesen Dingen sind die Menschen verschwiegen, und manchmal ist es ihnen selber nicht bewußt, bis sie es ganz plötzlich entdecken. Es ist durchaus möglich, daß Miles und Lesley auf einmal zu dieser Entdeckung kämen. Ich glaube, Sie dürften Miles keine Vorwürfe machen. Er ist sehr unglücklich gewesen.«

»Es geht nicht darum, ihm Vorwürfe zu machen. – Aber ist er so unglücklich gewesen? Ich glaube nicht. Wenn man sehr unglücklich ist, verzweifelt unglücklich, dann tut man etwas Entscheidendes dagegen.«

»Aber Miles hat Ihnen geschrieben, hat sich bemüht, Sie zu sprechen . . .«

»Ach, Viola! Ist das genug? Ist das alles, was man tut? Sehen Sie, ich spreche ohne Eitelkeit mit Ihnen. Sie wissen selbst, daß Miles hitzköpfig und impulsiv genug ist, nicht zu zögern, wenn er etwas durchsetzen will. Er hat mir geschrieben, ja; er hat sich bemüht, mich zu sprechen, ja – eine Zeitlang. Er hätte kaum weniger tun können, aber ich glaube wohl, daß er darin aufrichtig war. Aber was ist nun geschehen? Er bemüht sich nicht mehr, mich zu sprechen, er schreibt nicht mehr; ganz deutlich, er hat meine Entscheidung hingenommen.«

»Miles ist stolz, das wissen Sie ja – und Sie haben sich sehr plötzlich und endgültig zurückgezogen.«

»Ich hatte keine Wahl; ich konnte nur das eine oder das andere tun; halbe Maßnahmen waren nicht mehr möglich.«

»Hätten Sie sich ihm nicht vielleicht ein wenig stärker anpassen können? Ich will Ihnen keine Belehrungen geben, aber konnten Sie sich und Miles nicht sehr viel Kummer ersparen? Könnten Sie es nicht sogar jetzt noch?«

»Viola, ich bin sicher, daß Sie gegen Ihre eigene Überzeugung sprechen; ich bin sicher, es würde Ihnen leid tun, mich wieder mit Miles zusammen zu sehen. Sie wissen ganz genau, wie es enden würde, es wäre die Wiederholung dieser ganzen traurigen Geschichte. Geben Sie zu, Sie wissen, daß ich recht habe!«

»Dann erklären Sie mir, weshalb Sie ihn heute sehen wollen!«

Evelyn sah sie verwirrt an. »Ich weiß es nicht«, sagte sie.

»All die Monate sind Sie fest geblieben, ob es nun recht oder falsch war. Soweit ich es beurteilen kann, meine ich, Sie hatten wahrscheinlich recht. Ich weiß jedenfalls, daß Sie es aus den besten Motiven taten. Miles weiß es auch.«

»Miles?«

»Ich habe es ihm gesagt. Aber was ich nicht ganz begreife, ist, weshalb Sie jetzt schwach werden. Ist irgend etwas gewonnen, wenn Sie mit ihm sprechen?«

»Ich bin nicht mit der Absicht hergekommen, ihn zu sehen, denken Sie bitte daran!«

»Aber als sie hörten, er käme vielleicht, war die Versuchung zu groß für Sie?«

»Sie können es so auffassen, wenn Sie wollen. – Nein, ich glaube nicht, daß das der einzige Grund war. Ich glaube, ich will es ganz, ganz sicher wissen, daß ich ihn aufgeben muß. Ich möchte ganz sicher sein, daß er selber es lieber sähe. Nach seinem Verhalten werde ich es sofort beurteilen können. Ich hatte beinah gehofft, Sie würden das Gerücht über ihn und Lesley bestätigen . . . Das wäre viel einfacher für mich gewesen. Im Augenblick frage ich mich manchmal, ob ich nicht einen entsetzlichen und sinnlosen Fehler mache. Wenn Miles mich wirklich braucht . . . aber nein, er braucht mich nicht, nein, er braucht mich nicht. Sie selbst haben gesagt, Sie glaubten, daß ich recht hätte.«

»Es ist schmerzlich, sagen zu müssen . . .«

»Nein, Sie müssen die Wahrheit sagen! Das alles ist so ungeheuer wichtig – für mich wenigstens –, daß Sie um jeden Preis ehrlich sein müssen. Nehmen Sie keine Rücksicht darauf, wie sehr es mich verletzen könnte. Es ist so wichtig, daß Mitleid völlig fehl am Platze wäre. Sagen Sie es noch einmal: Sie glauben wirklich, ich hätte es richtig gemacht?«

»Wenn Sie sich Miles nicht anpassen können – wenn Sie ihn nicht auf die Weise glücklich machen können, wie er es wünscht – wenn Sie glauben, daß Sie das niemals könnten –, dann bin ich sicher, daß Sie es richtig gemacht haben.«

»Ich habe es versucht, Viola, zuerst habe ich mir sehr große Mühe gegeben, und zuerst ist es mir wohl auch gelungen. Doch als es die ersten Schwierigkeiten gab, zwang mich irgendein verwünschter Widerspruchsgeist, es immer noch schlimmer zu machen. Wenn ich sah, daß ich Miles störte, wollte ich ihn noch mehr stören. Können Sie das verstehen?«

»Ich verstehe es so gut, daß ich wünschte, Sie hörten auf, sich selber so zu zerfleischen. Sie brauchen mir's nicht zu erzählen; ich weiß es schon.«

»Ich war sogar eifersüchtig auf ihn.«

»Ich bin sicher, daß Sie niemals Grund dazu hatten.«

»Vielleicht nicht durch seine Schuld. Aber Miles ist überall sehr beliebt . . . und ziemlich eitel; die Frauen liefen ihm nach, und er hatte nichts dagegen; ich wußte nie, wann er einer Frau begegnen würde, die ihn mir wegnahm . . .«

Viola lächelte. »Das war vielleicht nicht der beste Weg, ihn zu halten.«

»Ich weiß, ich weiß! Ich bin wahnsinnig gewesen. Ich konnte mich nicht beherrschen. Er war im ganzen sehr geduldig. – Was nutzt das Reden? Ich sehe, wie die Dinge liegen. Es ist viel besser, wenn ich gehe, jetzt sofort, ehe er kommt.«

Sie erhob sich und nahm dabei Handschuhe und Tasche auf.

»Aber wohin gehen Sie?« fragte Viola und stand auch auf. Sie konnte den Gedanken an Evelyns Einsamkeit nicht ertragen; sie fürchtete wirklich, Evelyn könne eine Torheit begehen.

»Ach, vielleicht wieder nach Newlands«, sagte Evelyn, »wo kann ich sonst hin? Für mich ist jeder Ort ganz gleich, und dann habe ich Dan, um den ich mich kümmern kann. Lassen Sie mich gehen, Viola, und vielen Dank, daß Sie so gut zu mir waren. Ich werde Ihnen immer dankbar sein, immer.«

Sie sah so blaß und müde aus, daß Viola sie am liebsten in die Arme genommen hätte, aber sie wußte, daß Evelyn dann zusammenbrechen würde.

»Sehen Sie«, begann sie, doch in dem Augenblick trat Miles ins Zimmer.

Viola erfuhr nie genau, was zwischen ihm und Evelyn vor sich ging. Nach dem ersten Augenblick, in dem sie alle drei in gleicher Bestürzung schwiegen, entschloß sie sich, sie lieber allein zu lassen; die Umstände waren stärker gewesen als sie. Sie ging nach oben, nachdem sie dem Mädchen gesagt hatte, daß Frau Jarrold und Herr Vane-Merrick geschäftliche Dinge zu besprechen hätten und nicht gestört werden dürften. Geschäfte! Ja, ein lebensentscheidendes Geschäft. Sie ging in ihr Schlafzimmer hinauf und verbrachte dort zwei der peinlichsten und ratlosesten Stunden ihres Lebens. Nach einer Weile fiel ihr ein, daß Leonard und Lesley ausgegangen waren und bei der Rückkehr wahrscheinlich selber die Haustür aufschließen und vergnügt in das Atelier stürmen würden. So schlich sie hinunter und legte einen Zettel für die beiden an die Stelle, wo sie immer ihre gegenseitigen Mitteilungen hinlegten. Dann ging sie wieder nach oben und verbrachte eine Stunde damit, aus dem Fenster zu schauen und an die beiden unten zu denken; sie fragte sich, ob einer von ihnen dableiben würde, um ihr zu erzählen, was geschehen sei, oder ob sie beide zusammen würde unbesonnen in einer Taxe wegfahren sehen. Dann sah sie Evelyn aus dem Hause kommen, einer Taxe winken und wegfahren. Also war Miles dageblieben? Doch ehe sie zu ihm hinuntergehen konnte, kam auch er aus dem Hause und ging, ohne Hut, mit ärgerlichem Schritt die Straße hinunter.

Evelyn fuhr nach Newlands zurück, wo sie Dan mit einer Gruppe junger Leute antraf, die eifrig pokerten. Sie waren alle höchst erfreut, sie zu sehen, erhoben sich höflich, unterbrachen ihr Spiel und sagten, sie hätten sie sehr vermißt. Dan war besonders herzlich, nahm ihren Arm und drückte ihn an sich. »Liebste Mutti«, sagte er, »wie herrlich, dich wiederzuhaben!« Für einen Augenblick hatte sie das Gefühl, daß sie hier wirklich gebraucht wurde. Für einen Augenblick hatte sie das Gefühl, daß ihr das genügen könne. Dan wenigstens gehörte ihr. – Aber Dan würde sie bald verlassen; Dan würde seine eigenen Liebeserlebnisse und seine eigenen Pläne haben.

Eigene Pläne hatte er bereits, und es waren nicht ihre: Es waren Miles' Pläne.

Und doch blieb sie wie betäubt. Sie unterhielt Dans Freunde und ihre Bekannten und fuhr sogar mit Dan nach Orlestone, um ein neues Ledigenheim zu eröffnen, das ein junger Mann eingerichtet hatte, der sie an Bretton erinnerte. Es gab anscheinend viele junge Männer von diesem Typ unter Dans Bekannten, unhöfliche, hitzige junge Männer; das war ihr unangenehm. Dan hatte wenigstens tadellose Manieren; sie hielt sie für den Erfolg der Erziehung in Eton. Der alte William Jarrold habe am Ende doch recht gehabt, dachte sie.

In Orlestone verlor Dan aufs neue sein Gleichgewicht. Er brachte einen jungen Mann, der aussah wie Bretton, mit ins Hotel, sie saßen und redeten bis drei Uhr morgens. Dan sagte, daß etwas geschehen müsse, daß er bereit sei, sein gesamtes persönliches Vermögen zu opfern, daß das aber nicht genug sei; es könne das Elend in Orlestone lindern, aber nichts an dem Problem an sich ändern. Evelyn ließ sie dabei allein, doch als sie die Tür hinter sich schloß, hörte sie ihn sagen: »Und Miles Vane-Merrick ...«

Ständig Miles! Sie konnte ihm nicht entrinnen, weder in der Unterhaltung noch in den Zeitungen – und am wenigsten in ihren eigenen Gedanken.

Sie kamen nach Newlands zurück. Dan haßte Newlands jetzt und wünschte sich so schnell wie möglich davon zu befreien. Newlands stand zum Verkauf als ein begehrenswerter Herrensitz, den sein junger Eigentümer nicht begehrte. Evelyns Vater, der die Anzeige in der *Times* und im

Country Life gelesen hatte, schrieb einen bestürzten Brief an Evelyn, in dem er sein tiefstes Bedauern darüber aussprach, daß Dan sich von solch einem schönen Besitz zu trennen wünschte. Gottfried Jarrold konnte nicht begreifen, weshalb Dan Newlands verkaufen wollte. Konnte der Junge einen hübscheren Besitz finden? Es sei denn, er wollte bessere Sportmöglichkeiten haben – aber er hatte doch Dan immer so verstanden, daß er sich nicht viel aus Jagdreiten und Schießen mache; was zum Teufel suchte der Junge also? Evelyn zeigte Dan den Brief und fragte, was sie antworten solle. »Schreib ihm«, sagte Dan, »daß ich die weißen Pfosten und die Ketten hasse, die Weiden und die Kieswege und das ganze Surrey!«

Evelyn begriff nicht genau, was er meinte. Doch sie verstand viel mehr davon, als sie vor zwölf Monaten begriffen hätte. Und das war wieder Miles zu verdanken.

Dan sollte nach Frankreich gehen. Er wehrte sich nachdrücklich, ohne aber den wahren Grund anzugeben: die Furcht, seine Mutter allein zu lassen. Evelyn blieb jedoch fest. Sie war nur überrascht davon, wie fest sie jetzt sein konnte; das Unglück schien alle schlummernde Stärke ihres Charakters wachgerufen zu haben. So sehr sie wünschte, Dan bei sich zu behalten, war sie doch entschlossen, stets sein Wohl über ihr eigenes zu stellen; sie hatte genug von selbstsüchtiger Liebe.

Er fuhr, bis zur letzten Stunde widersprechend; und sie blieb allein in England. Allein trotz der Leute, die um sie waren, denn Dan war nun der einzige Mensch auf der Welt, der etwas für sie bedeutete. Was sonst von ihrem Leben noch blieb, war nichts als ein nebelhaftes Schattenbild.

Sie bemühte sich, Interesse an anderem zu finden; da aber jeder Anreiz fehlte, fühlte sie sich wie ein Mensch, der versucht, schwere Gewichte zu heben, ohne die notwendigen Muskeln zu besitzen. Liebe war es, die ihr fehlte, nun sie sie einmal kennengelernt hatte. Sie glaubte, manche Frauen litten darunter und sie gehöre bestimmt zu diesen. Es war tragisch, eine solche Veranlagung zu haben.

Viola Anquetil war der einzige Mensch, den sie zu sehen wünschte. Sie vermochte, wenn auch nur vorübergehend, ein wenig Frieden darin zu finden, ruhig und selbst ohne zu sprechen mit der kühlen Viola zusammenzusitzen. Aber ihre Zaghaftigkeit hielt sie zurück; sie hatte kein Recht, Viola ihren Kummer aufzudrängen. Viola rief mehrere Male an und schrieb, doch stets erwiderte Evelyn, sie sei in Newlands.

Darin war sie wieder fest.

Diese Festigkeit war unerklärlich, sogar ihr selbst. Das war anscheinend die Rückseite der Medaille. Auf der andern Seite war die Medaille von Nachgiebigkeit gegen sich selbst, Weichheit, Hang zum Luxus und Egoismus geprägt; nun hatte sie sie umgewendet und fand Strenge, Stolz und Opferfähigkeit.

Was würde schließlich die Zukunft bringen? dachte sie. Sie hatte vielleicht noch dreißig bis vierzig Jahre vor sich. Würde das Gefühl, das Beste für Miles getan zu haben, ausreichen, sie aufrechtzuerhalten? Oder war das nur ein vorübergehender Rausch? Wenn er verging, wenn die Stimmung abflaute, würde sie dann zerschmettert auf den Boden fallen wie ein Akrobat, der vom gespannten Seil stürzt?

Die Unterredung mit Miles war endgültig gewesen. Sie hatte es schon gewußt, als er sie noch anflehte. Er mochte rasen, toben, bitten, flehen: Der überzeugende Ton fehlte. Sie hatte genügend Gefühl dafür, den Unterschied zu erkennen; außerdem kannte sie Miles zu gut! Erregbar, beredt und ohne Scheu, seine Gefühle zu äußern, war er fähig, sich in eine Bewegung hineinzusteigern, die ihn selber täuschte und die jeden andern getäuscht hätte, nur sie nicht. (Und doch hatte sie sich, weiß Gott, brennend genug gewünscht, sich dieser Täuschung hingeben zu können.) Als sie nachgiebig zu werden drohte, hatte sie ihn ironisch angesehen und gesagt: »Hältst du mal wieder Wahlreden, Miles?« Plötzlich abgekühlt, hatte er ihr einen Blick voll wirklichem Haß zugeworfen, und all ihre vergangenen Meinungsverschiedenheiten waren mit einemmal wieder lebendig. »Wahlreden« – welch böser Geist hatte sie verleitet, dieses Wort zu gebrauchen? Es umschloß seine gesamte öffentliche Karriere – den Hauptfeind jener Tage, als ihre Liebe sie noch verband. »Wenn du so denkst ...«, hatte er gesagt und war von ihr fort bis in die entfernteste Ecke des Zimmers gegangen. Sie hatte ihn dabei beobachtet, betroffen von seiner Erregung und von der vertrauten Anmut seiner Bewegungen. Wie nahe war sie in diesem Augenblick daran gewesen, ihn zurückzurufen! Er stand als Silhouette vor dem großen Fenster in Violas Atelier – als Silhouette, aber mit schimmerndem Haar –; er war wütend, hatte die Hände in den Taschen, und beinahe wäre sie zu ihm gegangen und hätte »Miles?« gesagt mit der Stimme, die ihn herumreißen und dazu bringen würde, sie sofort in die Arme zu ziehen, das wußte sie. Dann hätte sie jene körperliche Berührung wieder gespürt, die so viel und doch so wenig bedeutete; für den Augenblick wären sie zusammengeschmolzen, zueinander zurückgekehrt; für eine Stunde, für eine Nacht, für eine Woche wäre ihre Vereinigung wieder vollkommen gewesen. Sie hatte der Versuchung widerstanden – um welchen Preis! – und war froh darüber. Sie war am Kamin geblieben, während er drüben beim Fenster stand, und hatte ihre Trümpfe ausgespielt. »Das ist die dir gemäße Rednerbühne«, hatte sie gesagt, »die Apfelsinenkiste oder das Heringsfaß. Bleib du dabei, und laß mich gehn!«

Darauf eine Antwort zu geben war schwierig für ihn – fast so schwierig, als wenn ein Amerikaner ihm sagte: »Hat mich gefreut, Sie kennenzulernen, Herr Vane-Merrick.« Sein Herz lag nicht in der Antwort; soviel war gewiß. Er begann zu zweifeln, ob er überhaupt ein Herz habe. Gefühlserregungen hatte er im Überfluß; Beredsamkeit stand ihm zu Gebot, aber – Herz? Was hieß das überhaupt – Herz? Leidenschaft? Lust? War das der Ausdruck der Liebe? Nicht der Liebe, wie er sie verstand. Noch weniger der Liebe, wie Evelyn sie auffaßte. Die Liebe, wie Evelyn sie verstand, war das völlige

Aufgehen eines Liebenden im andern. Er vermochte die Liebe nicht in diesem Licht zu sehen. Er wollte seine Individualität, seine Tätigkeit, seinen Stundenplan behalten. Er wollte neben dem Leben der Liebe sein eigenes Leben führen, unabhängig, getrennt davon. So hatte er sich zu Evelyn umgewandt und sich bemüht zu erklären, aber er hatte die Erklärungen mit erbitterter Stimme vorgebracht, und sie hatte die Erbitterung hinter den Erklärungen gespürt. »Plag dich nicht, Miles!« hatte sie gesagt. »Wir haben sieben reizende Monate erlebt, und man kann nicht erwarten, daß diese Dinge ewig währen.«

Sie hoffte dadurch den Eindruck hervorzurufen, daß die Angelegenheit für sie ebenso zu Ende sei wie für ihn. Sie wollte, daß er es leichtnahm. Sie wollte, daß er glaube, sie nähme es selber auch leicht. Sie wollte nicht, daß er sich quälte – das war ein Teil ihres Rausches. Wenn sie sich für ihn opfern mußte, dann wollte sie es so gründlich und barmherzig tun wie nur möglich.

Den Satz mit der Wahlrede hatte er ihr heimgezahlt. Wie sie wußte, ließ er sich leicht zur Vergeltung hinreißen, doch bei dieser Gelegenheit verletzte er sie bitter, obwohl sie es nicht zeigte. Was kam es auf eine Verletzung mehr oder weniger an, wenn das Herz schon eine einzige Wunde war? Er sagte: »Das glaube ich wohl, daß du froh gewesen bist, mich los zu sein. Du hast dir immer Sorgen darüber gemacht, was die Jarrolds dazu sagten.« Sie hatte gelächelt und erwidert: »Ja, Miles, das habe ich leider getan.«

Sie fuhr nach London zurück, als Dan abgereist war. Der Dezember war auf dem Lande nicht nach ihrem Geschmack; außerdem war es kaum möglich, irgend jemand zu veranlassen, im Dezember nach Newlands zu kommen. Und sie mußte ständig Menschen um sich haben, so unwesentlich sie ihr auch sein mochten, denn sie fürchtete sich, allein zu bleiben. Von morgens bis abends mußte sie Menschen um sich haben – oder besser von morgens bis morgens, denn sie ging jetzt selten vor zwei oder drei Uhr zu Bett. Wenn sie dann endlich ins Bett kam, konnte sie nicht schlafen und fürchtete diese matten Morgenstunden, wenn alle Kümmernisse des Lebens zur Größe der Erdkugel anschwollen und sie in den Kissen fast erdrückten. Um sechs oder sieben schlief sie gewöhnlich ein, schlief bis neun oder zehn; wenn sie dann aufwachte, griff sie nach dem Telefon und bat Ruth oder eine andere Verehrerin, sofort herüberzukommen. Sie fand Freude daran, Ruth zu tyrannisieren, und wenn sie sie bestellt hatte, ließ sie sie gewöhnlich endlos warten, während sie badete. Es war eine armselige Rache an einem armseligen Objekt; aber ihre schmerzende Seele suchte jede Erleichterung.

Auch Evan zeigte Ausdauer in seinen Besuchen. Sie verachtete und verabscheute Evan mit seiner faseligen und sentimentalen Art, aber er stand immer und zu allen Gelegenheiten zur Verfügung. Sie konnte ihn ohne weiteres anrufen und ihm sagen, sie wolle sofort in ein Theater oder einen Nachtklub gehen. Sie zog ihn in der Tat den jungen Männern vor, die stets bereit waren, mit ihr auszugehen. Obwohl er sie auf die geschmackloseste Weise mit seinen Annäherungsversuchen verfolgte, war er doch immerhin ihr Schwager, und sie brauchte sich bei ihm keinen Zwang aufzuerlegen; sie konnten über Thomas reden oder über Lady Orlestone und ihre Rhododendren; sie konnte ihn abweisen, so oft sie wollte, und er war niemals beleidigt. Sie konnten endlos und mühelos über die gemeinsame Familie schwatzen. Sie konnte ihn wegen seines unmäßigen Trinkens ausschelten, und wenn sie dann sah, daß er die Augen niederschlug, und spürte, daß es ihm wohltat, hatte sie sogar Mitgefühl für ihn. Die Beziehungen zu Evan waren ganz zwanglos, besonders in einem öffentlichen Lokal, wo er nicht versuchen konnte, ihr den Arm um die Schulter zu legen.

Allein mit ihm in ihrer Wohnung zu bleiben, vermied sie.

Evan besaß trotz seiner Unbeholfenheit einen gewissen

Takt. Nie erwähnte er Miles. Doch das Gefühl, daß er über sie und Miles Bescheid wußte, gab ihr einen seltsamen Trost und Halt.

Sie war mit Evan ausgegangen, als sie Miles und Lesley zum erstenmal zusammen sah.

Sie dinierten in demselben Restaurant, und es dauerte einige Zeit, bis sie sich erblickten. Und zwar war es ein Spiegel, in dem Evelyn sie schließlich sah. Plötzlich hatte sie das vertraute Bild vor sich, als sie die Augen zu dem Spiegel an der Wand hob, und als sie sich umwandte, konnte sie sich davon vergewissern, daß das undeutliche Spiegelbild sie nicht getäuscht hatte. Sie lachten und plauderten vertraulich miteinander, stützten die Ellbogen auf den kleinen Tisch und sahen beide sehr jung und anschauenswert aus. Ja, sie fielen auf, Miles so blond und Lesley so dunkel und streng. Sie sahen vorzüglich und intelligent aus – törichte Worte, um den plötzlichen Schmerz zu beschreiben, den Evelyn spürte, als sie beobachtete, wie die beiden zueinander paßten. Sie konnte sie nicht dauernd über die Schulter anstarren, aber als sie sich zurückwandte, sah sie sie wieder im Spiegel. Was für ein seltsames Ding ein Spiegel ist! Er gab die Farbe des Lebens wieder, die natürliche Größe, die Gebärden, und doch bot er nichts als eine ferne Unwirklichkeit. Das war nicht Miles, dessen Haar über dem dunklen Anzug und dem weißen Tischtuch schimmerte, der die Hand ausstreckte, um Brot zu nehmen, der roten Wein aus einer dunklen Flasche goß. Und doch war es Miles; sie brauchte sich nur umzudrehen, und die Wirklichkeit war dicht hinter ihr.

»Evan«, sagte sie, »hat man schon stereoskopische Spiegel erfunden?«

Evan starrte sie an. Er hatte geredet, und sie hatte offenbar nicht zugehört.

»Wie?«

»Ich dachte gerade, ein Spiegel zeigt alles flach, nicht wahr? Nicht wirklich plastisch? Ich meine, man hat nicht das

Gefühl, als ob man die Hand hinter irgend etwas legen könne, das im Spiegel zu sehen ist. Es ist so lebenswahr und doch überhaupt nicht lebenswahr. Ich finde das ziemlich erschreckend.«

Es war nur natürlich, daß Evan in den Spiegel schaute, der genau hinter seinem Kopf hing. Dann sah er sie.

»Möchtest du gehen?« fragte er, als er sie gesehen hatte. Sie war ihm dankbar – der arme Evan! Aber sie schüttelte den Kopf und lächelte. »Nein, lieber Evan, es ist nicht gut, wegzulaufen.«

»Früher oder später mußte es passieren«, meinte er.

»Ja, früher oder später mußte es passieren.«

»Ist es das erstemal?«

»Ja, das erstemal.«

»Dann hast du Glück gehabt.«

»Ja, ich habe Glück gehabt.«

»Haben sie dich gesehen?«

»Nein, ich glaube nicht – noch nicht.«

»Sie werden dich sehen.«

»Ja, natürlich werden sie mich sehen.«

Er konnte nicht wissen, welche Qual ihr das Fürwort »sie« bereitete.

»Sie werden herüberkommen und dich ansprechen, Evelyn.«

»Ja, ich nehme an, daß sie das tun werden. Sie werden sich dazu verpflichtet fühlen. Es ist peinlich für sie, nicht wahr?«

»Evelyn, mach nicht so ein Gesicht!«

»Was für eins?«

»So – nun, ich weiß nicht.«

Sie lachte. »Ausgezeichnet, mein undeutlicher Evan!«

»Was bedeutet das?«

»Das bedeutet, daß du nicht sehr gut auszudrücken verstehst, was du meinst.«

»Na ja«, sagte Evan unbehaglich, »man versteht's eben nicht.«

Nein, Evan und seinesgleichen verstanden es nicht gut,

auszudrücken, was sie meinten. Miles dagegen konnte es außerordentlich gut. Vielleicht war es zum Teil auch das, was Viola im Sinn hatte, wenn sie Miles einen Engländer aus der Zeit Elisabeths nannte... Und doch war Evan eine gute Seele, und sie war lieber mit ihm als mit einem Fremden zusammen.

Als sie fast fertig mit dem Essen waren, erblickte Miles sie. Ihre Augen begegneten sich im Spiegel. Er hatte gerade in dem Augenblick aufgeschaut, als sie wieder hineinsah – sie konnte ihren Blick nicht zurückhalten. Es war ein seltsames Erlebnis. Sie sah seinen erschreckten Blick im Spiegel: Sie sah, wie er die Augen senkte und sie suchte – ihr wirkliches Ich, das körperliche. Als sie sah, daß sein Spiegelbild das tat, zwang sie sich, sich nicht umzudrehen. Ehe sie sich nicht umwandte, konnten ihre Augen sich nicht begegnen. So aß sie weiter und plauderte mit Evan, obwohl sie wußte, daß Miles sie ansah.

Sie bemühte sich, nicht in den Spiegel zu schauen; es gelang ihr auch bis auf einen einzigen Blick. Dieser eine Blick zeigte, daß Miles wieder mit Lesley sprach. Er zeigte, daß Lesley noch nichts von ihrer Anwesenheit wußte. Miles verriet sich durch übernervöse Lebhaftigkeit. Das Mädchen war heiter wie immer und voller Interesse für ihren Begleiter und das, was er sagte. Sie hatten wieder die Ellbogen auf den kleinen Tisch gestützt und plauderten. Miles verriet seine Nervosität nur durch die Hast, mit der er sein Brot zerkrümelte.

Evelyn wußte nicht, was sie zu Evan sagte. Sie hatte nur das tröstliche Gefühl, daß Evan sie verstand und ihr alle Versehen vergab.

Sie überlegte, daß entweder sie und Evan oder Miles und Lesley als erste das Restaurant verlassen mußten. Irgend etwas mußte geschehen, deshalb stand sie tapfer auf und ging zwischen den Tischen durch. Bei Miles und Lesley blieb sie stehen und redete sie an. Lesley schaute überrascht auf; als sie Evelyn dann erkannte, lächelte sie freundlich. Evelyn fragte sich, wieviel sie wirklich wußte. Miles erhob sich verlegen. Er ließ die Serviette fallen und mußte sie unter dem Tisch suchen – das war für jeden Mann eine lächerliche Haltung, doch da sie ihn liebte, empfand sie dabei nur noch mehr Zärtlichkeit für ihn. Er tat ihr leid, weil sie ihm unbeabsichtigt den Abend verdorben hatte. Und doch war sie froh, es getan zu haben.

Die Begegnung verlief in höflichster Form.

Sie war spät nach Haus gekommen, da dichter Nebel über London lag. (Sie hoffte, Dan werde in Frankreich dem Nebel entgehen.) Er war undurchdringlich, einfach scheußlich. Es war ein Nebel, in dem unsichtbare Räuber den Frauen die Ohrringe aus den Ohren reißen konnten. Evan brachte Evelyn spät in der Nacht oder besser früh am Morgen nach Hause, denn sie waren noch tanzen gegangen, und als sie Evan mit einigen Schwierigkeiten verabschiedet hatte, verweilte sie noch allein in der Wohnung, ehe sie zu Bett ging. Evan, der immer sentimentaler geworden war, je weiter die Nacht vorrückte, hatte sie wieder angefleht, ihn zu heiraten. »Es ist erlaubt, weißt du – Parlamentsakte«, hatte er zum zwanzigstenmal gesagt; und zum zwanzigstenmal hatte sie ihn geneckt und gesagt, daß die Heiratsanträge zu einer schlechten Angewohnheit bei ihm würden. Er erwiderte, daß er niemand Heiratsanträge mache außer ihr; und der arme Thomas würde einverstanden gewesen sein. Sie entgegnete, sie sei es müde, immer wieder die posthumen Ansichten des armen Thomas zu hören. Evan wurde unsicher; Worte wie posthum beunruhigten ihn; er behauptete, sie müsse sie beim jungen Vane-Merrick aufgeschnappt haben – inzwischen, um zwei Uhr morgens, hatte er seinen natürlichen Takt verloren. Der junge Vane-Merrick sei ein verfluchter Intellektueller, sagte er; »Sieh dir nur das Mädchen an, mit dem er gegessen hat, wie die angezogen war! So eine Bluse aus grüner indischer Seide. Das war doch ein Malermodell aus Chelsea, was er sich da aufgelesen hatte.«

»Keineswegs«, antwortete Evelyn kühl, »das war Viola Anquetils Tochter; ich kenne sie gut.« Sie bemühte sich, es so zu sagen, als ob Viola Anquetils Tochter ihre beste Freundin, fast ihre Patentochter sei.

»Na«, sagte Evan, »zum Heiraten ist das nichts; alles, was du willst, aber nicht heiraten.«

Evelyn wußte nicht, ob sie sich über diese Bemerkung freuen oder ärgern sollte. Sie konnte keinen Geschmack an der Anspielung »alles, was du willst« finden. Doch hatte sie es lieber als eine Trauung in der St.-Georgs-Kirche am Hanover Square oder in der St.-Margarets-Kirche in Westminster, durch die Miles der Welt als der offizielle und gesetzliche Geliebte Lesley Anquetils oder einer anderen verkündet würde. Die Eitelkeit konnte merkwürdige Formen annehmen – die Eitelkeit und ebenso die Eifersucht. Sie war soweit gekommen, daß es ihr kaum noch etwas ausmachte, was Miles mit seinem Privatleben anfing, er war schließlich ein junger Mann und brauchte seine Entspannungen, sie konnte das verstehen und ertragen, aber sie war leidenschaftlich dagegen, daß er öffentlich mit einer anderen Frau in Verbindung gebracht wurde. Das war fraglos eine unnatürliche Form der Eifersucht; aber ihre Eifersucht nahm eben diese Form an.

Sie öffnete das Fenster, stützte die Ellbogen aufs Fensterbrett und stellte sich Miles und Lesley zusammen vor. Sie war überzeugt davon, daß sie eines Tages in der *Times* die Anzeige lesen werde: M. Vane-Merrick, hochwohlgeboren, und Fräulein L. Anquetil. Ob Miles sie vorher benachrichtigen würde, oder Viola? Viola würde es sicher tun; sie verstand die Regungen des Herzens. Miles verstand sie überhaupt nicht. Er wurde nur ärgerlich und wütend darüber, wenn die Gefühle anderer unbequem heftig wurden. Seine eigenen Gefühle blieben der Politik vorbehalten. Lesley würde ihn nie belästigen. Es war ebenso unmöglich, sich vorzustellen, daß das glattgescheitelte Haar über ihrer Stirn jemals zerzaust oder unordentlich aussehen könnte. Gewiß, sie war die vollkommene Frau für Miles – wenn er eine Frau haben mußte.

Evelyn stand immer noch mit aufgestützten Ellbogen am offenen Fenster, obwohl die Dezembernacht kalt und der Nebel dicht war: Sie dachte daran, wie Miles die Ellbogen auf den kleinen Tisch gestützt hatte, ehe er ihre Anwesenheit bemerkte. Gerade ebenso stützte sie jetzt die Ellbogen auf das Fensterbrett, doch während Miles über den Tisch hinweg mit Lesley geplaudert hatte, atmete sie nun die kalte beklemmende Luft ein, hatte niemand, mit dem sie plaudern konnte, nur ihre eigenen Gedanken, die ihr Gesellschaft leisteten. Sie hatte gebadet und war warm, zu warm, das wußte sie, für die eisige tödliche Luft, die in das offene Fenster kroch. Diese Londoner Nebel, wie undurchdringlich sie waren, wie sie alles unwirklich machten, ebenso undurchdringlich wie der Spiegel, der Miles' Bild zurückwarf. Nie wieder würde sie in einem öffentlichen Lokal in einen Spiegel blicken können, ohne Furcht zu verspüren.

Sie hätte zu Bett gehen sollen. Aber sie war in die Gewohnheit verfallen, die Stunde hinauszuschieben, in der sie die Lampen ausschalten und im Dunkeln liegen mußte. Heute wollte sie ein Schlafmittel nehmen; das war ein Luxus, den sie sich so selten wie möglich erlaubte. Heute glaubte sie, ihn verdient zu haben. Sie fühlte sich so erbärmlich einsam, und der Nebel schien ihre Einsamkeit noch zu vertiefen. Wenn sie sich aus dem Fenster lehnte, konnte sie die flackernden Warnlichter an der Straßenecke sehen, düstere orangefarbene Flecken im Nebel. Ob Miles sicher nach Hause gekommen sein mochte, fragte sie sich, als eine Taxe vorüberfuhr und vorsichtig hupte.

Dann fühlte sie, daß sie wirklich sehr fror, und als sie ihr Chloral abgemessen und eingenommen hatte, lag sie eine ganze Zeit trotz der Wärme des Bettes mit klappernden Zähnen wach.

Entsetzliche Träume peinigten sie; sie träumte, sie stehe mit

Miles in einer kalten Nacht auf den Zinnen seines Turmes, und er verwehre es ihr, in die Wärme und Sicherheit hinunterzugehen. Als sie ihn drängte, sprang er auf die Brüstung und in die Tiefe; sie hörte, wie sein Körper dröhnend unten auf dem Steinpflaster aufschlug. Zitternd erwachte sie, schweißgebadet, und war nicht fähig, sich klarzuwerden, daß sie nur geträumt habe. Dann glaubte sie, daß der Traum das Zittern und Schwitzen hervorgerufen habe, bis sie merkte, daß sie ihre Glieder kaum zu bewegen vermochte; und als sie mit der Hand über die Stirn strich, merkte sie, daß sie naß war. Das Zimmer war dunkel; kein Lichtschimmer war hinter den Vorhängen zu erblicken. Sie knipste die Lampe an und sah zu ihrem Erstaunen, daß es elf Uhr war. Sie nahm an, die Wirkung des Chlorals habe sie so lange schlafen lassen. Sie hätte sich erfrischt fühlen müssen, doch fühlte sie sich im Gegenteil müde und zerschlagen; Kopf und Glieder schmerzten.

Sie klingelte nach Privett, die mit unwilliger Miene hereinkam. »Sie haben wieder dieses Zeug genommen!« sagte sie, als sie das leere Glas neben der Flasche sah.

»Ist es wirklich schon elf, Privett?«

»Ja, schon drüber. Was können Sie anders erwarten, wenn Sie dies Zeug nehmen?«

»Aber das Zimmer war ganz dunkel.«

»Der Nebel ist so dick, daß man ihn mit Händen greifen kann.«

Privett zog die Vorhänge zurück; vor den Fenstern stand eine feste braune Wand. Das elektrische Licht gab dem Zimmer Helligkeit; es war wie eine strahlende Zelle, die in die Dunkelheit gegraben war. Privett schaltete die elektrische Heizung ein.

»Bitte, nicht die volle Stärke, Privett; mir ist so heiß!«

»Heiß? Wieso? Es ist kalt und feucht.« Privett kam ans Bett und sah sie an. »Sie sind rot. Sie haben doch kein Fieber?« Sie legte Evelyn die Hand auf die Stirn. »Ich will mal Ihre Temperatur messen«, sagte sie energisch.

Evelyn fühlte sich wirklich zu krank, um sich zu wehren.

Privetts grobe Freundlichkeit und ihre Besorgtheit waren wohltuend; sie ließ sich pflegen.

»Nun?« sagte sie, als Privett die Brille aufgesetzt hatte und das Thermometer unter der Lampe studierte.

»Über achtunddreißig«, verkündete Privett endlich. Es waren tatsächlich sogar neununddreißig, und sie machte sich Sorge.

»Achtunddreißig ist doch gar nichts«, murmelte Evelyn. »Ich muß mich heute nacht erkältet haben.«

»Sie bleiben, wo Sie sind!«

Evelyn lächelte.

»Gut, Kindermädchen. Ich habe auch nicht viel Lust, etwas anderes zu tun.«

»Das will ich glauben«, brummte Privett, als sie aus dem Zimmer ging.

Sie überlegte, was sie tun sollte. Neununddreißig war keine gute Temperatur für den Morgen. Nach dem Arzt schicken? Frau Gottfried Jarrold anrufen? »Das arme Wurm hat niemand, der sich um sie kümmert«, murmelte sie und verwünschte zum tausendstenmal diesen jungen Vane-Merrick. Wenn Frau Jarrold eine Erkältung hatte, so war es Vane-Merricks Schuld.

Sie rief Frau Gottfried Jarrold an.

»Natürlich, Privett, Sie haben ganz recht; rufen Sie sofort den Arzt! Natürlich Dr. Gregory. Ich komme selber hinüber, wenn ich bei dem Nebel durchkomme.«

Der Arzt kam zuerst. Er sagte, Evelyn habe zweifellos eine Erkältung, und eine recht schwere; er verschrieb Aspirin und nur Suppe zum Mittagessen und meinte ermunternd, daß an einem solchen Tage das Bett der beste Aufenthaltsort sei.

»Sie versäumen nicht viel«, sagte er, rieb sich die Hände und sah sich anerkennend in dem hübschen Zimmer um. Er war ein ältlicher Arzt mit einer vornehmen Praxis und hatte durchaus nichts gegen Besuche bei hübschen Frauen mit unbedeutenden Beschwerden in angenehmer Umgebung. Frau Jarrold, dachte er, sieht ganz reizend aus, wie sie da im

Bett liegt, zart wie eine abgefallene Blüte, rosig, das krause dunkle Haar auf dem Kopfkissen, sehr still und voller Selbstbedauern. Er fragte sich, weshalb sie wohl nicht wieder geheiratet habe. – »In ein, zwei Tagen sind Sie wieder gesund«, sagte er, »ich schaue heut abend noch einmal herein. Aber nun erzählen Sie mir mal«, fügte er hinzu, »was haben Sie angestellt, daß Sie sich so eine Erkältung geholt haben? Spät in der Nacht in dünnen Kleidern unterwegs gewesen, wie? Oh, diese leichtsinnigen jungen Frauen!«

»Nein«, sagte Evelyn, »ich habe vergangene Nacht nach einem heißen Bad am offenen Fenster gestanden.«

»Und den Nebel bewundert, wie? Na, wenn Menschen wie Sie nicht so verrückte Dinge täten, würden wir Ärzte wohl verhungern. Oder haben Sie sich das Leben nehmen wollen?« Er lachte, ein fettes, behagliches Lachen über seinen eigenen Scherz. »Nun stehen Sie aber heute nicht wieder auf, um den Nebel zu bewundern!« sagte er und drohte mit dem Finger.

Auf dem Weg hinaus traf er Frau Gottfried Jarrold und Ruth. Sie waren alte Bekannte; er hatte Ruth schon in Empfang genommen, als sie auf die Welt kam.

Nachdem sie ihre Ansichten über das Wetter ausgetauscht hatten, sprachen sie über die Patientin.

»Nur eine Erkältung, Frau Gottfried; in ein paar Tagen ist sie wieder wohlauf.«

»Privett hat mich recht erschreckt: neununddreißig, wissen Sie . . . bei einem Kind wäre das natürlich gar nichts, aber für eine Erwachsenen doch eine recht hohe Temperatur.«

»Ach, Dienstboten sind immer Schwarzseher. Sie werden's erleben, heute abend ist die Temperatur gefallen.«

»Aber das Fieber steigt doch abends immer.«

Er lachte freundlich und überlegen und tätschelte ihr den Arm. »Ich glaube, Sie werden sehen, daß es gefallen ist. Ich will ihr etwas schicken, das es herunterbringt.«

»Dann braucht man sich also keine Sorgen zu machen?«

»Du meine Güte, gar kein Grund, besorgt zu sein! Gehen

Sie nur hinein, aber lassen Sie sie nicht zuviel reden! Je ruhiger sie heute ist, desto besser.«

Der Arzt hatte recht; die Temperatur ging wirklich herunter. Evelyns Schwägerin kam am Abend und neckte sie mit der Furcht, die sie ihnen eingejagt hatte. Evan schickte Blumen mit einer teilnahmsvollen Karte. Sie lag im Bett und fühlte sich ziemlich schwach, aber voller Frieden. Sie war zu müde, über Miles nachzudenken. Glieder und Kopf schmerzten zu sehr, als daß sie an den Schmerz im Herzen denken konnte. Mit spöttischer Belustigung stellte sie fest, daß körperliche Leiden die seelischen Leiden auszulöschen vermochten, und als ihr das klargeworden war, malte sie sich voller Phantasie aus, wieviel lieber sie dauernd solche Unpäßlichkeiten statt der andern Qualen leiden würde. Es war nicht unangenehm, leicht krank zu sein; selbst die Schmerzen in den Gelenken waren eher interessant als unangenehm. Es war spannend, den Fuß zu bewegen und den fernen, undefinierbaren Schmerz im Knöchel zu spüren. Es war schwierig, genau zu sagen, wo der Schmerz war, schwierig, ihn abzugrenzen. Sie wußte nur, daß er sich fast sinnlich über den ganzen Körper ausbreitete, daß er gerade stark genug war, damit sie sich – wie unter einer Liebkosung – des eigenen Körpers bewußt wurde. Als Gefangene allein in ihrem Zimmer empfand sie mehr Frieden als seit Monaten. Privett war freundlich, und die Notwendigkeit, sie darum zu bitten, ihr bei den kleinen körperlichen Bedürfnissen zu helfen, war eine seltsame Erleichterung der Einsamkeit, unter der sie in der letzten Zeit gelitten hatte. Es war eine Erleichterung, Privett um ein frisches Glas Milch mit Selterwasser zu bitten, eine Erleichterung, zu sagen, sie habe Durst; es war fast ebensoviel wert, als wenn sie gesagt hätte, sie sei unglücklich. Krankheit, selbst eine unbedeutende Krankheit, wurde so schnell wichtig! Das Krankenzimmer wurde so rasch zum Mittelpunkt der Welt.

Privett war sehr fürsorglich. Zweimal stahl sie sich nachts

auf Zehenspitzen in Hausschuhen in Evelyns Zimmer – das war eine beachtliche Leistung für Privett, die gewöhnlich unbekümmert und geräuschvoll in derben Schuhen umherstampfte. Hester und Ruth und Evan waren ebenfalls besorgt; sie besuchten sie und brachten Blumen und Trauben. Bald war ihr Zimmer überfüllt mit den Dingen, die einem geschickt oder gebracht werden, wenn man krank ist. Wie sie Miles kannte, konnte sie sich vorstellen, daß er seinem Spott über solch konventionelle Äußerungen des Mitgefühls Luft gemacht hätte. Doch von Miles hatte sie nicht ein einziges Wort erhalten. Sie konnte ihn nicht tadeln, denn woher sollte er wissen, daß sie krank war? Lediglich die unvernünftige Empfindlichkeit der Kranken ließ sie sein Schweigen übelnehmen; und einmal, als sie allein lag und ins Feuer starrte, fühlte sie, wie eine Träne ihr die Wange hinabrollte.

Das Fieber schien vorüberzugehen, aber sie bekam einen Husten, der sie mehr störte, denn er erschütterte sie und verursachte immer neue Kopfschmerzen. Der Arzt verbot ihr aufzustehen, ehe der Husten nicht besser sei. »Wir wollen nicht, daß Sie sich dann mit einer Bronchitis hinlegen«, sagte er und kam jeden Tag. Sie hatte schon das Gefühl für Zeit verloren und war überrascht, als sie hörte, sie liege bereits acht Tage im Bett. Es war erstaunlich, daß man daliegen konnte und den größten Teil des Tages gar nichts tat und doch nicht fühlte, wie die Zeit sich mit unerträglicher Langsamkeit dahinschleppte; die kleinen, immer wiederkehrenden Begebenheiten im Krankenzimmer unterbrachen den Tag, teilten ihn auf und ließen ihn dahinfließen. Sie wäre ganz zufrieden gewesen, wenn nur der Husten sie nicht ständig so belästigt hätte, daß sie Schmerzen in der Brust hatte.

»Ja«, erwiderte der Arzt auf Hesters Frage, »es ist wohl eine kleine Bronchitis. Ganz unbedeutend. Wenn wir sie warm halten, wird es bald vorüber sein.«

Die Bronchitis machte jedoch keine Anstalten, bald vorüberzugehen, und eine kleine Auswahl medizinischer Instrumente tauchte in Evelyns Zimmer auf: Inhalatoren und ein Kessel, der Tag und Nacht am Kochen zu halten war. Hester drückte dem Arzt ihre Besorgnis aus. Diese Bronchitis müßte doch eigentlich nun schon besser sein?

»Was kann man bei diesem Wetter erwarten?« sagte er. »Dieser Nebel und die Feuchtigkeit lassen die Heilung nicht zu. Wir können ja das Fenster nicht einmal aufmachen, um das Zimmer zu lüften, ohne fast zu ersticken.«

Sie hörten Evelyn nebenan husten und schwiegen, um zu lauschen.

»Armes Geschöpf, es muß sie schrecklich quälen. Es ist so anstrengend und hält sie die ganze Nacht wach.«

»Dieses schweigsame Mädchen, das sie da hat, scheint sich für sie aufzuopfern.«

»Da fällt mir etwas ein, Dr. Gregory: Evelyn macht sich Gedanken darüber, daß Privett dauernd in der Nacht zu ihr kommt und sie versorgt. Es war nicht schlimm, solange wir glaubten, sie würde in ein paar Tagen wieder aufstehen, aber nun liegt sie ja immerhin schon über eine Woche, und es sieht fast so aus, als solle es noch eine Woche dauern.«

»Das wird es sicher«, sagte der Arzt.

»Meinen Sie dann nicht, daß wir eine Pflegerin nehmen sollten? Es ist ja vielleicht lächerlich, bei einer so leichten Krankheit eine Schwester zu nehmen, aber es würde Privett entlasten, und ich glaube, Evelyn sähe es lieber. Sie könnte in Dans Zimmer schlafen, und Evelyn könnte eine Glocke bekommen.«

Der Arzt meinte, das sei ein guter Gedanke, und die Schwester wurde bestellt, wenn auch jeder sehr darauf bedacht war zu betonen, es geschehe, um Privett zu entlasten, und nicht, weil Evelyn der Pflege bedürfe.

Hester und der Arzt hatten insgeheim verabredet, daß Evelyn für ein paar Wochen in eine Gegend mit warmem Klima gehen sollte – nach Südfrankreich oder gar nach Ägypten –, sobald sie soweit hergestellt war, daß sie reisen konnte.

Inzwischen ließ sich nicht leugnen, daß ihre Temperatur, die beim Ausbruch der Bronchitis wieder gestiegen war, hartnäckig oben blieb. Die Pflegerin führte eine Fieberkurve, die auf dem Wohnzimmertisch lag und auf die Hester jedesmal einen Blick warf, ehe sie in Evelyns Zimmer ging. Evelyn durfte nicht viel reden, sie verspürte auch nicht den Wunsch dazu, denn das Sprechen reizte sie zum Husten. Sie lächelte nur, wenn Hester hereinkam, und tätschelte ihr die Hand, wenn sie sie auf die Steppdecke legte. Hester fand, daß sie sehr krank aussehe, so gerötet, die Augen so groß und glänzend; und an Evelyns Händen konnte sie erkennen, wie dünn sie geworden war. Sie war jetzt zehn Tage krank; ja, zehn Tage; es war der sechzehnte Dezember.

Hester fragte den Arzt um seine Meinung.

»Es scheint ihr heute wirklich nicht so gut zu gehen. Der Husten quält sie, und leider ist da eine leichte Kongestion. Beunruhigen Sie sich nicht, Frau Gottfried, ich versichere Sie, daß ich keinen Grund zu ernsten Besorgnissen sehe.«

»Kongestion der Lunge, meinen Sie?«

»Ja, der Lunge.«

»Doktor Gregory, Sie befürchten doch keine Lungenentzündung?«

»Nun, bei diesen Fällen muß man diese Möglichkeit in Betracht ziehen, aber mehr auch nicht.«

»Kann man nicht irgend etwas dagegen tun?«

»Für den Augenblick wohl nicht; gute Pflege hat sie; nein, ich glaube, wir können nur abwarten. Ich bitte Sie, Ihrer Schwägerin nichts davon zu sagen. Ich hätte es auch Ihnen gegenüber nicht erwähnt, aber Sie haben mich ja gefragt.«

»Sie halten wirklich die Möglichkeit einer Lungenentzündung nicht für bedrohlich?«

»Oh, keineswegs; das wollen wir doch nicht hoffen; du liebe Zeit, nein, keineswegs. Sagen Sie, Frau Gottfried – ich möchte nicht indiskret sein, aber ich kenne Sie alle ja schon so lange –, hat Ihre Schwägerin irgend etwas, was sie bedrückt? Wissen Sie etwas davon?«

Hester zögerte, ehe sie antwortete.

»Wie kommen Sie darauf?«

»Ich will offen sein: Als ich heute abend hereinkam, hatte ich den Eindruck, Frau Jarrold hätte geweint.«

»Nun, offen gesagt, mag sie in der letzten Zeit wohl Grund gehabt haben, unglücklich zu sein. Ich habe nicht ihr Vertrauen, deshalb kann ich Ihnen nichts Bestimmtes sagen, aber man hört so allerlei, wissen Sie.«

Der Arzt nickte.

»Ich verstehe. Sie glauben nicht, daß sie jemand hat, den sie gern für einen Augenblick sehen möchte? Es ist sehr wichtig, sie abzulenken und zu beruhigen, solange sie noch fiebert.«

»Ich weiß nicht, aber ich kann sie fragen.«

»Ich möchte gern, daß Sie das tun, aber Sie dürfen nicht länger als fünf Minuten bleiben, und Frau Jarrold soll so wenig wie möglich reden.«

Hester bemühte sich, die Frage taktvoll zu formulieren, denn im Innersten war sie keine herzlose Frau, und obwohl sie Evelyns Affäre mit Vane-Merrick hart verurteilt hatte, war sie nun von Evelyns Schwäche und ihrem erschöpften Zustand wirklich gerührt. Deshalb beugte sie sich über sie und sagte warm: »Es muß so langweilig für dich sein, Liebe, hier zu liegen. Der Arzt sagt, du könntest jeden von deinen Freunden für ein paar Minuten sehen, wenn du magst.«

Evelyn blickte überrascht zu ihr auf, und Hester sah, wie ihre Augen sich plötzlich mit Tränen füllten. Doch dann wendete sie sich ab und schüttelte den Kopf, ohne zu sprechen.

Es war der Jahrestag des Balles im Chevron-Haus, aber natürlich konnte Hester das nicht wissen, auch der Arzt nicht.

Hester ging hinaus, um der Pflegerin ein paar Worte zu sagen. Sie sprachen mit gedämpfter Stimme, und in der ganzen Wohnung war es nun sehr still. Die Schwester war, wie es in ihrem Beruf häufig ist, wenig mitteilsam, wenn sie auch zugab, daß Frau Jarrold »heute abend anscheinend nicht ganz so wohl wie sonst« sei. Wie seltsam die Leute aus medizinischen Berufen die Dinge ausdrücken, dachte Hester, als sie in Evelyns Zimmer zurückging, um gute Nacht zu sagen.

Sie sah, daß Evelyn ihr etwas auf ein Stück Papier geschrieben hatte; sie benutzten jetzt manchmal dieses Verständigungsmittel, um Evelyns Stimme zu schonen. Auf dem Zettel stand: »Ich möchte gern Viola Anquetil sehen, Mason weiß die Telefonnummer.«

Hester las es und sagte, sie wolle dafür sorgen. Sie war ein wenig überrascht, denn sie hatte keine Ahnung, daß Evelyn die exzentrische Viola Anquetil kannte; aber sie wußte ja so wenig von Evelyns Leben. Das war für die Jarrolds immer ein Kummer gewesen. Sie hatten geglaubt, Evelyn verbringe ihre Zeit mit eleganten Freunden, die Bridge spielten und zum Rennen gingen.

Evelyn griff nach ihrer Hand, als sie gerade gehen wollte, winkte sie näher heran und flüsterte: »Heute abend!«

»Ja, ja, ich versprech's dir; ich werde heute abend dafür sorgen. Ich rufe sie selber an.«

Evelyn überkam die matte Reizbarkeit der Kranken, als Hester nicht sofort verstand, was sie meinte. Wenn Hester nur wüßte, was es sie kostete, zu sprechen und Erklärungen zu geben.

»Ich meine, wird sie heute abend kommen?«

»Ach, Evelyn, Liebste, ist es nicht schon recht spät? Gut, gut«, setzte sie hastig hinzu, als sie sah, daß Evelyn sofort bekümmert war, »wenn's die Schwester erlaubt, soll sie heute abend kommen. Bist du nun zufrieden?« Sie lächelte ihr beruhigend zu, beugte sich nieder, küßte den lockigen Kopf und ging zum Telefon.

Viola sagte, natürlich komme sie sofort. Niemand hatte ihr erzählt, daß Evelyn krank sei.

Die Neugier hielt Hester in der Wohnung, bis Viola kam.

Sie wollte diese Frau sehen, die jeder vom Hörensagen kannte, obwohl sie sich bewußt in jeder Weise der Öffentlichkeit fernhielt, und die sich so unerwartet als Evelyns Freundin herausstellte – tatsächlich als einzige Freundin, die sie sehen wollte. Viola kam innerhalb von zwanzig Minuten; sie war ruhig und schön. Hester mußte zugeben, daß sie schön sei, wenn es auch keine auffallende Schönheit war; sie meinte aber, Violas Kleidung sei doch recht sonderbar. Viola dagegen fand, Hester sei genauso, wie sie sich die Frauen der Jarrolds vorgestellt hatte: ein ziemlich hartes Gesicht, ein solides Tweedkostüm und große Füße in Schuhen mit flachen Absätzen. Frauen, die im gewöhnlichen Leben unduldsam und kritisch, jedoch verläßlich und gütig im Notfall waren – falls es ein Notfall war, den sie begreifen konnten, etwa eine körperliche Krankheit. Krankheiten des Herzens und der Seele brachten sie in Verwirrung.

Hester führte sie in Evelyns Zimmer und ließ die beiden allein.

Sie wartete, bis Viola wieder herauskam, da sie ihr gesagt hatte, sie möchte nicht länger als fünf Minuten bleiben. Sie verwendete die fünf Minuten auf ein Gespräch mit der Pflegerin – ein gewöhnliches, aber tüchtiges kleines Ding –, die immer sehr auf ihre Würde bedacht war, sich gewissenhaft ihren Patienten widmete und unangenehm zu den Dienstboten der Patienten wurde, wenn sie annahm, sie behandelten sie geringschätzig und servierten ihr die Mahlzeiten nicht richtig. Es gehörte auch zu ihrer Würde, den Bekannten und Verwandten ihrer Patienten gegenüber eine schweigsame Feindseligkeit zu wahren, diesen lästigen Leuten gegenüber, die Fragen stellten, die Schwestern nicht beantworten durften. Sie wußte ganz genau, daß Frau Jarrold Lungenentzündung hatte. Sie hatte viele solche Fälle erlebt. Aber sie würde es nicht sagen; das war Sache des Arztes. Sie mochte Frau Jarrold ganz gern, da sie sich immer entschuldigte, wenn sie in der Nacht läutete, und weil sie so reizende Schlafanzüge und so hübsche Sachen auf ihrem Frisiertisch hatte. Doch eigentlich waren die Patienten nur Nummern für sie, obwohl sie ihr gutes Auskommen bei ihnen hatte und ihrer Mutter ein bißchen Geld nach Yorkshire schicken konnte. Den Freunden und Verwandten ihrer Patienten gegenüber hatte sie sich eine bestimmte Manier angewöhnt; eine Schwester war zur Selbstverteidigung gezwungen. Sie waren alle Nummern: der Patient, der nur »ein Fall« war, und die Freunde und Verwandten, die sie mit ängstlichen Fragen bestürmten, die sie entweder nicht beantworten konnte oder nicht beantworten durfte – wenn man sie auch ihrer Tracht wegen für allwissend hielt. Der einzige Mensch, der keine Nummer war, war der junge Medizinstudent, der an ihren freien Abenden mit ihr ins Kino ging, wobei sie nie fachsimpelten.

Viola kam nach den bewilligten fünf Minuten aus Evelyns Zimmer. Sie ging auf Hester und die Pflegerin zu und sagte: »Sie ist ja wirklich sehr krank.« Aus irgendeinem Grunde nahm weder Hester noch die Schwester diese Feststellung übel. Die Schwester wußte es, und Hester fühlte es. »O nein«, sagte Hester, »der Arzt meint, es sei kein Grund zu ernstlicher Besorgnis.«

Die Schwester schaute Viola nur an und wußte, daß das ein Mensch war, der sie nicht mit Fragen belästigen, sondern ohne Rücksicht auf Dr. Gregory einen Spezialisten kommen lassen würde. Nach der persönlichen Ansicht der Schwester war Dr. Gregory kompetent für Masern oder Grippe, aber nicht für einen Fall von doppelseitiger Lungenentzündung. Sie, die Schwester, hatte kein besonderes Interesse an Frau Jarrold, doch ging es gegen ihre Berufsehre, einen Fall unter ihren Händen sterben zu sehen. Diese Lady Anquetil war ein Mensch, der auf einer Konsultation bestehen würde. Frau Gottfried Jarrold dagegen war eine Frau, die ganz emsig jeden Morgen und Abend kam und im allgemeinen recht vernünftig war – verglichen mit manchen andern Verwandten –, aber viel zuviel Respekt vor dem Arzt hatte und sich von seinen allzu optimistischen Ansichten überzeugen ließ. Lady Anquetil bildete sich ihr eigenes Urteil und war bereit, die Angelegenheit selbst in die Hand zu nehmen. Der Schwester war es nur recht, als sie Lady Anquetil sagen hörte, daß Frau Jarrold einen Spezialisten brauche. Lady Anquetil – was für ein seltsamer Name! – sagte, es sei Unsinn, wenn der Arzt meine, zur Besorgnis liege kein Grund vor. Er habe, im Gegenteil, allen Grund, ernstlich besorgt zu sein. Ihrer Meinung nach sei Evelyn wirklich sehr krank. Wenn Frau Gottfried Jarrold einverstanden sei, sagte sie und stellte es ihr als der Verwandten anheim, sollte man ohne zu zögern einen Lungenspezialisten rufen. Sie wolle gern dafür sorgen, wenn Frau Gottfried Jarrold einverstanden sei.

Hester war einverstanden. Sie fühlte sich ein wenig gekränkt, war im ganzen jedoch dieser unbekannten Frau, die da kam und alle Verantwortung für Evelyn übernahm, dankbar.

Sie wollte Dr. Gregory bitten, morgen früh einen Lungenfacharzt zuzuziehen, sagte sie und beruhigte sich selber damit, daß sie ja da sei, wenn Dr. Gregory kam. Doch Viola erklärte gelassen, sie werde gegen zehn Uhr morgens wieder hiersein; sie wolle den Arzt gern sprechen und den Bericht des Spezialisten hören.

Evelyn hatte eine schlechte Nacht. Sie hustete sehr viel und konnte in den Zwischenzeiten nicht schlafen, weil sie an den Ball im Chevron-Hause vor einem Jahr dachte. Am nächsten Morgen hatte die Schwester eine höhere Spitze als sonst in ihre Fieberkurve einzuzeichnen. Sie zog sie mit der Feder automatisch und peinlich genau, gerade bis an die richtige Linie. Dann lehnte sie sich in ihrem Stuhl – Evelyns Stuhl an Evelyns Schreibtisch – zurück und betrachtete die Kurve. Sie ging auf und ab wie eine Querschnittkarte des Himalaja. An solche Kurven war die Schwester durchaus gewöhnt, trotzdem schüttelte sie zweifelnd den Kopf. Sie war froh, daß Lady Anquetil darauf bestanden hatte, einen Spezialarzt zu rufen.

Der Besuch des Spezialisten war nicht sehr tröstlich, und Dr. Gregory nahm seine Anwesenheit auf respektvolle Weise übel. Der Spezialist erklärte, beide Lungen seien angegriffen, er hoffe jedoch, der Prozeß werde sich nicht ausbreiten. Er meinte, man müsse die Entwicklung abwarten, er werde am nächsten Tage wiederkommen. Er änderte Dr. Gregorys Verordnungen gerade so weit, daß es Dr. Gregory ärgerte, jedoch nicht so weit, daß es eine spürbare Wirkung auf die Patientin ausübte. Die Pflegerin behandelte ihn mit einem Schein mehr Respekt, als sie Dr. Gregory gönnte. Dann ging er und fuhr in einer langen, grauen Rolls-Royce-Limousine zu seinem nächsten reichen Patienten.

Evelyn schien sehr wenig Interesse an dem plötzlichen Erscheinen eines Spezialarztes zu nehmen. Hester, die wirklich ängstlich wurde, fragte die Pflegerin, ob diese Gleichgültigkeit nicht ein schlechtes Zeichen sei. Nein, sagte die Schwester, so seien sie immer. Hester nahm das Fürwort »sie« übel; es zeigte an, daß Evelyn zu der allgemeinen Klasse der kranken Menschen gezählt wurde. Dadurch empfand Hester plötzlich mehr Zärtlichkeit für Evelyn und die Verpflichtung, sie zu schützen. Sie begann, die Pflegerin zu hassen, obwohl sie wußte, daß diese ihr Bestes für Evelyn tat. Sie empfand all die hilflose Feindschaft des verwirrten Laien dem kühlen Fachmann gegenüber.

Viola Anquetil war es, die wirklich die Verantwortung übernahm. Viola nahm keine Rücksicht auf konventionelle Rechte, wie sie die Verwandtschaft beanspruchte. Sie war höflich, sogar freundlich zu Hester, aber sie machte es unmißverständlich klar, daß sie die Absicht hatte, dafür zu sorgen, daß Evelyn diese Krankheit sicher überstehe. Sowohl die Pflegerin als auch Dr. Gregory, zu dem sie offensichtlich nicht das mindeste Vertrauen hatte, erkannten ihre Autorität an. Beide benahmen sich ganz verschieden, je nachdem, ob sie mit Viola oder mit Hester sprachen. Viola konnte Vorschläge machen, und Dr. Gregory pflegte sie anzunehmen. Er wagte es nicht anders. Hester selbst, so energisch und maskulin sie auch sonst sein mochte, stellte fest, daß sie sich selber Violas Ratschlägen unterwarf. Hinter ihnen stand soviel Können und Erfahrung, sie wurden mit soviel kühler Vernunft und ohne jede überlegene Anmaßung angeboten, daß sie nie beleidigend wirkten. Viola hielt sowohl Dr. Gregory als auch Hester völlig unter Aufsicht. Auch die Pflegerin wußte, daß sie keine Fragen stellte, sondern einfach Anordnungen gab.

Sie kam jeden Morgen und blieb den ganzen Tag in der Wohnung. Sie war der einzige Mensch, den Evelyn sehen wollte. Evelyn war jetzt sehr ruhig, außer wenn sie hustete. Sie lag im Bett, aber wenn Viola hereinkam, lächelte sie und streckte die Hand aus. Viola nahm sie, jedoch ohne jede Sentimentalität. Sie hatte praktisch zu sein, nicht sentimental. Wichtig war, daß Evelyn nicht erfuhr, wie krank sie sei. Nur Viola wußte, wie krank sie war. Dr. Gregory tat immer noch so, als sei sie in einer Woche gesund. Auch der Spezialarzt war optimistisch. Die Schwester, deren Urteil vermutlich das richtigste war, äußerte ihre Meinung nicht; das war nicht ihre Sache. Von Hester konne man natürlich absehen. Aber Viola wußte, daß Evelyns Krankheit sehr ernst war.

Jeden Tag bemerkte sie eine leise Veränderung bei der Patientin. Sie erkannte dieses endgültige Sich-Zurückziehen, das ernste Krankheiten begleitet. Evelyn konnte Stunde um Stunde schweigend daliegen. Zuerst hatte sie kleine Mitteilungen auf ihren Block geschrieben. »Wollen Sie Evan bitte für seine Blumen danken?« – »Wollen Sie Dan bitte eine Postkarte schicken und ihm sagen, ich schriebe ihm nächste Woche?« Jetzt hatten selbst diese kleinen rührenden Mitteilungen aufgehört. Gegen alles, was draußen vor sich ging, schien sie völlig gleichgültig zu sein. Viola hätte nicht sagen können, woran Evelyn dachte – falls sie überhaupt dachte. Sie lag einfach im Bett; ohne Protest, ohne Interesse gestattete sie alles, was man mit ihr tat.

Am zwanzigsten Tag wurde sie auf eine mit Wasser gefüllte Gummimatratze gelegt, weil man fürchtete, sie würde sich wund liegen, so daß sie eine Weile auf ihrem Unterbett auf dem Fußboden lag, während man das Wasserkissen ins Bett hob. Es hatte einige Zeit gedauert, es im Badezimmer zu füllen. Es war ein unhandlicher Gegenstand; es sprang ruckartig herum, als das Wasser die verschiedenen Abteilungen füllte. Dann hoben sie Evelyn auf, Viola am Kopf und die Pflegerin an den Füßen, und legten sie auf die seltsame neue Ballonmatratze. Sie war von dem Vorgang erschöpft, lächelte aber und sagte, sie fühle sich sehr viel behaglicher. Viola ging ins Nebenzimmer und versuchte zu vergessen, wie sie die zerbrechlichen, mageren Schultern gehoben und den Kopf hatte halten müssen.

In dieser Nacht blieb sie in der Wohnung.

Am nächsten Tage ging es Evelyn entschieden besser. Die Temperatur war heruntergegangen, sie hustete weniger. Dr. Gregory kam zuversichtlich aus dem Krankenzimmer. »Ich glaube, wir sind über den Berg«, sagte er und rieb sich die Hände. Viola, die müde war, hörte ihm zu, ohne überzeugt zu sein. Jedoch beobachtete sie wirklich eine Veränderung, als sie zu Evelyn hineinging, und schrieb einen zuversichtlichen Brief an Dan – an Dan, den sie nie gesehen hatte, dem sie aber seit einer Woche jeden Tag einen Brief nach Frankreich schrieb. Obwohl sie den Jungen nie gesehen hatte, war sie doch von vornherein für ihn eingenommen durch das, was Miles ihr von ihm erzählt hatte, und durch die Briefe, die sie von ihm bekam, seit sie begonnen hatte, ihm über seine Mutter zu berichten. Er erinnerte sie irgendwie an ihren eigenen Bruder in dem Alter.

Am nächsten Tage hielt die Besserung an, wie Dr. Gregory es auffaßte. Das bedeutete, daß Evelyn zum erstenmal die Zeitung sehen wollte und fragte, ob Briefe gekommen seien, die sie beantworten müsse. Sie fragte matt; aber sie fragte doch immerhin. Das war ein gutes Zeichen. Man sagte ihr, sie brauche sich keine Sorgen zu machen; es seien keine wichtigen Briefe da, nur Drucksachen. Diese unwahre Versicherung nahm sie leicht und dankbar hin.

Dan machte man Hoffnung, daß er vielleicht über Weihnachten nach Hause kommen dürfe. Er schickte sofort ein Telegramm als Antwort und sagte, er fahre ab, sobald man es ihm nur erlaube. Doch Viola war vorsichtig und schrieb, sein Zimmer sei immer noch von der Pflegerin belegt, und wenn seine Mutter nun auch praktisch außer Gefahr sei, so ließen reine Bequemlichkeitsrücksichten sein Kommen noch nicht geraten erscheinen. Dan telegrafierte ungeduldig wieder: »Ich kann doch im Hotel schlafen.«

Daran hatte Viola nicht gedacht. Sie legte Dans Telegramm beiseite, um es am nächsten Tag zu beantworten. Am nächsten Tag ging es Evelyn nicht so gut. Sie hatte nachts sehr viel gehustet, war morgens schwach und müde und klagte über Schmerzen in der Brust. Selbst der optimistische Dr. Gregory war mit diesem Rückschlag unzufrieden. Er tat jedoch so, als sei es nur eine vorübergehende Erscheinung. »In ein, zwei Wochen ist sie wieder gesund, so sicher wie der Regen«, sagte er und schaute aus dem Fenster auf den strömenden Regen, der den Nebel abgelöst hatte.

Viola schrieb an Dan, er solle sich lieber darauf einrichten, Weihnachten in Blois zu bleiben. Seiner Mutter ginge es viel besser, schrieb sie, aber sie huste noch, wenn sie zu sprechen versuche, und Aufregungen seien schädlich für sie. Dans Kommen würde aufregend für sie sein. Deshalb müsse Dan selbstlos sein und Weihnachten wegbleiben. Vielleicht dürfe er Neujahr kommen . . . Inzwischen solle er sich keine Sorgen um sie machen. Es gehe ihr wirklich viel besser, aber es sei wichtig, daß man sie nicht in Unruhe bringe.

Dan schickte wieder ein Telegramm: »Verstehe vollkommen. Grüßt sie herzlich und sagt, sie soll ruhig sein, werde Weihnachten hierbleiben und hoffe, Neujahr nach Hause zu kommen.«

Am nächsten Tag ging es Evelyn wieder nicht so gut. Sie lag sehr schweigsam, als man sie jedoch fragte, sagte sie, Brust und Rücken täten ihr weh. Die Schwester vermerkte es kühl in ihrem Notizbuch: »5.30: klagt über Schmerzen in der

Lumbalgegend.« Viola las diese Notizen jedesmal, wenn sie durch das Wohnzimmer ging. Das Atmen wurde mühsamer, und man merkte, daß ihr jeder Atemzug Schmerz bereitete. Die Atmosphäre von Besorgnis, die sich in den vergangenen achtundvierzig Stunden etwas entspannt hatte, herrschte wieder in der Wohnung, und all die kleinen Scherze wurden unterlassen, die sich mit dem Krankenzimmer und solch lächerlichen Dingen wie Steckbecken und Wassermatratzen beschäftigen – die kleinen, tapferen Scherze, die vorgeben, das Leben sei ein Spaß ohne Tod und Gefahr, die doch schon an der Tür stehen.

Evelyn dachte kaum darüber nach, was mit ihr geschah. All ihre instinktiven Bemühungen waren darauf gerichtet, sich zu schonen, soweit es nur möglich war. Sie hatte nur den Wunsch, in Ruhe gelassen zu werden, statt daß man sie dauernd wusch, ihr den Rücken mit Whisky abrieb und ihr Laken wechselte. Wenn die Pflegerin kam, hatte sie schon Furcht, daß sie von ihr verlangte, sich zu bewegen, etwas zu essen, sich aufzusetzen oder zu sprechen. Sie sprach nur, wenn man sie dazu zwang, denn bei jedem Atemzug hatte sie das Gefühl, als dringe der Panzer der Rippen in den Körper wie die Kiefer eines Haifisches.

Nun waren zwei Schwestern da, eine für den Tag und eine für die Nacht. Die Nachtschwester saß am Kamin hinter einem Wandschirm und legte Patiencen oder las während der Nacht einen Roman aus. Sie war sehr leise, doch Evelyn lag und lauschte dem Rascheln der Seiten beim Umblättern oder dem leisen Klappen der fallenden Karten. Hin und wieder legte die Schwester im Kamin nach, denn die elektrische Heizung war abgestellt, weil sie die Luft zu trocken machte; hin und wieder kam sie vorsichtig ans Bett, um zu sehen, ob Evelyn schliefe oder etwas wünsche. In Abständen zählte sie ihr den Puls, die Uhr in der Hand. Es war eine merkwürdige Vertrautheit mit einer Frau, von der sie nichts wußte und die von ihr nichts wußte außer den Geheimnissen ihres leidenden Körpers.

Die Nächte waren das Allerschlimmste, unendlich waren sie, da ihnen die kleinen Einschnitte des Tages fehlten. Bei Nacht schienen wirklich alle sie verlassen zu haben und fortgegangen zu sein, zurück ins normale Leben, sie diesem Dasein überlassend, das sich in der Einsamkeit so seltsam konzentrierte. Für jene begann das normale Leben wieder, sobald sie das Krankenzimmer verlassen hatten; doch für Evelyn gab es keine Möglichkeit, in eine gesundere Luft zu entfliehen. Jene konnten vergessen; Evelyn mußte die Last weiter tragen.

Als die Schwester sie stöhnen hörte, erhob sie sich und kam zu ihr. »Liegen Sie unbequem?« fragte sie, legte den Arm unter Evelyns Schultern und drehte gewandt das Kopfkissen um. Sie holte einen Schwamm und wischte Evelyn die Stirn ab, die feucht von Schweiß war. »Sind die Schmerzen schlimm?« fragte sie und beugte sich zu ihr nieder, denn der Arzt hatte ihr für den Notfall eine Ampulle Morphium gegeben.

Evelyn nickte, ohne zu sprechen.

»Schlimmer als sonst?«

Evelyn nickte wieder. Sie hatte von den Schmerzen Tränen in den Augen.

»Einen Augenblick«, sagte die Schwester, während sie ihre Entscheidung traf – denn wenn Frau Jarrold die ganze Nacht nicht schlief, würde sie am Morgen erschöpft sein. »Ich gebe Ihnen etwas, damit es aufhört, und dann werden Sie herrlich schlafen.«

Evelyn schaute dankbar zu ihr auf und bemühte sich zu lächeln.

Solch eine Erleichterung hätte sie nie für möglich gehalten. Sie zuckte ein wenig zusammen, als die Nadel in ihren Arm ging und die Schwester den gnadenbringenden Inhalt hineindrückte und Jod auf die kleine Wunde strich. Der winzige örtliche Schmerz lenkte ihre Aufmerksamkeit einen Augenblick von dem großen allgemeinen Schmerz ab. Sie war sich nicht klar darüber, was die Schwester mit ihr getan hatte.

Dann begann alles im Zimmer zu schwimmen, und das vertraute Gefühl, durch das Bett zu fallen, wurde angenehm statt erschreckend. Sie fing an, sich belustigt auszumalen, was das Ehepaar in der Wohnung unter ihr wohl sagen würde, wenn sie allmählich durch ihre Decke käme. Der Schmerz wich in eine weite Ferne zurück – wenn er auch noch da war, irgendwo. Aber obwohl der Schmerz zurückwich, erhielt alles andere größere Bedeutung – das Taschentuch unter dem Kopfkissen, das Gewebe des Bettbezuges unter dem Kinn, die Umrisse des Zimmers, seine Höhe, die Fenster mit den Vorhängen davor; die weiße Decke – welch eine Ausdehnung! –, sie wünschte, das Zimmer wäre heller erleuchtet, damit sie es besser beobachten könne; es war wie der Vollmond, nur rechteckig statt rund – wie merkwürdig verkehrt, daß sich die Decke nicht der Form des Mondes anpaßte! – der Schirm um den Kamin – alles wurde ungeheuer wichtig und komisch. Sie dachte an Miles. Aber auf Miles kam es nicht an. Er war weit fort. Miles? Wer war Miles? Irgend jemand, den sie mal in einem Spiegel gesehen hatte. »Geben Sie mir einen Spiegel!« sagte sie mit lauter Stimme.

»Aber, aber!« sagte die Schwester, die ihr die Stirn abwischte. »Sie schlafen nun schön ein!«

»Geben Sie mir einen Spiegel!« sagte sie wieder und versuchte, sich aufzusetzen. Die Schmerzen waren nun ganz unwichtig, aber es war äußerst wichtig, daß sie Miles in einem Spiegel sah.

Die Schwester kannte es zur Genüge, daß Morphium manche Patienten erregte, ehe es sie einschlafen ließ, und daß es besser war, ihnen den Willen zu tun. In ein paar Minuten würde Frau Jarrold schlafen. Bis zum nächsten Morgen würde sie vergessen, wie sie im Spiegel aussah, und es war kein Schaden geschehen. Von ihrem fiebernden und abgezehrten Bild würde ihr nicht genug in der Erinnerung haftenbleiben, daß es sie beunruhigen könnte. So holte sie den Handspiegel vom Frisiertisch und gab ihn ihr in die Hand, die kaum soviel Kraft besaß, ihn zu halten.

Evelyn schaute in den Spiegel und sah Miles. Er lachte und war froh und blond. Sein Haar schimmerte. Er war allein. Keine Frau war bei ihm. Er blickte sie an und lachte.

Der Spiegel fiel ihr aus der Hand, und sie schlief ein. Die Schwester brachte den Spiegel zurück zum Frisiertisch und ging auf Zehenspitzen wieder zu ihrem Roman an den Kamin. Die Patientin schlief bis zum nächsten Morgen neun Uhr.

Als der Arzt kam, sagte ihm die Pflegerin, daß sie Morphium injiziert habe. Er sagte, das sei recht gewesen, aber sie solle so sehr wie möglich damit sparen. Frau Jarrold würde natürlich darum bitten, nachdem sie nun entdeckt hatte, welche Erleichterung es ihr bringen konnte. Aber sie müsse es ihr bis zum letzten Moment vorenthalten und dürfe es nur geben, um sie eine Nacht schlafen zu lassen.

Evelyn bat wirklich darum; sie wußte nun, daß es irgend etwas gab, das sie von den Schmerzen zu befreien vermochte, von denen sie geglaubt hatte, sie sei gezwungen, sie zu ertragen. Die Stunde, in der sie es bekam, war die eine Stunde, für die sie den ganzen Tag lebte. Schon eine Stunde bevor sie es bekommen sollte, fing sie an, darum zu bitten, und als sie spürte, daß man es ihr aus irgendeinem Grunde vorenthielt, wandte sie sich an Viola. Viola war tief bekümmert. Sie ging zum Arzt und sagte: »Kann es wirklich so sehr viel ändern, wenn man es ihr früher gibt?«

»Wie meinen Sie das, Lady Viola? Natürlich ändert es etwas; es erleichtert ihre Beschwerden und gibt ihr Schlaf.«

»Das meine ich nicht, Dr. Gregory. Geradeheraus gesagt meine ich: Welche Aussicht hat sie, wieder gesund zu werden?«

»Wir sind alle in Gottes Hand, Lady Viola.«

»Wenn wir Gott einen Augenblick beiseite lassen wollen, falls Sie nichts dagegen haben, so ist sie in ihrer Hand. Unmittelbarer als in Gottes Hand. Und da ich Gott nicht fragen kann – ich wünschte, ich könnte es –, frage ich Sie. Welche Aussicht hat sie? Sehen Sie, ich habe bis zu einem gewissen Grade die Verantwortung übernommen, ebenso wie ihre Schwägerin natürlich. Es kann notwendig werden, Frau Jarrolds Sohn kommen zu lassen, der in Frankreich ist, wie Sie wissen. Er braucht einen Tag, um herzukommen. Wenn Sie glauben, wir sollten ihn kommen lassen, müssen Sie uns rechtzeitig verständigen.«

Dr. Gregory haßte es, in die Enge getrieben zu werden, und Viola trieb ihn immer in die Enge. Vorsichtig sagte er: »Lord Orlestone würde Weihnachten zweifellos gern in England verbringen. Man genießt es, in einer Zeit wie Weihnachten bei seiner Familie zu sein. Ich könnte mir denken, daß es seine Mutter vielleicht beruhigen würde, zu wissen, daß er im Hause ist.«

»Mit anderen Worten: Sie meinen, man sollte ihn kommen lassen?«

»Ich würde nicht soweit gehen, das zu sagen, Lady Viola.«

»Aber es ist das, was Sie meinen?«

»Ja, wenn Sie es so nehmen, meine ich, es wäre ratsam, wenn Lord Orlestone leichter zu erreichen wäre, soviel ist sicher.«

»Ich werde heute abend telegrafieren.«

»Oh, telegrafieren ist nicht nötig. Ich würde an Ihrer Stelle schreiben. Die Postverbindung nach Frankreich ist sehr gut.«

»Nein, ich werde telegrafieren. – Aber um wieder darauf zurückzukommen: Wenn Sie die Lage so ernst beurteilen, kann dann das Morphium noch viel ändern?«

»Ich habe nie gesagt, daß ich die Lage ernst beurteile.«

»Dr. Gregory, bitte! Wenn Sie meine Gefühle schonen wollen, so kann ich Ihnen versichern, daß das nicht nötig ist. Ich will nur die Wahrheit wissen. Ich will Frau Jarrold soviel Schmerzen ersparen wie möglich. Ich kann es nicht ertragen, sie Stunde um Stunde stöhnen zu hören, wo ich weiß, daß Morphium ihr Erleichterung bringen könnte, wenn sie am Ende doch stirbt. Sie wollen doch ihr Leben nicht um vierundzwanzig Stunden verlängern um den Preis von achtundvierzig Stunden Qual. Wenn sie sterben muß, dann wollen wir ihr die letzten Stunden so leicht wie möglich machen. Das wollen wir doch?«

Dr. Gregory war unangenehm berührt. Er war an solch offene Sprache nicht gewöhnt. Gewöhnlich bat die Familie seiner Patienten um Beruhigung, um die Beruhigung, die zu geben er stets bereit war. Diese Lady Viola schien das Schlimmste geradezu zu erwarten. Aber sie war natürlich auch nur eine Freundin, keine Verwandte.

Er verteidigte seine Würde: »Ich bedaure, Frau Jarrold kann nur einmal am Tage Morphium haben, und es ist besser, daß sie es für die Nacht bekommt.«

»Gut, Dr. Gregory, wollen Sie mir wenigstens das versprechen: Wenn der Fall ihrer Ansicht nach hoffnungslos wird, werden Sie sie die ganze Zeit unter Morphium halten?«

»Wir müssen abwarten, Lady Viola, sehen, was wird. Inzwischen dürfen wir den Mut nicht verlieren.«

»Es gibt noch etwas anderes, Dr. Gregory. Ich weiß natürlich nicht genau, wie diese Krankheiten verlaufen. Aber vorausgesetzt, sie würde darum bitten, einen Freund zu sehen? Was soll ich dann sagen?«

»Es ist nicht sehr wahrscheinlich, daß sie darum bittet, irgend jemand zu sehen, in ihrem augenblicklichen Zustand.«

»Nein, ich weiß. Aber es ist möglich. Angenommen, sie wird sich klar darüber, daß sie sterben muß, dann wird sie, glaube ich, einen bestimmten Menschen sehen wollen.«

»Sollten wir nicht besser warten, bis dieser Fall eintritt?«

»Gewiß, wenn Sie meinen«, sagte Viola; sie war es leid, mit Dr. Gregory zu sprechen, und entschloß sich, den Spezialarzt zu fragen, der eher bereit war, den Tatsachen ins Auge zu sehen, obwohl er immer in Eile war und es fertigbrachte, den Eindruck hervorzurufen, daß die Krankenbesuche eine Belästigung für ihn seien. Sie hatte nicht gewagt, Miles Evelyn gegenüber zu erwähnen, obwohl sie ein wenig überrascht war, daß Evelyn selber ihn nie erwähnt hatte. Sie hatte nicht einmal danach gefragt, ob er von ihrer

Krankheit wisse, ob er sich nach ihr erkundigt habe, ob er einmal in der Wohnung vorgesprochen habe. Tatsächlich war Miles außer sich vor Sorge, und Viola konnte seinen Besuch nur verhindern, indem sie sagte, Evelyn wünsche es bestimmt nicht, daß die Jarrolds erführen, er sitze ständig im Wohnzimmer. Er hätte am liebsten den ganzen Tag dort gesessen, um bei der Hand zu sein, falls sie nach ihm fragte. Er sagte, die Jarrolds sollten sich zum Teufel scheren.

»Ja, Miles, aber Evelyn wäre es wirklich nicht recht, wenn sie es später erführe.«

Nun, da es wahrscheinlich kein Später mehr gab und da sie Miles' wirklichen Kummer sah, ließ sie sich erweichen und sagte ihm, er könne kommen, wenn er sehr vorsichtig wäre, damit Evelyn seine Stimme nicht höre. Sie kam dann auf eine scharfsinnige Ausrede, mit der sie Hester seine Anwesenheit erklärte.

»Frau Jarrold, Dan kann jeden Augenblick ankommen, und ich habe Miles Vane-Merrick gebeten, hierzusein, wenn er kommt. Dan ist ihm sehr zugetan, und ich glaube, er würde es dem Jungen leichter machen.«

Sie haßte sich selber wegen dieser Heuchelei, aber sie wußte, daß Evelyn dankbar sein würde – später.

Hester mußte sich damit abfinden. Sie richtete sich einen Augenblick steif auf, dann fiel ihr ein, daß es jetzt nicht die Zeit sei, seine Würde zu behaupten oder auf seinen Vorurteilen zu bestehen, sie wurde freundlicher und stimmte zu. Trotzdem fand sie es seltsam. Sie war auch empört darüber, daß Dan dem Geliebten seiner Mutter sehr zugetan sein sollte. Aber zweifellos hatte der arme Junge keine Ahnung.

Sie ging, ehe Vane-Merrick dasein konnte, und sagte, sie wolle später am Tage wiederkommen. Innerlich war sie ganz gegen das Eindringen von Fremden – Viola mit ihren anmaßenden Methoden, und nun dieser junge Mann, der nicht das mindeste Recht hatte, hierherzukommen, dessen Anwesenheit wirklich unschicklich war. Ihrer Meinung nach waren die einzigen Menschen, die das Recht hatten, sich um einen Kranken zu kümmern, die nächsten Verwandten; und die wurden von dieser vollkommen fremden Frau verdrängt, einfach verdrängt, von dieser Frau, die es fertigbrachte, Evelyns Geliebten in die Wohnung zu holen! Obwohl Hester sich bemüht hatte, sich nichts anmerken zu lassen, als Viola ihr den Vorschlag machte, zog sie empört die Luft durch die Nase, als sie wegfuhr. Das ging wirklich ein wenig zu weit!

Miles kam sofort. Er bemühte sich rührend, Violas Anordnungen zu befolgen, kam auf Zehenspitzen in die Wohnung und sprach nur flüsternd mit Mason. Das vertraute Wohnzimmer sah fremd aus, die Sessel waren in den verschiedensten Stellungen zur Seite geschoben, und neben der Tür zu Evelyns Schlafzimmer stand ein Küchentisch mit einer weißen Decke und einem Durcheinander von weißen Krügen, Tassen und Becken, einer ungeöffneten Flasche Sekt und einer Ananas. Er blickte scheu und befangen darauf. Hinter dieser Tür lag Evelyn. Wie verändert mochte sie sein? Was taten sie mit ihr? Woran mochte sie denken? Würde man ihm erlauben, sie zu sehen, oder würde man sie vor ihm hinter diesem geheimnisvollen Schleier von Gefahr und Schmerz verbergen? Er fühlte sich grausam zurückgehalten von dieser Evelyn, die fremden Händen ausgeliefert war.

Die Schlafzimmertür öffnete sich, Viola kam heraus und schloß ganz leise die Tür hinter sich. Sie sah müde und überanstrengt aus, lächelte jedoch, als sie ihn sah, und legte den Finger auf die Lippen. Sie gingen miteinander in den entfernten Teil des Zimmers, wo sie sprechen konnten.

»Wie geht es ihr?«

»Im Augenblick ruhig – sie schlummert. Die Wirkung des Morphiums ist noch nicht ganz vorüber. – Dan kommt.«

»Steht es so schlimm?«

»Ich hoffe nicht, aber ich konnte das Risiko nicht auf mich nehmen.«

»Du hoffst nicht; aber du glaubst es?«

»Ja, Miles, ich glaube es.«

»Der Arzt...?«

»Der Arzt sagt überhaupt nichts, wenn er es vermeiden kann, aber er hat mir nicht abgeraten, Dan kommen zu lassen.«

»Der Spezialist?«

»Nicht sehr hoffnungsvoll. Miles, was meinst du, was ich wegen ihres Vaters tun soll? Er ist ein alter Mann, und ich kann den Sinn nicht einsehen, ihn nach London zu hetzen. Doch Hester scheint zu glauben, er müsse hiersein. Du weißt, wie die Jarrolds sind: Familie, Familie, Familie! Die persönlichen Gefühle der Menschen scheinen bei ihnen überhaupt keine Rolle zu spielen. Hester war ganz entsetzt bei dem Gedanken, daß du herkämest – ich mußte ihr sagen, es geschehe Dans wegen; entschuldige! –, aber sie ist durchaus bereit, einen armen alten Mann von Biggleswade hierherzuhetzen, weil sie meint, es gehöre sich so. Er würde nur im Wege sein; es würde ihn quälen; und Evelyn würde nicht nach ihm fragen. Ist es nicht besser und menschlicher, ihn zu lassen, wo er ist, selbst auf die Gefahr hin, daß er dann beleidigt ist, wenn sie stirbt?«

»Unglücklicherweise ist aber Hester, wie du sie nennst, Evelyns Schwägerin und du nicht; wenn sie also Evelyns Vater kommen lassen will, wird sie's wahrscheinlich tun, ohne dich um Rat zu fragen.«

»Wie töricht das alles ist, Miles, findest du nicht, diese Idee ›Familie‹? Du und ich, wir wissen weit mehr über Evelyn, obwohl ich sie, weiß Gott, eigentlich sehr wenig kenne – als all die Jarrolds zusammen.«

»Laß du ihren Vater nicht kommen! Wenn Hester es tun will, dann trägt sie die Verantwortung. Ich bin derselben Meinung wie du, daß es einfach lieblos und überflüssig wäre, den alten Mann hierherzuholen.«

»Er könnte uns nachher Vorwürfe machen.«

»Und doch hast du dann das Beste für ihn getan. Er mag das vielleicht nicht anerkennen, aber im Herzen wirst du wissen, daß du das Rechte getan hast.«

Sie schwiegen eine Weile.

»Wie ist ihre Temperatur?«

»Die scheint nicht sehr wichtig zu sein. Sie ist nie sehr hoch gewesen. Der Puls ist anscheinend viel wichtiger, und die Anstrengung für das Herz.«

»Und die Schmerzen?«

»Das Morphium lindert sie, aber es wird ihr nur eine Injektion am Tag erlaubt. Die Stunden dazwischen sind recht quälend. – Miles, ich muß wieder hinüber, falls sie aufwacht.«

»Was soll ich sagen, wenn Dan kommt?«

»Sag, daß es ihr schlecht geht, daß wir aber Hoffnung hätten. Was du auch tust, laß ihn nicht plötzlich in ihr Zimmer! Ich lasse dich als Wache hier.«

»So ist man doch zu etwas zu gebrauchen«, sagte Miles bitter.

»Du wirst ein großer Trost für Dan sein.«

»Weiß sie, daß er kommt?«

»Nein, natürlich nicht. Man wird ihm nicht erlauben, sie zu sehen, es sei denn, es ging ihr besser – oder schlechter.«

»Und ich?«

»Miles, Lieber, du mußt Geduld haben; wir müssen alle Geduld haben. Du sollst sie sehen, wenn es ihr nicht schaden kann. Was willst du tun? Lesen?«

»Ich werde ein Buch finden, wenn ich eins brauche«, sagte Miles und schaute auf Evelyns Bücherschrank. Wie oft hatte er sie mit den schön gebundenen Büchern geneckt, die ihr die Bekannten zu Weihnachten schenkten! Er kannte das Zimmer so gut und jeden Gegenstand darin außer diesen fremden neuen Dingen auf dem weißgedeckten Tisch. Alles war mit Evelyn und seinen Erinnerungen verbunden: Da war der Schreibtisch, an dem er sie so oft gefunden hatte; der Sessel, in dem sie immer saß, während er zu ihren Füßen hockte; die Toastgabel, die er ihr selber geschenkt hatte, weil er es liebte, sich zum Tee selber den Toast zu rösten. Verschiedene andere Dinge, die er ihr geschenkt hatte, vermißte er und vermutete, daß sie sie weggelegt habe; das schmerzte ihn ganz unmäßig. Er hätte gern gewußt, ob sie den Ring abgenommen habe, den er ihr geschenkt hatte. Er ging hinüber zum Schreibtisch und fand dort das Schreibheft, in das die Schwester ihre Notizen über den Fall eintrug; er öffnete es, ohne daß ihm zu Bewußtsein kam, was er da tat, doch die wenigen Worte, die er las, verursachten ihm solche Qualen, daß er das Heft hastig niederlegte.

Es war nicht gut, im Zimmer herumzulaufen, wo er so unruhig war. Es konnte sein, daß man ihn stundenlang allein hier ließ; er mußte versuchen, sich auf irgend etwas zu konzentrieren, mußte versuchen, irgendwie Gewalt über das Leben zu bekommen, das in demselben Augenblick so wahnsinnig gräßlich wurde, da er seiner Phantasie erlaubte, Macht über ihn zu gewinnen. Als er nach einem Buch suchte, fand er eins, das er Evelyn selber geschenkt hatte, eine Übersetzung von Prousts Roman *Du côté de chez Swann*; er erinnerte sich, wie er es ihr nach einem Zank geschenkt und dabei in der wiedergewonnenen guten Stimmung der Versöhnung gesagt hatte, daß sie darin die Leidenschaft der Eifersucht in allen ihren Phasen geschildert finden würde. Und als er sie dann mehrmals gefragt hatte, ob sie es schon gelesen habe, erwiderte sie stets, daß sie noch keine Zeit gehabt habe... daß es so lang sei... daß die absatzlosen Seiten ihr angst machten... daß sie glaube, sie möge lieber Bücher mit mehr Dialogen.

Und dann war er wieder ärgerlich geworden und hatte gesagt, sie sei wirklich hoffnungslos. Was meinte sie damit, wenn sie sagte, sie habe keine Zeit gehabt? Was hatte sie denn sonst zu tun?

Wenn er zurückschaute, schien es ihm, als habe er sie nur ausgescholten.

Dan kam unerwartet früh um vier Uhr an, da er von Blois nach Paris im Nachtzug und von Paris aus mit dem ersten verkehrenden Flugzeug gereist war. Das schlechte Wetter hatte ihn aufgehalten. Er kam von Ungeduld und Sorge gequält an und schien kaum überrascht zu sein, daß Miles in der Wohnung auf ihn wartete. Er nahm Miles' Anwesenheit als selbstverständlich, begrüßte ihn gleich mit der unvermeidlichen Frage »Wie geht es ihr?« und fügte sofort hinzu, während er auf die Tür zuging: »Ich muß hinein und sie sehen.«

Miles hielt ihn zurück.

»Nein, Dan, das kannst du leider nicht.«

»Kann nicht? Aber weshalb denn? Weshalb hat man mich sonst gerufen? Weshalb kann ich nicht hinein? Du hast sie gesehen, nicht wahr?«

»Nein, Dan, ich habe sie nicht gesehen. Und du darfst nicht so laut sprechen; sie könnte deine Stimme hören. Sie weiß nicht, daß du hier bist.«

»Sie weiß es nicht? Miles! Dann ist sie wirklich so sehr krank?«

»Sie haben noch Hoffnung«, sagte Miles, wie Viola ihn beauftragt hatte.

Ehe Dan sprechen konnte, kam Viola aus Evelyns Zimmer heraus. Sie sah Dan, ging auf ihn zu und zog ihn auf den Flur hinaus.

»Sie sind Dan, das weiß ich. Ich bin Viola Anquetil. Sehen Sie, Sie müssen sehr still sein; Ihre Mutter weiß nicht, daß Sie angekommen sind.«

Sie sah, daß der Junge völlig durcheinander war.

»Sie ist leider sehr krank«, sagte sie.

»Kann ich sie sehen?«

»Jetzt nicht – vielleicht später. Sie müssen Geduld haben und mit Miles warten.«

»Sie stirbt doch nicht?«

Viola achtete ihn wegen dieser tapferen Frage. Das war ein Junge, dem man die Wahrheit sagen konnte. Sie hatte stets den Unterschied zwischen Menschen erkannt, denen man – selbst in unbedeutenden Angelegenheiten – die Wahrheit sagen konnte, und jenen, die sie nicht vertrugen, doch in den letzten Tagen hatte sie ihn tiefer und schärfer erkannt.

»Es ist heute abend besonders ernst«, erwiderte sie und blickte ihm in die klaren Augen.

»Ist der Arzt da?«

»Er wird jeden Augenblick wiederkommen. Auch der Spezialist. Wir haben angerufen. Sie können mit ihnen sprechen, wenn sie kommen.«

Immerhin war Dan neunzehn. Es war nur recht, daß er einen Teil der Verantwortung trug; es war recht, wenn auch hart. Sie konnte sehen, wie kindlich er noch war, obwohl er äußerlich erwachsen schien.

Sie ging wieder in Evelyns Zimmer. Dort war es still bis auf das schwache Stöhnen, das gleichmäßig vom Bett her klang. Viola ging zum Kamin hinüber und flüsterte mit der Pflegerin. Sie brauchten keine Furcht zu haben, Evelyn zu stören, die fast bewußtlos war.

»Ihr Sohn ist angekommen.«

»Das ist gut.«

Die Stimmen verstummten; sie saßen und lauschten Evelyns schmerzlichem Stöhnen.

»Kann Sie das Morphium nicht jetzt haben, Schwester?«

»Es tut mir leid, nicht vor acht Uhr.«

»Oder wenn der Arzt kommt?«

»Ja, falls er's erlaubt.«

Evelyn rief leise vom Bett her. Viola ging hinüber. Sie beugte sich nieder und konnte nur das eine Wort verstehen: »Morphium.«

»Gleich, Liebste. Der Arzt ist schon unterwegs hierher, er wird Ihnen etwas geben.«

Sie würde lieber Morphium nehmen, dachte Viola, als hören, Miles sei nebenan. Wie sonderbar und schrecklich dieser Körper war, der alles im Geist, im Herzen und in der Seele auszulöschen vermochte! Was war der Sinn? Starb sie um Miles' willen? Und wenn es so war, dann bedeutete der lange, quälende Vorgang des Sterbens gerade jetzt mehr für sie als Miles selbst.

Welch entsetzliches Chaos sie aus ihrem Verhältnis zu Miles gemacht hatte! Und wie teuer sie dafür bezahlte!

Der Arzt und der Spezialist kamen gleichzeitig. Sie gingen geradewegs in Evelyns Zimmer, ohne Dan zu sehen. Der Spezialist verordnete unverzüglich eine Kochsalz-Injektion, da das Herz sehr schwach war. Sie wurde gegeben; sie belebte Evelyn ein wenig, und Evelyn fragte wieder nach Morphium. Der Spezialist wandte sich mit Viola zur Seite. Er sah nun nicht mehr aus, als ob er es eilig habe oder seine Patienten als eine Belästigung empfinde.

»Wir können es ihr ruhig geben, Lady Viola. Aber sie wird danach nicht wieder aufwachen.«

»Soll sie ihren Sohn einen Augenblick sehen, ehe sie es bekommt?«

»Ja, und wen sie sonst Ihrer Meinung nach gern noch sehen würde.«

Viola erkannte, daß der Spezialist alles wußte und verstand. Er hatte Miles' Anwesenheit im Nebenzimmer bemerkt. Und trotzdem fühlte sie sich verpflichtet zu fragen: »Soll ich ihre Schwägerin und ihren Schwager anrufen?«

Der Spezialist zögerte. Da er ein Mann war, der durch seinen Beruf ein umfassendes Wissen vom menschlichen Leben gewonnen hatte und mehr beobachtete, als es den Anschein erweckte, jedoch seine Beobachtungen erst im letzten Augenblick mitteilte, sagte er schließlich: »Wir können sie anläuten, wenn Frau Jarrold die Injektion bekommen hat.«

»Dann soll ich den Jungen wohl lieber sofort hereinrufen?«

»Ja, es ist kein Grund mehr zu zögern.«

Viola ging ins Wohnzimmer und sprach mit Dan. Er und Miles saßen dort im Dunkeln zu beiden Seiten des Kamins. Sie hatten die Sessel wieder so hingestellt, wie sie früher standen.

»Dan, möchten Sie kommen und Ihrer Mutter gute Nacht sagen?«

Er erhob sich sofort.

»Nur ans Bett gehen und gute Nacht sagen! Erschrecken Sie nicht, wenn sie Ihnen nicht antwortet! Sie ist sehr müde und schläft halb. Vielleicht erkennt sie Sie nicht. Sagen Sie nur gute Nacht und gehen Sie schnell wieder! Miles und ich warten auf Sie.«

Nach einem erschrockenen Blick auf Viola ging er.

»Danach mußt du hineingehen, Miles! Wenn das vorbei ist, geben sie ihr eine Spritze.«

Miles verstand, was sie meinte.

»Das ist das Ende?«

»Sie scheinen es anzunehmen.«

Es war überraschend, wie fern und ruhig nun alles war, fast so, als gebe es nichts Wirkliches mehr.

Dan kam zurück.

»Sie hat mich erkannt. Sie sagte, sie freut sich, daß ich wieder zu Hause bin.«

»Nun geh du, Miles, und sag ihr gute Nacht!«

Miles ging in das vertraute Schlafzimmer. Es war dunkel, nur eine verhängte Lampe brannte neben dem Kamin. Die Schwester stand auf, als er hereinkam, ihre weiße Tracht schimmerte, als sie hinausschlüpfte. Er war allein mit dem Schatten im Bett, mit dem Schatten, der Evelyn war. Er konnte zuerst im Halbdunkel nichts sehen als den Kopf auf dem Kissen.

»Evelyn«, sagte er. »Ich bin's, Miles.«

Er setzte sich neben sie und nahm die Hand, die auf der Decke lag. Er fühlte, daß sie den Ring noch trug, den er ihr geschenkt hatte, der aber jetzt sehr lose an ihrem Finger stak. Diese winzige Tatsache bewegte ihn unaussprechlich. »Miles?« sagte sie, nichts weiter, lag nur zufrieden, ihre Hand in seiner. Er wußte nicht, ob er sprechen sollte oder nicht, so saß er schweigend da und wartete, daß Viola jeden Augenblick kommen und ihn holen würde. In all den Stunden des vertrauten Zusammenseins mit Evelyn war er nie so völlig allein mit ihr gewesen wie jetzt. Es war seltsam und erschreckend und doch tröstlich. Es war wie eine endgültige Läuterung und Vollendung all dessen, was vorausgegangen war.

Viola kam nicht, um ihn zu holen. Er saß da und hatte jeden Zeitbegriff verloren. Evelyn bewegte sich nicht und stöhnte nicht, aber ab und zu drückte sie immer wieder seine Hand, so wußte er, daß sie noch lebte. Einmal, als sie ihm die Hand drückte, flüsterte er: »Willst du das Morphium?« Und sie flüsterte zurück. »Ich bekomme es bald.« Da wußte er, daß sie im Augenblick ohne Schmerzen war.

Es verging eine solch lange Zeit, daß er sich fragte, ob sie schlafe oder gestorben sei. Doch als er versuchte, seine Hand zurückzuziehen, hielt sie ihn fest und flüsterte: »Geh nicht fort!« So blieb er wieder eine Zeit und wußte nicht, wie lange. Er dachte an nichts, nicht einmal daran, wie er sie gescholten hatte. Er war einfach mit ihr verschmolzen in der Dunkelheit des Raumes ohne eine andere körperliche Berührung als ihre Hand, die in seiner lag.

Nachwort

›Eine Frau von vierzig Jahren‹ – welch ein überraschend aktueller Titel bei einem Roman, der schon vor über fünfzig Jahren entstanden ist! Vita Sackville-West veröffentlichte ihn 1932, auf der Höhe ihres Ruhms als Romanschriftstellerin, kurz nachdem sie mit ›The Edwardians‹ (1930) und ›Erloschenes Feuer‹ (1931) ihre beiden größten Publikumserfolge in diesem Genre erzielt hatte; noch beliebter in ihrem Heimatland war freilich das lange Gedicht ›The Land‹ (1926). Der hier vorliegende Roman stieß zwar wegen einiger kompositorischer Schwächen, auf die einzugehen sein wird, bei seinem Erscheinen nicht auf ganz so große Begeisterung bei Rezensenten und Publikum wie seine beiden Vorgänger, gehört aber heute zweifellos zu den Werken der Autorin, die wegen ihrer frauenspezifischen Problematik, die so modern wirkt, besonderes Interesse erregen. Vita Sackville-West, über einige Jahrzehnte ein wenig in Vergessenheit geraten, insbesondere überschattet vom Ruhm ihrer großen Freundin Virginia Woolf, erlebt heute in England und auch in Deutschland mit zahlreichen Neuauflagen ihrer Bücher eine Renaissance. Zugegeben, der Titel ›Eine Frau von vierzig Jahren‹ stammt nicht von der Autorin selbst, sondern wurde 1950 von den Übersetzern Th. A. und I. Knust gefunden. Vita Sackville-West hatte ihr Buch ›Family History‹ genannt, ein Titel, der schon den ersten Rezensenten nicht recht zu passen schien. So schrieb Basil Davenport, der Kritiker der ›Saturday Review of Literature‹: »Ich gehe wohl kaum fehl in der Anahme, daß niemand außer der Autorin auf den Titel ›Family History‹ (Familiengeschichte) für diese Geschichte einer Frau, Evelyn Jarrold, gekommen wäre.« Die Übersetzer fanden Treffenderes: Tatsächlich ist das Lebensalter der Heldin Evelyn der entscheidende Angelpunkt für Handlung und Problematik des Romans.

Mit diesem Titeleinfall aber stellten die Übersetzer den

Roman zugleich in eine Traditionslinie, in die er auch wirklich hineingehört. Schon seit ungefähr hundert Jahren waren Werke mit ähnlichen Überschriften erschienen: Zwischen 1831 und 1834 schrieb Balzac ›Die Frau von dreißig Jahren‹, einige Jahre früher, 1821, Goethe eine novellenartige Einlage in ›Wilhelm Meisters Wanderjahre‹ mit dem Titel ›Der Mann von fünfzig Jahren‹. Umgekehrt erschien noch in den sechziger Jahren dieses Jahrhunderts Kingsley Amis' ›Girl, 20‹. Nennung einer runden Jahreszahl an der Schwelle zwischen zwei Lebensjahrzehnten, dazu »die Frau«, »eine Frau«, »der Mann«, »das Mädchen« – kein Name, kein Individuum. Was steckt dahinter? Gibt es etwas Gemeinsames zwischen diesen in so vielerlei Hinsicht völlig unterschiedlichen Werken? Es scheint durchaus so. Das genannte Alter hat jeweils nicht nur für einen einzelnen, sondern für *den* Mann, *die* Frau in einer bestimmten Gesellschaft symbolische Bedeutung, und zwar als Höhepunktsalter, das zugleich Schwellenalter ist und den Eintritt in eine neue Lebensphase signalisiert. Seltener ist es der Übertritt von der Jugend in die Reifezeit, meist bezeichnet es den Punkt der vollendeten Reife kurz vor der Wende zum Altern, also die »Lebenswende« oder, wie wir uns angewöhnt haben, amerikanisch und mit einem bezeichnenden Zusatz zu sagen, die »midlife crisis«. Betrachtet man die Entstehungsdaten dieser Werke mit dem gleichen Titelmuster, fällt auf, daß sich das Grenzalter offenbar im Verlauf der letzten hundert bis hundertfünfzig Jahre verschoben hat, und es fällt weiter auf, daß es für Mann und Frau im gleichen historischen Zeitpunkt verschieden angesetzt wird. Der historische Zufall will es, daß Goethes Novelle und Balzacs Roman zeitlich nicht sehr weit auseinanderliegen – oder ist es kein Zufall? Das plötzliche Interesse an dieser kritischen Altersgrenze mag sich durchaus aus der zu Beginn des 19. Jahrhunderts beginnenden Ökonomisierung aller Lebensverhältnisse erklären, die auch die alte Frage nach altersangemessenen gesellschaftlichen Rollen unter den neuen Aspekt der wirtschaftlichen Nützlichkeit und Verwertbarkeit zwangen und ihr damit neue Brisanz verliehen. Für den Mann des beginnenden 19. Jahrhunderts zeigt sich nun bei Goethe, daß er den Scheitelpunkt des Lebens mit fünfzig Jahren erreicht, während die Frau bei Balzac ihn schon mit dreißig Jahren passiert hat und mit fünfzig verbraucht ist, eine alte Frau: »Obwohl Frau d'Aiglemont einen modischen Kapotthut trug, konnte man unschwer sehen, daß ihr ehemals schwarzes Haar durch qualvolle Erschütterungen weiß geworden war. ... Ihr feingeschnittenes Gesicht, ihre regelmäßigen Züge gaben eine wenn auch noch so schwache Vorstellung von der Schönheit, auf die sie einst hatte stolz sein müssen. Aber noch mehr kündigten diese Spuren von dem Leid, das unbarmherzig genug gewesen war, dieses Antlitz auszuhöhlen, seine Schläfen einzutrocknen, seine Wangen einfallen zu lassen, die Augenlider wund zu machen und ihnen die Wimpern zu nehmen, die dem Blick soviel Anmut verliehen.« Es ist wohl auch mehr als ein Zufall, daß Titel der besonderen Art, die sich auf Frauen beziehen, in der Überzahl sind: Für Frauen war das Thema der kritischen Altersgrenze offenbar bedrohlicher, prekärer. Wir wollen untersuchen, warum.

Was ist es in all diesen Werken genau, das da noch einmal voll aufblüht, bevor es zu welken beginnt? Ein Blick auf die Handlungen gibt einen Hinweis: Mit der charakteristischen Ausnahme von Goethes Novelle, in der der Held, ein Major, sich auch in der öffentlichen Sphäre verändert und sich vom Soldatenleben der verantwortlichen Verwaltung der Familiengüter zuwendet, steht im Mittelpunkt immer ein Liebesverhältnis, eine letzte große Leidenschaft, die keine Erfüllung mehr findet. Bei Goethe also Liebe, die sich nicht mehr erfüllen kann, aber auch eine befriedigende neue Arbeit; bei Balzac und bei Vita Sackville-West nur die Liebe, und nach ihrem Scheitern Unglück, inhaltsleeres Leben, Altern, Tod. Natürlich gibt es auch Romane und Geschichten, die sich mit dem gleichen Thema beschäftigen, ohne daß deren Titel dem besagten Muster entsprächen, und die brutalste ist vielleicht

Thomas Manns Erzählung ›Die Betrogene‹, in der die fünfzigjährige Rosalie von Tümmler sich in einen vierundzwanzigjährigen Amerikaner verliebt: Die Blutungen, die bei ihr einsetzen, nachdem ihre Periode bereits versiegt war, erweisen sich nicht als Zeichen neuer Vitalität, wie Rosalie sie deutet, sondern als Vorboten des Todes – sie hat Unterleibskrebs. Das Problem der »midlife crisis« ist also in all diesen literarischen Darstellungen, in deren Mittelpunkt eine Frau steht, zugespitzt auf die Krise der erotischen Attraktivität und Funktionsfähigkeit. Die Frauen in diesen Werken klammern sich so an ihre letzten Leidenschaft, weil sie offenbar nur durch die Liebe ihre volle Identität erleben; selbst Kinder spielen für sie nur eine Nebenrolle. Und es ist vor allem der physische Aspekt, der dabei entscheidend ist: Nur solange eine Frau die Liebe eines Mannes gewinnen kann, hat sie in der Welt dieser Geschichte und Romane eine sozial geachtete Rolle, und sie kann diese Liebe nur gewinnen, wenn und solange sie schön ist, jugendlich wirkt und körperlich voll über ihre weiblichen Funktionen verfügt. Die Autoren spiegeln hier getreu historische gesellschaftliche Verhältnisse.

Im 19. Jahrhundert, im Verlaufe der immer strikteren Trennung der öffentlichen und der privaten Sphäre im Zuge der fortschreitenden Arbeitsteilung, wurden die Frauen immer mehr in den privaten Bereich der Familie abgedrängt, vor allem die Frauen der Mittel- und Oberschicht, aus der all diese traurigen Heldinnen stammen. Hatte die adelige oder bürgerliche Hausfrau noch im 18. Jahrhundert und zu Beginn des 19. Jahrhunderts auch zum Erwerb des Lebensunterhalts beigetragen, indem sie an der Verwaltung eines großen Landhaushalts teilnahm oder im Geschäft mitwirkte, sah sie sich im Laufe des Jahrhunderts mit wachsendem Wohlstand des Mannes, durch den immer mehr Dienstboten in den Haushalt kamen, zur Untätigkeit verurteilt und auf eine rein repräsentative Rolle beschränkt; selbst das Stillen und Erziehen der Kinder wurde mehr und mehr Ammen und Gouvernanten überlassen. Das Ideal der »perfect lady« bildete sich heraus; sie durfte zwar ein wenig musizieren, malen oder sticken, sollte aber vor allem das Haus des Gatten mit ihrer dekorativen Person und vollendeten Manieren schmücken. Ihre Abhängigkeit vom Ehemann war vollkommen, da ihm die volle Verfügungsgewalt über ihr Einkommen, ob ererbt oder erworben, zustand. Daß unter diesen Umständen Schönheit und Jugendlichkeit der Frau als das einzige Mittel sozialer Wirksamkeit, das ihr geblieben war, einen sehr großen Stellenwert gewinnen mußten, versteht sich von selbst. Es hatte auch Zeiten in Europa gegeben, wo alles ganz anders war: Im Mittelalter konnte die Frau voll über ihren Besitz verfügen, und Alter und Schönheit spielten bei der Eheschließung kaum eine Rolle. Natürlich hatten sich zu Vita Sackvilles Lebzeiten, nicht zuletzt auf das Drängen engagierter Frauen hin, die Gesetze und die soziale Lage der Frauen gegenüber dem 19. Jahrhundert bereits sehr verändert; aber das Bewußtsein wandelt sich oft langsamer als die Fakten. Und so wird es verständlich, daß auch noch bei Vita Sackville und bei Thomas Mann der Zeitpunkt, an dem eine Frau sich von einem erotisch attraktiven in ein erotisch neutrales Wesen zu wandeln droht, eine solche überhöhte Bedeutung gewinnen konnte.

Balzac, zu Beginn des vorigen Jahrhunderts, sah die Marquise Juliette d'Aiglemont schon mit dreißig Jahren auf diesem »zauberhaften Gipfel im Frauenleben«. »Ihre Seele ist dann noch schön von der fliehenden Jugend, und ihre Leidenschaft wird tiefer unter dem Druck einer erschreckenden Zukunft.« Vita Sackville gönnte ihrer Heldin Evelyn Jarrold schon ein ganzes Jahrzehnt mehr, ehe sie an diesem bittersüßen »Höhepunkt des Frauenlebens« ankommt – ein Fortschritt, ein Ergebnis des Kampfes um die Emanzipation? Ist Vita Sackville gar eine Prophetin gewesen, die vorwegnahm, was wir jetzt in den achtziger Jahren auf so vielen Gebieten beobachten können, nämlich geradezu eine besondere Bewunderung für die Frau um vierzig? Denken wir an die schönen Schauspielerinnen, die bestimmten Fernsehserien erst zu ihrer außergewöhnlichen Beliebtheit verhelfen, oder an populäre Sängerinnen, die an Vitalität und erotischer Ausstrahlung Zwanzigjährige übertreffen. Soweit ihr Erfolg an die traditionellen weiblichen Vorzüge, nämlich eben Schönheit und jugendliche Körperlichkeit allein geknüpft ist, möchte man fürchten, daß es ihnen eines Tages gehen könnte wie Evelyn Jarrold: daß sie erkennen müssen, daß diese Mitgift nicht genug ist, um sich einen befriedigenden Platz in der Welt einzurichten, denn sie ist nun einmal, so sorgsam man sie auch hege und pflege, vergänglich. Doch es gibt heute auch Frauen von und über vierzig, die sich durch den Einsatz anderer Fähigkeiten einen anerkannten Platz im öffentlichen Leben erworben haben. Zwar gibt es immer noch nur wenige Politikerinnen, Gewerkschaftlerinnen, Professorinnen, doch immerhin schon eine beachtliche Zahl von Ärztinnen, Architektinnen, Lehrerinnen, Malerinnen, Journalistinnen, Soziologinnen, sogar Managerinnen und Ingenieurinnen. Wenn man an diese Frauen denkt, die sich durch intellektuelle oder künstlerische Leistung ein befriedigendes Leben aufgebaut haben – und wir lassen hier einmal die Frage der objektiven Bedingungen, die sich neuerdings wieder so beklagenswert verschlechtern, außer acht, wollen nur den Aspekt des Bewußtseins dieser Frauen betrachten –, dann kann man Vita Sackville nicht, mindestens nicht in ihrem Roman ›Eine Frau von vierzig Jahren‹, eine Prophetin nennen, die für Frauen in der Mitte ihres Lebens neue Wege vorausgesehen oder gar gewiesen hätte.

Vielmehr sieht es fast so aus, als verhalte es sich genau umgekehrt: Vita Sackvilles romantische Liebesgeschichte, deren Heldin mit einem gebrochenen Herzen endet, antwortet genau auf die Wünsche und Ängste der noch immer großen Mehrheit der Frauen, die keine befriedigende Beschäftigung außerhalb des häuslichen Rahmens haben, sei es im Beruf oder in einer öffentlichen oder sozialen Funktion, die vielmehr, auch wenn sie in Büro oder Fabrik Geld verdienen, ihr Selbstverständnis allein aus ihren Familienfunktionen als Ehefrau, Mutter und Hausfrau beziehen. Die romantische Liebe ist das einzig mögliche Abenteuer in einem solchen Dasein; davon leben Tausende von Schlagerkomponisten und Groschenromanautoren. Doch auch die ist selten, und die Wirklichkeit sieht meist anders aus. Sind die ersten Ehejahre, die zunächst ein neues Lebensgefühl bringen mögen, erst einmal vorbei, befällt viele Hausfrauen, wie Betty Friedan zuerst beschrieben hat, »das Problem ohne Namen«, ein Gefühl der Einsamkeit, Langeweile und Nutzlosigkeit, das viele in Depressionen stürzt und zu Tablettensucht und Alkoholismus führen kann. Evelyn Jarrolds Situation weicht gar nicht sehr von der dieser Frauen ab. Was sie unterscheidet, ist nur der Reichtum, der Luxus, den Evelyn sich leisten kann; die Isolation ist die gleiche, und wenn sie auch nicht zu Pillen oder Whisky greift, so flüchtet sie doch in Krankheit und Tod, als der Traum von der idealen Liebe sich nicht verwirklichen läßt.

Doch ist es wiederum auch nicht so, daß Vita Sackville einfach ein antiemanzipatorisches Buch geschrieben hätte, etwa mit der Botschaft: Frauen, gebt euch zufrieden, wenn ihr nur gelegentlich in süßen Träumen schwelgen dürft! Der Sachverhalt ist komplizierter. Allein die Tatsache, daß Vita Sackville ihre Heldin im Alter von vierzig Jahren mit soviel ungebrochener Schönheit und Anziehungskraft ausgestattet hat und sie unbedenklich ihr bisher in den Augen der Umgebung mustergültiges Leben für ein echtes und tiefes Gefühl umstoßen läßt, enthält auch einen Kern feministischer Rebellion. Evelyn »verriet keine Anzeichen des Alters; ihr Haar war glänzend, ihre Haut glatt, der Körper fest und weiß«. Ganz abgesehen davon, daß alle Männer bezaubert sind, müssen sogar mißgünstige weibliche Verwandte anerkennen: »Sie sieht viel jünger aus, als sie ist.« Und selbst ihr halbwüchsiger Sohn Dan – ein idealisiertes Porträt von Vita Sackvilles ältestem Sohn Ben, ihrem »dark boy«, wie sie ihn nannte – spürt eine leicht inzestuöse Erregung, als er mit seiner Mutter tanzt: »Evelyn spürte, daß Dan beim Tanzen seinen Arm fester um sie legte . . . Und er spürte ihre Schmiegsamkeit und den weiblich weichen Körper unter den seidenen Kleidern; und er ahnte, wie sehr Miles sie und sie Miles geliebt haben mußte.« Wenn man dagegenhält, was Sigmund Freud in einer Vorlesung über ›Die Weiblichkeit‹ just in demselben Jahr, in dem Vita Sackville ihren Roman veröffentlichte, über die Frau von nur dreißig Jahren zu sagen hatte, wird sinnfällig, wie progressiv Vita Sackvilles Beurteilung der sexuellen Reize und Potenz der Frau um vierzig war: »Ein Mann um die Dreißig erscheint als ein jugendliches, eher unfertiges Individuum, von dem wir erwarten, daß es die Möglichkeiten der Entwicklung, die ihm die Analyse eröffnet, kräftig ausnützen wird. Eine Frau um die gleiche Lebenszeit aber erschreckt uns häufig durch ihre psychische Starrheit und Unveränderlichkeit. Ihre Libido hat endgültige Position eingenommen und scheint unfähig, sie gegen andere zu verlassen. Wege zu weiterer Entwicklung ergeben sich nicht; es ist, als wäre der ganze Prozeß bereits abgelaufen, bliebe von nun an unbeeinflußbar, ja als hätte die schwierige Entwicklung zur Weiblichkeit die Möglichkeiten der Person erschöpft.« Übrigens hat nicht nur die wachsende Zahl der aktiven Übervierzigjährigen, von denen die Rede war, Freud widerlegt, sondern auch neuere Forschungen auf dem Gebiet weiblicher Sexualität haben zu Ergebnissen geführt, die eher Vita Sackville recht geben: Es scheint, daß die sexuelle Aktivität der Frau, wenn sie sich nur traut, unvermindert anhält bis ins sechste Lebensjahrzehnt, auch noch nach der Menopause, die im Durchschnitt jetzt zu Anfang des fünften Lebensjahrzehnts einsetzt.

Daß Vita Sackville, ohne Kenntnisse der Psychoanalyse und Sexualforschung, so überzeugt sein konnte von der Möglichkeit großer Attraktivität bei einer Frau um die Vierzig und ihr das Recht auf eine leidenschaftliche Liebe zusprach, hing zweifellos mit ihrer eigenen Erfahrung zusammen, wie überhaupt alle ihre Romane stark auf Autobiographischem aufbauen. Als sie den Roman schrieb, war Vita Sackville selbst gerade vierzig Jahre alt und verliebt, erlebte also ganz konkret die Realität solcher Möglichkeiten. Freilich galt ihre Liebe nicht einem Mann, sondern einer Frau, der zehn Jahre jüngeren Journalistin Evelyn Irons, deren Vornamen sie ihrer Heldin gab. Vita Sackvilles Homosexualität ist spätestens bekannt, seit ihr Sohn Nigel Nicolson 1973 in seinem Buch ›Portrait einer Ehe‹ über die Beziehung seiner Eltern ein geheimes Tagebuch aus dem Jahre 1920 veröffentlichte, in dem Vita ihre Leidenschaft für Violet Trefusius verarbeitet hatte. Inzwischen ist eine neue, ausgezeichnete Biographie von Victoria Glendinning mit dem Titel ›Vita‹ (1983) erschienen, die auch über die späteren Beziehungen Vita Sackvilles Auskunft gibt, wie überhaupt über das ganze Netz ihrer höchst interessanten Bekanntschaften und Freundschaften aus aristokratischen, politischen und literarischen Kreisen. Über das Verhältnis zu Evelyn Irons erzählt Glendinning, daß es mit einem Interview begann: Evelyn kam nach Sissinghurst, um die berühmte Schriftstellerin für ihre Zeitung zu befragen. Die Beziehung wurde schnell sehr intensiv, dauerte aber nur ein knappes Jahr, weil Vita, mit einer Vorliebe für komplizierte Konstellationen, der Versuchung nicht widerstehen konnte, mit Evelyns Lebensgefährtin Olive Rinder ebenfalls ein Verhältnis einzugehen. Der autobiographische Bezug des Romans ist freilich nicht so plump direkt, daß die Roman-Evelyn mit der realen Evelyn und Vita mit Miles Vane-Merrick gleichzusetzen wäre oder umgekehrt. Zwar erinnern manche Eigenschaften und Verhaltensweisen des Miles' tatsächlich an Vita Sackville selbst, worauf wir noch zurückkommen werden, aber der weichen, unselbständigen Evelyn Jarrold ähneln weder Vita noch Evelyn Irons. Im Gegenteil: Evelyn Irons war eine äußerst unabhängige Frau und die einzige von Vitas Geliebten, die die Kraft hatte, Vita zu verlassen – und nicht von ihr verlassen wurde. Das Aussehen, das Vita Sackville ihrer Heldin gab, hat einen anderen autobiographischen Hintergrund: Es erinnert nicht an die sportliche Evelyn Irons, sondern scheint eher eine späte Huldigung an Violet Trefusis. Vita hatte sie in ihrem Schlüsselroman ›Challenge‹ (1924), noch auf der Höhe ihrer Leidenschaft für Violet, als Eve so geschildert: »Sein wandernder Blick nahm die warme Rundung ihrer Kehle und ihrer Arme wahr, das kleine Grübchen in ihrem Mundwinkel, ihre kleinen anmutigen Hände und weiße Haut, die hier und da in den Schatten schwach golden schimmerte, als habe jemand einen Hauch von Bernstein über das Weiß gestäubt; die alles durchglühende Sinnlichkeit, die von ihr ausstrahlte wie die Hitze eines glimmenden Feuers.« Noch das Echo dieser Leidenschaft in Virginia Woolfs ›Orlando‹ (1928) hebt das besonders Verführerische hervor, das von Violet ausging. Hier erscheint sie als russische Prinzessin: »Die Person ... war von mittlerer Größe, sehr schlank und in austernfarbenen Samt gehüllt, abgesetzt mit etwas fremdartigem, grünen Pelz. Aber diese Einzelheiten wurden überstrahlt von der außerordentlichen verführerischen Ausstrahlung, die von der ganzen Person ausging.«

Victoria Glendinning vermutet, daß Vita Sackville in ›Eine Frau von vierzig Jahren‹ ihr persönliches Problem einer gesellschaftlich nicht akzeptablen Liebe habe behandeln wollen, sich aber nicht traute, das Thema lesbischer Liebe direkt anzusprechen, sondern statt dessen den großen Altersunterschied zwischen Evelyn und Miles als Metapher wählte. Damit wäre sie von einem noch ganz und gar tabuisierten auf ein immerhin literaturfähiges Gebiet ausgewichen. Denn während noch 1928 Radclyffe Halls Roman ›The Well of Loneliness‹, der zum erstenmal offen eine lesbische Beziehung beschreibt, in England in einem aufsehenerregenden Prozeß verboten wurde, gehört das Thema eines großen Altersunterschieds zu den ältesten der Literatur. Glendinnings Argument hat einiges für sich: Vita Sackville war Zeit ihres Lebens und oft zur Empörung ihrer Geliebten bestrebt, sowohl literarisch als auch privat ihre Neigung zu Frauen geheimzuhalten. Sie gehörte nicht zu den mutigen, kämpferischen Lesbierinnen. Vielmehr versuchte sie, in ihrem Leben für sich ganz persönlich einen lebbaren Kompromiß zwischen ihren Bedürfnissen nach Erotik einerseits und emotionaler wie gesellschaftlicher Sicherheit andererseits herzustellen: Sicherheit, das war die Ehe mit Harold Nicolson; Erotik, das waren Frauen wie Violet Trefusis, Evelyn Irons, Virginia Woolf und noch viele andere, mit denen sie buchstäblich bis zu ihrem Tode – ihre letzte Geliebte, die Malerin Edith Lamont pflegte sie in ihrer letzten Krankheit – sehr intensive Beziehungen hatte und denen sie doch nach Violet nie mehr erlaubte, ihre Ehe ernstlich zu gefährden.

Wenn aber Vita Sackville eine Metapher für lesbische Liebe gesucht hätte, welche Vorteile bot ihr dann der Altersunterschied? Was ließ sich durch ihn ausdrücken? Es ist aufschlußreich, daß sie auch auf dem metaphorischen Gebiet nicht offen und direkt gegen das gesellschaftliche Tabu anschreibt, etwa indem sie das ungeschriebene Gesetz, daß Frauen jünger zu sein haben, von einer Person hinterfragen ließe oder es durch ein glückliches Ende widerlegte: Auf keinem Gebiet war Vita Sackville radikal oder forderte Sozialreformen. Wohl aber erschien ihr die Rücksicht auf das Urteil der Gesellschaft, auf den Klatsch, schäbig und verachtenswert, und hier sparte sie nicht mit Kritik. Evelyn Jarrold plagt sich ständig mit Gedanken, was die Verwandten und die Dienstboten zu ihrer Verbindung mit Miles sagen werden, und sie versagt sich und dem Geliebten manche Freude aus Furcht vor dem Gerede. Dieser und die Autorin tadeln Evelyn dafür unmißverständlich, und es steht zu vermuten, daß die Aristokratin Vita Sackville hier, obwohl sie diesen Zug als spezifisch bürgerlich bei Evelyn anprangert, doch auch eine gewisse Selbstkritik übt.

Darüber hinaus aber steckt auch in diesem Thema, wie schon im Motiv von Evelyns Schönheit und Vitalität, ein – freilich wieder nicht voll entfalteter – Keim zu feministischem Protest. Vita Sackville wandelt nämlich das klassische Thema des großen Altersunterschieds auf bezeichnende Weise ab.

In der Literaturgeschichte ist es allemal selten, daß die Frau die Ältere in einem solchen asymmetrischen Verhältnis ist. Daß ein älterer wohlsituierter Mann um ein junges Mädchen freit, das er entweder nicht bekommt, weil es dem Lauf der Welt widerspricht, oder das ihn durch Untreue straft, ist ein altes Komödienthema von Boccaccio bis Molière und Congreve. Im 19. Jahrhundert, mit der Erstarrung der patriarchalischen Verhältnisse und wachsenden Abhängigkeit der Frau, wandelt sich das Thema freilich zum Tragischen hin: Effie Briests Tragödie entzündet sich am großen Altersunterschied zu ihrem Mann; Ibsens Nora bricht aus aus dem ›Puppenheim‹, in das sie ihr älterer Mann gesperrt hat; und bei Gerhart Hauptmann ist es der Mann, der siebzigjährige Clausen, der in ›Vor Sonnenuntergang‹ seine Liebe zu der jungen Gärtnerstochter Inken mit dem Tode bezahlt. Waren Frauen in der Literatur des 18. und 19. Jahrhunderts einmal die älteren, dann nicht als Ehefrauen und vollgültige Partnerinnen, sondern sie erfüllten eine von zwei möglichen Funktionen. Einmal gibt es – vor allem eine deutsche Spezialität – die edlen Frauen, Muster reiner Sittlichkeit wie z. B. die Fürstin Leonore in Goethes ›Tasso‹, Makarie in den ›Wanderjahren‹ oder, als spätere und schon stärker erotisierte Variante, Frau Eva in Hermann Hesses ›Demian‹. Die andere Funktion einer älteren Frau ist die von vornherein zeitlich begrenzte Rolle der erotischen Lehrmeisterin. Beispiele finden sich überall in der Weltliteratur, und die Darstellungen reichen von unbekümmerter, lebenslustiger Saftigkeit, wie etwa in Fieldings ›Tom Jones‹ aus dem England des 18. Jahrhunderts oder auch in Günther Grass' ›Blechtrommel‹, bis zu schwüler Widerwärtigkeit, z. B. in Robert Musils ›Zögling Törleß‹. Was von solcher Aufspaltung und Vereinseitigung des Frauenbildes durch männliche Autoren, auch bei liebenswürdiger Darstellung, psychologisch zu halten ist, hat ein Mann, Klaus Theweleit, in seinem Buch ›Männerphantasien‹ höchst plausibel aufgedeckt. Es sei nur noch auf einen zusätzlichen Aspekt hingewiesen: Die Darstellung einer vollen Partnerschaft und Ehe zwischen einer älteren

Frau und einem jüngeren Mann hätte finanzielle und gesellschaftliche Gleichberechtigung vorausgesetzt, und die war im patriarchalischen 19. Jahrhundert eben nicht gegeben.

In Vita Sackvilles Roman nun erscheint die ältere Frau weder als Hure noch als Heilige, sondern als liebenswerte Frau, die von Miles durchaus als mögliche Ehepartnerin ernst genommen wird: Er verheimlicht – im Gegensatz zu Evelyn – sein Verhältnis zu ihr nicht vor der Welt und bittet sie mehrfach, ihn zu heiraten. Er will also die volle Partnerschaft; sie ist es, die ablehnt aus eben ihrer falschen Rücksicht auf die Konvention. So erweist sich Vita Sackvilles Haltung schließlich als fortschrittlich, aber halbherzig: Sie postuliert zwar die Möglichkeit echter Partnerschaft zwischen einer älteren Frau und einem jüngeren Mann und vergißt dabei auch nicht, für die nötige reale Grundlage zu sorgen – Evelyn ist eine reiche Witwe und damit finanziell unabhängig –, doch indem die Autorin die Beziehung scheitern läßt, bestätigt sie letztendlich doch wieder die hergebrachte Ordnung der Dinge. Dabei ist es gar nicht wirklich der Altersunterschied, an dem die Liebe von Miles und Evelyn zerbricht; er bleibt eine Behauptung, wird gerade wegen der Betonung von Evelyns ungebrochener Physis nicht sinnfällig. Sie ist nicht nur entzückend anzusehen, sondern auch vital. Sie wird nie müde; wenn ihr ein Spaziergang über Miles' Äcker schwerfällt, dann nur, weil ihr als Städterin das richtige Schuhzeug fehlt. Miles andererseits macht in seiner vielseitigen und schon sehr erfolgreichen Tätigkeit als Landwirt, Politiker und Autor eines vielbeachteten Buchs zu Wirtschaftsfragen durchaus nicht den Eindruck eines erst Fünfundzwanzigjährigen. Woran die Liebe der beiden wirklich scheitert, sind Unterschiede in ihrem Wesen, wobei es sich nicht so sehr um wirklich individuelle Charaktereigenschaften handelt, als vielmehr um allzu rollentypische Verhaltensweisen. Bei aller deutlichen Sympathie für ihre schöne und gefühlvolle Heldin greift Vita Sackville leider zum Klischee, wenn es darum geht, ihr Verhältnis zum geliebten Mann darzustellen. Miles

Vane-Merrick ist der typische aristokratische Held, wie er bei Vita Sackville-West seit ihrem ersten veröffentlichten Roman ›Heritage‹ (1919) häufig vorkommt, ein Mann »wie aus der italienischen Renaissance«, ein Mann wie Glendinning vermutet, der Vita selbst gern gewesen wäre; schön, groß, stark, unabhängig, tatkräftig und idealistisch zugleich, erfolgreich und erhaben über kleinlich enge Gesellschaftsregeln. Er hat den Kopf voller wichtiger und nützlicher Gedanken, und die Liebe kommt für ihn erst an zweiter Stelle: »Sein Leben war zu erfüllt und männlich, um ihre rein weiblichen Schwierigkeiten zu erfassen. Er liebte sie, aber sie war Zerstreuung für ihn, nicht sein ganzes Leben.« Wenn er gelegentlich einmal wirklich roh zu Evelyn ist, sieht die Autorin ihm das bereitwillig nach: Er ist eben »ein harter Mann«, und Evelyn gibt ihm mit ihren »Empfindlichkeiten« gar soviel Anlaß, gereizt zu reagieren. Denn Evelyn entpuppt sich bald als der Prototyp der besitzergreifenden Frau. Wie eine viktorianische Lady oder wie das sprichwörtliche Cinderella (aus Colette Dowlings Buch ›Der Cinderella-Komplex‹) sitzt sie im komfortablen Heim und erwartet alles Glück der Welt vom Mann. Sachliche Interessen neben ihren menschlichen Beziehungen hat sie nicht, und diese bestehen, bevor Miles in ihr Leben tritt, auch nur aus Beziehungen zu Verwandten, die sie, mit Ausnahme ihres Sohnes und des alten Schwiegervaters, nicht einmal besonders mag. Freunde hat Evelyn nicht. So verbringt sie ihre Tage mit Teebesuchen bei den Schwägerinnen, Geplauder mit der Nichte oder Einkäufen im Modesalon. Als sie beginnt zu lieben, verdrängt dieses Gefühl alles andere: »Für sie waren alle Zeiten für die Liebe da«, »Liebe und ein Mann waren mehr als genug für ein hungriges Herz und einen unbeschäftigten Geist«. Evelyn empfängt nicht wie Miles schöpferische Anstöße aus ihrem Gefühl, die auf anderen Gebieten fruchtbar werden, sondern wird süchtig nach seiner Gegenwart, ungeduldig, wenn er keine Zeit hat, schließlich eifersüchtig auf seine Arbeit und seine Freunde, auf alles, was nicht mit ihr zu tun hat. Sie macht ihm Szenen und beginnt, ihn einzuengen. Das mag in der Grundtendenz und in Einzelzügen durchaus dem Verhalten vieler Frauen entsprechen: Die amerikanische Psychologin Carol Gilligan hat in ihrem Buch ›Die andere Stimme‹ (1982) nachgewiesen, daß Frauen psychisch anders strukturiert sind als Männer, und zwar in der Weise, daß schon im Kindesalter die menschlichen Beziehungen Vorrang vor den Sachbezügen haben, wie sich schon bei einem Vergleich der Spiele von Jungen und Mädchen beobachten läßt. Daraus folgt, daß Frauen im Gegensatz zu Männern weniger Bindungsängste, dafür aber Schwierigkeiten mit der Individuation haben. Die Priorität für menschliche Beziehungen muß sich aber natürlich nicht notwendig destruktiv auswirken, ist vielmehr, weil sie Rücksicht auf die Gefühle anderer beinhaltet, gerade ein lebensfreundliches Prinzip. Evelyns Verhalten aber fehlt gerade dieser Aspekt: Sie bringt kein Verständnis für Miles in seiner Andersartigkeit auf, will ihn nicht sein lassen, wie er ist, sondern den Partner besitzen. Ihre Liebe hat also neurotische Züge, die sich keineswegs so aus der weiblichen Grundstruktur ergeben müssen.

Ein solches Frauenbild, das eher von Männerängsten als von sympathetischer Teilnahme diktiert scheint, muß gerade bei einer Autorin erstaunen, die selbst ein ganz anderes Leben geführt hat, ein sehr unabhängiges und aktives Leben als Schriftstellerin und Gartenplanerin. Mehr noch: Vita Sackville ist auch, wie Victoria Glendinning berichtet, öffentlich fast ebenso engagiert für die Rechte der Frauen auf Entfaltung ihrer geistigen Fähigkeiten eingetreten wie ihre Freundin Virginia Woolf. Schon 1929 hat sie in Rundfunkdiskussionen mit ihrem Mann über »Ehe« und »Glück« diese Rechte verteidigt, selbst dann, wenn sie den Verzicht auf Kinder bedeuten sollten. Victoria Glendinning meint nun, Vita Sackville habe in ›Eine Frau von vierzig Jahren‹ durch die Darstellung einer erstickenden, extrem besitzergreifenden Liebe gerade das Gegenteil, nämlich ihr Ideal der »getrennten Entwicklung« in der Ehe propagieren wollen.

Wenn das so war, dann war das literarische Mittel nicht sehr geschickt gewählt. Denn der Roman zeigt zwar überdeutlich, wie es nicht geht, dagegen nur sehr verschwommen, wie es gehen sollte oder könnte. Zwar sind Miles' Freundinnen Viola und Lesley Anquetil als positive Alternativen weiblichen Verhaltens gemeint: ruhig, selbstsicher, uninteressiert an Äußerlichkeiten wie Kleidern und gesellschaftlicher Etikette, gleichwohl dennoch schön, nehmen sie regen Anteil an Fragen der Politik, Kunst und Kultur. Doch bleiben beide Frauenfiguren blaß; zu wenig sind sie von innen her gesehen, sind ihre Handlungen aus Gedanken und Gefühlen entwickelt. Ihre Rolle wird behauptet, nicht gestaltet. Was aber noch schwerer wiegt, ist, daß auch Viola und Lesley nicht wirklich selbständig sind: Kein eigener Wirkungskreis wird ihnen zugeschrieben. Sie sind nur die idealen Stützen ihrer Männer, Viola für Leonard und Lesley am Ende für Miles. Und Lesley ist nur deshalb eine bessere Frau für Miles als Evelyn, weil sie verständnisvoll zuhören und auf seine Gedanken eingehen kann, nicht etwa, weil sie selbst Ziele im Leben hätte. Bei der ersten Beschreibung von Lesley wird das hierarchische Verhältnis deutlich, das die Autorin selbst noch zwischen diesen kultivierten Frauen und einem Mann voraussetzt. Lesley kommt gerade vom Studium an der Sorbonne nach Hause. »Miles als Mann war Lesley natürlich weit voraus, trotz Sorbonne hatte er mehr von der Welt gesehen. Trotz Unterhaus hatte er es fertiggebracht, mehr von der Welt zu sehen. Er kannte die verschiedensten Menschen ... Lesley waren notwendigerweise Schranken auferlegt.« Alle anderen Frauen, die im Roman auftreten, sind ohnehin Karikaturen: die elegante russische Gräfin Tscherskaja, die sich aushalten läßt, und die marionettenhafte Besitzerin von Evelyns bevorzugtem Modesalon als Vertreterinnen der geistlos gewordenen, eleganten Welt ebenso wie die derben, unsensiblen und vor allem klatschsüchtigen Frauen der bürgerlichen Familie Jarrold in ihren Tweedkostümen und flachen Schuhen, die nur dann, wenn es ans Kranksein und Sterben geht, menschlich warme Regungen zeigen. So bleibt Evelyn die einzig lebendig gestaltete Frauenfigur, und ihrem Verhältnis zu Miles wächst damit die Bedeutung des letzten Wortes zum Thema der Geschlechterbeziehungen zu.

Selbst unter diesen Umständen hätte es noch eine Möglichkeit gegeben, den emanzipatorischen Zug, der im Anfang des Romans durchaus angelegt ist, zum Durchbruch zu verhelfen: Evelyn hätte lernen können. Sie hätte eigene Interessen entwickeln können, und sei es auf dem Umweg über Anregungen von Miles, sie hätte sich ernstlich mit ihm auseinandersetzen, hätte lesen, lernen und ihn dennoch lieben, das Experiment mit ihm wagen können. Tatsächlich gibt es in Evelyns Verhalten Ansätze, aus denen sich ein anderer Weg hätte konstruieren lassen. Wenn Evelyn sich gegen Miles' Kälte wehrt, als er sie stundenlang warten läßt und dazu noch bewußt verletzt, indem er seine Freunde einlädt, obwohl er weiß, daß sie gerade die Einsamkeit mit ihm genießt, dann ist das ein berechtigter Protest, der zum Überdenken der eigenen Position und einer eigenständigen Entwicklung hätte führen können. Die Autorin hätte sogar, wie Ibsen in ›Hedda Gabler‹, Fingerzeige geben können, daß die ganze vehemente Energie, die die Liebe bei Evelyn freisetzt, unter anderen gesellschaftlichen Umständen in ganz andere als destruktive Bahnen hätte fließen können. Doch was für Möglichkeiten auch immer die Handlungsebene bot, macht die Autorin auf der Argumentationsebene zunichte, indem sie auch Viola Anquetil, die als eine Art neutrale Instanz und Stimme der Autorin fungiert, sich den Männerstandpunkt zu eigen machen und Evelyns Reaktionen nur als destruktive Nörgeleien beurteilen läßt: ». . . der Instinkt sagte ihr, daß Evelyn Jarrold eine sehr weibliche Frau, in gewisser Hinsicht Miles' ganz unwürdig, sei . . . Diese Art der Liebe war Tyrannei, und Miles war nicht dazu geschaffen, ihr Sklave zu sein.«

Statt also ihre Heldin sich entwickeln zu lassen, hat Vita Sackville sich entschieden, Evelyn bitteren Verzicht aufzuerlegen. Sie läßt sie leiden und schließlich einen melodramatischen Operntod nach dem Zuschnitt der ›Bohème‹ oder ›La Traviata‹ sterben. Warum das? Es wirkt fast wie eine Hilflosigkeit. Steckt dahinter eine Furcht, eine wie auch immer zu erklärende Scheu, den Weg der Emanzipation konsequent weiterzudenken? Oder kann es sein, daß Vita Sackville, gerade weil sie Lesbierin war, ein unsicheres Frauenbild hatte? Sie empfand viele Züge an sich selbst als männlich und verkleidete sich auch zur Zeit ihrer Liebe zu Violet Trefusis gern als Mann. Jedenfalls scheint es denkbar, daß sie zumindest von einer befriedigenden heterosexuellen Beziehung eine unklare Vorstellung hatte, und sie mag, weil sie ihren eigenen ambivalenten Weg für schwerlich zu verallgemeinern hielt, einem Bild aufgesessen sein, das sich gerade Männer gern von Frauen machen, dem Bild vom hübschen, aber den Mann lähmenden Dummchen. Wie es auch dazu gekommen sein mag, das Ergebnis ist eine zweideutige Darstellung der Frauenrolle. Der Roman artikuliert den Anspruch einer vierzigjährigen Frau auf Selbstverwirklichung, aber der bleibt beschränkt auf den privaten Bereich von Sexualität und Liebe und erfüllt sich darüber hinaus nicht. Damit aber werden die alten Verhältnisse als die einzig möglichen erneut bestätigt.

Virginia Woolf hat einmal an Vita Sackville geschrieben: »Und gibt es da nicht etwas Dunkles in Dir? In Dir ist etwas, das nicht vibriert: . . . etwas Reserviertes, Gedämpftes. Gott weiß, was das ist. Übrigens ist das auch in Deinem Schreiben. Das, was ich zentrale Transparenz nenne, gelingt Dir da manchmal auch nicht.« Und Vita hatte ihrem Mann gegenüber zugegeben: »Verdammt sei die Frau, sie hat ihren Finger auf die wunde Stelle gelegt. Da ist tatsächlich etwas Gedämpftes. Was ist es, Hadji? Etwas, das nicht vibriert, etwas, das nicht lebendig wird. Es macht alles, was ich tue, d. h. schreibe, ein bißchen unwirklich; erweckt den Eindruck, als sei es von außen getan.« Eine mutige und einsichtsvolle Selbstkritik, wie sie sich häufig in Vita Sackvilles Briefen und

Tagebüchern findet: Sie war immer uneitel in der Einschätzung ihres literarischen Ranges. Der Eindruck einer gewissen Gedämpftheit bleibt auch bei der Lektüre von ›Eine Frau von vierzig Jahren‹ zurück. Wie aber kommt er zustande?

Zum einen folgt sowohl die Dialogführung wie der Beschreibungsstil, ohne daß die Autorin nennenswerte eigene Farben hinzufügte, im wesentlichen Mustern, die dem Roman des 19. Jahrhunderts entstammen und den gehobenen Unterhaltungsroman des beginnenden 20. Jahrhunderts beherrschten. Wenn Vita Sackville begeistert ist, wie zum Beispiel bei der Beschreibung von Kent und von Miles' abgelegener Schloßruine, in der man unschwer Vitas geliebtes Sissinghurst erkennt, gerät die Beschreibung sogar gefährlich nah an die Grenze zum Kitsch: »Nach dem Abendbrot wanderten sie in völliger Eintracht an den hohen Ziegelmauern entlang. Der Abend war ganz still, der Turm sprang wie eine verzauberte rote Fontäne zum Himmel auf.« Und: »Eine Koppel war spät gemäht worden, und sie gingen zwischen den Reihen der frischen Schwaden hin. Einmal sanken sie in das duftende Heu nieder und blieben eine Weile dort; sie schwiegen, doch die Liebe war beredt.« Auch wenn Vita Sackville Symbolik einsetzt, gerät der Fingerzeig leicht gar zu eindeutig: Die Geschichte hätte ihren verhängnisvollen Lauf auch nehmen können ohne den symbolischen Tod des alten Bauern, dessen Pferd just in dem Moment durchgeht, als Evelyn Miles zum erstenmal besucht.

Was die Psychologie der Figuren angeht, so ist der Eindruck gemischt. Das Denken der Nebenfiguren bleibt in aller Regel schemenhaft und nur auf ihre Rolle begrenzt, ob es sich nun um die Anquetils, die Jarrolds oder um unbedeutendere Nebenfiguren handelt, etwa um den Kommunisten Bretton oder Evelyns Dienstmädchen Privett. Die Gefühle der beiden Hauptfiguren dagegen sind oft glaubhaft dargestellt und nachvollziehbar vermittelt, so etwa Evelyns Gefühle der Leidenschaft, der Eifersucht, der Trauer und Depression. Aber auch der Mechanismus des gegenseitigen Quälens,

Kämpfens und Triumphierens ist gut eingefangen. Evelyn und Miles sind auch die einzigen Figuren, die über ihre Rolle hinaus wirklich individuelle Züge aufweisen. So hat Miles trotz seiner Rolle als Ritter ohne Tadel einen echten Zug der Grausamkeit und eine höchst persönliche Vorliebe für die eifersüchtig bewachte Einsamkeit seines Schreibzimmers im Schloßturm. Auch sein widersprüchliches Schwanken zwischen einem traditionellen Leben als Landjunker und fortschrittlichen Ideen als Politiker wirkt psychologisch echt. Bei Evelyn interessieren Züge wie ihre unersättliche Sucht nach Zuneigung, die ihre Beziehung zur Nichte Ruth und zum Teil auch ihre Angst vor Klatsch und Ablehnung motiviert, ihre Sehnsucht nach Geborgenheit, und sei es in einer ungeliebten Familie, und ihre liberale, sehr modern anmutende Haltung und fast verliebte Zuneigung zu ihrem großen Sohn. Wenn man Glendinnigs Biographie gelesen hat, fällt einem auf, daß dies alles Züge sind, die die Autorin selbst charakterisierten und die sie hier bezeichnenderweise auf ihre Heldin und ihren Helden verteilt hat. Es hat also den Anschein, daß Vita Sackville psychische Vorgänge dann überzeugend wiedergab, wenn sie sie an sich selbst wahrnehmen konnte, daß es ihr aber an Einfühlungsvermögen für anders geartete Charaktere fehlte. Eine gewisse Egozentrik wäre dann mindestens eine Ursache ihrer literarischen Begrenzungen. Victoria Glendinning führt den Eindruck eines unlebendigen Restes auf eine noch tiefere Ursache zurück: Sie hält ihn für eine Folge von Vita Sackvilles Unfähigkeit, ihre eigene tiefe innere Spaltung je zu überwinden, die zwischen ihrer leidenschaftlichen Natur, die die Form lesbischer Sexualität trug, und ihrer außergewöhnlich starken Bindung an die Tradition ihrer Familie und Klasse bestand. Die Anstrengung, beides ein Leben lang in der Schwebe zu halten, habe einen echten Durchbruch zu ihrem Persönlichkeitskern verhindert, aus dem heraus sie hätte authentischer schreiben können. Die neutralisierende Wirkung dieser immer aufrechterhaltenen Spaltung, ihre Furcht vor radikalen

Schritten, wäre dann auch endlich eine Erklärung für die noch immer offene Frage, warum Vita Sackville in diesem Roman ›Eine Frau von vierzig Jahren‹ zwar emanzipatorische Töne anschlägt, aber dann auf halbem Wege eine abrupte Kehrtwendung vollzieht und den Roman in einen den Status quo bestätigenden Liebes- und Opfertod münden läßt.

Das Thema Frau in der Lebensmitte ist aber nicht das einzige des Romans, und es muß nun noch ein weiteres erörtert werden, das, wie schon die ersten Rezensenten bemerkten, nicht unbedingt schlüssig mit dem Hauptthema verknüpft ist, das aber Michael Stevens in seiner ›Kritischen Biographie‹ (1973) sogar für das eigentliche Zentralthema hielt. Zweifellos spielt der Originaltitel ›Family History‹ darauf an: Es ist der Gegensatz zwischen der bourgeoisen Aufsteigerfamilie Jarrold und der aristokratisch-intellektuellen Welt des Miles Vane-Merrick und der Anquetils. Verwoben mit diesem Komplex ist – höchst ungewöhnlich bei Vita Sackville – das Thema reformerischer politischer Ideen, vertreten von Miles, den Anquetils und Evelyns Sohn Dan. Durch den Einschluß der Reformideen ergab sich zugleich die Möglichkeit, das Schichtenbild abzurunden und auch politisch engagierte Arbeiter auftreten zu lassen.

Bereits in ›The Edwardians‹ hatte Vita Sackville versucht, über ihre ganz persönlichen Themen hinauszugehen und ein Gesellschaftsbild zu zeichnen. In diesem Roman hatte sie mit wachem Blick und Ironie das Ambiente ihrer Jugend porträtiert, das moralisch laxe und geistig träge Milieu der englischen Hocharistokratie zur Zeit König Edwards, des Sohnes von Victoria, als in gewissen, dem Hof nahestehenden Kreisen die Sittenstrenge der viktorianischen Epoche in ihr Gegenteil umschlug. Das Buch, von Vita Sackvilles Verleger und Freund, Virginia Woolfs Mann Leonard Woolf als »Zeitstück« (period piece) gelobt, wurde ein Bestseller, und wohl nicht zuletzt deshalb, weil die Autorin hier aus eigener Anschauung schöpfen konnte. Im Vergleich nehmen sich die Milieuschilderungen in ›Eine Frau von vierzig Jahren‹ etwas trocken und klischiert aus; dekadente Adlige konnte Vita Sackville satirisch aufs Korn nehmen, Bürgerliche weniger gut, was nicht bedeutet, daß nicht manche Szenen amüsant zu lesen sind, wie etwa die Anfangsszene, in der der alte Jarrold Evelyn stolz zum ungezählten Male sein Museum mit den Trophäen seines Aufstiegs zeigt.

Vita Sackville wollte hier offenbar ein Thema einarbeiten, das zu Anfang des Jahrhunderts, als auch in der historischen Realität die großen Gründerfamilien des Industriezeitalters in die Krise kamen, in der Literatur sehr beliebt gewesen war: Den gesellschaftlichen Aufstieg und baldigen moralisch-geistigen Verfall einer Bürgerfamilie hatte in England John Galsworthy in der ›Forsyte Saga‹ behandelt, in Deutschland Thomas Mann in den ›Buddenbrooks‹; aber es gab auch triviale Versionen wie Rudolf Herzogs ›Wiskottens‹. Daß eine Autorin im Jahre 1932 noch einmal dieses Thema aufgreift, könnte angesichts der historischen Realität erstaunen, in der ganz andere Fragen und Probleme wie Massenarbeitslosigkeit, Wirtschaftskrise und aufkommender Faschismus die Gemüter bewegten. Bei Vita Sackville wird es freilich verständlich, da sie, sehr zum Kummer ihres politisch arbeitenden Mannes, an tagespolitischen Fragen herzlich uninteressiert war, dafür aber, wie es ihrer konservativ-traditionsorientierten Komponente entsprach, der Historie durchaus lebhaftes Interesse entgegenbrachte; davon zeugen unter anderem auch ihre Biographien großer Frauen der Geschichte.

Leider gelingt es Vita Sackville nicht, die großbürgerliche Welt der Jarrolds wirklich lebendig werden zu lassen: Sie mochte die Bürgerlichen nicht nur im Grunde ihres Herzens nicht, sie kannte sie offenbar auch kaum. Deshalb gerieten ihr die einzelnen Mitglieder der Familie Jarrold, genauso wie schon die Söhne und Töchter der achtundachtzigjährigen Heldin aus ›Erloschenes Feuer‹, zu mit wenigen Strichen umrissenen starren Typen. Das gilt ebenso für den rauhen, aber liebenswerten alten Jarrold, den ungeschliffenen, aber ehrlichen Firmengründer, wie für die Angehörigen der zweiten und dritten Generationen, denen die Verachtung der Autorin gilt: die antriebsschwachen Söhne und deren biederbissige Frauen, die hübsche, oberflächliche Ruth und ihren nichtsnutzigen Bruder. Ausnahmen sind natürlich Evelyn und ihr Sohn Dan. Aber die passen in ihren Verhaltensweisen auch besser in die Welt des Adels, weshalb sie sich denn auch zu Miles und Viola mehr hingezogen fühlen als zu den Verwandten.

Der Adel wird in der Welt des Romans vertreten von Miles Vane-Merrick und den Anquetils, die allesamt den schalen Vergnügungen, die in ihren Kreisen üblich sind, den Parties, den Teegesellschaften, den Rennen entsagt haben. Statt dessen führen sie ein relativ bescheidenes, aber intellektuell ausgefülltes Leben, das gewissen Idealen verpflichtet ist. Es ist also ein wahrhaft adeliger Adel, der hier auftritt, gereinigt von den Auswüchsen, die Vita Sackville in ›The Edwardians‹ kritisiert hatte und die hier höchstens noch im Verhalten der russischen Gräfin und anderer Kundinnen des Modesalons von ferne in den Blick geraten. Unschwer ist hier als Vorbild das Leben zu erkennen, das Vita selbst inzwischen auf Sissinghurst führte, zurückgezogen von der Londoner High Society, die sie mehr und mehr langweilte, je älter sie wurde, dafür in intensivem Kontakt mit ihren intellektuellen Freunden. Das Ehepaar Virginia und Leonard Woolf gehörte zu den engsten Vertrauten, und Michael Stevens vermutet in den Anquetils ein Porträt von ihnen. Die Ähnlichkeiten sind freilich höchstens äußerlich; die groben Striche des Bildes können der Komplexität dieser beiden Menschen nicht gerecht werden. Für das Gesellschaftsbild des Romans aber war mit dieser kräftig unterstrichenen Renobilitierung des Adels erreicht, daß er wieder als moralisches Vorbild taugte, wodurch seine angestammte Führerrolle erneut gerechtfertigt schien.

Denn daß allein der Adel und ein paar auserwählte Bürgerliche, die schon vor so langer Zeit zu Geld gekommen waren, daß sie sich wie »echte Adelige« allein mit den höheren Dingen der Kultur beschäftigen konnten, an die politische und gesellschaftliche Spitze gehörten, davon war Vita Sackville, lebenslang treue Anhängerin der Konservativen Partei und Verehrerin des Königshauses, zutiefst überzeugt – im Gegensatz zu ihrem Mann übrigens, der als Realpolitiker die Dinge etwas differenzierter sah und zeitweilig sogar für die Labour Party kandidierte, wenn auch erfolglos.

Daß die Arbeiter in Vita Sackvilles Gesellschaftsspektrum noch schablonenhafter gezeichnet sind als die Bürgerlichen, ist nur logisch. Sofern sie als Diener und Bauern ihren Herren und Herrinnen treu ergeben sind wie Evelyns Dienstmädchen Privett und das Ehepaar Munday, das Miles den Haushalt führt, gilt ihnen eine gewisse Sympathie der Autorin, denn sie akzeptieren ihren untergeordneten Platz, der erst die Herrenrolle des Adels begründet. Aber Bretton, Sohn eines Gemüsehändlers und Kommunist, ein politischer Mitarbeiter von Miles, hat »ziemlich gemeine, lasterhafte, intelligente Augen« und flößt Evelyn Antipathie, weil Angst ein, denn sie teilt die Vorurteile ihrer Klasse gegenüber denen, auf deren Ausbeutung ihr Reichtum beruht: »Sie hatte den ungewaschenen Armen gegenüber die traditionelle Einstellung der Wohlhabenden. Sie empfand ein unklares Mitleid mit ihnen; aber sie mochte sie nicht und beruhigte ihr Gewissen damit, daß sie sagte, diese Leute würden sich unter veränderten Lebensumständen gar nicht wohl fühlen.« Was Bretton in den Augen der Autorin ein wenig aus dieser zugleich beklagens- und verachtenswerten Masse heraushebt, ist nicht so sehr sein politisches Engagement an sich als vielmehr eine grenzenlose Bewunderung für Miles, dem er sich unterordnet, wodurch die »natürliche« Hierarchie paradoxerweise selbst auf dem Gebiet politischer Reformbestrebungen bestätigt wird.

Zu diesem konservativen Gesellschaftsbild steht die politische Botschaft selbst in seltsamem Kontrast, die freilich bei näherem Hinsehen auch nicht sehr präzise, sondern voller

Widersprüche ist. Denn was sich da in den Positionen von Miles, Dan und Bretton, die doch alle als Weggenossen auftreten, vermischt, ist verschiedenster Provenienz und teils älteren, teils jüngeren Datums. Dan hat patriarchalisch-feudalistische Ideale: Er will seinen Arbeitern Höchstlöhne zahlen, Stipendien geben und Schulen und Schwimmbäder einrichten. Miles verfolgt offenbar die damals neue und höchst aktuelle, erst nach 1945 praktizierte Wirtschaftspolitik von John Maynard Keynes, den Vita Sackville bei den Woolfs kennenlernte, und arbeitet als Labourabgeordneter im Unterhaus. Von Bretton schließlich heißt es, er sei Kommunist. Nur schwer ließe sich daraus eine gemeinsame politische Linie zimmern. Freilich entzieht sich die Autorin den Schwierigkeiten einer Beweisführung, indem sie es zu keinen ideologischen Diskussionen kommen läßt und überhaupt das Thema im Verlauf der Handlung immer mehr an den Rand drängt, bis es auf den letzten hundert Seiten ganz von Evelyns privatem Elend überschattet ist. In erster Linie ging es Vita Sackville wohl nie um die Propagierung fortschrittlicher demokratischer Ideen; das hätte auch zu sehr im Widerspruch zu ihren Überzeugungen gestanden, selbst wenn sie sie bei anderen, wie bei den verehrten Woolfs, bewundern mochte. Michael Stevens mag recht haben, wenn er vermutet, daß Vita das politische Thema eingeführt haben könnte, weil es zu jener Zeit in ihrem Familienleben eine große Rolle spielte: Harrold Nicolson beklagte sich brieflich – und sicher nicht nur brieflich –, daß Vita ihn nicht auf seinen Wahlreisen unterstützte. Und so mag das Porträt der Evelyn, die so gar kein Verständnis für die politische Aktivität ihres Geliebten aufbringt, denn auch als Produkt der Einsicht interpretiert werden, mit dem die Autorin Abbitte leisten wollte. Die Hauptfunktion der demokratischen Ideen bleibt aber eine andere: Die politischen Ziele, so diffus sie auch gestaltet sein mögen, verleihen ihren Verfechtern eine gewisse Würde und moralische Überlegenheit gegenüber jenen Figuren, die nur ihren privaten Zwecken leben, also in aller

Regel den Bürgerlichen, und sie stützen damit das hierarchische Gesellschaftsbild des Romans, das sie doch ihrem Inhalt nach in Frage stellen.

Wenn im vorangegangenen einige kritische Bemerkungen zu machen waren, so überwiegen doch bei weitem die Vorzüge des Romans: Er erzählt eine spannend geschriebene Liebesgeschichte mit klugen Einblicken in die Mechanismen der Leidenschaft, der Eifersucht, des Geschlechterkampfes und bietet daneben unterhaltsame Genreszenen aus dem großbürgerlichen und dem intellektuellen Milieu. Vor allem aber wirft er, indem er die vierzigjährige Evelyn so schön, so unverbraucht darstellt, daß sie die volle Liebe eines fünfzehn Jahre jüngeren, äußerst attraktiven Mannes gewinnt, die Frage nach dem gesellschaftlichen Wert der Frau in der Mitte ihres Lebens neu auf und ist damit, so unbefriedigend die Antwort der Romanhandlung auch erscheinen mag, für Frauen von heute sehr interessant.

Vita Sackville-West hat mit der ihr eigenen Selbstkritik ihre Romane nie überschätzt. Ihre Lieblingsgattung war die Lyrik, in der sie auch ihren größten Erfolg erzielte: Ihr langes Gedicht ›The Land‹ (1926), in dem sie den Jahreszyklus der ländlichen Arbeit in Kent beschrieb und für das sie den begehrten Hawthornden Prize bekam, wurde so etwas wie eine nationale Hymne, und man zelebrierte sie sogar einmal im Krieg in der Liverpooler Kathedrale als Litanei. Auch in der Lyrik war Vita Sackville freilich keine Avantgardistin, und ihre Kritiker, selbst die wohlwollendsten wie Virginia Woolf, haben sie immer wieder mehr oder weniger sanft auf die für ihre Zeit zu starke Traditionsgebundenheit ihrer Formen hingewiesen. Als 1946 die Jury der Schriftstellervereinigung Society of Authors sie von einer Lesung der Lyriker vor der Königin ausschloß, indem man ihren Namen schweigend überging, fühlte sie sich schließlich so gedemütigt, daß sie kein Gedicht mehr veröffentlichte.

Überblickt man heute Vita Sackville-Wests Werk, dann erscheinen Bücher besonders interessant, denen weder sie selbst noch das zeitgenössische Publikum großen Wert beigemessen haben: vor allem ihre Biographien von Frauen aus der Geschichte. Ganz nach ihrer persönlichen Sympathie und ihrem Interesse wählte sie aus den verschiedensten Jahrhunderten und Nationen Frauen aus, die ihr bemerkenswert erschienen und zu denen sie eine gewisse Seelenverwandtschaft empfand: Es waren alles starke, selbständige, ungewöhnliche Frauen, wie die elisabethanische Dramatikerin Aphra Behn, Johanna von Orleans, die beiden Heiligen Teresa von Avila und Thérèse de Lisieux sowie Anne-Marie-Louise d'Orleans, Herzogin von Montpensier, genannt La Grande Mademoiselle, Cousine Ludwigs XIV. Geplant waren Bücher über Jane Carlyle und George Sand, freilich auch über Leonardo da Vinci und ihren Ahnherrn Thomas Sackville, Dramatiker und Schatzkanzler der Königin Elisabeth I., doch hat sie mit Ausnahme einer kleinen Monographie über den Dichter Andrew Marvell kein Buch über einen Mann ausgeführt. Für diese Frauenbiographien recherchierte Vita Sackville mit großem Fleiß und überraschender Genauigkeit und schrieb doch sehr unakademische, lebendige Lebensbilder, in denen alle Vorzüge ihres Erzähltalents zur vollen Entfaltung kamen. Vielleicht kam ihr hier zugute, daß die Zügel der Realität sie vor Klischees und Sentimentalitäten bewahrten und sie zugleich der Schwierigkeit enthoben war, sich in mehrere unterschiedliche Psychen hineinfühlen zu müssen. Hier konnte sie sich ausführlich mit nur einer, ihr verwandt erscheinenden Psyche beschäftigen und erwies sich dann ganz als die Schriftstellerin, als die Leonard Woolf sie beschrieben hat: »... eine ehrliche, einfache, sentimentale, romantische, naive und fähige Schriftstellerin.« Vielleicht wäre Vita Sackville-West unter anderen persönlichen und historischen Voraussetzungen eine hervorragende Historikerin geworden, die sich speziell der Geschichte der Frau gewidmet hätte? Jedenfalls fügen sich ihre Biographien gut in die zur Zeit wachsende Reihe von Lebensbildern großer und weniger großer Frauen aus der

Vergangenheit, in die sogenannte »Frauenarchäologie«. Da ist es gut, daß der Verlag Ullstein, außer Vitas vielleicht schönstem Roman ›Erloschenes Feuer‹, bereits zwei dieser Biographien auch für deutsche Leserinnen zugänglich gemacht hat, nämlich ›Adler und Taube‹, die Geschichte der beiden heiligen Theresias, und ›Pepita‹, ein Doppelporträt ihrer eigenen bemerkenswerten Großmutter und Mutter.

Ingrid von Rosenberg

Weitere Titel
aus der Reihe
›Die Frau in der Literatur‹

Olivia

von Olivia
Mit einem Nachwort von
Henriette Beese
Ullstein Buch 30148

FERDINAND VON SAAR

Ginevra

und andere Novellen
Mit einem Nachwort von
Karlheinz Rossbacher
Ullstein Buch 30149

SELMA LAGERLÖF

Anna, das Mädchen aus Dalarne

Mit einem Nachwort von
Anni Carlsson
Ullstein Buch 30150

Tagebuch der Maria Bashkirtseff

Mit einem Nachwort von
Gottfried M. Daiber
Ullstein Buch 30151

GINKA STEINWACHS

George Sand

Eine Frau in Bewegung,
die Frau von Stand.
Mit einem Nachwort von
Helma Sanders
Ullstein Buch 30152

So haben wir gelebt

Englische Arbeiterinnen
erzählen
Mit einem Begleitbrief
von Virginia Woolf
Ullstein Buch 30153

HONORÉ DE BALZAC

Memoiren zweier Jungvermählter

Mit einem Nachwort von
Irma Sander
Ullstein Buch 30154

MARIE VON EBNER-ESCHENBACH

Božena

Mit einem Nachwort von
Ingrid Cella
Ullstein Buch 30155

JEAN RHYS

Nach der Trennung von Mr. Mackenzie

Mit einem Nachwort von
Heinz Ohff
Ullstein Buch 30156

LESLEY BLANCH

Sie folgten ihrem Stern

Mit einem Nachwort von
Kyra Stromberg
Ullstein Buch 30157

MARGARET FORSTER

Es sind die Töchter, die gefressen werden

Mit einem Vorwort von
Sybil Gräfin Schönfeldt
Ullstein Buch 30158

HENRY JAMES

Die Damen aus Boston

Mit einem Nachwort von
Dietmar Haack
Ullstein Buch 30159

DAGFINN GRÖNOSET

Das verkaufte Leben

Mit einem Nachwort von
Annegret Heitmann
Ullstein Buch 30160

JACQUES CAZOTTE

Biondetta

Mit einem Nachwort von
Heinz-Georg Held
Ullstein Buch 30161

VITA SACKVILLE-WEST

Pepita

Mit einem Nachwort von
Rita Hortmann
Ullstein Buch 30162

MAGDA SZABÓ

Eszter und Angela

Mit einem Nachwort von
Geraldine Gabor
Ullstein Buch 30163

ALESSANDRO PICCOLOMINI

La Raffaella

Gespräch über die feine
Erziehung der Frauen
Mit einem Nachwort von
Klaus Ley
Ullstein Buch 30164

ULRICH JANETZKI (Hrsg.)

**Henriette Herz
Berliner Salon**

Mit einem Nachwort von
Ulrich Janetzki
Ullstein Buch 30165

RENÉ SCHICKELE

Die Witwe Bosca

Mit einem Nachwort von
Ursula Schenk
Ullstein Buch 30166

EMMY HENNINGS

Gefängnis

Mit einem Nachwort von
Heinz Ohff
Ullstein Buch 30167

EDGAR ALLAN POE

**Ligeia
und andere Erzählungen**

Mit einem Nachwort von
Liliane Weissberg
Ullstein Buch 30168